明治期の天皇と宮廷

安在邦夫　真辺将之　荒船俊太郎 編著

梓出版社

明治期の天皇と宮廷　目次

第二部　側近からみた天皇と宮廷

第三部　民間における天皇・宮廷認識

明治期の天皇と宮廷

はじめに――本書の課題と構成

真辺将之

二〇一五年の年始にあたって、今上天皇は、東日本大震災での放射能汚染のために、住み慣れた土地に戻れずにいる人々を案じ、かつ終戦から七〇年を迎え満洲事変以後の戦争の歴史を学ぶことの大切さに触れる「おことば」を発表した(1)。このことは、国民にさまざまな反応を引き起こし、インターネット上では、その「おことば」の真意、とりわけそこに政治的な意味が込められているのではないかということをめぐって、激しい議論のやり取りが行われることになった。議論の内容やその是非にいまここで触れることは避けたいが、重要なのは、人びとがそれぞれに、天皇の発言を自らの政治的見解に引き寄せて解釈し、その思いを仮託することによって、天皇を自らの側に寄り添うものとしようとしたという事実である。

第二次大戦後、日本国憲法によって、天皇は日本国と日本国民統合の「象徴」としての立場にあることが定められた。主権者として統治権を総攬していた戦前とは異なり、非政治的な立場であることが憲法によって義務付けられたのである。今上天皇は、こうした憲法の規定を尊重し、自らの思いを極めて控えめに発言しているように思われる。しかし、それにもかかわらず、天皇の「おことば」を、人々が自らの見解に近づけて、政治的に解釈しようとしたことを我々はどう考えるべきであろうか。

日本国憲法の下において、非政治的な存在となったはずの天皇をめぐって、その発言が政治性を帯びたものとして拡散されるのは今回が初めてではなく、二〇一三年の天皇誕生日に際しての記者会見で、「戦後、連合国軍の占領下にあった日本は、平和と民主主義を、守るべき大切なものとして、日本国憲法を作り、様々な改革を行って、今日の日本を築きました。戦争で荒廃した国土を立て直し、かつ、改善していくために当時の我が国の人々の払った努力に対し、深い感謝の気持ちを抱いています。」と発言したことが(2)、当時安倍晋三内閣が目指していると考えられていた憲法改正への批判であると解釈されたり、あるいはそうではないなどと反論されたりしたことも記憶に新しい。だが、もしこの発言が、二〇年前に行われていたならば、そうした反応はおそらく引き起こさなかったであろう。つまり、政治的な状況の変化が、天皇の持つ潜在的な政治性を顕在化させたのである。さらに象徴的な事例としては、二〇〇四年に東京都教育委員を務めていた棋士の故米長邦雄氏が、秋の園遊会の席上で「日本中の学校で国旗を掲げ、国歌を斉唱させることが私の仕事でございます」と述べた際、今上天皇から「やはり、強制になるということではないことが望ましい」との返答がなされた際のことが挙げられる(3)。宮内庁の羽毛田信吾次長（当時）は、園遊会後、天皇のこの発言について、「国旗・国歌法制定時の『強制しようとするものではない』との首相答弁に沿っており、政策や政治に踏み込んだものではない」と説明した。もともと米長氏の発言自体が、天皇の政治利用につながりかねないものであったのだが、いったんそうしたことが行われると、それに対して天皇がいかなる発言を行おうともそれが政治的に解釈されることは避けられなくなる。この時もし天皇が「そうですか」とだけ発言したり、「頑張ってください」と発言したと仮定してみれば、それは自ずから明らかであろう。天皇が今日でもなお有する潜在的な政治性をまさに象徴するのが、この園遊会での出来事だったのである。

以上のように、天皇の発言が政治性を帯びるのは、今回に限ったことではなく、これまでも繰り返されてきたことであり、これからもおそらくは繰り返されていくであろう。本来、天皇の「おことば」の真意は、天皇自身しか知り得ないのであり、国民がそれを云々すること自体が、戦前の国体論的な価値観でいえば「不敬」であり、戦後の民主主義的価値観においては、「象徴天皇制」を逸脱する「天皇の政治利用」であるはずである。しかし実際には、戦前においても、戦後においても、天皇の存在は、それぞれの政治勢力によって都合の良いように政治的に解釈されてきた。いわば、現在でも多くの人びとが、戦前的な天皇のあり方の延長線上に、戦後の「象徴天皇」を政治利用してしまっているのであるが[4]、こうした、政治利用を強く否定されながら、にもかかわらず常に政治利用されてしまう天皇の存在の原型が、いつ形作られたのかといえば、それはいうまでもなく近代国家形成期としての明治期である。このように考えた場合、戦前の天皇や、天皇を取り巻く政治家の行動や国民各層の天皇観を検討することは、現在の社会にとっても、アクチュアルな問題なのであるということができよう。本書が「明治期の天皇と宮廷」と題し、明治期の天皇と宮廷のあり方を検討しようというのも、こうした天皇のあり方の起源を探る糸口を探ろうとするがゆえである。

　本書刊行の経緯については、巻末の安在邦夫氏による跋文を参照願いたいが、本書のタイトルは、本書刊行の発端たる早稲田大学社会科学研究所の研究部会で検討されていた論集名「明治後期の天皇と宮廷」に由来するものである。もともとその時点で部会に加入していなかった私がタイトルについて云々するのは僭越であることは承知のうえで、今私なりに編者として解釈させていただけば、特に本書の特徴というべきは「宮廷」という語を使用した部分にこそ存在しているのではないかと考えられる。日本近代史研究において、「宮中」の語はしばしば用いられるが、「宮廷」の語が用いられることはさほど一般的ではない。にもかかわらず本書が「宮廷」とするのはなぜか。

　近代日本史において「宮中」の語が用いられる場合、それは「府中」との対比において用いられることが多い。

「府中」とは、政治を行う役所を指す言葉であり、それに対比して用いられる「宮中」の語は、そうした政治的な場とは明確に区別された、非政治的であるべきとされる天皇の居所を指すものである。それに対し、「宮廷」の語は、そうした宮中・府中の区別が制度として確立される以前から使用されていた言葉であり、単に宮中に止まらない、府中をも含む、より広い概念として用いられる。研究会発足にあたって、あえて「宮中」ではなく「宮廷」という言葉を用いたのは、狭い意味での宮中ではなく、より広い、政治的／非政治的な双方の側面を含めた複眼的で広い視野から、天皇のあり方を捉え返そうとしたからであろう。

結果として出来上がった本書は、こうした問題意識の延長線上に、「宮中」はもちろんのこと、「府中」の範囲をも超える、在野の人々をも対象に据えながら、明治期の天皇の存在を捉え返したものとなっている。すなわち、本書の中心的部分は、以下の三部構成よりなる。

第一部　明治天皇と政治・外交

勝田政治「桂園時代の政治と明治天皇」

大日方純夫「対外問題・対外政策と明治天皇――日清戦後から日露戦後へ」

真辺美佐「近代日本における皇室外交儀礼の形成過程――管轄官庁の変遷を通して」

第二部　側近からみた天皇と宮廷

荒船俊太郎「三条実美没後の徳大寺実則――「聖旨の伝達者」像の再検討」

山本悠三「桂内府論」

第三部　民間における天皇・宮廷認識

安在邦夫「「受爵」をめぐる板垣退助の言動と華族認識」

真辺将之「大隈重信の天皇論――立憲政治との関連を中心として」
福井淳「明治前期における女性天皇構想の形成――憲法草案を手がかりとして」

各論文の内容については、その研究史的意義をふまえ序章において論じられる予定であるので、ここではおおまかな各部の構成のみについて触れておくこととする。第一部には、明治天皇および所轄官庁を直接に扱った論文三本を収めた。明治天皇の政治・外交的活動や、皇室外交の所轄官庁の変遷を追ったこれらの論文は、いわば、天皇と宮廷そのものを直接的に検討したものであるといえる。それに対し、第二部は、天皇の側近、具体的には侍従長ないし内大臣としての桂太郎・徳大寺実則の活動を検討した二本の論文を収めた。天皇ならびに宮廷そのものを検討したものではないながらも、そのすぐ近くに位置していた人々の存在を通じて、天皇ならびに宮廷の存在を捉え返したものであるということができる。そして第三部は、在野の政治家の天皇・皇室認識を扱った三本の論文を収めた。具体的には、皇室の藩屏たる華族についての板垣退助の議論や、大隈重信の天皇認識、さらに、民権運動家の私擬憲法草案のなかの女性天皇構想を考察した論文が収められている。

以上のように、天皇と宮中を、内・外・側面から、それぞれに捉え返した多種多様な論文によって、本書は成立している。各論者はそれぞれ個人的な問題関心から論文を執筆しており、かならずしも天皇研究の立場からのみ明らかにされたものだけが収められているわけではない。だが、本書の意義はそこにこそある。それぞれの研究者が、それぞれの抱く問題感心から各主体の動きを明らかにしながら、しかしそこにいやおうなく天皇の影が入り込み、天皇という存在のもつ政治的意味を浮かび上がらせることになっているからである。天皇というものがこれまでの歴史のなかで果たしてきた役割の多彩さを考えるならば、多様な問題関心から、多彩なアプローチで天皇と宮廷のあり方を明らかにしようとした本書には、それなりの意義があろう。そして、冒頭で述べたような、今日にまで続く、天皇自身の主体性を超えて独り歩きする天皇の政治性を明らかにする上では、このような、逆照射される天皇像こそが大きな意味を持ってくるであろうと筆者は考える。もとより、その問題の巨大さを考えるならば、本書が明らかにしえたものは、極めてわずかなものでしかないかもしれない。しかし歴史学とは、常にそうした微細な積み重ねの上に成り立つものである。多くの方に読んでいただき、ご批判を賜ることができれば幸いである。

註

（1）全文は左記の通り。

昨年は大雪や大雨、さらに御嶽山の噴火による災害で多くの人命が失われ、家族や住む家をなくした人々の気持ちを察しています。

また、東日本大震災からは四度目の冬になり、放射能汚染により、かつて住んだ土地に戻れずにいる人々や仮設住宅で厳しい冬を過ごす人々もいまだ多いことも案じられます。昨今の状況を思う時、それぞれの地域で人々が防災に関心を寄せ、地域を守っていくことが、いかに重要かということを感じています。

本年は終戦から七〇年という節目の年に当たります。多くの人々が亡くなった戦争でした。各戦場で亡くなった人々、広島、長崎の原爆、東京を始めとする各都市の爆撃などにより亡くなった人々の数は誠に多いものでした。この機会に、満州事変に始まるこの戦争の歴史を十分に学び、今後の日本のあり方を考えていくことが、今、極めて大切なことだと思っています。

この一年が、我が国の人々、そして世界の人々にとり、幸せな年となることを心より祈ります。

宮内庁ホームページ http://www.kunaicho.go.jp/okotoba/01/gokanso/shinnen-h27.html より（二〇一五年二月一一日閲覧）。引用にあたってアラビア数字を漢数字に置き換え、コンマを読点に置き換えた。

（2）記者の質問は「陛下は傘寿を迎えられ、平成の時代になってまもなく四半世紀が刻まれます。昭和の時代から平成のいままでを顧みると、戦争とその後の復興、多くの災害や厳しい経済情勢などがあり、陛下ご自身の二度の大きな手術もありました。八〇年の道のりを振り返って特に印象に残っている出来事や、傘寿を迎えられたご感想、そしてこれからの人生をどのように歩もうとされているのかお聞かせ下さい。」というもので、これにたいする回答全文は左記の通り。

八〇年の道のりを振り返って、特に印象に残っている出来事という質問ですが、やはり最も印象に残っているのは先の戦争のことです。私が学齢に達した時には中国との戦争が始まっており、その翌年の一二月八日から、中国のほかに新たに米国、英国、オランダとの戦争が始まりました。終戦を迎えたのは小学校の最後の年でした。この戦争による日本人の犠牲者は約三一〇万人と言われています。前途に様々な夢を持って生きていた多くの人々が、若くして命を失ったことを思うと、本当に痛ましい限りです。

戦後、連合国軍の占領下にあった日本は、平和と民主主義を、守るべき大切なものとして、日本国憲法を作り、様々な改革を行って、今日の日本を築きました。戦争で荒廃した国土を立て直し、かつ、改善していくために当時の我が国の人々の払った努力に対し、深い感謝の気持ちを抱いています。また、当時の知日派の米国人の協力も忘れてはならないことと思います。戦後六〇年を超す歳月を経、今日、日本には東日本大震災のような大きな災害に対しても、人と人との絆を大切にし、冷静に事に対処し、復興に向かって尽力する人々が育っていることを、本当に心強く思っています。

傘寿を迎える私が、これまでに日本を支え、今も各地で様々に我が国の向上、発展に尽くしている人々に日々感謝の気持ちを持って過ごせることを幸せなことと思っています。既に八〇年の人生を歩み、これからの歩みという問いにやや戸惑っていますが、年齢による制約を受け入れつつ、できる限り役割を果たしていきたいと思っています。

八〇年にわたる私の人生には、昭和天皇を始めとし、多くの人々とのつながりや出会いがあり、直接間接に、様々な教えを受けました。宮内庁、皇宮警察という組織の世話にもなり、大勢の誠意ある人々がこれまで支えてくれたことに感謝しています。

天皇という立場にあることは、孤独とも思えるものですが、私は結婚により、私が大切にしたいと思うものを共に大切に思ってくれる伴侶を得ました。皇后が常に私の立場を尊重しつつ寄り添ってくれたことに安らぎを覚え、これまで天皇の役割を果たそうと努力できたことを幸せだったと思っています。

これからも日々国民の幸せを祈りつつ、努めていきたいと思います。

宮内庁ホームページ http://www.kunaicho.go.jp/okotoba/01/kaiken/kaiken-h25e.html より（二〇一五年二月一一日閲覧）。引用にあたって、段落の頭を一字下げ、アラビア数字を漢数字に置き換え、コンマを読点に置き換えるなどの改編を加えた。

（3）「天皇陛下、学校で国旗・国歌「強制でないのが望ましい」園遊会で」（『朝日新聞』二〇〇四年一〇月二九日朝刊）。

（4）戦前の天皇とて、特定の政治的意見に加担するような発言を国民に向けて発したり、特定の勢力に加担するような政治的行動を自由にできたわけではない。むしろ、それは通常許されることではなかった。いわゆる「満洲某重大事件」に際して、事件をうやむやに処理しようとした田中義一首相を昭和天皇が叱責し内閣の総辞職につながった際、元老の西園寺公望がそれをたしなめた事例などは、それを明確に示すものであろう。天皇は憲法上、政治的責任を一切免除され、その責任は輔弼者が負うべきものとされていたのであるが、そうした憲法上の規程の有無にかかわりなく、天皇が政治的発言や政治的行動を主体的に行うことになれば、天皇はその責任を事実として負わなければならなくなる。言い換えれば、天皇の主体的な思想や行動と異なる見解を有する政治的勢力による糾弾や攻撃が、天皇に対して行われる危険性がそこに生じ、そのことが天皇制を危機に陥れることにつながりかねないのである。天皇はあくまで国民全体を包摂しうる存在でなくてはならず、天皇制を守るためには、「万機を親裁する」という建前にもかかわらず、逆に主体的な政治的行為を慎まなくてはならなかった。しかし、そのことは、天皇の主体的な意図を置き去りにしたまま、その存在が政治的に利用されることにつながるものでもあった。天皇の存在はこのような矛盾の上に立つものであったのである。そうした意味で、天皇の「おことば」を自らの側に引き付けて解釈しようとする人々は、戦前において天皇の政治的権威を利用した人々と同質の行動原理を有しているということができる。

序章――近年の天皇・宮中研究と本書所収論文の位置

荒船俊太郎

本章では、近年の天皇・宮中研究と関連づけながら本書所収の各論文の内容（成果）を概観し、本書の意義をより明確にしたい。

昭和天皇の晩年から近年にかけて、近現代の天皇と宮中に関する研究(1)は、側近の記録が相次いで発見・刊行されたことに伴って急速に厚みを増し(2)、かつ多様化した。当該領域の研究を牽引してきた政治史的アプローチに加え、国民国家論的研究(3)、儀式・儀礼に関する文化史的研究(4)、行啓幸の経緯やそれと関連する「場所」に関する視覚・表象論的研究(5)、ジェンダー論的枠組みで天皇や皇族女性を論じた研究(6)、戦後の「象徴天皇制」に関する研究(7)、皇位継承に関する研究(8)、華族（制度）研究(9)、ナショナリズムや「国体」に関する研究(10)、天皇直系以外の皇族研究(11)等が盛んに行われるようになったことが特徴的である(12)。

こうした中で、三代の天皇（今上天皇を含めれば四代）に関する本格的な人物研究が相次いで登場し(13)、とりわけ昭和天皇の生誕一一〇年（二〇一一年）と明治天皇の没後一〇〇年（大正一〇〇年、二〇一二年）を機に、複数の評伝が刊行されたことは記憶に新しい。本書の考察対象である明治天皇については、註（13）に列挙した多くの評伝類に加えて、安田浩氏・永井和氏・伊藤之雄氏等の研究(14)によって、思想や政治信条、大元帥としての側面が明らかにされつつある。

かつて、アジア・太平洋戦争における戦争責任問題との絡みで、「顕教」（＝能動的君主又は専制君主）と「密教」（＝受動的君主又は立憲君主）の立場から検討されてきた近代天皇の政治的機能については、現在では、基本的に「受動的裁可者」として機能しつつも、必ずしも輔弼者の助言通りだったわけではなく、各天皇が主体的に判断した「能動的受動性」と言うべき状態が少なからず存在し（＝輔弼親裁構造）、そうした天皇大権の発動実態を正確に捉えることが求められるようになっている。(15)

かかる研究傾向を踏まえ、本書においても、勝田政治「桂園時代の政治と明治天皇」と大日方純夫「対外問題・対外政策と明治天皇――日清戦後から日露戦後へ」が、概ね「受動的」だと見なされてきた近代天皇の権力行使の内実を明らかにすべく、明治天皇のごく限定的な親裁事例を析出しようと試みている。

まず勝田論文では、「徳大寺実則日記」と『明治天皇紀』を基礎に、第四次伊藤内閣期から第二次西園寺内閣期までの一二年間における明治天皇の政治行動が精査されている。とりわけ、第四次伊藤内閣の後継問題・児玉源太郎台湾総督の兼任陸相辞任問題・軍令制定問題・侍従武官府官制問題・演習計画の変更等の事例から、天皇が高官人事に発言し、官制や軍制にも強い関心を示したことがあり、政治家の中では伊藤博文と桂太郎を特に信任したことが明らかにされた。先述した明治天皇に関する評伝や先行研究（註（13）と（14））と重なる指摘も見られるが、こうした観点から明治天皇の政治的機能を本格的に論じた研究は、初期議会期から隈板内閣期を論じた佐々木隆氏の研究(16)しかなされておらず、本論文によって明治末年まで天皇の政治的機能の推移を見渡せるようになった意義は大きい。

続く大日方論文では、勝田論文と同じく「徳大寺実則日記」と『明治天皇紀』を基礎に、列強の中国分割競争に参加し、朝鮮半島支配を目論む日本の対外政策に明治天皇がいかに関わっていたのかが分析されている。これまで、軍事（統帥権）と外交（外交大権）に跨る領域について、天皇の関与実態を探り、その対外的機能を解明しようとする試みは充分なされてこなかった。本論文では、政府内に存在した国家戦略をめぐる武官的路線（軍事優先の強硬策）と文官的路線（外交交渉を重視する協調策）の狭間で、伊藤博文に親近感を抱く天皇が多くの場合後者を支持し、政治介入には抑制的であったこと、政軍関係が拗れた場合には調停者役を担った（台湾総督府官制問題・朝鮮統監任用問題）ことが明らかにされている。また、結論において、伊藤の暗殺後は武官総督が天皇の代行者として植民地の全権を掌握する体制が敷かれたとして、植民地政策における天皇の機能を論じる必要性が喚起されていることは重要である。

この他、徳大寺実則の政治的機能を検討した荒船俊太郎論文（後述）も、彼の「受動性」の裏側にある明治天皇の「主体性」や「能動性」を論じた研究として位置づけることができるだろう。

次に、冒頭に掲げた天皇側近に関する史料発掘の直接的「成果」として、かつての絶対主義的天皇制論（講座派）からは一線を画し（或いは戦争責任を曖昧にしたまま在位し続けた昭和天皇の「呪縛」から解き放たれたかのように）、明治憲法体制の構造的特質に迫ろうとする手堅い政治史研究が増加し、天皇側近や輔弼体制に関する研究が著しく進展したことが挙げられる。(17) 荒船俊太郎「三条実美没後の徳大寺実則――「聖旨の伝達者」像の再検討」及び山本悠三「桂内府論」は、以上の研究潮流を明確に意識して書き下ろされたものである。

まず荒船論文では、明治初年から数十年にわたって天皇側近を務めた徳大寺実則の後半生（主に「第二次」侍従長時代）が詳細に検討され、明治国家における彼の政治的役割が解明されている。これまで、徳大寺と言えば「政治的無能」「一箇の電話機」等と評され、政治性の希薄な人物だと見なされてきた。(18) 著者は、従来ごく一部分しか使用されてこなかった「徳大寺実則日記」（宮内庁書陵部所蔵）と「山城国京都徳大寺家文書」（国文学研究資料館所蔵）を精査し、「宮中府中の別」を堅守し、政党勢力（とりわけ大隈重信）を忌避する徳大寺の職務信条を析出することで、彼が天皇の秘書役に徹し、天皇の大権発動（＝国政運行）を円滑化すべく奮闘していたことを明らかにした。また、徳大寺が侍従職と内大臣府の組織的基礎を築き上げ、隠居したと考えられていた大正前期においても引き続き天皇の相談役を果たし続けていたこと等、興味深い新事実を幾つも指摘している。

続く山本論文では、大正天皇の内大臣兼侍従長に就任し、短期間で首相に転出した桂太郎の動向が分析されている。近年、自由民主党の下野、非自民連立内閣の誕生、民主党の躍進と単独内閣の成立を機に、二大政党政治をめぐる議論が活性化した。こうした政治潮流に触発され、日本近代史研究においても、二大政党政治の「起源」を辿る試みが加速し、立憲政友会を創設した伊藤博文に倣い、桂新党（後の立憲同志会）を旗揚げした桂の再評価が進展した[19]。しかしながら、当該期の桂については在職期間の短さから、新党結成や大正政変（第一次護憲運動）の「前史」として括られてしまう傾向が強く、内大臣在職中の軌跡はごく僅かしか判明していない[20]。しかも桂の就任については、元老を凌ぐ実力を備えつつあった彼の処遇に手を焼いた山県有朋が新帝輔翼を名目として宮中に押込めたとする説[21]と、「宮中に自派勢力を送り込むことは重要な政治戦略であり、山県にとっては自然な選択であっただろう」とする指摘[22]が対立したままである。かかる研究状況を踏まえ、著者は、あらためて桂の就任と退任過程を精査することで、徳大寺の後任人事が薩長勢力の主導権争いを内包していたことを指摘し、宮中という「場」を最大限に活用した桂が、諸元老を手玉に取りつつ、再度の政界雄飛に向けた機会を窺っていたことを明らかにした。

このように、近代天皇制研究の進展は目覚ましく、多様化もまた著しい。にもかかわらず、なお当該領域の研究にはある種の偏りが見られることもまた否めない。宮内庁宮内公文書館の設置（二〇一〇年）により、天皇と宮中に関する史料環境は急速に整備されつつあるものの、「菊のベール」は依然として厚く、基礎的事実さえ判明していない課題が数多く残されているのである。

たとえば、宮内省の組織と機能に関する研究は近年ようやく開始されたばかりで[23]、こと「皇室外交」に関しては、いずれの国を模範として、いかなる部局が管掌していたのかは、一切明らかにされていない[24]。その意味で、国立公文書館・外務省外交史料館・宮内庁宮内公文書館等に所蔵されている公文書を渉猟して管轄官庁の変遷（外国事務局→外務省及び太政官正院式部寮→宮内省式部寮→宮内省式部職→宮内省外事課）を辿り、現在に続く「皇室外交」の組織的起源（＝宮内省主導体制の確立）を明らかにした、真辺美佐「近代日本皇室外交儀礼の形成過程――管轄官庁の変遷を通して」の意義は大きい。

以上のように、狭義の近代天皇制研究を乗り越えるための試行錯誤がなされる一方で、長年にわたって構築された研究領域の溝は深く、たとえば明治天皇と同じ時代を生きた自由民権運動の指導者や明治前期の国民が抱く天皇観（や宮廷認識）については、ほとんど研究が深められていない[25]。そこで、この点に踏み込んだ、安在邦夫論文・真辺将之論文・福井淳論文の意義について一言したい。

周知のように、立憲国家の建設を主導したのは伊藤博文であり[26]、在野で活動した板垣退助や大隈重信が大きく取り上げられないのはやむを得ないことである。しかしながら、直ちに天皇や宮中との関係性が見出せないからと言って、検討する必要がないとは決して言い切れない。

たとえば、「三島通庸関係文書」（国立国会図書館憲政資料室所蔵）に含まれる密偵史料を基礎に、板垣退助とその周辺の受爵問題への対応を検討した、安在邦夫「「受爵」をめぐる板垣退助の華族認識と行動」では、当初地域からの支持が受けやすくなるので受爵すべきだとする「肯定論」が見られたことを指摘している[27]。これは明治中期における国民の天皇認識を反映したものであろう。また、違勅のレッテルを回避しなければ自身の失脚は免れず、受爵すれば自由民権運動の求心力に影響するジレンマの中で、板垣が不本意な受爵と引き換えに「一代華族論」を表明し、それを実践に移したことが論証されているが、ここには明治天皇を慕う板垣の赤心（＝一君万民論）が溢れ出ており、本研究は近代天皇制研究としてのみならず、受爵問題を事実上等閑視している華族研究として、或いはその著名さにもかかわらず本格的研究が不足している板垣研究としても見過ごせない。

続く真辺将之「大隈重信の天皇論――立憲政治との関連を中心として」では、今までほとんど検討されてこなかった大隈の天皇論が検討される。通常大隈の生涯は、明治政府の参議を務めた前半生と「民衆政治家」として称揚された後半生が別々に論じられる傾向が強い[28]。ところが本論文では、幕末期に遡って大隈の思想を検討し、明治維新の理念である「万機親裁」と「公議輿論」が晩年まで両立していたことを明らかにした[29]。また、本論文では、天皇の政治的機能を中心に大隈の憲法意見書が見直され、欽定憲法を主張する大隈が民権運動に共鳴したとは言えず、薩長勢力を出し抜こうとする意図が見受けられないとして、彼が自由民権運動の機先を制し立憲政治の主導権を確保しようとしたことが指摘されている。以後、大隈が天皇についてほとんど論じなかったのは、政党内閣の樹立を目指す彼にとり、天皇の政治的機能については憲法制定によって決着済みだと認識していたためであり、大隈が晩年になって再び天皇について言及する機会が増えるのは、天皇の権威を用いて国民の政治的自覚を促すことが健全な政党政治を実現するために必要だと認識されたからだ、と結論づけられている。

本研究は、大隈研究の到達点であるのみならず、維新の理念を両立させ続けた大隈の天皇論が、後の憲政常道の論理を先取りするものであったことを鋭く指摘しており、政治史研究の画期となるものである。同時に、安在邦夫論文と真辺将之論文によって、「在野の雄」である板垣と大隈の思想と行動が見直され、近代天皇制研究の中で羽翼を広げ、その「裾野」を広げる役割を果たした意義は大きい。

最後の福井淳「明治前期における女性天皇構想の形成――憲法草案を手がかりとして」は、より現代的意義を有している。明治期の私擬憲法に、女性の皇位継承を認める条文が含まれていたことは有名である。ところが、皇室典範に繋がる元老院「日本国憲按」（第一次・第三次草案）や宮内省制度取調局における「皇室制規」を除き、これらの歴史的意義が十分検討されてきたとは言い難い。近年愛子内親王と悠仁親王が誕生し、政府内外で皇位継承をめぐる論議が活発化したにもかかわらず、先人達の叡智が顧みられることはなかったのである。(30) そうした時代風潮に警鐘を鳴らすべく、本論文では、明治維新期の本訳書や元老院編纂の『欧州各国憲法』を手がかりとして、当時流布していた女系君主容認論を分類し、諸草案中の女性天皇条項が比較されるとともに、それらに強い影響を及ぼした嚶鳴社案と交詢社案が検討された。著者自身、起草者の意図や草案の伝播過程を解明することが不可欠だと述べており、本格的検討は今後の課題だが、明治中期にかけて、政府・民間を問わず、全国で女性の皇位継承をめぐる議論がなされていた事実（つまり元老院案等が起草される背景）を明らかにした意義は大きく、本論文を機として、最新の研究成果を踏まえた女性天皇論議の構築が望まれる。

このように、上記の三論文は「直接」天皇や天皇制を論じた研究ではないものの、「周縁」からの視点、或いは研究領域を跨ぎつつ複眼的に分析することの重要性を示した事例と見ることができ、ますます多様化する近代天皇制研究の方向性や可能性を示した意欲作である。

以上、駆け足で本書の収録論文を近年の研究動向の中に位置づけた。繰り返しになるが、各論文は、明治時代における天皇の政治的機能、天皇側近、宮内省、同時代人の天皇観や私擬憲法に見られる女帝容認論等を分析対象としつつも、現在の「象徴天皇制」のもとで継続されている、「皇室外交」や女性天皇論議など、極めて現代的な課題に対し少なからぬ考察が加えられており、その意味で重要な問題提起を含むものである。力作をお寄せいただいた先生方にあらためて謝意を表するとともに、本書が今後の近現代天皇制研究に対し、些かでも裨益するところがあればと願っている。

註

（1）近現代の天皇及び天皇制研究の動向については、牧原憲夫編『〈私〉にとっての国民国家論――歴史研究者の井戸端談義』（日本経済評論社、二〇〇三年）第三部、中村政則・高橋紘・安田浩他「座談会　日本近現代史のなかの昭和天皇」（『年報日本現代史九　象徴天皇制と現代史』現代史料出版、二〇〇四年）、河西秀哉「近現代天皇制・天皇像研究の現状と課題」（『新しい歴史学のために』二六二、二〇〇七年）及び同「近現代天皇研究の現在」（『歴史評論』七五二、二〇一二年）を参照。但し、いずれも戦後史（「象徴天皇制」）を視野に入れて論じているため、大正期以降の分析が中心である。この他、天皇や皇室制度の通史的研究としては、鈴木正幸『皇室制度――明治から戦後まで』（岩波書店、一九九三年）、同『近代日本の軌跡七　近代の天皇』（吉川弘文館、一九九三年）等がある。

（2）伊藤隆他編『牧野伸顕日記』（中央公論社、一九九〇年）、『入江相政日記』全六巻（朝日新聞社、一九九〇～九一年）、粟屋憲太郎・高橋紘編『昭和初期の天皇と宮中――侍従次長河井弥八日記』全六巻（岩波書店、一九九三～九四年）、倉富勇三郎日記研究会編『倉富勇三郎日記』一～三（国書刊行会、二〇一〇～二〇一五年）はその代表例である。

（3）鈴木正幸『国民国家と天皇制』（校倉書房、二〇〇〇年）、宮地正人『二一世紀歴史学の創造二　国民国家と天皇制』（有志舎、二〇一二年）等。

（4）たとえば、T・フジタニ『天皇のページェント――近代日本の歴史民族誌から』（日本放送出版協会、一九九四年）、高木博史『近代天皇制の文化史的研究――天皇就任儀礼・年中行事・文化財』（校倉書房、一九九七年）、同『近代天皇制と古都』（岩波書店、二〇〇六年）、中山和芳『ミカドの外交儀礼――明治天皇の時代』（朝日新聞社、二〇〇七年）等。

（5）坂本孝治郎『象徴天皇がやって来る――戦後巡幸・国民体育大会・護国神社』（平凡社、一九八八年）、同『象徴天皇制へのパフォーマンス――昭和期の天皇行幸の変遷』（山川出版社、一九八九年）、原武史『可視化された帝国――近代日本の行幸啓』（みすず書房、二〇〇一年、増補版二〇一一年）、同『皇居前広場』（光文社、二〇〇三年、筑摩書房から増補版刊行、二〇〇七年）等。佐々木克『幕末の天皇・明治の天皇』（講談社、二〇〇五年）もこうした研究傾向を意識した作品である。

（6）たとえば、多木浩二『天皇の肖像』（岩波書店、一九八八年）、若桑みどり『皇后の肖像――昭憲皇太后の表象と女性の国民化』（筑摩書房、二〇〇一年）、片野真佐子『皇后の近代』（講談社、二〇〇三年）、早川紀代『近代天皇制と国民国家――両性関係を軸として』（青木書店、二〇〇五年）、小田部雄次『昭憲皇太后・貞明皇后――一筋に誠をもちて仕へなば』（ミネルヴァ書房、二〇一〇年）、原武史『皇后考』（講談社、二〇一五年）等。また、基幹史料集として、明治神宮監修『昭憲皇太后実録』全三巻（吉川弘文館、二〇一四年）が刊行された。

（7）ケネス・ルオフ『国民の天皇――戦後日本の民主主義と天皇制』（共同通信社、二〇〇三年、岩波書店復刻二〇〇九年）、冨永望『象徴天皇制の形成と定着』（思文閣出版、二〇一〇年）、河西秀哉『「象徴天皇」の戦後史』（講談社、二〇一〇年）。研究論文集としては、前掲『年報日本現代史九　象徴天皇制と現代史』、河西秀哉編『戦後史のなかの象徴天皇制』（吉田書店、二〇一三年）。

（8）たとえば、奥平康弘『「萬世一系」の研究――「皇室典範的なるもの」への視座』（岩波書店、二〇〇五年）第二部第一章、笠原英彦『象徴天皇制と皇位継承』（筑摩書房、二〇〇八年）等多数。

（9）たとえば、大久保利謙『大久保利謙歴史著作集三　華族制の創出』（一九九三年、吉川弘文館）、浅見雅男『華族誕生』（リブロポート、一九九四年）、千田稔『明治大正昭和華族事件録』（新人物往来社、二〇〇二年）、小田部雄次『華族――近代日本貴族の虚像と実像』（中央公論新社、二〇〇六年）、刑部芳則『明治国家の服制と華族』（吉川弘文館、二〇一二年）等。ちなみに、小田部氏だけが後述する板垣受爵問題の経過に触れている（一一〇～一一六頁）。

（10）昆野伸幸『近代日本の国体論』（ぺりかん社、二〇〇八年）、右田裕規『天皇制と進化論』（青弓社、二〇〇九年）、小倉

慈司・山口輝臣『天皇の歴史九　天皇と宗教』（講談社、二〇一一年）等。

(11)　浅見雅男『戦う皇族——ある宮家の三代』（角川書店、二〇〇五年）、同『皇族誕生』（角川書店、二〇〇八年）、同『不思議な宮様——東久邇宮稔彦の昭和史』（文藝春秋、二〇一一年）、同『伏見宮——もう一つの天皇家』（講談社、二〇一二年）等。

(12)　共同研究（ないし研究論文集）としては、近代日本研究会編『年報近代日本研究二〇』（山川出版社、一九九八年）、沼田哲編『明治天皇と政治家群像』（吉川弘文館、二〇〇二年）、川田稔・伊藤之雄編『二〇世紀日本の天皇と君主制』（吉川弘文館、二〇〇四年）を挙げることができる。

(13)　明治天皇については、飛鳥井雅道『明治大帝』（筑摩書房、一九八九年）、ドナルド・キーン『明治天皇』上下（新潮社、二〇〇一年）、伊藤之雄『明治天皇——むら雲を吹く秋風にはれそめて』（ミネルヴァ書房、二〇〇六年）、笠原英彦『明治天皇』（中央公論新社、二〇〇六年）、西川誠『天皇の歴史七　明治天皇の大日本帝国』（講談社、二〇一一年）。大正天皇については、原武史『大正天皇』（朝日新聞社、二〇〇〇年）、古川隆久『大正天皇』（吉川弘文館、二〇〇七年）、フレドリック・R・ディキンソン『大正天皇』（ミネルヴァ書房、二〇〇九年）。昭和天皇については、山田朗『大元帥昭和天皇』（新日本出版社、一九九四年）、升味準之輔『昭和天皇とその時代』（山川出版社、一九九八年）、ハーバート・ビックス『昭和天皇』上下（講談社、二〇〇二年、原著二〇〇〇年）、原武史『昭和天皇』（岩波書店、二〇〇八年）、古川隆久『昭和天皇——「理性の君主」の孤独』（中央公論新社、二〇一一年）、伊藤之雄『昭和天皇伝』（文藝春秋、二〇一一年）、加藤陽子『天皇の歴史八　昭和天皇と戦争の世紀』（講談社、二〇一一年）、高橋紘『人間昭和天皇』上下（講談社、二〇一一年）等。

(14)　安田浩『天皇の政治史——睦仁・嘉仁・裕仁の時代』（青木書店、一九九八年）、同『近代天皇制国家の歴史的位置』（大月書店、二〇一一年）、永井和「万機親裁体制の成立——明治天皇はいつから近代の天皇となったか」（『思想』五五七、二〇〇四年）、同「朕は汝ら軍人の大元帥なるぞ」（佐々木克編著『明治維新期の政治文化』思文閣出版、二〇〇五年）、伊藤之雄『日本の歴史二二　政党政治と天皇』（講談社、二〇〇二年）、同『昭和天皇と立憲君主制の崩壊——睦仁・嘉仁から裕仁へ』（名古屋大学出版会、二〇〇五年）等。

(15) 明治天皇の能動的側面（親裁事例）については、永井和氏が『明治天皇紀』（全一三巻、吉川弘文館、一九六八～一九七七年）を基礎に紹介している（「書評安田浩『天皇の政治史――睦仁・嘉仁・裕仁の時代』」、『日本史研究』四六二、二〇〇一年）。この他、前掲牧原憲夫編『〈私〉にとっての国民国家論――歴史研究者の井戸端談義』を参照。

(16) 佐々木隆「明治天皇と立憲政治」（福地惇・佐々木隆編『明治日本の政治家群像』吉川弘文館、一九九三年）。

(17) この内、元老については山本四郎『元老』（静山社、一九八六年）、伊藤之雄「元老制度再考――伊藤博文・明治天皇・桂太郎」（『史林』七七―一、一九九四年）、同「山県系官僚閥と天皇・元老・宮中――近代君主制の日英比較」（『法学論叢』一四〇―一・二、一九九六年）、永井和『青年君主昭和天皇と元老西園寺』（京都大学学術出版会、二〇〇三年）、村井良太『政党内閣制の成立　一九一八～二七年』（有斐閣、二〇〇五年）。内大臣については、松田好史『内大臣の研究――明治憲法体制と常侍輔弼』（吉川弘文館、二〇一四年）。昭和戦前期の宮内省と宮中側近については、中園裕「政党内閣期に於ける昭和天皇及び側近の政治的行動と役割――田中内閣期を中心に」（『日本史研究』三八二、一九九四年）、後藤致人『昭和天皇と近現代日本』（吉川弘文館、二〇〇三年）、茶谷誠一『昭和戦前期の宮中勢力と政治』（吉川弘文館、二〇〇九年）、同『昭和天皇側近たちの戦争』（吉川弘文館、二〇一〇年）、同『宮中からみる日本近代史』（筑摩書房、二〇一二年）等。側近では、佐々木隆「内大臣時代の三条実美」（沼田哲編『明治天皇と政治家群像』吉川弘文館、二〇〇二年）、沼田哲『元田永孚と明治国家』（吉川弘文館、二〇〇五年）、茶谷誠一『牧野伸顕』（吉川弘文館、二〇一四年）等。

(18) 梶田明宏「徳大寺実則の履歴について――明治十七年侍従長就任以前を中心に」（前掲沼田哲編『明治天皇と政治家群像』）、川上寿代「徳大寺実則と政治的意思伝達」（『メディア史研究』一七、二〇〇四年）。

(19) たとえば、前掲伊藤之雄「元老制度再考――伊藤博文・明治天皇・桂太郎」、櫻井良樹『大正政治史の出発――立憲同志会の成立とその周辺』（山川出版社、一九九七年）、小林道彦『桂太郎――予が生命は政治である』（ミネルヴァ書房、二〇〇六年）、千葉功『桂太郎――外に帝国主義、内に立憲主義』（中央公論新社、二〇一二年）、伏見岳人『近代日本の予算政治　一九〇〇～一九一四――桂太郎の政治指導と政党内閣の確立過程』（東京大学出版会、二〇一三年）。

（20）前掲松田好史『内大臣の研究――明治憲法体制と常侍輔弼』においても、在職中の桂に関する分析は乏しい（三六～三七頁）。

（21）前掲小林道彦『桂太郎――予が生命は政治である』二七一～二八一頁。

（22）前掲千葉功『桂太郎――外に帝国主義、内に立憲主義』一九〇頁。

（23）明治期の宮内省については、宮間純一「宮内省・宮内府・宮内庁の組織に関する基礎的研究（一）図書寮・書陵部における官制・事務分掌の歴史的変遷」（『書陵部紀要』六四、二〇一二年）、同「宮内省・宮内府・宮内庁の組織に関する基礎的研究（二）明治期における宮内省庶務課の組織的変遷」（同前、六五、二〇一三年）、大正期については坂本一登「新しい皇室像を求めて」（前掲『年報近代日本研究二〇』）を参照。

（24）先行研究では、明治維新直後に実現した天皇と外国使臣との謁見の際の応接作法が指摘されることが多い（たとえば、前掲T・フジタニ『天皇のページェント――近代日本の歴史民族誌から』、前掲中山和芳『ミカドの外交儀礼――明治天皇の時代』）。

（25）数少ない研究事例として、小股憲明『近代日本の国民像と天皇像』（大阪公立大学共同出版会、二〇〇五年）、同『明治期における不敬事件の研究』（思文閣出版、二〇一〇年）等。

（26）坂本一登『伊藤博文と明治国家形成――「宮中」の制度化と立憲制の導入』（吉川弘文館、一九九一年、増補版は講談社二〇一二年）、伊藤之雄『立憲国家の確立と伊藤博文――内政と外交一八八九～一八九八』（吉川弘文館、一九九九年）、同『伊藤博文』（講談社、二〇〇九年）、瀧井一博『伊藤博文――「知」の政治家』（中央公論新社、二〇一〇年）等。

（27）従来この経過は、高揚する自由民権運動に手を焼いた政府が、運動に打撃を与えるため、勅命を用いて自由・改進両党の首領であった板垣と大隈重信（及び後藤象二郎）を華族に取り立てたことが指摘されている（絲屋寿雄『史伝板垣退助』清水書院、一九七四年、三一六頁、遠山茂樹『自由民権と現代』筑摩書房、一九八五年、二七三～二七四頁）。

（28）中村尚美『大隈重信』（吉川弘文館、一九六一年）、岡義武「「民衆政治家」大隈重信」（『近代日本の政治家』岩波書店、一九九〇年、初版は一九六〇年）。

(29) 但し、前半生では「万機親裁」(すなわち国家制度の創設)、後半生では「公議輿論」(すなわち国民の政治訓練)に重点が置かれていたことが指摘されている。

(30) 鈴木正幸「明治以後の天皇制はなぜ女性天皇を否定したか」(『論座』四四、一九九八年)は、ほとんど唯一とも言える先行研究である。

第一部　明治天皇と政治・外交

第一章　桂園時代の政治と明治天皇

勝田政治

はじめに

本稿の課題は、桂園時代（明治後・末期）の政治過程において、明治天皇が如何なる政治的発言をし、行動していたのかを具体的に解明することである。明治天皇研究は、近年急速に進められてきている。(1)そして、最新の研究成果によれば、明治天皇は大日本帝国憲法によって制度化された立憲君主として、権力を「受動的」に行使していたとされている。(2)こうした評価が定説的位置を占めているが、権力行使（政治的行動）の具体例を積み重ねることは、「受動的」と評される内実を明らかにするために、必要不可欠な作業となろう。

明治天皇の具体的な政治行動を追究した注目すべき研究として、佐々木隆「明治天皇と立憲政治」（福地惇・佐々木隆編『明治日本の政治家群像』吉川弘文館、一九九三年）があげられる。佐々木論文は、津田茂麿『明治聖上と臣高行』（自笑会、一九二八年）に引用されている「佐佐木高行日記」、および「徳大寺実則日記」(3)などの天皇側近の日記を用いて、明治中期（初期議会期から隈板内閣期）における天皇の政治行動を綿密に検討したものである。佐々木氏の問題関心は、天皇の立憲政治観と立憲政治における天皇の位置づけの解明にあり、明治天皇の政治行動を立憲政治の展開という観点からとらえている。

本稿も佐々木氏が使用した「徳大寺日記」を基本史料とするが、これに『明治天皇紀』（吉川弘文館、一九六八〜一九七五年）も加えて、佐々木氏のように立憲政治という視点に限定せず、広く明治天皇が国内政治の局面でどのような政治行動をとったのかを追究するものである。対象時期は佐々木氏が扱った以降、すなわち一九〇〇（明治三三）年の第四次伊藤博文内閣から一九一二（明治四五）年の第二次西園寺公望内閣までの一二年間とする。いわゆる桂園時代であり、明治天皇の満四七歳から死去する五九歳までとなり、その権威が「確固としたものになった(4)」とされる時期となる。

本稿は、桂園時代の政治史の分析を意図するものではなく、また政治制度としての近代天皇制を直接の対象とするものでもない。あくまでも「徳大寺日記」と『明治天皇紀』から明治天皇の具体的な政治行動を抽出するという、基礎的事実の確定が目的である。

一　第一次桂太郎内閣と天皇

（1）第四次伊藤博文内閣と天皇

立憲政友会を創設して間もない、一九〇〇（明治三三）年一〇月六日に四度目の内閣を引き受けた伊藤博文は、組閣の段階で早くも天皇を利用し、天皇もまた伊藤の工作に応じて組閣に介入した。大蔵大臣人事をめぐる「渡辺国武事件」である。

伊藤は、大蔵大臣に井上馨を予定していた。しかし、大蔵大臣を望んでいた立憲政友会創設委員会の委員長であった渡辺国武は、この動きを察すると井上や伊藤に不満の意を伝え、政友会を非難して脱党する旨を表明した。渡辺の造反に直面した伊藤は、打開策として宮廷工作を画策する。国武の兄である渡辺千秋宮内省内蔵頭や田中光顕宮内大臣、および岩倉具定侍従職幹事と結んで伊藤は、天皇の「内旨」を引き出させて渡辺を慰留して大蔵大臣に登用した。「内旨」の内容について「徳大寺日記」は何も記していないが、宇野俊一氏によれば北清事変をめぐる国際情勢下、天皇は組閣の混乱による政治空白を憂慮して、渡辺に対し自重を求めたものであるという(5)。

同年一〇月一九日、第四次伊藤内閣は成立した。しかし、伊藤はインフルエンザをこじらせて療養が必要となり、一〇月二七日に西園寺公望が総理大臣臨時代理に就任した。この人事は、天皇の意向によるものであった。「徳大寺日記」には次のように記されている。

伊藤首相病気療養ニ付代理ノ人体ニ付桂陸軍大臣相当ノ処病気中ニ付山本海軍大臣相当タレトモ陸軍トノ釣合有之不可然ノ間勘考中ナリ

正二位西園寺公望枢密院議長被任　特ニ内閣ニ列セシム

内閣総理大臣臨時代理被命（一〇月二七日条）

閣僚の席次によれば、首相代理は陸軍大臣の桂太郎であったが病気のため、次に位置する海軍大臣の山本権兵衛となる。しかし、天皇は陸軍と海軍のバランスを考慮して、閣外にいた西園寺を指名したのである。なお、西園寺自身は枢密院議長に任命されたのは、伊藤の意向であろうと推測している(6)。

西園寺公望が立憲政友会に所属しながら枢密院議長に就任したことは、一一月七日の枢密院定例会で問題となり、副島種臣顧問官と西園寺との間で激論が交わされた。これにより西園寺は立憲政友会を脱党することになるが、天皇もまた脱党を指示していたのである。一一月七日付侍従職幹事岩倉具定宛書簡で徳大寺は、「(西園寺が) 会員も脱する方穏堂《(ママ)》なるべく閣下より伊藤へ御照会相成度御沙汰之次第も有之候間為其早々申入候(7)」と述べている。この書簡によれば、天皇は西園寺の立憲政友会脱党を穏当の措置として、これを伊藤に申し入れていた(「御沙汰」)ことが明らかとなる。

一二月二五日に開会した第一五議会で最大の問題となったのが、北清事変軍事費の財源である。伊藤内閣は財源として、酒造税・砂糖消費税・海関税の引上げと麦酒税の新設を内容とする増税案を議会に提出した。この増税案は、立憲政友会が過半数を占め、野党第一党の憲政本党も賛成したところから衆議院は通過した。しかし、貴族院が反対の旗色を鮮明にしたため、伊藤は帝国議会史上初の貴族院停会を奏請し、翌一九〇一(明治三四)年二月二七日に一〇日間の停会が命じられた。

伊藤はさらに三月五日、「支那事件特ニ清露関係ニ付而ハ将来其影響スル所不容易形勢ニ可立到ハ必然ニ付速ニ我国是一定シ其方針ニ随ヒ外交ヲ処理スヘキコト、増税案ニ付貴族院ノ多数反対ノ意嚮ヲ表明シ惹テ経済界ニ波及スル所是又不容易モノアリ(8)」と奏上した。そして、山県有朋・松方正義・西郷従道・井上馨の四元老に対し、天皇から貴族院の調停を命ずるよう要請する。しかし、四元老の調停工作も不調に終ったことから、伊藤は詔勅による貴族院封じ込めを意図し、三月一二日に貴族院議長近衛篤麿に詔勅が下され、貴族院はようやく一六日に増税案を可決した。

これは、政治危機を打開する伊藤の詔勅利用策として周知のことであるが、天皇も単に受身のままではなく、積極的な政治的発言をしていたのである。天皇は詔勅が書かれた紙を近衛議長に授けたが、その際次のような発言をしたと「徳大寺日記」は記している。

増税案ノ事ニ付貴族院ニ於テ異議アル趣ヲ聞キ心配ノ餘リ山県松方其他ノ元老ヲ呼寄セ疎通ノ道ヲ計ラシメタルモ十分ニ其目的ヲ達セサルコトヲ聞キタレトモ今日ノ形勢ハ憂慮ニ勝ヘサルヲ以テ朕カ趣旨ノ在ル所ヲ此書付ヲ以テ示スニ依リ議員一同ニ示シ速カニ議了スルコトニ尽力スベシ（三月二二日条）

天皇は、伊藤の意向に沿いながらも自ら政局の推移を「心配」し、その収拾に向けて能動的行動をとっていたのである。

第一五議会を詔勅策で乗り切ったものの、伊藤内閣は財政問題をめぐる閣内対立から総辞職することとなる。四月五日の臨時閣議の席上、渡辺国武大蔵大臣は公債を財源とする事業をすべて中止するという案を提出した。これに対し他の閣僚から反対論が出され紛糾したが、原敬逓信大臣の提案により事業を中止するのではなく、繰り延べにすることでいったんはまとまった。ところが渡辺大蔵大臣は、一一日に明治三五年度予算計画を伊藤首相に提出する。

ここで渡辺は、再度公債による新事業中止と既定継続事業の三七年度までの繰り延べという方針を打ち出した。ここに至り渡辺と他の政友会閣僚の対立は決定的となる。事態を憂慮した伊藤は一六日、天皇に現状を報告するとともに辞意をほのめかしたが、「陛下は成るべく現在のまゝ差置かれたき思召なり」(9)ということから辞職は止まった。しかし、閣内対立は一層激化し伊藤は五月二日、閣内不統一を理由に辞表を提出し、渡辺大蔵大臣以外の全閣僚も辞表を提出した。これに対し天皇は、首相臨時代理西園寺公望を通して渡辺に辞職を命じ、渡辺も辞表を提出することになった。

（2）桂太郎内閣の登場と天皇

五月四日天皇は、山県と西園寺に対し後継内閣に関する元老会議の開催を要請した。これを受けて翌五日、山県・西郷・松方・井上の四元老と首相臨時代理西園寺は、会議を開いて伊藤の留任を決定した。しかし、伊藤は留任を固辞し天皇も一〇日には辞表を裁可し、「元勲優遇」の詔勅を与えた。天皇は伊藤の辞職を「遺憾」としつつも、一一日に山県に対し後継内閣を早急に決定せよと命じ、(10) 元老会議は井上馨を推して一六日には組閣の大命が井上に下った。

井上は早速組閣に取りかかり、桂太郎に入閣を要請したが桂は「断じて謝辞」(11) し、大蔵大臣に予定していた渋沢栄一も辞退し、(12) 立憲政友会も原敬のみの入閣という井上構想に反発して協力を断わったため、(13) 組閣工作は失敗に終ってしまった。そこで元老会議は桂を後継首相に推すことを決定し、西園寺が井上の大命拝辞を奏上した二三日に松方が、翌二四日には井上がそれぞれ桂を訪い、その旨を伝えている。

ところで元老会議が桂擁立を図ったのは、何もこの時が初めてではなかった。すでに一九〇〇（明治三三）年五月、第二次内閣を組織していた山県が辞意を表明して後継首相に桂を推し、松方が元老の一致した意向として天皇に桂登用を要請していた。これに対し天皇は、陸軍と海軍の対立を理由として桂内閣に反対し、伊藤を後任と考えたが伊藤の固辞により山県の留任となった。(14) この間の経緯について「徳大寺日記」は次のように記している。

第二流桂太郎後任如何松方申出アレトモ　陛下御不同意ナリ山本海相ト折合如何之アルベキヤ漸ク陸海両軍積年ノ不調和近日円滑ニナラントスル際シ桂ヲ首相トスルハ他日ノ抵抗ヲ作ルナラズヤ又陸軍教育総監地位ヲ高メ改革日モ浅キニ付目下不動方シカルベシト（五月二八日条）

教育総監部条例が四月二四日に改定され、教育総監が陸相管轄下から陸相・参謀総長と並んで天皇直属となり、陸軍大臣総轄の軍事教育をすべて掌握するという権限拡大がなされたばかりであった。こうした状況下、天皇は陸軍と海軍のバランスを考慮し、陸軍大臣桂による内閣は陸軍の偏重になるものとして拒否したのである。天皇の主体的判断による桂内閣の否定である。前述の第四次伊藤内閣時の首相臨時代理に陸軍大臣桂と海軍大臣山本の両名を排除し、閣外の西園寺を登用したのも同じ論理である。なお、天皇の留任勧告を受けた山県は、「決意ヲ翻ス事ハ出来ス後任者御選定アリタシ(15)」と天皇に答え、桂内閣の実現に意欲を見せたが、北清事変の進展により留任を余儀なくされたのであった。

このように一九〇〇（明治三三）年の桂内閣は、天皇の反対により流産したが、翌一九〇一（明治三四年）年には第一次桂内閣が成立した。その経緯は次のようである。前述の元老会議の決定に基づき五月二五日、山県と松方は桂を後継首相とすることを天皇に奏上した。この奏上に関する天皇の見解について、「徳大寺日記」は何も語っていないが、天皇は前年の桂内閣反対と同じ理由から陸軍と海軍のバランス、すなわち山本海軍大臣との関係を懸念していたようである。

奏上の席上で天皇は、山県と松方に対し「山本と桂とは是迄海陸軍と並列して盡瘁し来れり、然るに今茲に桂を内閣の首班に為すとせば其間如何」と下問すると、両名は山本は西郷が保障し、万一山本が辞退したならば西郷自ら海軍大臣を引き受ける覚悟であると答えている(16)。こうした山県・松方・西郷三元老の桂擁立工作により二六日、桂に組閣の大命が下ったのである。

桂は組閣の命に対し、伊藤の意向を直接知る必要からとりあえず伊藤再任を奏請し、暫らくの猶予を願い出て伊藤を訪ねた。伊藤との会談で組閣を勧められた桂は(17)、後継首相として桂自身を直接伊藤から天皇に推薦させることにして二八日、天皇に伊藤召命を要求した。天皇はこの要請を受けて三〇日に伊藤を呼び、伊藤に再任を求めたが伊藤は桂を推薦した。ここに、桂は正式に大命を拝受し、三日後の六月二日に第一次桂内閣が成立した。

「第二流」とみられている桂にとって、政権を担当するにあたっては山県らの支持だけではなく、最高実力者である伊藤の推薦という形を是非とも取りたかったことが、こうした経緯からはうかがわれる。また、海軍との権衡上難色を示した天皇に対しても桂は、組閣を受諾するにあたって次のように申し入れたと自伝で述べている。従来の内閣は元老が組織しており、初めて後進の者がその任にあたることになる。ついては「陛下亦従来に異なりて不肖の臣をして、聖明の余光を仰ぐことを得る更に多からしめ給はずは、到底この重任大責を全ふするを得ず、故に今後は一層万機に御励精を冀ひ奉るに在り、此の義御採納を悃願」したところ、天皇はこの歎願を受け容れた(18)。

未だ天皇の信任を克ち得ていないことを自覚している桂は、これを機に天皇との距離を狭めることに意を注ぐことになる。天皇も次第に桂の力量を評価するようになり、組閣から半年後の一九〇一（明治三四）年一二月二一日、「徳大寺日記」は次のような「御沙汰」が桂に伝えられたと記している。

桂内閣組織以来閣員一致協同外交上ノ事ハ元ヨリ内政ニ於テモ漏洩セス全ク指揮宜敷ニ依ルト思召将来益協同一致シ内閣ノ基礎ヲ鞏固ナラシムヘク御沙汰ナリ（一二月二一日条）

桂は半年で天皇の信任を得ることに成功したのであった。以後、天皇の桂に対する評価は、次第に高くなっていく。

(3) 第一七・一八議会と天皇

第一次桂内閣の時期、天皇が最初に直接政務に関与したのが陸軍大臣人事である。内閣親任式で天皇は、台湾総督児玉源太郎に陸軍大臣留任を命じていたが、八月二九日には陸軍大臣兼任を解く意向を徳大寺に漏らす。「徳大寺日記」は、このことを次のように記している。

児玉陸相兼勤ヲ解カル、最初当分トシ兼勤之処意外長ク相成台湾事業充分挙ラス退歩致サスヤ御懸念アリ……陸相後任ハ総理兼勤歟又ハ古参株ニテ拝命歟（八月二九日条）

天皇の児玉罷免の命を受けた桂は、翌一九〇二（明治三五）年三月一三日に参内し、寺内正毅参謀次長の陸軍大臣起用を奏請すると天皇もこれを了承した[19]。寺内の陸軍大臣就任は三月二七日である。なお、この陸軍大臣人事問題の背景には、児玉と参謀総長大山巌の対立があった。

児玉は明治三五年度陸軍予算の編成にあたり、事前に大山に諮ることなく、騎砲両隊の増員や電信教導大隊と懲治隊の新設等を意図し、その財源として台湾守備兵の削減を打ち出した。これに対し大山は、台湾守備兵の増減は参謀総長の同意が必要である、と削減に反対して両者の対立は激しさを増した[20]。大山は辞職という手段に訴えたが、天皇はこれを却下した[21]。天皇は大山を支持したのである。

一九〇二（明治三五）年一二月九日に開会した第一七議会には、地租増徴継続案・海軍拡張案・行財政整理案等が上程されたが、地租増徴をめぐって桂内閣と政党（立憲政友会・憲政本党）が激しく対立した。天皇はそこでも一定の政治的役割を果たしている。天皇の動向を追っていこう。

山本海軍大臣の海軍拡張案の上申を受けた天皇は、内閣に対し「実行ノ順序ヲ盡シ協賛スヘク」と命じ、桂は地租増徴期限の延長によって軍拡費用に充てることを閣議決定し、一〇月二八日に天皇に奏上した[22]。海軍拡張は賛成するが、地租増徴には反対であるというのが元老伊藤と井上であり、立憲政友会と憲政本党も同様の方針を打ち出した。一二月三日には加藤高明邸で伊藤・大隈会談が行われ、立憲政友会と憲政本党の提携が実現した。そして翌四日、両党はそれぞれ大会を開き、地租増徴継続反対、海軍拡張財源は政費節減によれと決議した。この大会が開かれた日に桂は、自己の見解を奏上し天皇の同意を求めた。「徳大寺日記」は、桂の奏上について次のように記している。

四日参　総理大臣　拝謁
海軍拡張三十六年ヨリ四十六年ニ到リ軍艦八隻新造費壱億五千萬円地租増徴継続シテ充足ノ義　御内意伺済閣議決定セリ伊藤侯意見ニハ海軍拡張ハ異議ナク最初ハ十五ヶ年ト考タレトモ十年ニテ然ルヘシ又地租増徴継続ハ民力ニ耐エズトハ思ハス併シ総選挙ノ場合ニ付時宜ヨロシカラズ地租ノ継続金ハ地方自治制ノ紊乱ヲ整理スルニ使用シ海軍拡張費ハ鉄道電信電話等経費ノ不急ノ分ヲ見合加之ニ各種ノ利益金ヲ以之ニ充ントホニアリ閣議ト相容レズ終衝突セリ
総理ノ意見ニハ弥縫策ノ余地ナキニ付議会反対ニ到レハ解散ヲ命スル覚悟伊藤ニ於テモ同意ナリト奏上セリ
陛下　総理大臣ノ意見御嘉納アラセラル（一二月四日条）

桂は、伊藤との相違点を指摘し（議会解散という強硬策は同意見）、天皇に判断を求めてその同意を引き出したのである。天皇も主体的に自ら政治的判断を下したのであった。

第一七議会は、開会早々予算委員会で地租増徴継続案が否決されると、一六日から五日間の停会、さらに二〇日には七日間の停会が命じられた。桂は、立憲政友会と憲政本党に増租率の軽減を条件として妥協を申し込んだが、両党とも拒否したため二八日に議会を解散した。

衆議院の圧倒的多数を占める立憲政友会と憲政本党に対抗するため、桂は天皇との連絡を密にしながら、伊藤との妥協を意図することになる。また、山県や井上らの元老も両者の妥協を画策する。一九〇三（明治三六）年一月二四日、天皇は桂に議会対策について元老と協議するよう命じた[23]。桂は二六日、天皇に対し伊藤とすでに「将来政務行進上ノ事ヲ懇談」したことと、山県・伊藤・井上・松方ら元老と「交渉シ充分審議スル」旨を奏上した[24]。その後二月一七日、桂は参内して天皇に謁見したが、この時徳大寺に対し自己の議会対策の方針について次のように述べた、と「徳大寺日記」は記している。

時局ニ付而当路大臣ト協議シツヽアリ纏リ付ケハ四元老山県伊藤松方井上等ヲ官舎ニ招相談致スツモリ内意ハ山県ヨリ伊藤エ通シタリ元老相談ノ上孰レ奏聞スベシ其上相談成立之旨趣　陛下御裁納被下候ハヽ伊藤ヲ召シ御直ニ総理大臣ヨリ相談之旨ハ逐一承認セリ卿時局ノ纏ル様是非ヤルベシ（二月一七日条）

山県と連携した、天皇を巧みに利用する伊藤懐柔策である。伊藤に対し内閣に協力するように天皇から命じさせる方策であり、桂はこの方策を天皇に申し入れたのであろう。伊藤との妥協工作を進めていた二月二四日、桂は天皇に現状を報告したが、この報告内容と思われることを同日に徳大寺に話している。すなわち、来る第一八議会に地租増徴案を提出するが「情況ニヨリ撤却」し、海軍拡張費は行政整理と公債で賄うという方針であり、このことについては「伊藤山県二元老交渉ヤ、調ヒタリ」と[25]。三月一日の総選挙を経た四月二五日に伊藤は、立憲政友会の総務委員会で内閣との交渉を公表し、議会では内閣との衝突を避けて妥協するよう求めた[26]。

五月一二日に開会した第一八議会に桂内閣は地租増徴案を提出したが、予算委員会で否決されると撤回し、立憲政友会と交渉し妥協が成立した。地租増徴案を放棄し、海軍拡張費は行財政整理と電話・鉄道事業の繰り延べで捻出し、不足分は公債で賄うというものである。この妥協に反対して、尾崎行雄・片岡健吉・林有造らは立憲政友会を脱党した。一方、桂は妥協の慰労として、伊藤に一万円下賜するように天皇に内奏し、五月二五日に伊藤に対し慰労金が支払われている。

第一七・一八議会を天皇や元老と協調して、伊藤＝政友会との妥協策で乗り切った桂は、議会閉会後に辞意を表明する。六月二三日の御前会議でロシア政策の基本方針が確定されると、翌二四日に桂は伊藤・山県との会談（山本海軍大臣同席）に臨む。この会談で桂は、ロシアとの交渉を行うためには、「予の如き微力なる又実際に劣敷者」ではなく元勲が首班となるべきである、と辞職の意向を示した[27]。桂は、政局の不安定要因を元老伊藤の立憲政友会総裁に求め、伊藤を首相とすることにより、「伊藤侯は政党首領兼内閣の首班は六つヶ敷ければ必ずや政党を脱せざるを得ず[28]」というように、伊藤の立憲政友会総裁辞任を目的とする辞意の表明であった。

七月一日、桂は辞表を提出する。天皇の諮詢を受けた山県と松方は、内閣総辞職は得策ではなく、それよりも元老伊藤の立憲政友会総裁が問題であるとし、総裁を辞任させて内閣を援助させるべきであると奉答した[29]。天皇はこの意見を容れ、桂の辞表を却下するとともに七月六日に伊藤を呼び、「卿ヲ手許ニ置キ諮詢ノ労ヲ煩サントス枢府重職ニ任《マヽ》ントス宜勘フヘシ[30]」と命じ、伊藤は一三日に枢密院議長に就任する。伊藤を立憲政友会から引き離し、内閣側に取り込むことは桂や山県の策略であったが、天皇も主体的に判断していたのである。

二　第一次西園寺公望内閣と天皇

（1）西園寺公望内閣の登場と天皇

一九〇一（明治三四）年六月に組閣してから四年になろうとする一九〇五（明治三八）年四月二一日、桂内閣は日露講和条約に関する基本方針を決定した。その五日前の一六日、桂は原敬に面会を求め両者の会談が桂邸で行われた。席上桂は、原に対して講和条約締結後に辞職し、「その際には西園寺を奏薦したき決心なり……自身はもはや軍務は他人に譲りて可なるに付き十分西園寺を助くべし[31]」と、次期首相に西園寺を推薦する意向を示した。無賠償講和という国民の不満・反対を招く条約であることから、政権譲渡を条件として何としても立憲政友会の支持を得なければならない、という事情がそこには存在していた。

さらに、八月一四日の桂・原会談で原が「政友会は如何なる条約成立するも率先して賛成の意を表明」すると確約し、これに対し桂は「何れの時機にても辞職する事を妨げず、西園寺の都合次第なり」と答えて政権譲渡が確定した[32]。ポーツマス条約が九月五日に調印されると、西園寺内閣が現実味を帯びてくる。なお、ポーツマス講和会議の全権委員には外務大臣の小村寿太郎が任命されるが、その選考過程で天皇が介入している。

六月一九日、首相官邸で伊藤・山県・松方・井上の元老四名と桂首相・山本海軍大臣・小村外務大臣・寺内陸軍大臣の計八名で、全権委員の選考会議が開かれた。ここで、伊藤と小村の両名が推薦されたのであるが、伊藤が固辞したことから天皇の判断に委ねることになり、桂が奏上した。翌二〇日、伊藤は辞退の旨を天皇に伝え、天皇は伊藤の申し出を容れて小村を全権委員とした[33]。「徳大寺日記」はこの経緯について、「伊藤小村両人派出ノ事ハ　陛下御許可不被遊終ニ小村被遣候事決ス」（六月二〇日条）と記している。

第一次西園寺内閣の成立経過について、「徳大寺日記」はほとんど何も語っていない。一二月一四日条に「内閣組織今度ハ西園寺へ首相内談中」と、組閣にあたって桂・西園寺会談が頻繁に行われたこと、一九〇六（明治三九）年一月六日条に「西園寺侯被為召内閣組織台命アリ」と組閣が命じられたこと、および翌七日条に「西園寺侯首相召内閣総理大臣被命　西園寺内閣成立」と、事実経過を淡々と記しているに過ぎない。

桂辞職と西園寺内閣成立の経緯は、『原敬日記』が詳しい。同書によれば、一九〇五（明治三八）年一二月一九日の桂・西園寺会談で桂が内閣譲渡を申し入れ、二一日に桂が辞表を提出し、次期首相として西園寺を推薦し、その間西園寺は伊藤と山県を訪問して同意を得たことが判る。そして、天皇の意向については桂の言として「陛下は何づれも御異議あらせられざるも小村外相清国より帰朝せず、其留守中に内閣更迭は宜しからざるに付帰朝まで待つべしとの御意なり(34)」と記している。

これによると、天皇は桂から西園寺への政権譲渡には同意しており、ただその時期に関して清国出張中の小村外務大臣帰国後にするよう指示しただけのようである。西園寺内閣は、元老会議を経ることなく、天皇も特に自らの意思を表することもなく、桂の推薦によって成立したものであった。

(2) 軍令の制定と天皇

第一次西園寺内閣期において天皇が関与したものに、一九〇七（明治四〇）年九月一二日に公布された軍令がある(35)。軍令の研究は豊富にあり、そこにおける天皇の果たした役割もある程度明らかになっている。本稿で従来の研究に新たな知見を加えることはできないが、「徳大寺日記」を中心に天皇の動向を可能な限り追っていくことにする。

一九〇七（明治四〇）年三月二三日、斎藤実海軍大臣は防備隊条例を帷幄上奏した。韓国の鎮海湾と永興湾に防備隊を置く事が内容であるが、その発布形式が問題となった(36)。「徳大寺日記」は次のように記している。

海軍大臣上奏鎮海湾及永興防備条例　公文令式《ママ》ニヨラス従前帷幄上奏ノ手続ニヨルガ適当ト　思召ルレドモ制度調査局ニ於而公文令《ママ》第七条勅令ノ式ニヨリ内閣総理大臣ト当局大臣副書《ママ》シテ発布スル旨答ルニヨリ伊藤侯意見可問合為日高秘書ヲ韓国ェ差遣（三月二六日条）

天皇は、防備隊条例は従来の帷幄上奏の手続、すなわち主務大臣の海軍大臣のみの上奏でよいと判断したが、帝室制度調査局は公式令による内閣総理大臣と海軍大臣の副署を必要とする立場をとった。そこで、天皇は帝室制度調査局総裁として公式令の作成に関わった伊藤の意見を問うため、内大臣秘書官日高秩父を韓国へ派遣した。伊藤の見解は、公式令と内閣管制により総理大臣の副署は、必要不可欠であるというものである。ここに至って防備隊条例を契機として、公式令と帷幄上奏の矛盾をめぐって、伊藤と天皇が対立することになる。(37) こうした状況下の八月一九日に寺内陸軍大臣と斎藤海軍大臣は、主務大臣のみで総理大臣の副署を必要としない「軍令按」を上奏した。「徳大寺日記」は次のように言う。

陸海両大臣軍令按上奏元帥御諮詢可被成上奏アレトモ先総理大臣ヲ以テ山県伊藤両元老ヱ御諮詢意見無之哉否復奏ノ事（八月一九日条）

陸軍・海軍両大臣は元帥のみの諮詢を要求したが、天皇は「軍令按」に対する伊藤の反対が予想されるところから、陸軍・海軍・元帥という統帥機関のみで検討することを懸念し、内閣や元老にも諮問したのである。軍部の要求をそのまま受け入れるのではなく、天皇が自ら主体的判断を下したものと言えよう。諮詢の結果、山県は賛成したが、西園寺と伊藤は反対であった。軍部・山県は軍令と軍政を区分し、軍令を独立させて内閣の関与を排除することを意図し、内閣・伊藤は軍令と軍政の区分は不明確であるという立場をとり、軍令の独立により軍部が内閣の統制から離れていくことを警戒した。(38)

こうした軍部・山県と内閣・伊藤の対立のなかで、天皇は明らかに軍部を支持している。八月二二日、天皇は徳大寺を寺内陸軍大臣のもとに派遣したが、天皇の意図について「徳大寺日記」は次のように記す。

頃日上奏ノ軍令案ハ従前帷幄上奏ノ分悉皆軍令トスルカ又ハ区分シ内閣ヘ差出分割致スヤノ御下問ナリ（八月

二二日条）

天皇もまた軍令と軍政の区分論に立ち、その明確化を陸軍大臣に求めたのである。そして、九月一一日に「軍令ニ関スル件」（軍令第一号）を裁可した。『原敬日記』もこの間の経緯を、西園寺の話として「帷幄上奏に関し……山県元帥より従来に比し途方もなき拡張の案を直接上奏せし……伊藤は憲法上許すべからざるものとの正論を唱へ、首相も之に同意して奉答せしものなるが、遂に答奏の通裁可あり」[39]と記している。山県の上奏は誤りであるが（陸軍・海軍両大臣の上奏）、天皇が伊藤と西園寺の反対を押さえて裁可した様子がうかがわれる。

軍令の制定は従来の研究が明らかにしているように、帷幄上奏による勅令も公式令によって内閣総理大臣の副署が必要になったことに対する、軍部の反発からなされたものである。しかし、軍部が天皇を突き上げて制定させたものではない。制定過程における天皇の位置付けをめぐる通説では、最初に問題を提起したのが天皇であり、天皇は終始調停者的役割を果たしたとされている[40]。

前者に関しては、公式令と帷幄上奏の矛盾点を表面化させたのが天皇であり、その意味では最初の問題提起者として天皇を位置付けることに異論はない。ただ、その問題提起がすぐさま軍令に帰着したのかどうかは不明であり、陸軍・海軍側の検討が今後の課題として残されている。

次に、後者の調停を論じる場合、政治的立場を明らかにしなければ意味はない。天皇が調停の役割を果たしたと言うのみでは、近代天皇制の一般的特徴を指摘しているだけである。軍令に関して天皇は、軍部・山県と内閣・伊藤の相反する意見を提出させて、自らの意思として裁断を下したのである。そして、天皇は軍部・山県と同じ見解を持っていたと判断できる。とするならば、対立する両者の間に入って争いを止めさせるという調停ではなく、主体的かつ能動的な役割を果たしたものと評価すべきであろう。前述の防備隊条例は一〇月一日、軍令として海軍大臣の副署のみで公示された。

(3) 内閣総辞職と天皇

第一次西園寺内閣は、社会主義の取締りに関する山県の上奏によって「毒殺」された、という説が当時から流布していた。原敬が日記に「先日徳大寺侍従長より社会党取締に関し尋越したる……本日参内し親しく侍従長と内談せしに……山県が陛下に社会党取締の不完全なる事を上奏せしに因り、陛下に於せられても御心配あり、何とか特別に厳重なる取締もありたきものなりとの思召もありたり[41]」と、記したのは一九〇八（明治四一）年六月二三日である。

この山県上奏について「徳大寺日記」は、何も語ってくれていない。また、『明治天皇紀』にも記述が見られない。山県の上奏は事実であるが、それにより天皇の西園寺に対する信任がゆらぎ、直接辞職に至ったということではないであろう。『原敬日記』には、天皇の意向について「徳大寺に面会せしに、同人より大体奏上し、陛下に於せられても俄かに如何ともなすべからざる事情を御了解ありたりと云へり……次で拝謁して（内閣の取締方針と実状を――勝田）奏上し、陛下に於せられても俄かに如何ともする事能はざる事情御了解ありたるが如く拝察せり[42]」と記されている。この記述によれば、天皇は内閣の社会主義取締りについて、一定の理解を示していることが判明する。また、西園寺も山県の上奏で天皇の信任を失ったとは思っていなかった[43]。

西園寺内閣を総辞職に導いたのは、日露戦後恐慌にともなう財政問題であった。一九〇七（明治四〇）年一〇月のアメリカの恐慌を契機として、日本も翌年一月には深刻な不況となり、立憲政友会を与党とする内閣の積極政策は大きな壁に突き当たることになる。財界（とくに金融界）と松方・井上ら元老は、緊縮財政の立場から積極政策の繰延べを内閣に要求した。これに対し内閣は事業繰延べを最小限にし、酒税と砂糖消費税の新設を内容とする予算案を作成し成立させたが、金融界や実業界および元老は、内閣と一線を画すようになった。こうした状況下、山県・寺内・桂らが倒閣に向けて動き出し、西園寺内閣は総辞職に追い込まれたのである。(44)

一九〇八（明治四一）年七月四日、西園寺が天皇に辞表を提出すると、天皇は後継首相につき伊藤の意見を聴くことを最優先し、日高秩父内大臣秘書官を韓国へ派遣した。翌八日、伊藤は電信を寄せて桂を後任とすることは「今日ノ情勢ニ鑑可然奉存」と奉答する。そして、一一日に日高秘書官が帰国して伊藤の意向を報告すると、天皇は山県・井上・松方の三元老に諮詢した。三名とも伊藤と同意見であると奉答したことから、天皇は一二日に桂に組閣を命じた。(45)

三　第二次桂太郎内閣と天皇

(1)　伊藤博文暗殺後の桂太郎と天皇

第二次桂内閣期に天皇が直接関与したものとして確認できるのは、「徳大寺日記」と『明治天皇紀』に拠れば侍従武官府官制問題のみのようである。この時期においては、天皇と桂の個人的関係の方に注目すべき問題が見出されるが、まずは前者からみていこう。

一九〇八（明治四一）年一二月二八日、侍従武官官制が廃止されて新たに侍従武官府官制が制定されたが、「徳大寺日記」の一二月二二日条に次の記述がある。

侍従武官府官制改正御沙汰陸相へ達ス　現在侍従武官長ハ侍従武官中ノ高級古参ヲ以補セラ、ヲ改メ陸軍大将中将若クハ海軍大将中将ヲ以親補セラル、ニ改ム

これによれば、天皇が寺内陸軍大臣に改正を命じたことにより、侍従武官長が陸海軍大将・中将から任命されるようになったことが判る。一二月二九日、陸軍中将中村覚が侍従武官長に任命された。軍事に関して大元帥天皇に常侍奉仕する、側近の官職である侍従武官長の資格について、天皇は自らの意思を実現させたのである。それでは、次に天皇と桂との関係を追っていこう。

第二次桂内閣は前述のように、天皇が伊藤・山県・井上・松方の四元老に下問して成立したものであった。そして、その諮詢の様子をみるならば、天皇は伊藤を最も信任していたことが確認できる[46]。第二次桂内閣時に伊藤が暗殺されるが、伊藤死去後に天皇の信任を急速に獲得するのが桂であり、桂も伊藤の後継者を目指すようになる。

一九〇九（明治四二）年六月一一日、伊藤が統監の辞表を提出すると天皇は、これを受諾して伊藤を枢密院議長に任じた（枢密院議長は山県有朋であったが、天皇は山県を枢密顧問官に降格している）。さらに、一四日には「韓国扶植」の功績を賞する勅語を伊藤に与えて一〇万円を下賜した。こうした厚遇をみても天皇の伊藤に対する信任が、如何に高いかがうかがわれよう。

一〇月二六日、伊藤はロシアのココツェフ大蔵大臣との会談のため、ハルビン駅に赴いた時に暗殺された。小村外務大臣の電報により伊藤遭難を知った天皇は、すぐさま徳大寺を呼び出して外務大臣に「前途方針」を質すように命じるとともに、侍従武官と侍医を派遣すべきであるという山県の奏請を容れて、西紳六郎侍従官と桂秀馬侍医の派遣を命じた。翌二七日、天皇は伊藤を従一位に昇任させて国葬準備を命じる。杉孫七郎を葬儀掛に任じ、国葬にあたっては「三条公爵葬儀ヨリ上ナラズ又下ラザル処ヲ以テ式ヲ挙クベク[47]」と指示を出している。国葬は、一一

月四日に日比谷公園で行われた。こうした迅速な対処からも天皇の伊藤に対する思い入れは、尋常なものでないことが確認できる。

伊藤死後の一一月八日、桂は西園寺に対し次のように申し入れたと『原敬日記』は記している。

常に意見を聞き得たる伊藤は既に死し、山県は何を云っても責任を避けて頼にならず、松方は老耄せり、井上は病気老衰して又長き事なしとて西園寺の助勢を暗に促がし、倶々元老の跡継たらんとするが如き談話をなす(48)

桂は、伊藤の後継者を目指しているのである。天皇も二度目の首相を務める桂に諮詢することが多くなっていく。いくつかの事例をあげていこう。

一つ目は、一九一〇（明治四三）年四月一日の渡辺千秋宮内大臣就任の例である。三月三一日に宮内大臣岩倉具定が死亡すると、後任大臣について天皇は、山県と元宮内大臣田中光顕および桂首相の三名に諮詢した。三名で協議し、桂が渡辺を奏請して決定したものである(49)。人事に関して天皇が桂に諮詢した最初の例であろう。

二つ目は、五月三〇日の陸軍大臣寺内正毅統監兼任の例である。韓国併合を断行する上で統監曾禰荒助の病気が問題となり、桂は山県・寺内と協議して曾禰を辞職させ、寺内の統監就任を内奏した。天皇は陸軍大臣寺内の兼任は「一朝有事に際し、統監の渡韓して滞留久しきに渉る如きことあらば、陸軍の事務渋滞すること之れなきや、万一此の如きの際に至らば、何人を以て陸軍のことを処理せしむべきや」と、懸念を示しながら桂の意見を問うた。これに対し桂は、「万一此の如きの際に至らば、臣自ら陸相の任を兼ね、以て緩急事に当るべき」と奉答し、天皇はこれを受け容れた(50)。寺内統監のもとで八月二二日に韓国併合に関する条約が調印されて二九日に交付されたが、その際韓国併合の「労」を賞する勅語が桂に与えられた。なお、三〇日に山県が寺内統監の朝鮮政策を内奏すると、『明治天皇紀』は「天顔頗る喜色あり」と天皇の反応を記している(51)。

三つ目は、一〇月七日の台湾総督佐久間左馬太の陸軍現役延長の例である。佐久間総督は、現役陸軍大将として一九〇六（明治三九）年に任命され、一九〇九（明治四二）年に停年に達したが、寺内陸軍大臣は在任中は現役であるべきとしてその延長を奏請した。天皇はこれを桂に諮詢し、桂が異議なき旨を奉答して現役延長は認められた[52]。伊藤死後に天皇が桂に諮詢するようになったのは事実であり、桂もこうした天皇の信任を背景として元老を批判し、後継首相の決定権を自ら掌握する意図を示すようになる。一二月一四日に桂と会談した原敬は、桂が「今や元老も老衰し山県の如き伊藤の死後は何等口を出さゞれども是を利用すると云っては語弊もあらんが実は利用する事あるに過ぎず、井上、松方も君の知る通なり、如此次第なれば将来後継者を求め置くは自分等の責任なりと思ふ[53]」と述べたことを記している。

（2）内閣総辞職と天皇

桂はいわゆる「情意投合」により立憲政友会との提携を強め、予算案をはじめとする重要施策を成立させた。そして、第二七議会の閉会式が行われた一九一一（明治四四）年三月二三日、桂は西園寺を訪ねて議会運営の協力を感謝するとともに、「未だ山県にも諮りたるにも非らざるも此二三ヶ月には諸事取纏めて内閣を譲る事になすべしと確言[54]」した。山県に相談することなく、桂は直接西園寺に対し政権譲渡を申し入れ、西園寺もこれを快諾している。そして、五月六日の桂・原会談で桂は「暑中休暇前に陛下に奏上し置く考えなり……予め御裁可を得置きて八月末暑中休暇中にも円満に接受したし[55]」と約束した。

原との約束通り八月八日、桂は天皇に奏上した。「徳大寺日記」は、この奏上について次のように記している。

首相奏上内閣現状維持スレバ当暮議会解散ノ不幸ヲ見ルニ至ラン左レハ予算本年度据置新事業ハ何モ挙行ヲ得

ス明年亦解散続クトキハ終ニ内閣総辞職ノ止ナキニ到ラン然ハ今ノ内ニ西園寺ニ譲リ近キ将来ニ於テ西内閣倒ルレハ桂更ニ総理ノ任ヲ蒙ルベシ各省大臣人撰ハ西園寺意見ニ任スカ外相ハ現任ノ侭歟林董井上勝之助槙《ママ》野伸顕歟呼声有寺内ハ陸相及総督ヲモ辞スト後任ハ第七師団長第六師団長又ハ次官歟元老山県ハ大不同心ノ様子ナレトモ明《ママ》案亦ナシ大蔵ハ松田正久歟内務ハ原敬文相ハ小松原司法岡部歟鉄道院長後藤海軍旧ノ侭歟大浦農商務留任歟（八月八日条）

この奏上から内閣交替に関する事柄として三点ほど指摘できよう。第一は、後継首相に西園寺を推薦していること。第二は、西園寺内閣の後継に再び桂を擬していること。第三は、後継内閣の閣僚人事について介入しようとしていること。第一点目は、すでに第一次桂内閣総辞職時に桂が西園寺を推薦しており、これに倣うものであって何も目新しいことではない。しかし、第二・三点目は従来見られなかったものである。特に二点目は、桂園間で政権を回すことを意味して第三次桂内閣が想定されており、桂自身その意欲を天皇に示したことになる。三点目の閣僚人事については桂は介入できず、西園寺・原・松田の立憲政友会首脳部で行われた[56]。原は閣僚人事につき「内閣の組織には最初より桂に内談せざるの方針を取り単に報告に止めたり、是れ桂内閣組織の際に西園寺に閣僚の相談なかりしと又彼に相談せば色々の注文出づるの虞あるに因り之を避けたる[57]」方針をとったと述べている。

八月二五日、桂は辞表を提出した。天皇は、辞職について山県の意見を聴くために、渡辺千秋宮内大臣を小田原に派遣したのみである。他の元老である松方や井上に諮詢することはなかった。辞表提出後の二七日、桂は辞職について徳大寺に次のように述べている。やや長くなるが、「徳大寺日記」の記述を紹介しておこう。

桂首相来話云此頃太郎掛冠ヲ出願セシハ各元老ニ老衰ニ及ヒ起テ政事執リ御輔導申上ル人体尠ク前途寔ニ心ホソキ事ナリ依テ唯今ノ内ニ総理大臣後継者ヲ置クノ必要アリ当時ハ戦後ノ経営モ調ノヒ恩賜財団済生会モ二千

五百万位集ル見込尤恩賜ハ別トシ又無産政府党大逆罪ノ輩モ取締処分相付凡重大事件ハ相運ヒ条約改正モ相済爰ニテ後継ハ西園寺ヲ奏スル心算来廿五日比桂奏上ノ後山県枢相ヘ御沙汰被仰聞御使ハ侍従長歟宮相歟山県奉復ノ後桂西両人同時御召御沙汰来月二三日比相成ベシ他日内閣困難生シタル時ハ何時ニテモ御沙汰賜リ候ハ、参内又間《(ママ)》ト云トモ意見言上可仕決而国家ヲ度外視スル心情毛頭無之永ク御輔翼申心底ナリ其辺ハ御安神ノ為吐露仕置由申演（八月二七日条）

前述のように伊藤暗殺後、原に対して元老の無力を訴えていた桂は、徳大寺にも元老の「老衰」を指摘したうえで、後継首相の決定権を自らの手に保持したい意向を明らかにしたのである。そして、内閣が「困難生シタル」時は何時でも天皇の諮詢にこたえる旨を言明した。山県・松方・井上ら元老よりも政治的に優位に立って天皇を「輔翼」すること、言うならば第二の伊藤博文たらんとする意思をここから読み取ることができる。

天皇もまたこうした桂に応えるかのように、八月三〇日の第二次西園寺内閣親任式後、桂に「朕陸軍大将正二位大勲位功三等公爵桂太郎ヲ待ツニ特ニ大臣ノ礼ヲ以テシ茲ニ元勲優遇ノ意ヲ昭ニス(58)」という詔勅を与えた。今までに伊藤・黒田・山県・松方にしか与えられていなかった、いわゆる「元勲優遇」の詔勅である。ここに、「第二流」の政治家であった桂が元老となったのである。

おわりに

一九一一（明治四四）年八月三〇日以降の第二次西園寺内閣の時期、天皇が主体的に政治過程に関わった形跡は「徳大寺日記」や『明治天皇紀』をみる限り認められない。天皇の健康問題が原因である。一九〇四（明治三七）

年末に糖尿病が発見され、一九〇六（明治三九）年一月末には慢性腎臓炎を併発していた[59]。病気は公表されなかったが、一九一二（明治四五）年には病状の悪化が知れわたっている。

同年三月二八日、参謀総長長谷川好道が秋の特別大演習計画を奏上した。計画は場所を川越に設定し、四日間の演習期間中の一日だけ川越泊としており、これは「近時天皇の御健康稍々常の如くあらせられざるを顧慮し、努めて玉体の安静を保ちたてまつらんとの意[60]」から立案されたものであった。ところが、天皇は軍隊が露営するのに自分だけが宮城で眠ることはできないとして計画を却下し、演習の全期間中川越泊と変更された。天皇が自らの意思で奏上を修正させた、最後の事例となったものである。天皇の死は、それから約四ヵ月後の七月三〇日である。

一九〇〇（明治三三）年から一九一二（明治四五）年にかけて、明治天皇がどのような政治的発言をし、行動していたのかを具体的に追ってきたが、そこで得られた結論をまとめれば次の四点があげられよう。

第一は、天皇が最も主体的・積極的に動いたのは人事問題であったことである。一九〇〇（明治三三）年の西園寺公望首相臨時代理問題や翌年の桂太郎首相問題をはじめとして、閣僚や日露講和会議の全権委員などの人事について、天皇は自己の意思を明確に表明している。

ただし、桂と西園寺（立憲政友会）の間で円満な政権授受が約束された桂園時代に入ると、天皇は首相人事には意思を示さなくなってくる。なお、人事に関する天皇の関与については、前掲佐々木隆「明治天皇と立憲政治」も「人事について、自ら候補を挙げたり、或は政府・藩閥の出した候補に再考を求めるなど、天皇自身の判断を示すことは決して珍しくなかった」（三三五〜三三六頁）と指摘している。

第二は、天皇が政治対立を調停（調整）する行動を起こしていることである。政治対立は政府内と政府・議会間に大別されるが、いずれにおいても天皇は能動的に調停に乗り出している。天皇は、もっぱら「受動的」な役割を果たしていただけではない。

前者の政府内の事例としては、一九〇〇（明治三三）年の「渡辺国武事件」や西園寺公望立憲政友会脱党問題、一九〇三（明治三六）年の伊藤博文立憲政友会脱党問題における天皇の行動である。そして、後者の政府・議会間では、一九〇一（明治三四）年の第一五議会（伊藤内閣と貴族院の対立）、および一九〇二（明治三五）年から翌年にかけての第一七・一八議会（桂内閣と立憲政友会・憲政本党の対立）における天皇の調停である。

後者の場合、前掲佐々木隆「明治天皇と立憲政治」は対象時期が異なっているが、「藩閥政府と議会の関係については天皇は専ら政府の意向を追認する形で行動した」（三三六頁）と述べている。一九〇一（明治三四）年から一九〇三（明治三六）年でも天皇は、結果的には「政府の意向」に沿った動きをしているが、それはあくまでも主体的判断に基づく能動的行動であったのである。

第三は、天皇の意思によって実現した軍制や官制があることである。一九〇七（明治四〇）年の軍令の制定と一九〇八（明治四一）年の侍従武官府官制の制定である。統帥権に関わることについて、天皇はとくに関心を持っているようである。

第四は、天皇が最も信任していたのは伊藤博文であり、伊藤死後は桂太郎となったことである。これは、すでに前掲伊藤之雄「元老制度再考」が指摘しているが、天皇の行動からも確認されることである。とくに「第二流」桂の政治的台頭は、天皇への接近と信任があってはじめて可能となったと言えよう。

以上が「徳大寺日記」と『明治天皇紀』の検討から得られた、本稿における成果である。

註

（1）第二次世界大戦前では、『明治天皇紀』の編修官渡辺幾治郎の研究がある。代表的著書として『明治天皇と立憲政治』（学而書院、一九三五年）、『明治天皇と輔弼の人々』（千倉書房、一九三七年）、『新訂増補明治天皇と軍事』（千倉書房、一九三八年）、『明治天皇の聖徳』全五冊（千倉書房、一九四一～四二年）などがあげられる。

戦後は一九八〇年代末にようやく、飛鳥井雅道『明治大帝』（筑摩書房、一九八九年）が刊行され、遠山茂樹『明治維新と天皇』（岩波書店、一九九一年）、岩井忠熊『明治天皇』（三省堂、一九九七年）などが発表されているが、天皇の具体的行動を追った研究となっているものではない。そうしたなかで、明治・大正・昭和天皇という三代の天皇が、政治過程のなかで「具体的にどのような役割をはたしたのか、あるいははたさなかったのか」ということを追究した、安田浩『天皇の政治史――睦仁・嘉仁・裕仁の時代』（青木書店、一九九八年）が刊行されている。

その後、二〇〇〇年代に入ってから、本格的（実証的）な明治天皇研究が相次いで出現するようになる。笠原英彦『明治天皇』（中央公論新社、二〇〇六年）、伊藤之雄『明治天皇』（ミネルヴァ書房、二〇〇六年）、西川誠『明治天皇の大日本帝国』（講談社、二〇一一年）などである。いずれも政治との関わりを重視している労作であるが、全生涯を対象とする評伝のスタイルをとっていることから、本稿で検討する時期の具体的政治行動について、詳細な論及はなされていない。

（2）前掲西川誠『明治天皇の大日本帝国』、三五〇頁。

（3）徳大寺《とくだいじ》実則《さねつね》は、一八七一（明治四）年八月に侍従長となり、さらに同年九月宮内卿を兼任したが、一八七七（明治一〇）年八月に侍従長が廃止されると侍補となった（宮内卿兼任）。一八八四（明治一七）年三月、宮内省に侍従職が設けられ、長官として新たに侍従長が置かれると、宮内卿からその職に転任した。以後、明治天皇の死去まで侍従長を務めた、天皇側近中の側近である。なお、徳大寺に関する初めての本格的研究として近年、梶田明宏「徳大寺実則の履歴について――明治十七年侍従長就任以前を中心に」（沼田哲編『明治天皇と政治家群像』吉川弘文館、二〇〇二年）が発表されている。

なお、「徳大寺実則日記」は、宮内庁書陵部に所蔵されている。日記の一部の写本が早稲田大学中央図書館所蔵の「渡辺幾治郎収集謄写明治史資料」にあり、佐々木氏が使用したのはこの写本である。本稿も写本を使用する。以下、「徳大寺実則日記」は「徳大寺日記」と略記する。
(4) 前掲伊藤之雄『明治天皇』、三〇六頁。
(5) 宇野俊一「日清戦後における藩閥官僚と政党」(小西四郎・遠山茂樹編『明治国家の権力と思想』吉川弘文館、一九七九年)、二八四頁。
(6) 立命館大学編『西園寺公望伝』第二巻(岩波書店、一九九一年)、三六一頁。なお、この『西園寺公望伝』も「徳大寺日記」を使用している。
(7) 「徳大寺日記」、一九〇〇(明治三三)年一一月七日条。
(8) 同右、一九〇一(明治三四)年三月五日条。
(9) 『原敬日記』1(福村出版、一九八一年新版)、三二六頁。
(10) 『明治天皇紀』第十、六二頁。
(11) 宇野俊一校注『桂太郎自伝』(平凡社東洋文庫、一九九三年)、二三六頁。
(12) 『原敬日記』1(福村出版、一九八一年新版)、三三六頁。
(13) 同右、三三五頁。
(14) 井上光貞・永原慶二・児玉幸多・大久保利謙編『日本歴史体系4　近代Ⅰ』(山川出版社、一九八七年)、九二八〜九二九頁。
(15) 「徳大寺日記」、一九〇〇(明治三三)年五月三〇日条。
(16) 海軍省編『山本権兵衛と海軍』(原書房、一九六六年復刻版)、一二五頁。
(17) 『原敬日記』1(福村出版、一九八一年新版)、三三九頁。
(18) 前掲『桂太郎自伝』、二八三頁。
(19) 「徳大寺日記」、一九〇二(明治三五)年三月一四日条。

(20)『明治天皇紀』第十、二一七頁。
(21)「徳大寺日記」、一九〇一（明治三四）年九月六日条。
(22)同右、一九〇二（明治三五）年一〇月二八日条。
(23)『明治天皇紀』第十、三六三頁。
(24)「徳大寺日記」、一九〇三（明治三六）年一月二六日条。
(25)同右、一九〇三（明治三六）年二月二四日条。
(26)『原敬日記』2（福村出版、一九八一年新版）、五八頁。
(27)前掲『桂太郎自伝』、二八三頁。
(28)同右、二八二頁。
(29)『明治天皇紀』第十、四六五頁。
(30)「徳大寺日記」、一九〇三（明治三六）年七月六日条。
(31)『原敬日記』2（福村出版、一九八一年新版）、一三一頁。
(32)同右、一四三頁。
(33)『明治天皇紀』第十一、一八二頁。
(34)『原敬日記』2（福村出版、一九八一年新版）、一六〇頁。
(35)主な研究として、小林幸男「『挙国一致』論覚書」（『法学』二一―三・四、一九六四年。後に『論集日本歴史12　大正デモクラシー』〈有精堂、一九七七年〉に所収）、由井正臣「日本帝国主義成立期の軍部」（『体系日本国家史5　近代Ⅱ』東京大学出版会、一九七六年。後に由井正臣『軍部と民衆統合』〈岩波書店、二〇〇九年〉に所収）、岩井忠熊「帝国憲法体制の崩壊」（岩井忠熊編『近代日本社会と天皇制』柏書房、一九八八年）などがある。なお、由井論文は「徳大寺日記」を最初に使用した研究である。
(36)『明治天皇紀』第十一　七九七～七九八頁。

(37) 同右、七九八〜七九九頁。
(38) 前掲岩井忠熊「帝国憲法体制の崩壊」、一八〜一九頁。前掲『西園寺公望伝』第三巻、五八頁。
(39) 『原敬日記』2（福村出版、一九八一年新版）、二五七頁。
(40) 前掲由井正臣「日本帝国主義成立期の軍部」、一五〇頁。ちなみに、軍令と天皇の関係について、最近の明治天皇研究は次のように述べている。前掲安田浩『天皇の政治史』は、「軍に関する勅令の総理大臣副署の問題にいち早く気づいた者が天皇であった事実は、統帥領域を特別の分野として自覚していたことを示すものであった」（一五一頁）、と提起者として指摘するのみで、その後の言動には触れていない。前掲伊藤之雄『明治天皇』は、「老境に入った睦仁や伊藤は、軍令制定を求める山県ら陸軍および海軍の動きに抗しきれなかった」（四一九頁）、と陸海軍に抵抗できなくなった天皇の「老境」を強調している。そして、前掲西川誠『明治天皇の大日本帝国』は、「伊藤は反発したが、明治天皇の決断もあり、九月十二日軍令が定められた」（三一九頁）としながらも、「（伊藤の）意図は、明治天皇には十分に了解されなかった。仮に了解しても、山県はじめ他の元老が支持していないものを、積極的には支持できない。軍令の誕生である」（三四七頁）、と内閣による天皇輔弼の明確化という、伊藤の意図を理解できなかったとしている。なお、前掲笠原英彦『明治天皇』は論及していない。
(41)・(42) 『原敬日記』2（福村出版、一九八一年新版）、三〇八頁。
(43) 前掲『西園寺公望伝』第三巻、七五頁。
(44) 坂野潤治『大正政変』（ミネルヴァ書房、一九八二年）、四〇〜五一頁。
(45) 「徳大寺日記」、一九〇八（明治四一）年七月四日・八日・一一日・一二日条。
(46) 天皇と元老との関係、とりわけ伊藤および桂と天皇の関係については、伊藤之雄「元老制度再考」（『史林』七七―一、一九九四年）参照。なお、この伊藤論文も「徳大寺日記」を使用している。
(47) 「徳大寺日記」、一九〇九（明治四二）年一一月四日条。
(48) 『原敬日記』2（福村出版、一九八一年新版）、三八三頁。

(49)『明治天皇紀』第十二、三七八頁。なお、「徳大寺日記」は一九一〇（明治四三）年一月から五月までの記述が欠けている。
(50)『明治天皇紀』第十二、四一三頁。
(51)同右、四六九頁。
(52)同右、四八八頁。
(53)『原敬日記』3（福村出版、一九八一年新版）、六八頁。
(54)同右、一〇四頁。
(55)同右、一三三頁。
(56)前掲『西園寺公望伝』第三巻、一〇九～一一一頁。
(57)『原敬日記』3（福村出版、一九八一年新版）、一六二頁。
(58)「徳大寺日記」、一九一一（明治四四）年八月三〇日条。
(59)一九一二（明治四五）年七月二〇日「御容體書」（『明治天皇紀』第十二、八〇八頁）
(60)『明治天皇紀』第十二、七四四頁。

（付記）

本稿は、『国士舘史学』第十一号（二〇〇五年三月）に発表した、拙稿「明治後期の政治と明治天皇」をその後の明治天皇研究成果を踏まえ、改題して一部削除・加筆したものである。

第二章　対外問題・対外政策と明治天皇
――日清戦後から日露戦後へ

大日方純夫

はじめに

日清戦争に勝利した日本は、欧米列強と対立・提携しつつ、中国分割競争に参画しようとし、また、朝鮮支配をねらう年来の路線の具体化をはかろうとしていた。では、こうした外交上の〝課題〟に明治天皇はいかにかかわっていたのか。対外問題に関する天皇の構えと判断はいかなるものだったのか。いうまでもなく大日本帝国憲法体制下の天皇は、国家の元首であり、統治権の総攬者であった。したがって、外交権限は終局的には天皇のもとに収束しており、外交上の決定は天皇の意思決定に依拠していた。では、このような国家元首である天皇が担った対外的機能の実際はどのようなものであったのか。

本稿は、以上の点に関する検討を課題とするものである。それは、第一に、天皇そのものに帰属する外交権限の実態を明らかにするという点で（天皇制自体の研究）、第二に、明治天皇自身の対外認識と対外観を解明するという点で（明治天皇個人の研究）、第三に、当該時期の対外路線の成立経緯の内的構造を解明するという点で（外交史の研究)、重要な意味をもつと考えられる。

明治天皇については、かねて多くの伝記が書かれてきたが、岩井忠熊が指摘しているように、そのほとんどは敬仰・謹解の立場に立つものであった。[1]これに対し、近年になって、学問的な成果を踏まえたコンパクトな伝記的著作があいついで刊行されてきている。[2]しかし、これらの著作も、前述のような問題に関しては、ごく部分的、断片的にしか解答を与えていない。

そこで本稿では、上記の問題を解くため、長期にわたって明治天皇の侍従長をつとめた徳大寺実則の日記を中心的な史料とし、[3]あわせて明治天皇の伝記『明治天皇紀』を活用することにしたい。[4]時期的には、一応、日清戦争終結後の一八九五年から、韓国併合の前年一九〇九年までに限定し、この一五年間の歴史過程に即して、天皇と対外問題のかかわりを追ってみることにする。この時期的な限定は、主として徳大寺日記に記載された対外関係記述の活用度の高さによっている。

以下では、日清戦後から日露戦後にかけての明治天皇と対外政策とのかかわりを問うことになるが、その前により日常的な外交事項と天皇のかかわりについて、簡単に整理しておくことにしよう。

一　外交をめぐる天皇の日常的機能と儀礼

元首とは対外的にその国を代表する地位や権限をもつ国家機関のことである。こうした地位・権限とかかわって、天皇は日常的に国家を代表する外交機能を担っていた。[5]天皇は日本の外交使節に全権委任状を与え、外国駐在の大使・公使の信任状を外国に対して発行して、外国に送り出していた。また、日本駐在の外国公使など外交使節の交替に際して、新任者が持参する信任状と、前任者の解任状を受理するという機能を担っていた。

さらに、天皇は外国に皇族などを代理として派遣し、外国皇室の式典などに列席させていた。たとえば、一八九六年には、ロシア皇帝戴冠式に伏見宮貞愛親王と特命全権大使山県有朋を派遣し、一八九七年には、イギリスのヴィクトリア女王即位六〇年祝典に威仁親王を派遣している（伊藤博文が随行）。一八九八年にはオーストリア皇帝即位五〇年祝典が予定されていたが、オーストリア皇后が暗殺されたため祝典は中止となった。

他方で外国からの賓客の来日に際しては、謁見し、会食の機会（午餐会・晩餐会）を設定して接受・歓迎することが日常頻繁に行われている。(6) 接待をうける賓客としては、第一に、外国の皇族があげられる。たとえば、ドイツ皇帝の弟ハインリッヒ（一八九九年）、デンマークの親王（一九〇〇年）、シャム国皇太子（一九〇二年）、ドイツのババリアの皇族夫妻（一九〇三年）、インドの王族（同）、ドイツの皇族ホーヘンツォルレルン親王（一九〇四年）、などが来日した際、天皇は謁見し、ある場合は食事をともにして歓迎している。

第二は、外国の司令官クラスの高級軍人である。一八九七年から九九年にかけて拾ってみると、来日したドイツの東洋艦隊司令官（一八九七年）、ロシアの太平洋艦隊司令長官（同）、フランスの東洋艦隊司令長官（同）、イギリスの侍従武官長の海軍大将（同）、イタリアの東洋艦隊司令長官と将校五人（一八九九年）などに、それぞれ謁見している。

第三は、政治家などである。イギリス領海峡殖民地総督（一八九八年）、イギリスの下院議員・海軍少将（一八九九年）、アメリカの上院議員（同）、アメリカ領フィリピン行政組織委員長ら五人（一九〇〇年）、香港太守（同）など、来日した政治家や植民地関係者に謁見している。

このほか、ロシアの大蔵省特派員（一九〇二年）、学術研究旅行の途中に立ち寄ったハンガリーの高僧（一九〇三年）、アメリカの万国為替制度調査委員（一九〇三年）などにも謁見しており、例外的には、一八九九年七月、ロシア帝室音楽師のバイオリン演奏を聴いた後、謁見したという事例もある。

このような外国からの訪問者に天皇が対応する場合の基準は、どのようなものであったのか。実はこの点に関して、伊藤博文は天皇に意見を提出していた。(7)一八九八年二月、伊藤は皇室に関する意見書を提出し、皇室・皇族の冠婚葬祭、皇族の待遇、皇室経済、東宮（皇太子）の輔導など一〇箇条にわたって意見を述べていたが、その第八番目に「外交ノ事」があげられている。これは、もっぱら外国人応接をめぐる「皇室外交」にかかわるものであった。伊藤は言う。

近年、外国の皇族・貴賓の来日は増加している。皇室あるいは政府が外国の使節の待遇はもちろん、外国の皇族、その他各国で「重キヲ持スル貴賓学者等」を接遇するのは当然だが、現在、外務省は官吏の所見のみにより、宮内省はその時の都合のみにより、それぞれその時々の評判次第で待遇してしまっている。これでは扱いの軽重厚薄が逆になったり、前後が矛盾したりしてよくない。現在の皇室外交の取り扱いは、外務大臣の請求にもとづくものもあり、宮内省の発意によるものもあって、一定していない。そこで、将来は宮内大臣と外務大臣が熟議のうえ、案をつくって天皇の判断を仰ぐようにし、重大なことがらについては総理大臣も協議に加えて慎重に審議することが必要である。

伊藤はこのように天皇による外国人応接方法の改善を提起したのである。これがいかに具体化されていったのかは定かでないが、当時の「皇室外交」の一端を穿つものと言えよう。

こうした人の往来とは別に、慶事・弔事の際には天皇の名をもって外国元首と親書や親電を交換し、弔事にあたっては喪に服している。たとえば、一九〇〇年七月、イタリア皇帝の銃殺に対し弔電と宮中喪、一九〇一年一月、イギリス皇帝の死去に際し弔電と宮中喪、一九〇四年七月、スペイン皇帝の祖母の死去に際し宮中喪、同年一〇月、スペイン皇帝の姉死去に際し宮中喪、一九〇五年一一月、ベルギー皇帝の弟死去につき宮中喪、一九〇八年二月、ポルトガルの皇帝と皇太子の暗殺につき弔電、一九〇九年一二月、ベルギー皇帝の死去につき服喪、といった対応がなされている。

なお、外国とくに外国王室・外国皇室との間では、勲章の贈与・受理をつうじて、相互に勲章の〝交換〟が行われている。

天皇が担ったこのような日常的な外交機能を前提として、情勢の推移にともなう対外的な課題に天皇がいかに関与していったのかを、以下、探っていってみることにしよう。

二　日清戦後の中国問題と明治天皇

(1)　台湾領有政策

①台湾統治へのバックアップ

日清戦争の結果、日本は清国に台湾を割譲させ、植民地としての支配をすすめた。割譲当初の内閣は第二次伊藤博文内閣であり、一八九六年六月には伊藤首相自身、台湾の視察に赴いている。これには、海軍大臣西郷従道、台湾総督桂太郎らが同行した。陸軍中将の桂は、第一代総督樺山資紀にかわって総督に就任したばかりである。天皇は桂の赴任日が迫っていて陪食の余裕がないため、ブドウ酒二ダースと肴料金五〇円を与えた（『明治天皇紀』第九、八二ページ、以下、紀⑨八二、のように略記）。また、出発の日、天皇は伊藤と会って、ブドウ酒二ダースと巻たばこ一千本を与えている（紀⑨八三）。こうして天皇の〝激励〟をうけて台湾へと出発した伊藤らは、一二日に台湾の基隆に到着し、各地を巡視した後、澎湖島・廈門なども回って、七月一一日に帰京した。

一〇月一四日、桂にかわって台湾総督に任命されたのは、第二師団長の陸軍中将乃木希典である。二六日、皇后は乃木とその家族を招いて、乃木本人に銀杯一組と肴料金一〇〇円、その母と妻にそれぞれ白縮緬一匹を与えた。総督を命じられた乃木は、自ら期するところがあり、家族を携えて赴任し、永住しようとしたからだという（紀⑨一四二）。また、天皇は、二八日、御座所に乃木らを招いて会い、食事をともにした（紀⑨一四三）。こうして乃木もまた、天皇（皇后）の〝激励〟を得て台湾に赴いた。天皇は台湾統治の責任者たちを慰労・奨励することを通じて、植民地支配の安定的推進を期そうとしたのである。

一二月一四日付の徳大寺実則の日記は、乃木総督からの報告を「台湾土匪首領簡義已下部下一千七百名余ヲ率テ降伏セリ、十一月十九日台北辺陳秋菊帰順ノ傾キアリト云」と記している（「徳大寺実則日記」明治二九年一二月一四日の条、以下、29・12・14、のように略記）。日本は抗日運動を弾圧しつつ、翌一八九七年五月三日、台湾総督府地方官官制を改正して台湾の行政区画を改定した（紀⑨二五〇）。

一八九七年六月三〇日、天皇は御座所で乃木総督に会った。その際、乃木は「土人ニ日本語ヲ教育シ意旨相通スルコト尤必要ヲ感ス、官吏ヲ増加スルモ言語不通レバ効尠シ」と述べ（30・6・30）、持参した台湾の写真と果実を献上した（紀⑨二七二）。こうした方針をうけて、七月一五日、国語の普及をはかり、普通教育の基礎をたてることが台湾統治の急務だとして、台湾総督府国語学校官制と台湾総督府国語伝習所官制が定められた（紀⑨二八〇）(8)。

八月二日、天皇は帰国していた乃木総督を御座所に召して、つぎのような勅語を与えた（紀⑨二八五）。

台湾諸島朕カ版図ニ帰セシヨリ日尚ホ浅ク、新附ノ民未タ或ハ其堵ニ安セサル者アラン、宜シク民情旧慣ヲ視察シ撫恤ヲ加フヘシ、卿善ク朕カ意ヲ体シ官紀ヲ慎粛シ政綱ヲ簡明ニシ、以テ徳化ヲ宣揚スルコトヲ勉メヨ

いわゆる「治台善後」の勅語である。

この勅語をうけて帰任した乃木は、八月二四日、総督府舞楽堂の前に二〇〇余人の総督府官吏を集めて捧読式を挙行し、「天皇陛下ハ夙ニ台湾ニ於ケル人民ノ撫育ニ軫念シ給フコトハ朝野ノ倶ニ感仰ニ堪ヘザル所ナリ」などと述べて、「聖旨」にそうよう努力せよと要請した（紀⑨二八六）[9]。台湾の統治政策は天皇の意をうけるかたちで遂行されていったのである。

②台湾総督府官制問題

さて、一八九七年一〇月、台湾総督府官制が制定されるが[10]、この成立経緯と天皇の意思とのかかわりについて、徳大寺日記および『明治天皇紀』には、かなり立ち入った記述がある。そこで、つぎにこの点に関してやや詳しくみておくことにしよう。

当時、台湾総督府条例（一八九六年三月三一日制定）を改正して武官総督の制度を廃止し、文武官を通じて広く人材をもとめるべきであるとの議論があった。

一八九六年三月三一に制定された条例は、総督（親任）には陸海軍大将もしくは中将をあて、総督は委任の範囲内で陸海軍を統率し、拓殖務大臣の指揮を承けて諸般の政務を統理する、と規定していた。このうち、拓殖務大臣の指揮権に関する部分は、一八九七年九月に同省が廃止されたため、一〇月の改正で内閣総理大臣の監督を承けて

諸般の政務を統理することとなっていた。

天皇も武官総督制度の廃止に関する議論について、つとに気にかけ、京都御所に滞在中、[11]松方首相に官制を検討するよう指示していた。当時の天皇の考えは、おおよそつぎのようなものであったという（紀⑨二九五）。

台湾総督は陸海軍大将若しくは中将を以て任ずるの制なりと雖も、当今軍備拡張の期に際し、古参の中将其の人に乏しく、或は適任者ありと雖も、各々其の職に在るを以て、良総督を得るに苦しむ、由来台湾総督の任たるや、文武の職を奉じ、上下望を属す、統治の責任係りて其の人にあり、識見技能の卓越する者にあらずんば、能く其の任に堪へず、仍りて任用の範囲を広め、文武を問はず、親任に依りて博く適材を求めて之れを採用するに如かず

松方はこの点につき閣議にはかったが、文官総督では軍隊指揮の権限がなく、非常時に処することができないといった意見があって一致した結論を得ることができなかった。そこで、結局、二通りの閣議案を作って天皇に提出した。一つは総督を武官とするもので、高島陸軍大臣提出のもの、もう一つは総督を文官としたときの官制であった。

しかし、天皇は八月三〇日、徳大寺をして「聖旨覚書」を松方に与えさせ、この閣議案を却下した。さらに陸軍大臣・次官などと協議して文武官の得失を研究させることにした。天皇の覚書の要旨は、つぎのようなものであった（紀⑨二九五〜六、30・8・30）。

台湾総督を親任官とする。ただし、文官のときには軍隊を指揮することができないので、中将（武官）に軍隊を監督させ、事変に際してはこの中将とはかって軍隊を動かすことができるのではないか。また、総督が武官のときは、現条例のままで施行できると思うが如何。

こうした見解にたち、この日、天皇は二時間にわたって松方と話した。ついで、松方は天皇の意をうけて閣議にはかったが、依然として容易に決定することができなかった（紀⑨二九六）。

九月二九日、天皇は徳大寺を参謀次長川上操六のもとに赴かせた（紀⑨三一一）。台湾総督府官制の制定に関して川上の意見をもとめるためである。天皇の質問に川上はつぎのように答えた（30・9・29）。

台湾総督文武官ヲ任用セラルヽ思召ニ付テハ文官総督タルトキハ司令長官ヲ置キ中将之ニ任ス、台湾島中某所ニ土匪集合シ不穏ノ情況ノ聞ヘアルトキハ司令長官ニ於テ捜索ヲ遂ケ征討敷鎮撫カ至急手談《(ママ)》ヲ致スベク交渉スル事、指揮権ニ非ザル故文官総督ヨリ武官ヘ通牒スル更ニ支障ナシト川上奉答ス、又現行ノ侭武官総督ニテ置カルヽモ異議ナシ

九月三〇日、松方首相は天皇に会って台湾総督府官制の制定に関して奏上した（紀⑨三一一）。

一〇月一日、閣僚らは海軍大臣西郷従道邸に参集して台湾総督府官制制定について議論し、二日、高島陸軍大臣がその案を携えて参内した。そして、天皇に会って詳しく奏上した（紀⑨三一二・三一四）。また、これより先、乃木総督は官制案に意見を付して天皇に提出しており、天皇はこれを見た後、松方首相に渡していたが、天皇は、この日、再度乃木の意見を見たいとして松方から返却させていた（紀⑨三一三）。

一〇月四日、天皇は徳大寺を山県邸に遣わし、台湾総督文官制についての自らの意見を伝えさせた（紀⑨三一三）。徳大寺の日記には、「台湾総督ニ文官採用　思召在ル処委詳演舌ス」と記されている（30・10・4）。

天皇は高島らの案になお納得せず、松方を召して自ら諭そうとした。しかし、松方は病気をもって参朝することができず、台湾総督府官制は陸海軍に関係することが多いので、陸海軍大臣を召して「御沙汰」してほしいと要請した。しかし、天皇は「然らず、拓殖務省既に廃せられ、台湾総督府は内閣総理大臣の管轄に属す、先づ管轄外の

大臣に諮るの理なし、正義病あらば其の参朝を待たん」と語って、一〇月五日、病気が軽くなったら速やかに参朝するようにと指示した（紀⑨三一四）。天皇は陸海軍の関与を嫌ったといえる。

一〇月八日、天皇は徳大寺を山県のもとに送って台湾総督府官制についての考えを伝え、その可否を尋ねた（紀⑨三一七）。天皇の考えは、「総督事故アルトキハ政務長官代理スルコト、陸海軍各僚参謀長代理スルコトヲ参謀長一人ノ代理トスル事、政務長官ヲ設ケズ政務局長ノミニスルコト、右ニ由リ第十四条第十五条ヲ削スル事」というものであった（30・10・8）。つまり、政務長官を設置するという原案は採用せず、総督に事故あるときは政務長官か陸海軍幕僚参謀長が代理するという原案を否定して、参謀長のみが代理とするという案であった。

一〇月九日、山県邸に赴いた徳大寺に対して、山県は天皇の「思召」に賛成すると答え、つぎのような考えを回答した（30・10・9）。第一四条・第一五条を削る。政務長官を置くことは一得一失あるをまぬかれない。総督に政務を総覧させ、文武両政の分離を予防しようとするときは、むしろ政務長官を置かないほうがよい。ゆえにこの趣旨により第一五条を「第何条総督事故アルトキハ故参ノ陸海軍幕僚参謀長之ヲ代理」と改正する。この山県案は、天皇の意をうけてのものであった。

一〇月九日、天皇は松方首相にさきに提出のあった台湾総督府官制案を下付し、自らの考えを告げて、速やかに案を決定して上奏せよとした。しかし、この時、閣僚は統一を欠き、政策がまとまらず、松方は苦慮していた（紀⑨三一八）。この日、松方は徳大寺に対して、その胸中をつぎのように語った（30・10・9）[12]。

台湾総督将官又ハ文官ヲ以採用セラル、事、京都御駐輦中聖旨ヲ承リ私ニモ御同意申上総督ヲ親任トス、私修正仕リ其後閣臣評議仕候処　思召貫撤（ママ）仕ラズ、何トモ恐懼不堪、不肖松方最総理大臣拝命ノ節再三固辞スト雖強テ命セラレ御承仕候得共追々老年ニ及ヒ内外多事ノ折柄ニ付　陛下ニ於カセラレ総理大臣ヲ辞スル方然ル

ベク　思召ニ候ハ、御腹蔵ナク仰下サレタシ、伊藤井上山県等モ在京ノ事故イツレヘ任ゼラレテモ宜シ、私ハ外様ノ者トモ違ヒ候事故　思召次第ニ奉命致スベシ、私ヨリ辞表ハ奉呈仕ラス、去ナガラ私重職ニ不適任トノ思召アラセラル、ナラバ内々侍従長ヨリ御示シ依頼致ス

松方は天皇の「思召」を貫徹させることができず恐懼にたえないとして、泣きながらこのように語ったという。つまり、天皇の意向はうけいれがたいというのである。

以上のような経過を経て、一〇月一三日、ようやく台湾総督府官制は成立した。第二条は「総督ハ親任トス陸海軍大将若ハ中将ヲ以テ之ニ充ツ」、第三条は「総督ハ委任ノ範囲内ニ於テ陸海軍ヲ統率シ内閣総理大臣ノ監督ヲ承ケ諸般ノ政務ヲ統理ス」となっている。総督は親任で、武官をもってあてることとなっており、資格・職掌・権限など、おおむね旧条例のままであった（紀⑨三二〇）。天皇の意思は貫徹せず、結局、文官まで任用範囲を拡大したいとするその意向は無視されたことになる。「御名御璽」の公布文書には、内閣総理大臣松方正義・海軍大臣西郷従道・陸軍大臣高島鞆之助が副署していた。

天皇の意思が内閣側、具体的には軍部の意向によって〝無視〟されるということのような事態の背景には、台湾統治をめぐる政府と軍部とのかねてからの対立があったものと考えられる。すでに台湾割譲直後の一八九五年五月、初代台湾総督樺山資紀のもとで、台湾総督府官制案として台湾総督府条例案等が立案されたが、政府サイドでの検討・修正過程において、伊東巳代治内閣書記官長をはじめとする文官側と、川上操六陸軍中将・参謀本部次長を筆頭とする軍部の間に対立があったと檜山幸夫は推定している[13]。さらに檜山は、台湾総督を文官とするか、武官とするかという総督の資格要件をめぐる対立があったとして、つぎのような経緯を紹介している[14]。すなわち、文官総督制を主張する伊東内閣書記官長と、武官制を可とする児玉陸軍次官が対立したため、伊藤首相の裁決により台湾全

島が鎮静するまでは武官制とし、平定後は文官制とすることに決定したというのである。

安田浩は台湾総督府官制の制定をめぐるこのような動向に言及して、明治天皇は「軍事君主としての自意識」、「軍を直属の特別の機関とする認識」は強かったが、「常に軍事的観点を優先させていたことを意味するものではない」としている。(15)「任用範囲を文官総督にまで拡張することを強く希望しながらも、軍部の反対も考慮し、各政治勢力の主張の調停者・調整者としての位置からは出なかった」というのである。首肯されるべき指摘といえよう。

なお、一九一九年八月、原敬内閣の時に台湾総督府官制が改正され、台湾については文官総督への道が開かれることになった。

(2) 義和団の蜂起

①清国情勢への関心

日清戦争に敗北した清国では、列強の再分割競争が激しくなり（後述）、また、これは清国民衆の苦難を増大させていった。日本も列強の動向をうかがいつつ、日清戦争の〝戦果〟を梃子に、清国への勢力拡大をはかろうとした。すでに日清講和条約では、揚子江の開市を実現し、揚子江中流の河港の沙市をはじめ、重慶・蘇州・杭州の四ヵ所の港を開くこと、いずれにも日本が領事館を置く権利をもつことを認めさせていた。しかし、これは清国民衆の反発を招くこととなった。徳大寺日記一八九八年五月九日の条には、「清国沙市暴徒蜂起、我領事館ヲ焼払フ」と記されている（31・5・9）。この日、沙市では清国の民衆が蜂起して日本領事館・税関・汽船会社支店などを焼き打ちし、このため領事館員などが避難するという事件がおこっていたのである（紀⑨四三二）。周知のように、清国の華北では、一八九八年頃から反キリスト教・反外国を掲げる義和団運動が急速な広がりをみせ、一八九九年三月には山東省で蜂起した。

明治天皇もこうした清国情勢に関心を示し、一八九八年一月七日には、転任のために帰国した清国公使館付陸軍歩兵大佐の神尾光臣を御座所に召して、清国の状況を聞いている（紀⑨三七一）。また、同年一二月八日、天皇は御座所で清国・韓国を「漫遊」してきた伊藤博文から、両国の状況を聞いている（紀⑨五五九）。そして、翌一八九九年四月一五日には、天皇は伊藤と、首相山県有朋・蔵相松方正義・内相西郷従道・外相青木周蔵・海相山本権兵衛・内大臣徳大寺実則を召し、伊藤に朝鮮・清国歴遊によって得た見聞を話させている（紀⑨六二〇）。これに応えて伊藤はつぎのように語った（32・4・15）。

朝鮮ハ琉球ノ如キモノニテ日々衰弱、論スルニ足ラズ、清国ニ到テハ自動的文明ニ開発スルノ有力者ナク、総テ西洋人ニ開カル、訳故、日本ヨリ助クルノ時機ハ過去レリ、又欧洲各国ノ如ク領土ヲ占ントスレバ欧洲各国聯合シテ妨クベシ、兵力ニ訟《ママ》フルトキハ力不足、財力ヲ以争フベカラズ、今日ノ場合我邦ハ手ヲ引テ自国ノ富強ヲ計画スルノ秋ナリ、将来ノ形勢機敏ニ探知スルヲ尤必要ナリト考フ

西洋列強の動向を勘案して清国への介入は抑制し、自国の富強をはかりつつ、機敏な情勢把握につとめるべきだという主張であった。対外膨張に抑制的なこうした伊藤の見解を、天皇は自らの見解として閣僚に伝え、それが政府の対中国政策に何らかの影響を及ぼすことを期待したものと考えられる。

一方、一八九九年四月五日、天皇は徳大寺を外務大臣青木周蔵のもとに赴かせ（紀⑨六二八〜九）、つぎのように指示していた（32・4・5）。

矢野公使報告遅延ニ及フ事アリ、現今清国ノ情況累卵ノ如シ、欧洲各国四境ヨリ土地ヲ占領セントトス、独国ノ

山東省ニ於ル、伊国ノ三門湾ニ於ル、露国ノ大連湾旅順港金州半島ヲ領シ、英国ノ威海営《ママ》ヲ領スル、各土地借用廿五年若クハ九十九年ト云、商業彼我利益ヲ名義トシテ各土地ヲ借リ将来北京政府独立甚覚束ナキ形勢ニ至リシナリ、由テ敏活ニ処理スル公使ヲ選フベシ

つまり、矢野文雄では清国情勢の緊迫化に対応できないとして、天皇自らが清国公使の更迭をはかるように指示したのである。[16] それは、「将来ノ形勢機敏ニ探知スルヲ尤必要ナリ」という伊藤の言（前出）を具体化するための措置であったともいえる。矢野が清国公使に任命されたのは一八九七年三月、第二次松方内閣（大隈重信外相）の時であったが、この年一〇月に免官となった。

②義和団運動への対応

義和団の運動は一九〇〇年五月、激しさを増して鉄道を破壊し、六月には出兵した列国連合軍と衝突する。こうした事態のなかで、五月三〇日、青木外相は天皇に「北清団匪暴動の事」、つまり義和団の動向について詳しく奏上している（紀⑨八二七）。また、徳大寺の日記も「清国義和団暴徒外国人危害ヲ加フ」と記している（33・6・2）。

ところで、山県首相は五月二四日、健康にすぐれないという理由で天皇に辞意を申し出ていた。すでに国内問題の懸案を一応解決したとの判断からであった。[17] その結果、伊藤博文に組閣が命じられたが、伊藤は新政党結成の問題もあって固辞し（九月に立憲政友会を結成）、蔵相の松方正義も受諾せず、元老は桂太郎を推薦した。こうしたなかで天皇は、清国情勢の緊迫化を背景として、六月一五日、徳大寺を山県首相の官舎に遣わし、留任すべきを勅旨として伝えた（33・6・15）。

先達而辞職ノ内意上奏スト雖、支那状態日々切迫シ陸兵ヲ派遣スル場合立到ルニ付、此際職ニ留リ対清画措ス

ベシ

これに対して山県は、「為シ得ラル、限リ朝野ノ為微力ヲ尽スヘシ」と回答している（同上）。また、翌一六日、徳大寺は山県首相邸に出向き、天皇の意向を伝えた（33・6・16）。

近日北京天津地方ニ於テ乱民猖獗ヲ逞シ警報相踵ク、朕ハ卿ノ辞任ノ内意アルヲ知ルト雖、此ノ際仍ホ職ニ留国務ヲ措画センコトヲ望

山県首相の辞意は、義和団事件を理由とする天皇の意思によって慰留されたのである（紀⑨八二一〜四）。

徳大寺は六月一九日の日記に、一七日午前一時三〇分頃より開戦、八時頃砲声停止、ついに太沽砲台を各国連合軍占領、日本軍の死者九名と、義和団事件に関する報告を記している（33・6・19）。また、二一日の日記にも、太沽砲台占領、日本軍死者九名、と記している（33・6・21）。閣議は六月一五日、清国への陸軍派遣を決定していた。

七月五日、天皇は伊藤を召して、「清国形勢不容易、殊ニ欧米列国ニ関係シ事頗重要之問題ニ渉リ候ニ付卿意見内奏スベシ、依テ此際可成ハ滞京可致候、但外交政略上ニ付山県青木等ヨリモ卿ニ談合候様申聞置ク」と命じた（33・7・5）。伊藤之雄が指摘するように、明治天皇は清国状勢が緊迫するなか、閣僚ではないにもかかわらず、伊藤博文に対し尽力を求めたのである[18]。

七月六日、閣議は清国への増派を決定した。七月一二日には、参謀本部次長の陸軍中将寺内正毅を清国に派遣し、各国連合軍の統理将官と交渉させることとした（33・7・12）。七月一四日、各国連合軍（主力は日本軍）は天津城を占領（33・7・14）。以後、八月はじめにかけて、北京に向けて進撃した。八月六日には、帰国した寺内参謀次長が天皇に天津の戦況を報告している（紀⑨八七一、33・8・6）。

八月八日、ドイツ皇帝ウィルヘルム二世は、天皇に電報を送った。ロシア皇帝ニコライ二世の推挙にもとづき、

清国臨時派遣軍の司令長官にドイツ元帥ワルデルゼーをあてることにしたいとの申し入れである（紀⑨八七二）。天皇は即日、これに同意する旨を返電した。一一日、ドイツ皇帝よりふたたび電報が来た。日本軍隊に命令を伝えかつこれと気脈を保つため、他国と同様、元帥に日本将校一名を付属されたい、というのである（33・8・15）。これをうけて天皇は、一七日、ドイツ元帥付陸軍少将福島安正と青年将校一名を決定した旨、ドイツ皇帝へ返電した（33・8・17）。

八月一四日から一五日にかけて列国軍は北京を占領し、各国公使館を解放した（紀⑨八七五）。八月一八日には、列国軍の北京占領と公使館救援の第一報が届いた。徳大寺はその報を、日記につぎのように記している（33・8・18）。去一五日、連合軍は北京城を早朝より攻撃し、敵兵は頑強に抵抗した。夕刻に至って日本軍は朝陽門・東直門を破壊して進入し、直に哨兵をもって列国公使に通じた。公使以下は無事であった。死傷者は一〇〇余人で、敵兵には三〇〇〜四〇〇の死傷があった、と。この日、青木外相が参内して天皇に報告しているから、これをうけてのものであろう。

翌一九日、青木は清国駐在公使の西徳二郎に電報を打ち、「天皇久しく期待したまひし北京救援の成れることを聞き、宸慮を安んじたまへる」ことを伝えた（紀⑨八八〇）。一方、天皇は一八日、清国にいる軍人を慰問するため派遣する侍従武官長に、陸海軍人に与える勅語を託した（紀⑨八八〇、33・8・18）。

こうして義和団鎮圧戦争は終結したのである。

三　日露戦争に至る対列強関係と明治天皇

（1）列強をめぐる情勢認識

一八九六年三月一四日、外務大臣陸奥宗光はドイツ皇帝が描いた絵を明治天皇に献上した（紀⑨三二）。そこには、「耶蘇教国聯合シテ日本ノ力ヲ殺ク意想ヲ含メル図画」（29・3・14）、つまりキリスト教国が連合して日本に対抗するという趣旨の絵が描かれていたという。それは、日清戦争に勝利した日本の勃興が、やがて欧米列強との矛盾を深めるだろうことを含意するものであった。前節とは時期がやや前後するが、以下、列強との関係に目をやってみることにしよう。

日本の〝台頭〟をめぐる新たな緊張関係は、日本の当局者に対して、欧米が日本の内情を探偵しているのではないかとの懸念と警戒心を深めさせ、それは、天皇の周辺にも及んだ。一八九六年一二月一七日、英国公使館付武官が帰国に際し天皇に拝謁した（紀⑨一六三）。徳大寺は彼について、「英政府ヨリ東洋戦後ノ情況視察且日本軍勢ノ強弱及嚮背露ニヨルカ英ニ依ルカノ実況探偵ノ為ナリ」と推測している（29・12・17）。

また、翌一八九七年六月二七日（徳大寺日記では二八日）、参謀本部次長の川上操六は天皇に拝謁をもとめ、ロシアの軍事探偵のことについてひそかに奏上した（紀⑨二七一、30・6・28）。それは、つぎのような内容であった。

ロシアの陸軍士官一人と海軍士官一人が日本の要塞、砲台の築造、戦後の軍備拡張の情況を視察している。彼らは紀州海岸より上陸して大阪師団と戦い、京都を占領することを上策としている。また、銚子より上陸して沿岸の船を奪うか、あるいは大磯・小田原の海岸より上陸するのを下策としている。日本事情を捜索探偵するために宣教師ニコライ[19]の門人の日本人に金を与え、門人からまた他の日本人に金を与えて探偵し、ロシア公使に報告している。ロシア公使はこれを本国に報告する材料にしている。日本人の姓名も明らかになっている。

川上はこのような情報を天皇に伝えた。こうした情報にもとづいて天皇は、七月三日、徳大寺を遣わして外務次官小村寿太郎にその実際を尋ねさせている（紀⑨二七六、30・7・3）。

同じ七月三日、警視総監山田為暄は、「露教法主ニコライ弟子日本人二万五千人余、全国散在ノ者ヲ合スレバ四拾万人モアリ」と天皇に報告している（30・7・3）。他方、同日、川上参謀次長は夏の休暇中、ロシアの要塞、砲台、軍港設備の情況を視察するため、ウラジオストクに向けて出発した（30・7・3）。

当時、天皇は東アジアにおける列強の状況に強い関心を抱き、また、懸念を深めていた。一八九七年一一月一四日、ドイツは同国宣教師の殺害を名目として膠州湾を占領した（紀⑨三三九）。天皇は、一二月二〇日、膠州湾占領にともなうドイツと清国との談判の結果を慮って、徳大寺を外務次官小村寿太郎のもとに差し向け、北京駐在公使からこの点に関して報告がなければ、直ちに促して報告させよと指示している（紀⑨三五六）。また、三一日には外務大臣西徳二郎にも同様の督促をしている（同前）。

こうした情勢をうけて、一八九八年一月一〇日、天皇は伊藤博文・山県有朋・黒田清隆・西郷従道・大山巌・井上馨を御座所に招いた。これは、二日前、組閣した伊藤が天皇のもとを訪れて、内閣の任命にさきだち元勲を招集して時局への対処策につき審議してほしいと要請したからであった。伊藤の意向をうけた天皇は、集まった元老たちに対して、つぎのような勅語を与えた（紀⑨三七三）。

方今内外の形勢寔に容易ならず、卿等審議して国家前途の方針・目的等を定むべし、且内閣総理大臣以下各大

臣辞表を呈出し、後任未だ決せず、卿等宜しく議を尽し、速かに内閣組織のことを謀るべし

これをうけて伊藤は、直面している東アジア情勢をつぎのように説明した（31・1・10）。昨年、有栖川宮に随行してイギリスに赴き、同国のソールズベリーやフランスの外務大臣と会ったが、欧州の諸強国は清国の政治の混乱に際して、まさに分割占領しようとする勢にある。ロシアは北方の満州地方から清国に迫って遼東・大連・旅順口を領有しようとし、フランスは雲南地方を、イギリスは揚子江口を、ドイツは膠州湾・山東省を、それぞれ領有しようとしている。仁川にはイギリスの軍艦が繋がれており、英露両国のいずれかから一発の炮声が起った場合、日本がイギリスに与すればロシア・フランス・ドイツ三国を敵にしなければならない。ロシアの側につけばイギリスを疎外視せざるをえない。しかし、現在の日本の内情を考えると、兵備は不十分で、財政状態も困難であるから、強敵に当ることはできない。したがって、局外中立が妥当と考える。

伊藤のこの意見に対して、他の元老も異議はなかった。ただし、徳大寺日記は「陛下思召アラセラレズ」と記しており、天皇自身は意思表示をしなかったようである。

四月二二日、日本は清国に対して福建省を他国に割譲したり貸与することがないよう正式に保証することを要求した（紀⑨四二七）。ロシア・ドイツ・フランス・イギリスなどの清国侵出状況に対する予防措置を講じ、日本が獲得している台湾を確保しようとしたのである。清国は二四日、これを保障する旨、正式に回答した。

四月二六日、天皇は伊藤首相と会った（紀⑨四二八）。伊藤は、韓国に関する日露議定、イギリスの威海衛租借、ロシア・ドイツ・フランスの清国に対する外交政略について説明し、日本の外交方針にも言及した（以下、31・4・26）。

伊藤は、まず、韓国政府にロシア人や日本人を雇い入れる場合は、日露交渉を経なければ認めないこと、韓国内

地で日本人が商業・工業を営む場合、ロシアは妨害しないことについてロシアとの約条が成立したと述べた。これは、四月二五日、西外相とロシア公使ローゼンが調印した韓国に関する議定書の説明である。

つづいて伊藤は、威海衛の「守備兵」は償金の保証として占領したので、償金の残額が支払われれば撤兵する予定だと述べた。これは、五月七日、日清戦争の償金残額を受領したことによって具体化し、五月一〇日、日本の威海衛占領軍に引き揚げが命令される。

また、イギリスが二五年間威海衛を借用することを清国政府に申請しても日本は異議ないかと言ってきたので、異議はないと回答したこと、イギリスは楊子江両岸の地を他国に貸渡さないようにと清国政府に要求し、この談判がまとまったことを説明している。すでに二月一一日、イギリスの要求に対して清国は揚子江沿岸地域の不割譲を約束していたのである。

さらに、日本は台湾島の対岸の地である福建省を二五年間貸入れることを清国政府に申請したとしているが、これは、四月二二日に成立した福建不割譲に関する日清交換公文のことをさしている。

ロシアはシベリア、満州の鴨緑江を経て旅順港へと鉄道を布設し、鉄道株券はロシアが持ち、清国と共同所有にしようとしていると述べたが、これは、三月二七日にロシアが南満州における鉄道敷設権を獲得したことをふまえている。

伊藤は、さらにつづけて列強の清国進出状況をつぎのように説明した。ロシアは大連港・旅順港を有し、ドイツは膠洲湾を領し、ついには威海衛を有して、ロシアと協力して黄海の関門を封鎖しようとする策略であるが、イギリスが威海衛を借りたならばドイツの策略がどのように変更するであろうか。フランスは安南地方より駸々と北進している。

こうした伊藤の説明の背後では、三月六日、ドイツが膠州湾の租借権を獲得し、二七日、ロシアが大連・旅順の租借権を獲得し、四月九日、フランスも広州湾の租借権と雲南鉄道の敷設権を要求する、という事態が進行していた。そして、七月一日には、イギリスが威海衛を租借する。

伊藤の情勢報告は、このように詳細なものであった。列強の中国分割競争は熾烈となり、日本は列強の動向を注視しつつ、何とかこれに参入しようと機会をうかがっていた。こうしたなかで、すでにふれたように清国では義和団の運動が急速に広がり、行動化していった。そして、義和団の蜂起を弾圧した北清事変の結果、列強の清国侵略はいよいよ熾烈となり、とくにロシアの極東進出と日本の大陸進出政策の確執は深刻となっていった。天皇の国際情勢認識は、伊藤を通じて形成された面が大きかったのではないかと推測される。

(2) 日英同盟問題

このような情勢のなか、第一次桂太郎内閣の時期、日英同盟論が浮上してきた。一九〇一年八月一日、イギリス駐在公使林董は外務大臣曾禰荒助に、イギリス政府は日本と同盟を締結したがっているようだが、政府にはイギリスと同盟を締結する用意があるのかと問い合わせてきた（紀⑩九八）。これをうけて曾禰外相は桂太郎首相と相談し、桂は閣僚・元老と熟議を重ねて、この機会にイギリスと同盟を締結するとの方針を固めた。しかし、伊藤博文は自らロシアに赴いて日露協商を結ぶことを企図し、九月一三日、天皇に会って、健康回復のための欧州漫遊を名目として暇を請うた（紀⑩一〇九）。そして、一八日、出発する（紀⑩一四九）。

他方、林は日英同盟締結のための折衝をつづけ、一〇月一六日、イギリスの外相との公式会談を開いた。一一月六日、イギリス側は協約案を林に渡して日本政府の検討を要請し、これをうけた日本側は、修正案を作成して二八日の閣議で内決した（紀⑩一四六）。

一一月二九日、桂は天皇に会って閣議の修正案と英国の提出案を提出し、裁可を請うた（紀⑩一四八）。これに対して天皇は、さらに元老と審議し、とくに外遊中の伊藤の意見を聞くようにと命じた。ここには伊藤の見解に支持を寄せ、桂内閣が進める日英同盟路線に対して慎重な立場をとる天皇の姿勢が示されている。さきに触れたように、伊藤はロシアとの提携を企図してヨーロッパに向かっており、当時、パリに滞在中であった（紀⑩一四九）。これからロシアに向かおうというのである。そこで、桂は伊藤に日露協商の中止を要請し、ロシアに向かわないようにと打電した。

二九日、天皇と会った桂は、徳大寺に対して、「日本国モ昔ト違ヒ陸海軍モ拡張シ弐億五千万余ノ富アリ、独立国ヲ表白スル已上ハ是迄ノ如露ニ倚ルカ英ニ依ルカ曖昧ナル態度ニ居ラレス、確定スヘキ秋ナリ」と語ったという（34・11・29）。明確な路線選択をすべきだとの主張であった。

一二月七日、さらに元老と協議せよとの天皇の意思をうけて元老会議が開かれた（紀⑩一五八）。出席者は山県・西郷・大山・松方・井上の各元老と、桂首相、小村外相、山本海相の八人である。もともと伊藤の日露協商論を支持していた井上は難色を示したが、結局、元老たちは政府の修正案を承認することとなった。

翌八日、伊藤はロシアの外相・蔵相と会談した顚末を桂首相に電報で報じ、日露協商が先決であると勧告した（紀⑩一五八）。九日、桂がこれを天皇に報告したところ、天皇は伊藤の意見はもっともだとしつつも、すでに閣議が日英同盟に決し、元老もこれを支持しているという事情を勘案して、再度元老にはかるように指示した（紀⑩一六〇）。そこで再び元老と協議した桂は、一大英断をもって日露協商を捨てることが得策だとの結論を得、一〇日、ついに天皇の承認を得たのである（紀⑩一六〇）。

日英同盟をとるか、日露協商を選ぶかという重大国策の選択にあたって、天皇は慎重な合意形成手続きを踏むべきことを命じ、自らは伊藤の日露協商路線に賛意を示しつつも、桂内閣の強硬姿勢によって、結局、日英同盟への元老層の同意が調達されたため、これを承認した。天皇が介在することによって、結果的には元老層内部の意思調整、ならびに内閣と元老の間の意思調整がはかられ、政治頭部における決定的な亀裂は回避されたことになる。こうして一九〇二年一月三〇日、ついに日英同盟の調印に至った（紀⑩一八九）。

四　日露戦争の開戦・講和と明治天皇

（1）日露開戦外交

一九〇三年六月二三日、「外交上将来大方針」（36・6・20）を決定するための御前会議が開かれた（紀⑩四五九）。議題は対露問題である。出席者は伊藤・山県・大山・松方・井上の各元老と、桂首相、山本海相、小村外相、寺内陸相であった。この日の会議では、ロシアが約束に背いて満州から撤兵しないなら、この機会を利用して数年来解決することができない韓国問題を解決すること、韓国はいかなる事情があろうともロシアに譲与しないこと、満州ではロシアがすでに優勢な位置にあるので、多少これに譲歩すること、などが決定された（紀⑩四五九）。

翌二四日、桂首相は伊藤・山県を招いて辞意を表明し、両元老のいずれかがかわって首相となることを求めたが、辞退された。そこで桂は七月一日、辞表を提出したが、二日、天皇によって却下された。

七月六日、拝謁した伊藤に対し、天皇はつぎのように述べた（36・7・6）。

方今満洲韓国事件ニ付露国ニ交渉ヲ開キ前途談判最重要ナリ、卿ヲ手許ニ置キ諮詢ノ労ヲ煩サントス、枢府重職ニ任《（ママ）》ントス、宜勘フベシ

立憲政友会総裁である伊藤に枢密院議長となることを要請したのである。伊藤を政友会総裁から辞任させようとする山県らの策謀によるものという。伊藤は数日間の猶予をもとめて退席した。八日、天皇は伊藤のもとに使いを送って、つぎのような勅書を与えた（36・7・8）。

朕方今ノ時局ニ顧ミ卿カ啓沃ニ頼ルヲ惟ヒ茲ニ再ヒ卿ヲ煩シテ枢府ノ重職ニ就カシメ以テ国家要務ノ諮詢ニ応セシメムトス、顧フニ維新以来ノ事業中外ニ渉リテ前途尚甚悠遠ナリ、朕ハ卿カ積年ノ勤労ニ倚信シ匡救奨順以テ克ク其ノ終始ヲ完フセンコトヲ望ム

勅書をうけて同日、伊藤は受諾の旨を回答し、一三日には、山県・松方に対して、枢密顧問に任ずることが伝えられた。ただし、その際の勅語には、伊藤とは異なり「維新以来云々」の字はなかったという（36・7・13）。この日、枢密院官制が改正され、顧問官は二五名から二八名に増員された。伊藤は枢密院議長に任命され、一四日、政友会総裁を辞任した。そこには、「満洲韓国事件」にいかに対処するかという国策の重要決定に際し、伊藤の判断を重視しようとする天皇の意思が働いていたものと考えられる。

一方、御前会議決定の対露方針にもとづいて、七月二八日以後、外務省は満州・韓国問題に関するロシアとの交渉を開始した（紀⑩四七五）。この点につき天皇は、八月八日、小村外相からロシアより交渉を開始する旨の返答があったとの報告をうけている（紀⑩四七七、36・8・8）。また、一五日には、徳大寺を通じて、やはり小村外相から、一二日に栗野慎一郎公使がロシアの外相ラムスドルフに日本の協商案を手渡した旨の報告をうけている（紀⑩四八一、36・8・15）。

八月一六日、小村外相は栗野ロシア駐在公使に発した電文を天皇に提示した（紀⑩四八一、36・8・16）。ロシア駐在の英国大使は、ロシアの関東総督アレキシエフが極東太守に任命されたとの情報を得、ロシアの外相ラムスドルフ、陸相クロパトキン、蔵相ウイッテなどにアレキシエフへの「委任権」につき尋ねた。しかし、皆、知らないとの答えだった。小村はこのような情報を得て、栗野に調査を命じたのである。栗野からは、翌日、極東太平洋における政権・兵権をロシア皇帝より委任されているとの電報があった（36・8・17）。天皇は一九日、徳大寺を外務省に差し向けて小村外相を訪ねさせ、アレキシエフの職権の件について問うた（紀⑩四八二、36・8・19）。これに対し小村は、栗野よりの報告にもとづいて答えた。

二四日、小村外相は徳大寺のもとを訪れ、栗野公使が二三日にラムスドルフ外相に面会した旨を報告した（36・8・24）。そして、二六日、小村は天皇に直接会って、日露交渉の談判地に関して報告した。栗野公使の電報では、ロシア側が交渉の場を東京に移すように主張しているからであった（紀⑩四八三、36・8・26）。これについて、小村は自らの考えをつぎのように説明した（紀⑩四八四）。

東京でロシア公使と談判を行うと、すべてアレキシエフの指揮を受けることになり、これは日本のためにならない。ロシアの都で談判すれば、アレキシエフが不同意の件であっても、皇帝の裁断で成立することがあるにちがいない。

小村はこのような判断から、東京を談判地とすることに不同意の旨を栗野公使に指示したと天皇に述べた。また、小村は天皇に、交渉事項のなかでは朝鮮（韓国）鉄道を満州（東清）鉄道に連絡することを要求しているが、ロシア外相はこれに難色を示していると伝えた。

小村は三一日にも天皇のもとを訪れて、栗野公使へ電報し、交渉談判は露都で開くよう再度ロシア外相に申し入れるように指示したと報告した（紀⑩四八六、36・8・31）。しかし、日本側はロシア側の強硬な姿勢に譲歩を余儀なくされた。結局九月七日、桂首相と小村外相は、天皇に対して東京で談判を行うことの許可をもとめるに至り、天皇もこれを承認したのである（紀⑩四八七）。

さて、交渉の場所は日本側の譲歩によって東京に移すこととなったが、協議の基礎となる案については、先に見たように日本側はすでに八月一二日、ロシア側に協約案を渡していた。しかし、これに対してロシア側はなかなか回答をよせなかった。そして、ようやく一〇月三日なって、ロシアとしての対案を小村外相に手渡したのである（紀⑩五〇〇）。小村は一〇月五日、天皇に日露交渉をめぐるこうした事情を奏上している（36・10・5）。これをうけて天皇は、一〇月七日、徳大寺を小村のもとに差し向け、ロシア政府が日本側に示した対案に関するロシア公使ローゼンとの折衝の模様を問わせた（紀⑩五〇五）。また、一〇月一四日には、桂首相と小村外相が、前日、首相官邸で開いたロシアの返答書に関する会議の顚末を、天皇に報告している（紀⑩五一〇、36・10・14）。

こうして、徳大寺が「韓満両地日露関係事尤難問題ナリ」と日記に書いているように（36・10・20）、日露間の交渉はなかなか意見の一致をみず、難航した。一〇月三〇日、小村は修正案を提起して、ロシア政府の考慮を促した（紀⑩五一五）。ロシアはこれに対しても、さまざまな理由を設けてすぐには回答しようとせず、日本側の督促でようやく一二月一一日、第二次の対案を提出したのである（紀⑩五四二）。

そこで、一二月一六日、元老会議が開かれ、このロシアからの第二次対案についての協議がもたれた（紀⑩五四五）。その結果、満州問題に関しては徹頭徹尾外交手段によって解決をはかり、このことでは最後の手段に訴えるような措置はとらないこと、韓国問題に関しては、一〇月三〇日提出の修正案の趣旨を維持し、もしロシアがこれをのまないならば干戈に訴えても貫徹すること、の二点を決定した。実際の情勢から見てロシアは日本の主張をいれないだろうから、結局戦争は避けがたいというのが情勢判断であった。一八日、桂はさらに閣議を開いて決意を告げ、つづいて小村とともに天皇のもとに赴いて元老会議の状況と閣議の決定を報告し、天皇の許可をもとめた（紀⑩五四六）。

こうして戦争の不可避を念頭におきつつ、なおもう一度ロシア側と交渉することにして、一二月二三日、口上書をロシア側に渡した（紀⑩五四九）。これに対して、翌一九〇四年一月六日、ロシア側の回答がよせられたが（紀⑩五六八）、それは基本的には依然として従来の主張に固執したものであった。この回答に接した桂と小村は、もはや交渉の余地はないと判断し、軍事力に訴えることを決意した。しかし、海軍力の配備には時間がかかるとして、戦争準備の時間を確保するため、ロシアの対案に対する修正案を送ってなお交渉を続けることとした（紀⑩五七五）。

こうした方針にもとづいて、一月一一日、元老・閣僚と協議した桂は、一二日、天皇に前日の会議の模様を報告し（桂が風邪で発熱したため山本海相が代行）、御前会議の開催を要請した（紀⑩五七七）。即日開催された元老会議では、原案通り決定された。決定後、天皇は徳大寺に指示して、伊藤・山県・松方・井上の各元老にこの日付で手紙を送り、本日の会議は容易ならざる重大事だから東京を離れるなと指示した（紀⑩五七九）。元老らに対し、自ら（天皇）へのバックアップ態勢を要請したのである。

その後半月、ロシアからの回答はなかった。そこで二月三日、元老・閣僚は対露開戦に決し、天皇に御前会議の開催を要請した（紀⑩五九三）。こうして二月四日、御前会議は、開戦を決定したのである（紀⑩五九四）。

この日朝、天皇は御前会議に先立って伊藤を召して意見を聞き、参考にしようとしたという。ここでも、伊藤の意見が天皇の判断の〝支え〟となっている。また、会議後、退出してから、側近者に「今回の戦は朕が志にあらず、然れども事既に茲に至る、之れを如何ともすべからざるなり」と語ったという。さらに、これにつづけて独り言のように、「事万一蹉跌を生ぜば、朕何を以てか祖宗に謝し、臣民に対するを得ん」と言い、涙を流したともいう。また、以後、夜もよく眠れず、朝夕の食事もすすまず、健康を害するようになったという（以上、紀⑩五九八）[20]。

かくて二月五日のロシアとの国交断絶、一〇日の宣戦布告をもって、日露戦争がはじまることとなった。天皇のもとには、随時、戦況報告、軍事情報がもたらされているが、本稿の主題は外交にあるので、それにはふれない。

(2) 日露講和の経緯

戦争の推進は軍隊が担うところであるが、講和の実現は外交当局者の判断と手腕にかかっている。講和への具体的な模索は、一九〇五年一月にはじまっていた。一月一六日、小村外相は徳大寺を通じて、前日届いたアメリカ駐在公使高平小五郎からの電報について、天皇に報告している（紀⑪二二、38・1・16）。それは、アメリカ大統領ルーズヴェルトとの会談の顚末を報じたものであった。高平はルーズヴェルトの発言から、彼が日本のために尽力する覚悟であることは明瞭であるとして、日本政府の意見を随時ルーズヴェルトに通告することが必要だと連絡してきた。

小村外相は、二二日、高平への訓令案への許可を天皇にもとめ、直ちに高平に打電した（紀⑪二三）。満州・韓国および旅順に関する日本の考えをルーズヴェルトに伝えるようにと指示したのである。

二月一八日、小村外相は天皇に会って、ロシアとの講和交渉に関して報告した（紀⑪六六、38・2・18）。それは、ロシアが直接日本に申し出るか、ドイツ・フランスに依頼して日本に交渉し、利益をはかろうとするかは予測しがたいが、日本としては英米二国に依頼しなければならない。これについては、今から準備をする必要がある。小村はこのように天皇に説明した。

こうして外務省は、アメリカの仲介を期待しつつ、講和への動きを開始した。一方、天皇も講和のあり方に強い関心を抱いていたと見え、主体的に行政担当者に働きかけている。たとえば、三月四日、徳大寺は「公用」、つまり天皇の指示で桂首相邸に行き、サガレン（サハリン）島占領のことについて首相の意向を尋ねている（38・3・4）。天皇の「御下問」は、「同島ハ漁業石炭泥炭利益アリト雖損益如何」というものであった。これに対して桂は、「外務省ニ於テ取調中ナリ、今般ノ戦役ニ付テハ露土地寸地モナシ、サガレンヲ取得スル方他日ノ媾和条項ニ加フルニ宜シカラン、旅順遼東韓国并浦塩沿岸カンサツカ等我占領タラン歟」と答えている。また、三月一四日にも徳大寺は「公用」で首相邸に行き、奉天・鉄嶺間の作戦について尋ねている（38・3・14）。

四月一〇日、桂首相と小村外相は天皇に会って、政略上から定めた軍事行動と外交方針について報告し、また、日英同盟の継続方針について許可をもとめた（紀⑪一一六）。前者の基本方針は元老と主要閣僚で協議し、八日の閣議で決定したものであった。その基本は、軍事上は勝利をめざして努力しつつ、外交上はできるだけ早く講和を実現しようとすることにあった。また、講和条件に関する検討も開始していた。

四月二一日には、桂首相・小村外相が講和条件に関して、元老会議と閣議の結果を天皇に報告した（紀⑪一二八、38・4・21）。それは、徳大寺によれば、「表面ハ堅忍持久、裡面ハ暗流平和克服ノ計画」であった。

一方、五月二四日には、桂・小村が天皇に日英同盟の継続に関する閣議案の裁可をもとめた（紀⑪一四六）。それは、協約の適用範囲を拡大し、また、防守同盟を攻守同盟に変更したいとのイギリス側の要求を受けてのものであった。天皇はこれを裁可した。

五月三一日、桂はアメリカ大統領ルーズヴェルトに講和会議開始の斡旋を依頼することとし、天皇にこのことを報告した（紀⑪一六〇）。ついで六月九日、ロシアがルーズヴェルトの勧告をいれて講和交渉の開始に同意した経過が天皇に報告された（紀⑪一七〇）。

その後、講和会議の開催場所と全権委員の権限に関する交渉がすすめられ、日本側全権委員の人選にはいった。人選については、六月一九日、元老会議がもたれ、みな伊藤・小村を推薦したが、伊藤が固辞したため決定することができず、桂は天皇に事情を説明して判断を仰いだ（紀⑪一八二、38・6・20）。翌二〇日、天皇は伊藤を招いて意見交換し、その後、桂を召して、伊藤・小村両人の派出は許可せず、小村のみを派遣することに決定した。天皇は伊藤の意向を酌んで、自ら（天皇）の判断というかたちで伊藤派遣案を却下したのである。七月三日、小村外相と高平駐米公使が全権委員に任命され（紀⑪一九一、38・7・3）、六日には全権委員に勅語が渡された（紀⑪一九九）。

講和の方針そのものについては、八月二八日午前、閣議で種々議論の結果、日本の国力を考えて、戦争の目的である満州・韓国問題が解決したことに鑑み、たとえ賠償金要求と領土要求を放棄しても講和条約を締結するとの方針を決定した（紀⑪二八七）。そして、午後の御前会議でこれを了承した。こうして九月五日、講和条約は調印されることとなった。徳大寺はこの日の日記に、「日露媾和条約ノ件ニ付人心不穏形勢アリ」と記している（38・9・5）。講和反対を機とする民衆暴動、日比谷焼打事件がおこっていたのである。

五　日露戦後の朝鮮問題と明治天皇

（1）韓国保護国化と統監府設置

日露戦争中の一九〇五年四月、韓国の特派大使が来日し、天皇に韓国皇帝の親書を奉呈した（紀⑪一一三、38・

4・6)。親書の趣旨は日本の戦勝を祝うものであった。これに対して天皇も勅語をもって答え、食事をともにしている。しかし、他方、この頃、韓国皇帝に対する疑念が天皇に生じていたことを、四月七日の徳大寺の日記は伝えている(38・4・7)。それは、つぎのようなものであった。

当時、韓国皇帝がロシア皇帝に親書を送ったことが問題化していた。この件について、韓国駐在公使の林権助が韓国皇帝に会って確かめたところ、親書は全く偽造である旨の返答があった。しかし、林はこれを疑い、その真偽を京城や上海で探偵中であった。そこで、この日(四月七日)、小村外相はこれについて天皇に報告した。韓国皇帝の書簡は、上海でロシア事情を探偵する者より探り出したものであり、あるいはロシア皇帝から返事が来ているかもしれないため、なお捜索中である旨を、小村は天皇に答えた。

徳大寺はこのように記して、天皇を含む日本側は、〝友好〟の外見とはまったく裏腹に、韓国側の動向に強い猜疑心を抱いていたことを明らかにしている。日本に対抗するため、韓国はロシアに接近しているのではないか。こうした懸念を深めていたのである。

さて、日露戦争そのものは、一九〇五年九月、ポーツマス講和条約をもって終結し、周知のようにロシアは日本の韓国に対する優越権を認めることとなった。これをうけて一一月、天皇は韓国皇帝「慰問」のため、枢密院議長伊藤博文を特派大使として韓国に派遣した[21]。天皇は伊藤に託した韓国皇帝への親書で、およそつぎのように述べている(紀⑪三七四~五、38・11・2)。

「朕」はさきに「帝国ノ自衛」を全うし、「東亜全局ノ康寧」を維持するためにやむを得ず隣邦に「釁端」をひらいた。以来、「兵禍結ヒテ解ケサルモノ」二〇ヵ月に及び、ついに平和を回復した。ここに「朕」が信任する伊藤を特派し、平和の回復を陛下に報告し、あわせて貴我両国の将来の安寧を切望する誠意を陛下に述べるものである。

思うに貴我両国の関係は、この際、進で一層の親密を期さなければならない。貴国は不幸にして国防が未だ備わらず、自衛の基礎も未だ固まっていない。このため従来往々にして「東亜全局ノ平和」を確保するに足りなかったことは、「朕」が陛下とともに遺憾とするところである。そこで、昨年、両国間の協約を定めて貴国防衛の責務を「帝国」が担任するに至った。今や幸に平和は克復されたとはいっても、これを恒久に維持し「東亜将来ノ滋端」を杜絶するためには、両帝国間の結合を一層鞏固にすることが極めて緊要である。その方法については、「朕」が政府に命じて確立させた。貴皇室の安寧と尊厳とは少しも傷つけることなしに、堅実に維持されることは「朕」が保証する。願わくは陛下、深く世界の趨勢を察し、国家民人の利害を顧み、「朕」が「至誠ノ忠言」を傾聴されんことを。

こうして天皇の言葉をもって、日本はさらなる従属化＝保護国化を韓国に迫ったのである。伊藤は一一月一〇日、韓国皇帝に会ってこの親書を渡し、さらに一五日、再び皇帝のもとを訪れた（紀⑪三七六～三八五）。皇帝は伊藤がその使命を述べる前に、日本の対韓政策をさまざまに非難した。伊藤はこのような皇帝の発言に接して、「不快の情禁ずる能はず、皇帝の言の翻訳半ばにして」（紀⑪三七九）さえぎり、自らの任務を述べ、韓国の外交権を日本に委任するように主張した。これに対して、韓国皇帝が返答をためらったため、伊藤は決断を促し、閣僚を集めて速やかに決定するようにと迫った。この会見は四時間にわたったという。最後に皇帝は韓国側の懇請を天皇と日本政府に取り次いでほしいと伊藤に要望したが、伊藤は「其の御希望は断念されたし」と述べ、これを拒否してしまった。

こうして、天皇の意をうけた伊藤らの強引な〝交渉〟によって、一一月一七日、第二次日韓協約が調印され、日本は韓国の外交権を握った。そして、ソウルには、天皇直属の統監が日本政府を代表するものとして設置されることとなった（紀⑪四〇八）。

一一月二〇日、日韓協約の成立をうけて、天皇は特派大使の伊藤博文と、韓国駐在公使の林権助に勅語を与え、その功績を讃えた（紀⑪四一一、38・11・20）。一二月二一日、統監府が設置され、初代統監には伊藤が任命される（紀⑪四三五、38・12・21）。

ところで、この韓国統監は、文官でありながら、軍隊を指揮することができる独自の権限を与えられていた[22]。統監府官制は、その第四条で、韓国の安寧秩序を維持するため、文官である統監に韓国守備軍司令官に兵力の使用を命ずることができるとしていたのである。当然のことながら、これは軍側の反発を招く。そこで、一九〇六年一月一四日、天皇は陸軍大臣寺内正毅と参謀総長大山巌を「御座所」に招き、手ずから勅語を渡すという措置をとった（紀⑪四六〇、39・1・14）。この勅語は、「朕韓国目下ノ事情ヲ顧慮シ其安寧秩序ヲ保持スルノ目的ニ供スル為韓国統監ニ仮スニ韓国守備軍ノ司令官ニ兵力ノ使用ヲ命スルノ権ヲ以テス」というものであった。統監の兵力使用権に対する軍隊側の反発を天皇の勅語をもって押さえようとしたのである[23]。

(2) 反日運動への弾圧と〝慰撫〟

一九〇六年四月九日、天皇は徳大寺を通じて伊藤統監に電報を発し、月末の凱旋大観兵式に参加するため帰京するようにと命じた（紀⑪五二六）。また、あわせて「統監府設置以来日尚浅ニ付統監留守ノ間韓皇陛下意向変更ナキ様予防致シ出京」するようにと暗号で指示した（39・4・10）。韓国側の不満・反発への懸念からであった。

六月一八日、天皇は徳大寺に命じて内閣書記官長石渡敏一を召し、首相から統監府総務長官に電報で指令させることとした（紀⑪五七八）。それは、「韓国動静不穏」のため、憲兵・巡査に統監府の警戒を厳重にさせようとするものであった（39・6・18）。当時、第二次日韓協約に対する反対運動は、朝鮮全土に拡大していた。こうした抵抗運動に対して、伊藤は併合推進団体の一進会を積極的に支援し、操縦しようとしていた。(24) 徳大寺の日記も、「韓国ニ一新《ママ》派四千人斗（日本党）北辰派（韓固陋派）帝王ハ固陋派ヲ以義士ト認メラル、趣事情頗ル困難也」と記している（39・6・18）。

なお、天皇と韓国のかかわりという点では、このころ企画された牧場計画が興味をひく。一九〇六年春夏、天皇は韓国に牧場をつくって馬の改良を行おうとした。そこで、帰京中の伊藤と相談し、九月一四日、牧畜事業の経営について調査させるため、主馬頭藤波言忠を韓国に派遣していた。その後、藤波は調査をふまえて案をつくり、伊藤を通じて天皇に提出したという（紀⑪六〇九）。その案の中身は、平壌の東、大同江に沿った周囲二〇里余の土地に牧場を設置し、日韓両帝室が協同でこれを経営すること、日本の皇室は金五〇万円を施設費として出し、韓国帝室は土地を提供すること、種馬を満州から移入して軍馬を飼育し、石炭の採掘事業をあわせて行うこと、であった。しかし、両帝室の内々の了解を得て実行に移そうとしたところ、アメリカ人宣教師らが付近住民を「煽動」して反対し、日本駐在のアメリカ大使もこれを非難したため、結局、断念せざるをえなかったという（紀⑪六一〇）。韓国民衆の反発によって挫折を余儀なくされたのである。

一九〇七年にはいって、反日運動はさらに激しさを増していく。四月三〇日、伊藤統監は韓国から帰国する侍従武官鷹司熙通に託して上奏書を天皇に提出し（紀⑪七二三）、韓国情勢をつぎのように報告した（40・4・30）。

韓国之事情近来頗不穏ノ形勢有之暗殺之陰謀ハ其範囲甚広ク畢竟韓国ヲシテ我保護国ト成ルニ至ラシメタルハ現大臣等ノ罪ナリトシ、教唆煽動至ラサルナク、之カ為メニ要スル費用ノ供給者宮内官吏又政府各部ノ官吏中ニモ現出セリ、惟フニ皇帝ノ之ヲ慫慂セラル、力与リテ多キニ居ルト被察候、目下続々捕縛已ニ其事実ヲ自白セルモノモ数多有之候、此等ノ事情ヲ明白ナラシメ御報告申上度ト存候而引留メ置候得共中々急速ニハ難致完結候故、詳細ハ後日ニ譲リ御報道可申上候間、此旨閣下ヨリ予メ御執奏可被下候

日本に妥協した韓国当局者への非難・攻撃はいよいよ激しくなっていたが、その背後には韓国皇帝がいると伊藤は見たのである。こうしたなかで、いわゆるハーグ密使事件が発生する。六月、オランダのハーグで開かれた第二回万国平和会議に韓国皇帝は密使を派遣し、日本の不当性を訴えようとした。これに対して伊藤は、韓国皇帝の責任を厳しく追及し、譲位を迫った。七月一四日、天皇は徳大寺を呼びよせて、伊藤統監への書翰を韓国に向かう外相林董に託すように命じた（紀⑪七六六、40・7・14）。

翌一五日、林外相は天皇に会って、今回のことについての善後策はすべて統監に委任すると閣議決定したと報告し、韓国で統監と相談した事項については時々電報で上奏すると述べた（紀⑪七六六）。天皇は伊藤の「勉励配神」を慰めるため酒肴料一千円を林に託している（40・7・15）。

七月一八日、韓国皇帝は位を皇太子に譲った（紀⑪七六七）。これに対して、韓国の各地に反日暴動が広がった。七月二四日、天皇は歩兵第一二旅団を韓国に派遣したいとの参謀総長の要請を許可し、派兵が実施された（紀⑪七六八）。そしてこの日、「韓国新協約」（第三次日韓協約）が調印される（40・7・24）。

八月一日、林外相が帰国した。林は直ちに参内して、協約締結の経過を報告し、関係書類を提出した（紀⑪七七〇、40・8・1）。徳大寺の日記が「伊藤統監へ電報ヲ以外相復奏　皇上御安神御満足被為思召旨報ス」と記すように、天皇はこうした結果に大いに満足したのである。

第三次日韓協約と秘密覚書をうけて、日本は韓国軍隊を解散しようとしたが、これに抵抗する義兵運動が韓国全土に広がった。徳大寺の日記は、八月二日、韓国第二連隊を解隊するとの韓国皇帝の詔勅に対して韓国軍隊が暴動

をおこし、日本兵二〇名が死傷したと記している（40・8・2）。こうしたなか、八月二〇日、帰国した伊藤統監はただちに参内し、天皇に会って、「韓国報告書」三冊を提出している（紀⑪七七七～八、40・8・20）。天皇は勅語をもって伊藤を慰労し、その折、伊藤の要望により韓国皇帝には馬車と馬が贈られることとなった（紀⑪七七八）。

第三次日韓協約によって一段と韓国に対する支配を強めた後、一九〇七年一〇月一〇日に皇太子は韓国視察に出発した（40・10・10[25]）。伊藤の提案にもとづくものという（紀⑪八〇七）。皇太子は一六日、韓国の仁川に上陸し、一七日、韓国皇室を訪問、一八日、韓国皇族と会食、一九日、韓国皇帝・皇太子と午餐などと日程をこなして、二〇日にソウルを去った。韓国滞在中の皇太子の動静は、随行した岩倉幹事から、逐一、天皇のもとに電報をもって報告されている。皇太子帰国後の一一月一日には、天皇は皇太子渡韓を記念して記念章を制定することを賞勲局に指示し（紀⑪八二〇）、翌一九〇八年六月九日、皇太子渡韓記念章三〇個が製造されることとなった（41・6・9[26]）。

他方、韓国皇太子が日本皇太子の訪韓に対する「答礼使」として来日する際、そのまま日本に留学させようとする計画がすすめられた。そして、韓国皇太子は、一九〇七年一二月一五日、東京に着く（紀⑪八四四、40・12・15）。一八日、韓国皇太子は参内して天皇に会い（紀⑪八四四、40・12・18）、一二月二〇日には、天皇が韓国皇太子に時計を贈っている（40・12・20）。越えて一九〇八年一月七日、天皇は参内した韓国皇太子と対面して新年の挨拶をし（紀⑫二）、一月二九日には、韓国皇太子に対して、「日本語の習得日々に進み、事物の眼に映ずる所、自国と異同あるを弁知すること多きものあらん、将来益々勉励、学業の上達せんことを望む」と述べる（紀⑫一三）。これをうけて天皇は、二月三日、竹田宮・北白川宮・東久邇宮・朝香宮に対して、時々韓国皇太子の学舎を訪問するように指示する（紀⑫一六、41・2・3）。韓国皇太子の日本語修業を援助するためである。

三月五日、天皇は徳大寺に韓国皇太子の輔育について伊藤統監の意見を問合せさせるように指示した（紀⑫二七、

41・3・5)。また、六月一八日には、天皇は末松謙澄に対しても、韓国皇太子の教育について質問している。日本語の程度により今後、学習院への入学取り決めが必要だというのである(41・6・18)。なお、一九〇九年八月には、韓国皇太子に東北各地を見学させている(42・8・25)。

さきにふれたように、義兵闘争は一九〇七年八月の韓国軍隊の解散命令をきっかけとして激しさをました。これに対して日本は兵力の増強をはかって弾圧をすすめた。一九〇八年五月一二日付の徳大寺日記は、伊藤韓国統監から「暴徒鎮圧」のため増兵をしてほしいとの請願に対し、二連隊を派遣し、「速ニ鎮定ノ功ヲ望マセラル、」旨の書状を伝えたと記している(41・5・12)。また、六月二七日、徳大寺は伊藤韓国統監に書状を送って(おそらく天皇の意をうけてのことであろう)、過日の増兵以来、数回討伐あるも容易に鎮定に至らないので、勝算の計画・見通しを鷹司侍従武官に伝えてほしいと要請している(41・6・27)。七月一三日、鷹司は韓国から帰国し、天皇に韓国情勢に関する伊藤統監の上奏を伝えた(41・7・13)。

一九〇九年一月七日、桂首相は、韓国皇帝に天皇の親電を贈ってほしいと天皇に要請した(紀⑫一七三)。これは伊藤統監の申し出にもとづくものであった。韓国皇帝の韓南地方民情視察を「盛挙」として、これに「敬意ヲ表スル」というのが、その趣旨であった(42・1・7)。伊藤は明治初年の天皇巡幸の例をひきつつ韓国の総理大臣李完用を説得したという(27)。伊藤は韓国民衆の反日運動の鎮静化をはかるため、韓国皇帝を利用しようとしたのである(28)。

韓国皇帝は一月七日、韓国南部の巡幸に出発し、伊藤もこれに同行した。一一日には、伊藤の要請によって鎮海湾に停泊中の第一艦隊の旗艦香取に乗り、艦内を見学し、演習を見た。伊藤はこれを即日、徳大寺に電報で報告し、これをうけた徳大寺は、翌一二日、「今回艦隊御派遣ノ義ハ韓皇韓南地方御巡視中最有益ナル事ト大ニ感動セラレ且韓国上下ノ人心ニ多大ノ影響ヲ与ヘタル趣ニ付テ殊ニ御満足ニ被　思召」との電報を伊藤統監に送って、天皇は大いに「満足」していると伝えた（42・1・12）。

ついで一月二〇日、伊藤統監は桂首相に電報で韓国皇帝の北巡計画を知らせた（紀⑫一七八、42・1・20）。それは、二七日にソウルを出発し、平壌、開城を経て、二月三日にソウルに帰るというものであった。皇帝が帰った翌二月四日、伊藤統監は、「韓皇帝今度西北地方巡幸人心感動を与へ将来優美治績挙ン歟ト存ス、陛下ニ於セラレ叡慮ヲ安ゼラルベク奏上アランコトヲ乞フ」と徳大寺に要請している（42・2・4）。

五月下旬、伊藤は統監の辞表を天皇に提出したが、二五日、天皇はこれを却下した（紀⑫二三一、42・5・25）。しかし、六月一一日、伊藤はかさねて辞表を提出し、一四日、これが認められて、後任には副統監の曾禰荒助が就任した。伊藤は山県にかわって枢密院議長となり（42・6・11）、また、八月二八日には日韓関係事蹟編纂総裁に任命された。「永ク韓国在留関係事蹟ニ詳ナルニ由ル」というのが、その理由であった（42・8・30）。

統監辞職後の一〇月一四日、伊藤は満州に向けて出発したが、周知のように二六日、ハルピン駅頭で射殺された（紀⑫二九三〜四）。天皇のもとには、外相よりの電報で「伊藤公爵今朝九時ハルピンステーションニ於テ（中略）韓人ノ為ニピストルニテ撃レタリ」との急報が入ったため（42・10・26）、ただちに侍従武官と侍医の派遣が手配された。しかし、翌二七日、伊藤落命につき、侍従・侍医の派遣は取り消され、伊藤を従一位とし、国葬とすることになった（42・10・27）。一一月四日、伊藤の国葬は日比谷公園で挙行され、天皇は勅使を派遣した（紀⑫二九九〜三〇〇）。三条実美の葬儀よりも「上ナラズ又下ラザル処ヲ以式ヲ挙」げるように、というのが天皇の意思であった（42・11・4）。

天皇と伊藤との関係について、西川誠は「天皇が形式的な裁可者でない限り、裁可には判断が必要であった」として、天皇がまず下問するのは伊藤であったと指摘している[29]。天皇は伊藤の判断を尊重しつつ、政治頭部における政治的意思の調整・統一をはかってきた。しかし、もはやその伊藤はいない。

おわりに

本稿では、天皇そのものに帰属する外交権限の実態を明らかにして、天皇制自体の研究の深化をはかった。さらに、明治天皇自身の対外認識・対外観を解明して、明治天皇個人に関する研究を深めた。そして、日清戦後から日露戦後にかけての時期の対外路線の成立経緯の内的構造を明らかにした。

本稿冒頭で明らかにしたように、天皇は国家を代表する元首として、日常的な外交機能を担うとともに、外国からの賓客の接受・歓迎にあたった。このような日常的な外交機能・外交儀礼を前提として、天皇は情勢の推移にともなう対外問題に関与していった。

本稿が対象とした時期、日本の当局者が直面した主要な対外的課題は、列強による中国分割競争への対応と、自らが推進する台湾・朝鮮の植民地化への対応にあった。その際にとくに判断を求められたのは、列強との利害関係をどう調整するのか、中国・台湾・朝鮮の抵抗運動にどう対応するのか、であった。これらへの対処策の分岐点を単純化すれば、軍事優先の強硬策をとるのか、外交交渉を重視する協調策をとるのか、であった。推進主体に即して象徴的に表現すれば、武官的路線か、文官的路線か、ということになる。

明治天皇は言うまでもなく政治的意思をもった主体であった。日清戦後の台湾領有にあたって、天皇は幹部を激励しながら、統治政策のオーソライズにあたった。外交に限っても、本稿でみたように、そのもとにはさまざまな情報が集中し、また、天皇も少なからず自らの意思を発信した。矢野公使更迭指示のように、外務省人事に介入することもあった。

明治天皇の意思に影響を及ぼし、判断の形成に大きく作用したのは、伊藤博文であったと推測される。天皇は伊藤の意思を自らの意思として、対外政策の形成・決定過程にこれを反映させようと試みる場合が少なからずあった。天皇は日清戦後の列強による清国分割競争や、義和団運動の動向に対して強い関心を示したが、政治路線としては介入に抑制的立場をとる伊藤の見解に親近感を示し、これを支持した。その眼目は、外交交渉を重視する協調策、すなわち文官的路線にあったとみることができる。

しかし、天皇の意思がそのまま貫徹したわけではなかった。台湾総督府官制における総督のあり方をめぐる紛糾に際し、文官まで任用範囲を拡大したいとする天皇の意思は〝拒否〟された。天皇の意思は必ずしも貫徹されるとは限らず、指導部の意思（とくに政治と軍事）が分裂した場合には、各勢力の調停・調整機能を担うこととなった。

台湾において実現をみなかった文官による軍事指揮権は、伊藤の韓国統監就任により朝鮮では現実化した。朝鮮民衆の激しい抵抗に直面した伊藤は、義兵闘争弾圧のためにその指揮権を行使し、明治天皇もこれを強力にサポートした。台湾統治に際し天皇権威が利用されたことは、乃木への勅語下付にうかがうことができたが、朝鮮の場合は、反日運動の慰撫策として、天皇（さらには韓国皇帝）権威がフルに活用された。しかし、この目論見は結局のところ挫折した。完全併合をめざす強硬策が台頭し、他方、天皇の支えとなるべき伊藤は暗殺された。かくて朝鮮では、天皇の代行者としての武官総督が全権を掌握する植民地支配が推進されていくことになるのである。

註

（1）岩井忠熊『明治天皇　「大帝」伝説』（三省堂、一九九七年）、「あとがき」（一七六ページ）。

（2）　飛鳥井雅道『明治大帝』（筑摩書房、一九八九年）、岩井前掲書、ドナルド＝キーン〈角地幸男訳〉『明治天皇』上・下（新潮社、二〇〇一年）、笠原英彦『明治天皇』（中央公論新社〈中公新書〉、二〇〇六年）、伊藤之雄『明治天皇』（ミネルヴァ書房〈ミネルヴァ評伝選〉、二〇〇六年）、西川誠『明治天皇の大日本帝国』（講談社〈天皇の歴史〉、二〇一一年）、など。

（3）　「徳大寺実則日記」（宮内庁書陵部所蔵、早稲田大学図書館所蔵「旧渡邊文庫」〈写〉）。同日記の原本および写本は宮内庁書陵部の所蔵にかかり、二〇〇一年に公開された。原本は一九六三年に徳大寺家から購入したもの、写本は宮内省臨時帝室編修局が明治天皇紀編纂の過程で作成したものという（岩壁義光ほか「昭和天皇御幼少期関係資料――「徳大寺実則日記」と「木戸孝正日記」」『書陵部紀要』五三、二〇〇二年）。早稲田大学図書館特別資料室所蔵の写本は、臨時帝室編修官渡辺幾治郎の旧蔵資料に含まれ、書陵部の写本を一部省略して筆写したものである。「天皇を中心とした政治的重要事項はほぼ漏れなく収録されている」とされる（同前）。渡邊幾治郎『明治天皇と輔弼の人々』（千倉書房、一九三六年、一二六ページ）は、一八七一年から一九一二年まで、長期にわたって侍従長をつとめた徳大寺について、「彼は、何か重大問題が起ると、勅命を奉じて元老・重臣等の間に御使をした。かゝる際、君臣両者の間に誤りなきそのまゝの意見を伝達したものである」と書いている。また、タイタス『日本の天皇政治』（サイマル出版会、一九七九年、一四八ページ）は、「彼は、組閣だの外交政策の問題だのといった、重要な国事すべてに関しての天皇のメッセンジャーではあったが、自分の意見を具申したり、天皇や寡頭政治家に助言したり、天皇への接近路をふさいだりしうる人間とは目されていなかった」と徳大寺を評している。こうした点からみて、徳大寺の日記は、明治天皇そのものの動向と意思をさぐるうえで、徳大寺個人の主体的な行動や見解表明からかなりの程度免れた重要史料ということができよう。なお、当時の政局のなかで徳大寺が担った機能については、川上寿代「徳大寺実則と政治的意思伝達」（『メディア史研究』一七、二〇〇四年）を参照。

（4）　宮内庁『明治天皇紀』第九～第十二、吉川弘文館、一九七三～一九七五年。

（5）　日本国憲法下の象徴天皇制では天皇は元首ではないが、実際には天皇がこのような外交的機能を担っている。この点については、横田耕一『憲法と天皇制』（岩波書店、一九九〇年、八三～八九ページ）を参照。

（6）中山和芳『ミカドの外交儀礼　明治天皇の時代』（朝日新聞社〈朝日選書〉、二〇〇七年）は、外国の公使や賓客を明治天皇がいかに応接したのかを追ったものであるが、対象時期は一八八九年の明治憲法発布までであり、また、関心を寄せるのも外交ではなく、作法である。

（7）春畝公追頌会編『伊藤博文伝』下巻、一九四〇年、三四三～三四五ページ。なお、この伊藤の意見書については、鈴木正幸『皇室制度』（岩波書店、一九九三年、一一六ページ）を参照。

（8）台湾における教育政策、とくに日本語教育については、駒込武『植民地帝国日本の文化統合』（岩波書店、一九九六年）を参照。

（9）又吉盛清「沖縄・台湾に見る天皇と皇族（下）」（『新沖縄文学』八九号、一九九一年九月）は、乃木は台湾総督としては政治にうとく無能であったが、この天皇勅語の普及には力を入れ、天皇への忠誠心を発揮したと指摘している。

（10）台湾総督府官制の制定と文官総督制問題については、檜山幸夫「台湾統治の機構改革と官紀振粛問題」（『台湾総督府文書目録』第二巻「解説」、ゆまに書房、一九九五年）が、三四八～三七三ページで詳しく検討している。

（11）この年四月一七日、天皇・皇后は英照皇太后の百日祭で陵所に参拝するため京都に向かい、八月二二日まで京都御所に滞在していた。

（12）前掲川上論文は、徳大寺に対して心情を吐露したこの松方発言をもって、徳大寺が一定の信頼を得ていたこと、天皇の「内心」を知る人物として認識されていたことの例証としている。

（13）檜山幸夫「台湾統治基本法と外地統治機構の形成」（台湾史研究部会編『日本統治下台湾の支配と展開』中京大学社会科学研究所、二〇〇四年）、五四ページ、六六ページ。

（14）同前、七三ページ。

（15）安田浩『天皇の政治史　睦仁・嘉仁・裕仁の時代』（青木書店、一九九八年）、一五二ページ。

（16）宮地正人「政治史における天皇の機能」（歴史学研究会編『天皇と天皇制を考える』青木書店、一九八六年、八九ページ）は、天皇が自分の意思をはっきりと示した事例としてこの矢野罷免問題を紹介している。なお、この矢野問題については、岩井尊人編『林権助述　わが七十年を語る』（第一書房、一九三五年、八二〜八五ページ）を参照。

(17) 大久保利謙編『体系日本史叢書3　政治史Ⅲ』（山川出版社、一九六七年）、三三七ページ。

(18) 伊藤之雄前掲書、三五五ページ。

(19) ニコライについては、さしあたり中村健之介『宣教師ニコライと明治日本』（岩波書店、一九九六年）を参照。

(20) 大江志乃夫『日露戦争と日本軍隊』（立風書房、一九八七年、一四八ページ）は、日露開戦をめぐる天皇の意識を、天皇は自らの責任において決断し、開戦したがゆえに、責任の重大さを感じざるをえなかったと指摘している。

(21) 特派大使としての伊藤派遣と第二次日韓協約の調印強制の経緯については、海野福寿『韓国併合史の研究』（岩波書店、二〇〇〇年、二〇〇〜二一七ページ）を参照。

(22) 森山茂徳『日韓併合』（吉川弘文館、一九九二年、九四ページ）は、この軍隊命令権が、伊藤と陸軍との間に紛糾をひき起こす原因となったと指摘している。なお、統監府の官制に関する枢密院審議の際、文官に軍隊統率権を認める規定について、伊藤は軍隊に関し文官が指揮することは至難のことであり、今日まで解決がつかなかったが、自分が任を奉ずるにつき、守備軍の司令官が命令を聞くこととなった、と説明している。これをうけて三谷太一郎「明治期の枢密院」（『枢密院会議議事録』十五、東京大学出版会、一九八五年、三三ページ）は、「文官一般ではなく、元老第一の地位を占める伊藤に対して軍隊統率権が認められたのであり、それは、いわば一身専属的なものに近かったとも解されるのである」と指摘している。

(23) 統監の軍隊指揮権問題については、小川原宏幸『伊藤博文の韓国併合構想と朝鮮社会』（岩波書店、二〇一〇年、一〇四〜一〇八ページ）を参照。

(24) 森山前掲書、一二八〜一二九ページ、を参照。

(25) 若林正丈「一九二三年の東宮台湾行啓」（平野健一郎編『近代日本とアジア』東京大学出版会、一九八四年、二三一ページ）は、皇太子時代の韓国訪問について、ハーグ密使事件などで抵抗をみせた韓国帝室の日本皇室への信任と、両者の親密さを演出するためであったと、その狙いを推測している。ただし、訪韓の時期を一九〇八年一〇月としているのは、誤りである。

(26) 記念章とは、国家的な慶典をはじめ大事業などを記念して制定され、関係者に交付されたものである。皇太子渡韓記念章は、帝国憲法発布、大婚二十五年祝典（明治天皇の銀婚式）につづく三番目の記念章である（藤樫準二『日本の勲章』第一法規、一九六五年、一〇〇ページ）。

(27) 前掲『伊藤博文伝』下巻、八〇一ページ。

(28) 伊藤による韓国皇帝利用策と韓国皇帝の巡幸については、小川原前掲書、二五七〜二六〇ページを参照。

(29) 西川前掲書、三二四ページ。

第三章　近代日本における皇室外交儀礼の形成過程
――管轄官庁の変遷を通して

真辺美佐

はじめに

王政復古後の一八六八（慶応四）年一月、天皇は各国との交際に当たることを宣言し、以降、近代国家の君主として、外国の王族を始めとする外国賓客との交際を本格的に開始することとなった。その際、問題となったのが、外国賓客を接遇する場所、接待の方法、勅語の有無、招宴・贈答品の必要の有無、出迎え・見送りの方法など、外国賓客との交際の方法をどのようにすればよいのか、ということであった。さらに外国賓客との交際そのものの他にも、外交官からの信任状の接受方法、離任・着任の際の謁見方法、勲章交換、慶弔行事の儀礼なども問題となっていく。これらの礼式は、総じて外交儀礼（プロトコール）と呼ばれるが、こうした外交儀礼をいかに執り行うかということが、国際化を余儀なくされた近代国家としての日本にとって、重要課題の一つに浮上したのである。

皇室の外交儀礼に関するこれまでの研究としては、中山和芳氏の『ミカドの外交儀礼――明治天皇の時代』(1)や、ジョン・ブリーン氏の『儀礼と権力　天皇の明治維新』(2)が挙げられる。両氏が指摘するように、天皇の外交的役割を儀礼という視点からクローズアップした研究はそれまで存在しておらず、両氏の研究はその研究の端緒を開いたものといってよい。しかし、両氏の研究は一次史料に基づくものではなく、外国人の回顧録や『明治天皇紀』『大日本外交文書』などの二次史料をもとに、それぞれの場面での個別的事象（外国賓客に対する応接方法、すなわち皇后同席・握手・招宴などの有無、謁見の際に立って行われたか、座って行われたかなど）を再現するにとどまっており、皇室の外交儀礼の形成過程を明らかにするものではない。また、高木博志氏による皇室儀礼に関する諸研究も関連する記述を含んでいるが、論稿の主眼が外交儀礼の変遷を追うことにはないため、明治期の皇室儀礼の形成過程については、概略を述べるにとどまっている。こうした研究状況のなか、今後は、一次史料に基づき、制度の変遷、背後にある議論の変化や模範国の変遷などと絡め、構造的に再構成していくようなより深い考察が求められているといってよいだろう。(3)

筆者の問題関心は、近代日本においてこれらの儀礼が、どのような国を模範に、どのような過程を経て成立したのかということにあるが、先述したように、一次史料を用いた皇室外交儀礼の研究はまだほとんど手が付けられておらず、そもそも、外国交際を行うに当たって、皇室の外交儀礼をどの部局が取り扱ったのか、勅語、外国賓客の言葉振り、式次第（進行表）はどの部局が作成したのか、取り扱い部局はどのように変遷していくのか、ということすら明らかにされていない状況にある。

そこで本稿では、皇室の外交儀礼の形成過程研究における基礎作業として、国立公文書館・外務省外交史料館や、近年公開体制が整えられた宮内庁書陵部宮内公文書館などが所蔵する公文書を中心に、書翰などの私文書をも用いて、皇室の外交儀礼を取り扱う管轄官庁の変遷を行論したい。その際、単に変遷を概観するのではなく、その背後にどのような議論が存在していたのかを踏まえ、歴史的状況と対応させていきたい。扱う時期は、慶応四年一月から外交儀礼が一応の確立をみる一八八九（明治二二）年までとする。こうした基礎作業が、国際化の進む近代日本のなかで、国家と国家とのあり方がどのように外交儀礼に凝縮されていったのかという、近代日本の国際関係を明らかにすることにつながり、また皇室が外国交際にどのような役割を果たしたのかという、皇室研究の進展にもつながる意義を有するものであると考える。

なお本論文の年月日の表記については、本書の編集方針に従い西暦・和暦の順に記すこととしたが、改暦（明治五年一二月三日）前の日付は、史料の日付と対応すべく旧暦（太陰太陽暦）の日付を用いている。また典拠となる史料については、目録等に即して元号を用いている。

一　外務省主導の管轄体制

一八六八（慶応四）年一月一〇日付の国書で、天皇は、自ら各国との交際に当たることを宣言し、それまで将軍が大君の名義で結んでいた条約を、天皇の名義でもって引き継ぐことを表明した(4)。その前日には、外国交際を取り扱う行政機関として、大坂に「外国事務掛」（一七日には「外国事務課」、二月三日には「外国事務局」へと改められる）を設置し、外国事務総裁には議定仁和寺宮（東伏見宮）二品嘉彰親王が、外国事務取調掛には議定三条実美・参与東久世通禧・同岩下方平・同後藤象二郎らが任命された(5)。一二日には、議定伊達宗城も外国事務取調掛を命じられた。

一月一〇日付の国書の内容が、各国に伝えられたのは、一月一五日、参与兼外国事務取調掛東久世通禧が、フランス・アメリカ・イギリス・オランダ・プロシア・イタリアの公使と会見したときであるが、このとき初めて、天皇が国家の元首であることが各国に正式に告知されたといえる。

二月一七日、九条道孝の邸内に置かれた太政官代（一三日設置、二六日には二条城に移転）は、外国交際については「万国普通之次第」に則って行うこと、また天皇が各国公使の謁見を行うことを通達した(6)。これに伴い、二月三〇日、フランス・オランダ両国公使は、外国人として初めて天皇に謁見することになる。イギリス公使も同日謁見する予定であったが、参内途上に攘夷派による襲撃を受けたため、三月三日に延期された。三公使の謁見に関する記録は数多く残されているため(7)、謁見の具体的な様相についてはこれらの記録に譲るが、本稿の目的に照らして指摘しておくべきことは、謁見前に、大坂裁判所総督醍醐忠順・大坂裁判所副総督兼外国事務総督伊達宗城・兵庫裁判所総督兼外国事務総督東久世通禧の三名が、各国代表と面会し、謁見に関する諸手続きに関しては大坂の外国事務局が担当するということを伝え、以後外国事務局が、謁見の段取りを進めたということである(8)。

閏四月二一日、官制改革により太政官七官制(9)が取られた。外国事務局を改組した外国官も太政官の下に置かれることになり、外国交際を管轄し、同時に天皇への謁見に関する諸手続きも取り扱うこととなった(10)。しかしながら、外国官は、外国交際の決定権を全て握っていたわけではなく、諸事を決定する上において、太政官の決裁を仰ぐ必要があった。

太政官の下に置かれた諸官は京都に置かれた太政官敷地内に設置されたものの、外国官は、依然大坂（五月二日より大阪）に残されたままであり、太政官の決裁を必要とする書類は京都・大坂間を往復させなければならず、事務は滞りがちであった（なお当時外国官知事伊達宗城が大坂にいたのに対し、実際の外交折衝は横浜で行われることが多かったことから、副知官事の東久世通禧の方は東京に滞在していたという事情も、事務の滞りに拍車をかけていた）。そのため、伊達は、「外国官ヲ京都ニ移サルルカ、又ハ皇国浮沈ノ事件ノ外ハ一切決断ノ権ヲ委任セラルルカ、此二条ノ内、廷議ノ上一方ノ決ヲ請フ」[11]と、外国官を大坂から京都の太政官の中へ移転して太政官との連絡をスムーズにさせるか、あるいは外交の最重要事件以外は、全て外国官に決定権を委任してほしいと奏請した。結果、六月三日、外国官は二条城内の太政官代に移転されることとなった。要するに、太政官七官制以前は、外国事務局が単独に天皇に関わる外交関係の諸事務を推進し、決定できていたのに対し、太政官七官制のもとでは、外国官が太政官の一部局とされたことにより、単独で諸事務を進行できなくなったのである。

九月八日元号が明治に改められ、九月二〇日に天皇が東幸したのを機に、一〇月四日、外国官は東京・神田橋外にある旧山田十太夫邸に移転することとなり（その後も場所は転々と移る）、以後外国賓客・外交官の天皇への謁見は、東京で行われることとなる。しかしながら、太政官は依然として京都に置かれていたため、京都太政官の決裁を経ることなく、外国官が単独に、外国交際の事務を進めることもあった[12]。

一八六九（明治二）年三月七日、天皇は、二回目の東幸のため京都を出発し、三月二八日東京に到着する。天皇が東京に遷る直前の二月二四日、太政官が東京に移された。翌二五日には、議事所が東京に移された。ついで七月八日、官制が改正され、太政官の一省として外務省、宮内省をはじめとする六省が置かれることになる。天皇への謁見などの接待も含め、外国賓客・外交官の接遇に関する事務は、外国官を引き継いだ外務省が取り扱うこととなった。一八七〇（明治三）年六月一〇日に外務省法則が制定され、省中分課が行われると、よりシステマティックに役割分担されるようになった[13]。いずれにしても、外務省は、依然として太政官の決裁を必要としながらも、皇室の外国交際を主管していた。

七月二八日、天皇が初めて外国皇族（英国女王第二王子アルフレッド〔Alfred Ernest Albert, Duke of Edinburgh 1844-1900〕）の謁見を受けることとなった。そのため、宿泊施設や接待施設を準備する必要が生じ、まず四月に、幕府の海軍教師止宿所の石室に改修を加え、五月一〇日、同室を外国官（後に外務省）の所管とし、宿泊施設に充てることとした。[14]この石室は、七月九日、太政官により「延遼館」と命名されるが、英国王子の謁見に際しては、出迎え・随従・応接・見送り、謁見控室での茶菓の饗応など、全て外務省が管轄・対応した。謁見場所については、当初、宮内省を通じて吹上御苑の茶亭を会場とする計画であったが、英国公使の希望により、宮中の大広間に変更されることとなる。そうした英国公使との交渉も外務省が行った。[15]さらに、九月二二日の天長節の際に、初めて外国公使を餔宴（祝宴）に招き、一〇月八日には、初めて、日本駐箚の新任公使（米国公使）の信任状と前任の解任状の捧呈を受けたが、こうした外交官の謁見儀式に関する事務も外務省が主導して遂行した。

以上のように、外国皇族など外国賓客や外交官の皇室における接遇の事務は外務省が主導して行っていた。しかし、すべてが初めてのことであり諸事場当たり的な対応がなされ、問題が山積みの状態であった。その一端が一八七〇（明治三）年五月二五日の太政官（弁官）あて外務省伺いから窺える。この伺書は、冒頭で、「御維新以来外国人参朝之礼典及御接遇振等未確定ヨリ其場ニ臨ミ手順齟齬モ不少且向後不都合之儀相生シ候テハ甚不安奉存候」と、維新以来、皇室における外国人の接遇については未確定で、その場その場で応じているために問題も少なくないと述べた上で、「礼典之儀ハ国家之大礼軽易ニ可取定筋モ無之別而御交際上ニモ関係候事故確乎不抜之御基定被遊候様仕度」と、そうした場当たり的な対応ではなく、一定の規定を定めたほうがよいのではないかと提案し、外務省において「是迄之手続書並当省見込」をまとめてみたので、これについて太政官で熟議・評決してほしいと伺いを立てたものである。[16]そして「是迄之手続書」として、別紙で「外国公使並水師提督参内之節規則」「於延遼館賜饌之式」などの手続きがまとめられており、例えば、外国人の謁見に関しては、外務大輔が外国人と連絡を取り合うこと、外務省の奏任官以上の者が公使館に案内すること、謁見場所へも外務大輔と外務卿が案内すること、勅語を公使に伝えるのは大臣で、また、公使の御受口上を天皇に奏聞するのも大臣であること、などの手続きがまとめられている。本史料は、明治に入って、天皇への謁見手続をまとめて記述した最初期のものであるといえるのだが、しかしながらこれには、元治元年に幕府の使節がフランス国皇帝ナポレオン三世に謁見した際のものが参考として添えられており、幕府の外交儀礼に範をとったものであることが確かめられる。要するに、外務省は、旧幕府がフランスで経験したものを下敷きに、これを作成したのであった。この外務省の意見に対して、太政官は、六月七日、大臣が公使の御受口上を天皇に奏聞した後に「公使が国書を捧呈」するという追記を加えた上で、外務省の提案通りに決定すると通達した(17)。

また「当省見込」として、外務省は別紙で次のような新たな規定の提案を行った。すなわち、①外国帝王はその国の尊称を使用すること、②勅語は交際の親疎の別なく内容を一定にすること、③天皇は、使節が捧呈する国書叡覧の時に限って立御すること、④従来、朝見場所は畳を敷いていたが、使節が靴を脱ぐのは難しいため、布を敷き、桜間辺廊下は板敷とすること、⑤使節従者の数を減らすこと、⑥昇殿後の右大臣による応接を廃すること、⑦使節参朝の時は兵隊の引率を許さないこと、⑧延遼館での賜饌は従来西洋料理だったが、これからは饗饌の式を設け、着館の際は簡易なる国風の祝酒を賜い、ついで食堂で西洋料理を賜うこと、⑨賜饌の際、接伴の者は略服を着ていたが、これからは礼服を着ること、などであった(18)。この外務省の方針からは、全般的に相手国の作法に合わせ、国によって差異が生じないように配慮していること、さらに西洋料理だけではなく国風の祝酒をふるまうこと、また接伴者は礼服を着用することなど、西洋に倣いつつ独自性をも加味した新しいスタイルを提示しようという姿勢が窺える。

このように外務省が皇室の外交儀礼の形式を整備している間、諸官・諸省や府藩県が外国関係の事柄について太政官（太政大臣）の決裁を仰いだ際に、太政官がいちいち外務省にその可否を問い合わせることなく決裁を行うことがしばしばあったため、一八七〇（明治三）年七月三日外務省は次のように太政官に上申した。

従来諸官省府藩県ヨリ外国人ニ関係ノ事務夫々相伺候節政府御評決ヲ以テ当省ヘハ別段御下問無之其筋ヘ御沙汰相成候事往々有之哉ニ承知仕候固深長ノ廟議ヲ御英断相成候儀ニ付紛紜可申上筋ハ無之候ヘ共万機輻輳ノ間或ハ首尾不相貫外国ヨリ議論ヲ来候上取調候ヘハ既往ニ属シ挽廻ナシ難キ事柄モ有之御為筋不宜候間以来大小軽重ニヨラス外国ニ関係ノ事務ハ一応当省ヘ御下問ノ上可否得失御決定相成候様仕度此段兼テ申上置候也(19)

つまり、太政官が決裁したことを外務省がとやかく言う筋合いはないけれどもと前置きしながらも、外国人に関係する事務については外交が絡む問題で、取り返しがつかない事態を引き起こさないとも限らないので、事の大小、軽重にかかわらず、全て外務省に問い合わせてほしいと依頼したのである。この上申は受け入れられ、皇室の外国交際、外国に関すること全ては外務省に委ねられ、一八七〇（明治三）年九月一四日に行われた、外交官以外の者に対する初めての謁見（元米国国務長官ウィリアム・ヘンリー・シュアード、William Henry Seward, 1801-1872）も外務省主導により進められた。

二　式部局（後に式部寮）設置に伴う複数管轄体制とその問題

このような外務省主導により執り行われていた皇室の外交儀礼の事務に大きな転機が訪れるのは、一八七一（明治四）年七月二九日、太政官の中に正院が設けられ、その中に内外の儀式などを掌る式部局が置かれたときである。(20)式部局は、その後八月一〇日には、太政官官制改定に伴い、雅楽・舎人の二局が廃止されるのと同時に、宮中の礼典・祭祀・交際・雅楽などを掌る部局として式部寮に改められることになる。[21]

式部局（後に式部寮、以下式部寮とのみ記す）が設置されるまでは、天皇の勅語案は、外務省が外国との交渉を経た上で作成していた。しかし式部寮が設置されてからは、天皇の勅語案は、式部寮が外務省の取調べや意見を取り入れながら作成することとなった。また、それまでは外賓・外交官の謁見手続や謁見式次第（謁見の進行手順）は外務省が専ら調査・作成に当たっていたのであるが、式部寮設置以降は、それらについて逐一式部寮に伺いを立てなければならなくなったのである。[22]つまり、外務省は、皇室の外交儀礼に関する事務を遂行する上で、太政官の式部寮に決裁を仰ぎ、その決裁に基づき、事務を遂行しなければならなくなったのである。言い換えれば、皇室の外交儀礼に内在する、外交儀礼と宮中儀礼との二つの側面を、それぞれ外務省と式部寮とが代表することになり、実務は外務省が引き続き有しつつも、最終的決定権は式部寮にシフトしたといえる。

一方、宮内省は、一八七一（明治四）年八月四日、天皇の側近を奉仕する侍従の長として侍従長を置くなど官制を整備していくが、そうしたなかで、それまで外務省が主体的に取り仕切っていた事務についても宮内省が分担するようになっていく。[23]例えば、外交官を延遼館でもてなす際には、宮内省が主客を迎えることとし、[24]それから引き続き、外交官が大広間に参進する際、外務卿がその名前を披露することとすると変更された。[25]これもまた皇室の外交儀礼に含まれる宮中儀礼としての側面が外務省から切り離されていく過程として見ることができよう。

また、この年の一一月から岩倉具視率いる使節団が欧米に出発するが、侍従長東久世通禧と式部助五辻安仲が「ヨーロッパの宮廷儀礼」を研究するために、その随行員として同行することになる。[26]彼らは、イギリスはじめ、プロシア、オーストリア、フランスとアメリカで宮廷儀礼に関する調査を行い、帰国後の一八七三（明治六）年九月二四日、太政大臣三条実美に対し報告書『宮内省・式部寮　理事功程[27]』を提出した。同報告書には、「英国朝廷謁見式」、「仏国礼式」のみが収められ、他の欧米諸国の儀礼は収められていないもの[28]の、この時点より、皇室の外交儀礼において、外交事務一般というよりも皇室儀礼の一環としての側面が重視されるようになり、したがってその調査の主務も外務省ではなく、宮内省と式部寮が担うという方向性になっていったことが分かる。

一八七二（明治五）年一月二日には、初めて外国公使の新年参賀を受け入れ、翌一八七三（明治六）年一月一〇日には、外国公使が夫婦で在留している場合、夫妻で天皇・皇后に新年祝賀のあいさつを行うため、「内謁見」することが許され、外国人女性の参内が初めて許されるのであるが[29]、それ以来、外交官の謁見機会が急増していく。そのような状況を受けて、一八七四（明治七）年八月五日、外務省は、外交官の内謁見に関しては、公的な儀礼でもないので、太政官式部寮を通さず、宮内省と直接交渉したい旨を願い出た[30]。つまり、外交官が謁見するためには、まず、外務省が外交官から謁見の願い出を受け付け、それから外務省が太政官式部寮を通じて太政大臣（三条実美）にその可否を伺い、ついで、太政大臣が侍従長を通じて天皇の允裁を仰ぎ、侍従長からの回答を、太政大臣が式部寮を通じて外務省に伝え、外務省から外交官に通知して、ようやく謁見が許されるという手順が必要であった。また謁見の際の謁見者の言上振りや謁見式次第は外務省が作成するが、それら言上振り・謁見式次第については、太政官の式部寮を通して、宮内省に連絡し、許可を得る形を取っていた[31]。そのような煩雑な手続きを外務省が嫌ったのである。しかし、結局外務省の願いは認められず[32]、一八七五（明治八）年二月二七日には、式部寮の要請を受けて、必ず太政官を通さなければならないという、むしろ外務省の要請とは反対の方向性での決定がなされることになる[33]。

三　式部寮の所管換えに伴う変化

以上のように、太政官の下に、式部寮・外務省・宮内省という複数の役所が関与する体制で外交官の謁見が行われていたのであるが、そのうちの一つである太政官式部寮が、一八七五（明治八）年四月一四日、宮内省の一部局へと所管換えされる。一二月二日には再び正院所管に戻るもの(34)の、一八七七（明治一〇）年九月一四日に至り再び宮内省の管轄下に入ることになる。式部寮が宮内省に属することとなったことに伴い、皇室に関わる外交儀礼の事務手続きも当然、変更されることになる。太政官は、「式部寮職制並びに事務章程」を定め、一二月二六日宮内卿徳大寺実則より通達させることになるが、この規程の中で、式部寮は朝廷の諸礼式・諸祭祀はじめ、「外国人ノ拝謁及接伴ノ礼ヲ定ムル事」などを取り扱うことと定められた。そしてこの外国人の拝謁と接伴に関する様式を改定する場合は、宮内卿を通して意見を上奏できることが認められた(35)。

式部寮を宮内省に所管換えすることを提案したのは参議伊藤博文であり、英国はじめ諸外国が宮中で儀式・祭典などを掌っているという例に倣おうとしたのであった。伊藤は、式部寮のみならず、太政官を宮中に移して内閣と称するという構想を抱いており(36)、式部寮の所管換えはその一環でもあったが、右大臣岩倉具視は、こうした構想に危惧を抱いた。というのは、英国をはじめとする諸国では、キリスト教を崇信する司祭が議事を取り仕切っており、それに倣えば、宮内省へ式部寮を移転することは、ヨーロッパ諸国の司祭に相当する日本の神官・僧侶が、宮中に対して強い影響力を持つことにつながるのではないかという憂慮があったからである。そのため岩倉は宮内省出仕の木戸孝允にもその旨を伝えたのであるが、伊藤は、式部は、神官・僧侶がその任に就くわけではなく、天皇の祭事を取り扱うまでで、宗教的な性格を帯びるものではない、そのため祭典の内容を変更する議論は起らないし、式部寮を宮内省に所管換えするのは不都合ではないと説得したのであった[37]。

また式部寮が宮内省に移管された背景には、外務省・式部寮・宮内省という三部署で事務を取り扱うことで、連絡に時間を要し、事務も煩雑となっていたことも関係していたのではないだろうか。例えば謁見の一例を取っても、先述したように数多くの手続きを踏まなければならなかったし、謁見者の言上振り、式次第案も、外務省が作成した後、式部寮、宮内省に廻すという手続きが必要であった。さらに、勅語案は、式部寮で作成されるようになったものの、宮内省の侍従長を通じて天皇への奏聞を依頼し、また外務省にも勅語案の内容に誤りがないかどうかを確認する必要があった。このように、一つの事柄を決める際に外務省・式部寮・宮内省の間を書類が何度も往復しており、全く効率的とはいえない状況であった。こうした状況を避けるためにも、式部寮を宮内省内に移管した方が、合理的だと判断されたのではないだろうか。

そして実際、式部寮が宮内省の下に移されて以降は、作成部局は宮内省内の式部寮と外務省の二部局となり、太政官は、作成部局から完全に外れ、決裁するだけの部署となった。つまり、宮内省内の式部寮で作成したものを宮内省内で統一見解をはかり、その上で、太政官に決裁を仰ぐようになり、しかも、そこで決定した事項についての連絡は必ずしも太政官を通す必要はなくなり、宮内省が直接外務省に通知することも可能になったのである[38]。

さらに、謁見の次第書を作成する部局が変更された。それまでは、外務省が作成していたが、宮内省内に式部寮が所管換えされてからは、式部寮（一八七八〔明治一一〕年一月二二日の分課以降は儀式課）が外務省と協議しながらであるが、作成することとなった。これに伴い、謁見様式にも変更が加えられた。例えば、これまでは外務省の官員が、謁見のために参内した公使等を迎え、扣所へ案内していたが、これ以降は、式部官が行うこととなる[39]。ただし、宮内省式部寮が管轄することになったとはいえ、外務省の役割はそれまで同様重要であった。例えば、従来、外国公使その他外国人の謁見には天皇は正服を着御するのが通例であったものが、一一月九日の元老院のお雇い外国人デュ・ブスケ（Albert Charles Du Bousquet, 1837-1882, フランスの軍人）とフルベッキ（Guido Herman Fridolin Verbeck, 1830-1898, オランダ生まれ、アメリカの法学者・神学者）の謁見以後の内謁見においては、勲章佩帯は行うが、略服で構わないことが定められ、(40)さらに、横浜在留公使・新着公使・国書捧呈公使の出京の際には、願い出の有無にかかわらず、新橋停車場まで宮内省馬車を廻し出迎えることなどが定められているが、(41)これらは、宮内省が主体的に調査して変更を加えたわけではなく、外務省からイギリス・ロシア・アメリカなどの各国駐劄特命全権公使に問い合わせた結果として実現したものであった。(42)外交儀礼が外国に範をとって整えられていったこともあり、外務省からの情報は依然重要であった。

一八七八（明治一一）年八月七日になると、式部寮の事務についていちいち宮内卿が太政官の決裁を仰ぐ必要はないということとなり、全て宮内卿が決裁を下すことに改められた。(43)というのは、せっかく事務の簡素化のために式部寮を宮内省の管轄にしても、結局宮内卿の手を経ていちいち太政官の決裁を経るという形を取っているならば、むしろ太政官下にあった時よりもかえって事務が錯雑淹滞するうえに、宮内卿の権限を侵害しかねないと考えられたからである。しかしながら、必要ないとの決定が下された後も、実際には太政官への伺いを経るという手続きは踏まれており、例えば、式部頭が太政大臣に、新年に参賀するお雇外国人の範囲に関する謁見規則を定めたいと上申したのに対して、八月一七日、太政大臣が許可せず、従前どおり執り行うべしと通達したような事例も存在する(44)ことから、依然太政官が決定権を有していた事実も確認される。

一八七九（明治一二）年四月二八日、一八七七（明治一〇）年八月改訂の宮内省職制及事務章程の「宮内省ハ皇

室内廷皇族ニ関スル一切ノ事務ヲ管理スル所トス」の部分が、「宮内省ハ皇室内廷皇族華族ニ関スルノ事務及祭式礼典陵墓ノ事務ヲ管理スル所トス」と改められ[45]、五月二四日には、式部寮職制及び事務章程が改定され[46]、一一月二九日には、従来、宮内省の中の庶務課で処理していた祭祀、及び朝拝・三大節・謁見・行幸啓・外賓接待・勲章授与等礼典に関する細大の事務を全て式部寮で一括管理することとし、一二月一日より実施された[47]。すなわち、式部寮の職掌が拡大し、組織が整備され、天皇が行う祭祀はもとより、外交儀礼を含め関係する行事は全て式部寮で統轄することが制度として定められたのである。

以上のように、この時期において、制度上、宮内省式部寮が皇室外交儀礼を中心的に取り扱う体制が整えられた。ただし、その立案調査にあたって外務省の持つ影響は依然として大きいことも確認できる。そして、次節で見るように、皇室外交儀礼は、井上馨外務卿の急進的な欧化政策よりさらに強い影響を受け、転換点を迎えるのである。

四　欧化政策と宮内省専管に伴う改定

一八七九（明治一二）年九月一〇日、井上馨が外務卿に就任した。井上がその外交政略の一環として取った欧化政策は、皇室の外交儀礼にも影響を及ぼすことになる。まず井上は、延遼館に代わる外賓接待施設（後の鹿鳴館）の新設を提議し[48]、大臣・参議主催の晩餐会・夜会・園遊会に備えて欧米諸国の交際場の諸種の慣例・通規を集めた「内外交際宴会礼式」を作成した（一八八〇〔明治一三〕年一二月完成）[49]。作成に当たっては、宮中に取調所を設置して、自らを外賓待遇礼式取調委員長、宮内卿徳大時実則を同次長とし、海軍大佐林清康・陸軍中佐児島益謙・宮内権大書記官建野郷三等を委員として調査させた[50]。井上は、一般の外国交際だけではなく、皇室の外交儀礼も整備しようと考えた。すなわち、欧州各国の王室が社交界の中心であるように、日本の皇室でも外交を盛んにしようと、春と秋に園遊会を開いて、各国外交官を招くことを建言したのである。[51]その式次第については、元英国公使館在勤の長崎省吾に調査させ、[52]一八八〇（明治一三）年一一月一八日、現在の秋の園遊会に相当する観菊会を初めて開催した。一方、元老院副議長佐佐木高行は、同年の六月三日に、右大臣岩倉具視に対し、「人ノ耳目ヲ驚カス如キ宴会等ハ戒メザルベカラズ、昨年被仰出候勤倹ノ御趣意、厚ク奉体シテ天下万民ニ信ヲ示スベキ秋ナリ、閣下深ク御注意アッテ、右様ノ夜会等不相催候様御忠告有之度、奉存候也」[53]ことを述べ、諫めていた。しかし欧化政策の流れを止めることはできず、翌明治一四年の三大節（一月一日の新年朝拝の儀、二月一一日の紀元節、一一月三日の天長節）以降、外国公使を招待することとする（この年以降慣例となる）など、皇室の外国人接待の場面は増えていった。

とりわけ、一月一日の新年朝拝の儀に関して、井上は、各国公使夫妻は賓客なので、最優先して朝拝の例を行わせるべきだと奏請する。これについて佐佐木の日記によれば、「思召ニハ、年賀ハ君臣ノ礼儀ヲ専ラニ致ス訳ナレバ、一番ニ大臣及ビ勅任官ヲ参賀致サスベシ、外国人ハ賓客ナレドモ、平日ノ交際ト違フ事故、其次ニテ可然トノコト也、大臣・参議及ビ外国公使ノ夫人拝賀ノ席ニ列シ候事ハ不可然トテ、御聞済無之由、右等ノ節ハ、大臣初メ参議モ宮内卿輔モ異論ヲ申立ルナリ、体裁モ不体裁モ井上ノ申ス儘ナレ共、思召ヲ以テ、一々ニ宸断被為遊候由ナリ、是レハ元田親シク思召ヲ奉伺候テ、高行へ内話也、尤、元田ハ大ニ御補助申上ゲタル口気ナリ、果シテ然ラン」とある。[54]つまり、天皇が井上の提案に対して、新年拝賀は歳首にあたって君臣の礼を正しくする必要があり、第一番に臣僚から拝賀を受けるべきで、各国公使等はたとえ賓客たりとも、平日の交際と同じように扱うべきではないとして、認めなかったというのだ。この史料はあくまで佐佐木が元田永孚から伝え聞いた情報であり、実際に、天皇がこのような考え方を示したのかどうか、この史料以外で確認できないが、少なくとも佐佐木は、外国公使よりも日本臣僚を第一次に扱われるべきであると考えており、井上の行き過ぎた欧化政策に歯止めをかけようと、天皇にその意見を託そうとしていたのではないかと推測される。

いずれにしろ、井上の欧化政策はこうした反対にもかかわらず進められ、それは婦人の服装にまで及び、外交官の妻に限り、通常の袿袴ではなく洋服着用を許すなどの変更も加えられた(55)。

前節で見たように、制度上は宮内省式部寮が皇室の外交儀礼を中心的に取り扱う体制が整えられたものの、井上馨が外務卿に就任すると、その欧化政策は、外賓接待の機会も急増させるとともに、皇室の外交儀礼にも強く影響を与えることとなった。制度こそ宮内省式部寮を中心とする体制となったとはいえ、その運用にあたっては当時の政治状況や政治家の力関係に大きく左右される不安定な状況が続く。

こうした欧化政策のなか、一八八一（明治一四）年七月一二日、宮内卿徳大寺実則が、外務卿代理外務大輔上野景範に対し、外賓接待の事務については、今後、各国の例にならって、宮内省で専担したいとの協議をもちかける。この稟請に対して、上野が即答しなかったため、約一週間後の一八日、今度は式部助丸岡莞爾から上野に対し、早々に何らかの意見が欲しいと要請が行われることになる。このように徳大寺が急いだ背景には、英国王孫アルバート・ヴィクター（Albert Victor Christian Edward, 1864-1892）、同ジョージ（George Frederick Ernest Albert, 1865-1936, 後のジョージ五世）の接待行事を一〇月に控えており、皇室の外賓接待を欧州諸国と同様に、宮内省で応対したかったからであろうと思われる(56)。

ようやく二三日に、上野から徳大寺に差し支えないとの回答があり、二五日に、上野と徳大寺の連名で、太政大臣三条実美にあて、「皇室ニ関スル貴賓接待ノ義ハ専ラ宮内省ニテ受引取扱イタシ候義ニ有之且従前ノ如クニテハ接待取扱方一致ノ例規無之ニ付区々相成混雑不少候間今後ハ別紙立案ノ如ク外賓接待方御治定相成度此段仰高裁候也」と上申し、八月五日に伺いが認められた。(57)これ以降、外賓接待に関する事務は、専ら宮内省のみで取り扱うこととし、「外賓接待略規」も定められた。

外賓接待略規には、①皇室における外国賓客接待の事務は、宮内卿が統轄し、儀式は式部頭が執行すること、②外賓来日前に、宮内省に臨時接待委員・属員を置くこと、③接待委員は、概ね事務委員と常侍委員とに分担すること、④属員は事務委員に属し、事務委員は式部寮の勅任官・奏任官を充てること、⑤外賓が来日して、帰国するまでの間の接待次第を調査し、上申した上で施行すること、⑥接待費の予算を組み、上申した上で処弁すること、⑦接待事務に際しては、必要な事務員を徴集し各役所を往復すること、⑧外賓の食事に陪食し、外出の随従もあること、⑨常侍委員は、外務省・宮内省式部寮あるいはそのほかの官庁の勅任官・奏任官、それに相当する者、かつ外賓国の言語に通じ外国交際に慣れている者を選ぶべきこと、⑩常侍委員は、初めての外賓については送迎を行い、外出には常に陪乗あるいは随従すること、などが定められた。(58)なお、宮内省と外務省の協議の結果、通弁（通訳）・書籍の翻訳は外務省が執り行うこととなった。

なお、前述した事務手続きを宮内省専管としたいとの稟請以前にも、宮内卿は、六月二一日、お雇い外国人への賜謁の簡素化を図るための稟請を行っていた。(59)つまりお雇い外国人が帰国する際に、これまでは謁見の願い出を受け付けていたが、以後は、特別のことがない限り謁見を認めないこととしたいと願い出ていた。前述したように、井上馨外務卿就任以来、外国人への謁見は増加していたが、そのような事情がこの宮内卿の稟請の背後にはあった。こうした宮内卿の動向からは、この頃より、宮内省が主導する形に転換しようとする姿勢が確認される。

さらに七月、式部助丸岡莞爾は、在伊国羅馬公使館二等書記官百武兼行にあてて、皇后に関する諸儀式を至急取り調べてほしいと依頼している。(60)これに対し百武は報告書として皇后に関する儀式取調書のみでなく、「伊国帝室ニ於テ各国公使引見儀式手続」「伊国帝室忌服章程」を提出している。[61] こうした儀式の調査はイタリアだけではなく、イギリス、フランス、ロシア、プロシア、オランダ、オーストリアの王室・帝室事例についても行われており、それぞれの国に関する報告書が残されている。[62] さらに、日本人在外公使が直接国王に謁見して情報を収集した事例も存在する。[63] このことからは、一八八一（明治一四）年を境に、宮内省は、名実ともに皇室外交儀礼への主体的関与を強めるべく、皇室に関わる外交儀礼の事務だけでなく、情報収集のため調査にも主体的に乗り出していった（ただし、実際に調査するのは在外公使館の人員であるという意味では外務省の力を借りてはいる）ことが窺えるのである。

以上の調査結果を踏まえ、一八八二（明治一五）年六月二四日に、「新任公使国書奉呈謁見次第」が定められた。各国の調査がどのような形で取捨選択されたのかという問題も興味深い問題であるが、紙幅の都合もあり別稿に譲ることとし、次第の概要のみを記すと、①初めて新任公使が謁見する場合は、式部頭が公使の名前を披露すること、②公使の随員も公使の謁見の後、謁見を許され、その随員の名前は公使が披露すること、③公使が謁見する際、親王二名の侍立だけでなく、一同侍立のこと、④お雇い外国人が謁見する際、親王二名の侍立は必要ないこと、などが定められている。[64] なお④については、この次第が定められる前の六月二二日に、式部頭が、宮内卿の了解を得た上で、外務卿との協議が行われており、サポート役としての外務省の役割は依然として重要であったことが確認できる。[65]

八月一一日には、各国公使や艦隊長などの謁見願い出の手順が改定された。それまでは、各国公使・艦隊長等が謁見を願い出る場合、まず外務卿が内閣へ上申し、それから内閣が宮内卿の伺いを経て定めたものを外務卿に指令するという手順を踏んでいた。しかし、このように内閣を経由することは事務が繁雑でかつ時間もかかるため、謁見者の離日が間近に迫っている場合などに、事務手続きが慌ただしくなるという弊害が存在していた。また海外では、国王がその国に駐在する各国公使から謁見を受ける場合、大概は内閣の決裁を経ていなかった。以上の事情を踏まえて、宮内卿徳大寺実則は、日本でも各国の慣習に従い、内閣を経由せず外務卿から直接宮内卿へ願い出るという方法を取りたいと、太政大臣三条実美に対し上申したのであった。(66) さらに、九月六日には、お雇い外国人の謁見願い出の手順も改定された。それまでは、雇い入れの省から内閣を経由して宮内省に願い出るという手続きを取っていたものが、同じく時間がかかるという理由で、これ以降は、雇い入れの省が直接宮内省に連絡して謁見を願い出る形に変更された。(67) このように、公謁見・内謁見を問わず、内閣を通さないで宮内省へ謁見を願い出る手続きが整えられた。

さらに、一八八三（明治一六）年一一月二八日、お雇い外国人が帰国する際の謁見式次第が改定された。すなわち、①従来は宮内省が通訳を用意していたが、以後は、雇用先の官庁から奏任官以上一名が付き添うこととし、②これまではお雇い外国人に付き添う係員は礼服を着用していたが、これを改め、フロックコートを着用することとし、③これまで式部頭がお雇い外国人を天皇の前へと先導していたが、丁寧すぎてかえって不体裁であるため、その役は掌典が担うように改められ、天皇は、宮内卿・式部頭侍立のもとに謁見を受けることとなった。(68) この式次第は、式部寮が宮内卿に願い出て改定されており、かつこの間他の部局への伺いは行われておらず、専ら宮内省内の決裁で変更が加えられている点は特筆すべきであろう。

そのほか、一八八二（明治一五）年一〇月二三日、勲章授与式の式次第も改められた。これまで勲章授与式の第九則には、外国人に勲章を授与する場合、賞勲局総裁から外務卿に送付して、外務卿から授与すること、勲等姓名は式部寮へ移送することが定められていたが、そのうちの但書にある「時宜ニ因リ本文ニ拘ハラス親授或ハ奉授ノ式ヲ行ハル、コトアルヘシ其場合ニ於テハ其式内国人ニ賜与ノ時ト異ナラサルヘシ」の条文を削除することに改められた。つまり、日本人への勲章親授又は奉授の式に際しては、賜与の勲章を即時佩用しなければならないが、外国人の場合は、本人次第とすると変更されたのであった[69]。これは、宮内卿代理（宮内大輔杉孫七郎）が、賞勲局の意見を問い合わせた上で、太政大臣三条実美に上申したことにより改定されたのであるが、上申書のなかで、日本側が外国人に勲章佩用を強制しない方が外賓接待の儀礼に反しないし、外国人と日本人とを区別することも妥当であると考えたからであるとの理由が述べられている。さらに、一一月九日には、勲章を佩授した者は、内外国によってその待遇に差別を受けることなく、また外国勲章を受けた内国人はその受佩を許否するにとどめ、特別の待遇を賜ることはないということも定めた[70]。

翌一八八三（明治一六）年一〇月一三日には、外国公使に対する皇族の待遇方法を調査するため、宮内省に委員が設けられた。宮内省は、外国の事例を調査するので外務省からも委員を選出してほしいと照会している。その際、宮内省の方で粗々調査を終えているが、今後、皇室の待遇方法も調査しなければならないので、その委員については宮内省への出向とさせてほしい旨が言い添えられている[71]。この調査の結果はどのように決着がついたのか分からないが、宮内省内で調査を進め、外務省の協力を得て、正式に形を整えようとしていたことが窺える。

一方、外務卿井上馨の方でも、太政大臣に対し、スペイン王族マリア・デ・ラ・パス王女（イサベル二世の二女、María de la Paz de Borbón y Borbón, 1862-1946）とバイエルン王族ルートヴィヒ・フェルディナント（ルートヴィヒ一世の孫、Ludwig Ferdinand Maria Karl Heinrich Adalbert Franz Philipp Andreas Konstantin, 1859-1949）との結婚を機に、一八八三（明治一六）年七月六日、親書取扱の制を改め、政務に関係ない外国皇帝親書は太政官を経由せずして、外務卿より直接これを宮内卿に回付し、宮内卿より奏上することにしたいと伺い、同三〇日には伺い通りとされた[72]。外務省の側でも、内閣を経ず、宮内省と外務卿との相談において事を決することを望み、かつその最終的な責任が外務省ではなく宮内省にあることを認めるような願い書が出されたのである。

以上のように、皇室の外交儀礼について、宮内省主導で本格的な諸外国の事例調査を開始し、外交儀礼の式次第についても、こうした諸外国の事例を参照にしながら、変更を加えていった。また事務手続きについても、簡略化・迅速化をはかるため、太政官を通さずに、宮内省が主導する形で外務省と手続きを進めようとした。

ただし、こうしたなかで、宮内省と外務省との間で行き違いが生じることもあった。例えば、一八八二（明治一五）年六月二七日に、外務大書記官（宮本小一）が、式部頭（鍋島直大）にあてて、外国公使の公的・私的謁見にかかわらず、謁見時の勅語や令旨を逐一通知してほしいと依頼するという一件が起きた(73)。それまで外務省は、式部寮があらかじめ作成した勅語や令旨に誤りがないかどうか確認し、式終了後も通知されていたのであるが、その通知がなくなったことに対し、苦情を申し立てたのであった。この件については、その翌日、式部頭が勅語と令旨を回付することで落着するが、一八八三（明治一六）年八月三一日には、外務大書記官（宮本小一）が宮内卿（徳大寺実則）にあてて、各国公使等の謁見時の言上振りを回付してほしいと照会するという一件が起きた。つまり、従来、謁見者の言上振りはその都度回付されていたのであるが、昨今、しばしば回付されてこない、在外の日本人公使に報告する都合もあるので、以前から何度も差し回してほしいと依頼しているにもかかわらず回付されない、つい先日の八月二五日の英国公使の言上振りも回付されてないという、抗議の意を込めた照会であった。これに対して、式部頭が外務大書記官（石橋政方）にあてて回答したのは、四か月後の一二月になってからであり、しかも、回答の内容は「右公使言上中御交際ニ関シ候廉有之候得ハ其都度都度御廻シ可申候得共唯通常之御談話而已ニ候得ハ別段御廻シ不申候条右様御承知有之度此段及御廻答候也」というように、外国交際に関係のあるものであれば、その都度回付するが、通常の談話だけの場合は、別段回付する必要がないと思われるので、その旨承知してほしいというものであった。[74] つまり、謁見時の内容が外交的に重要か否かという判断は宮内省が行い、その結果宮内省が重要でないと判断した場合は、外務省への通知を簡略化するという措置をとる旨を、一方的に通知したのであった。

以上のように本節では、外賓接待略規が定められて以来、皇室で行われる外国人の接待について、宮内省が主導権を確保していく過程を検討してきた。外務省との相談は依然として必要であったが、外交儀礼調査にしても、式次第の変更についても、その主導権が確実に宮内省にシフトしていったのである。なぜこの時期宮内省が主導権を発揮するようになっていったのかということについては、皇室制度の確立過程を踏まえたうえでしっかりとした検証が必要だが、おそらくは、井上馨外相のもとで欧化政策がすすめられるなかで、欧米と対等に交際できるような皇室の制度・基盤の整備もその欧化政策の一環としての重要課題であると認識され、そのような認識のもと、外務省の権限を強化することよりも、皇室事務を主管する宮内省の基盤整備が優先されたのではないだろうか。つまり、井上馨外相による欧化主義政策の強力な推進が、逆説的ではあるが、皇室儀礼に関する宮内省の（外務省からの）自主性の取得につながっていったのではないかということである。そしてそれは、次節で見るように、その後の伊藤博文による宮内省の組織拡大のなかでさらに加速していくことになる。

五　宮内省の組織拡大に伴う外交儀礼の画一化

一八八四（明治一七）年三月一七日、伊藤博文は、立憲諸制度並びに皇室の諸制度の制定のために、制度取調局を設置し、自ら長官となった。[75] さらに三月二一日、宮内卿に就任する。伊藤は、よく知られているように、この頃より内閣制度の成立に向けて宮中・府中の別が確立するように制度改革を進めていくのであるが、[76] 皇室に関しては、宮内省の組織を整備・拡充し[77]、皇室の藩屏たる華族制度も整えていく[78]。

また前述したように、伊藤は、皇室儀礼については、外交儀礼も含めて全般的に宮内省で取り扱うべきだと考えていた。こうした伊藤の考えに基づき、従来から宮内省が主導権を握りつつあった各種の権限が、完全に宮内省へとシフトしていくことになる。すなわち、皇室の外交儀礼に関する調査だけでなく、実際に行われる外国賓客・外交官の謁見時の勅語案・式次第の作成などの決定権が完全に宮内省の主管事項とされるのである。

まず三月二四日には、外国皇室に贈答する親書の起草及び贈進等に関する事務について、これまでのように外務省と宮内省との二人三脚体制を改め、全て宮内省の管掌とすることとした[79]。四月一二日には、外務省の所管だった延遼館及びその庭苑・木石の類を宮内省の所轄に移し、以後、そこで宮内省が皇室に関する各国貴賓の接待を取り扱うこととした。また五月、宮内省の式部寮において、長崎省吾（式部寮七等出仕）の指示のもと、「各国公使新年祝賀心得書」を作成し、またそれまで主に外務省が担っていた通弁（通訳）や外交儀礼などに関する書籍の翻訳業務についても、宮内省の外事課が担当することとなった。翻訳書は、式部頭（鍋島直大）が、各国公使に回付し、また外務卿（井上馨）にも通牒するという形を取ることとした[80]。

九月一二日、外務卿（井上馨）から宮内卿（伊藤博文）に対し、これまでは公使が海外赴任前に拝謁及び賢所参拝する場合、外務卿を通して宮内卿に照会していたが、以後は赴任する本人が直接宮内卿に願い出るという手続きに変更できるか協議してほしいと照会があった[81]。これに対して、翌日には、伊藤は井上に、公使が赴任する前だけでなく、公使が帰朝した場合にも、また夫人同伴で皇后に拝謁する場合でも、外務省を通さず、本人から直接宮内卿に照会してよいとの回答を送った。ただし、追伸として、書記官や領事等が赴任する前の拝謁は、従前どおり外務省を通してほしいと申し添えている。また、西洋各国では、書記官や随員の取扱いがしっかり決まっており、奏任官と判任官との区別を厳密にしているが、日本では西洋諸国を単純に模倣するのは難しく、謁見に値しない随員も謁見しているが、従前どおりとしておきたいと併せて述べている。(82)

九月二七日の香港知事ジョージ・ボーウェン（Sir George Ferguson Bowen, 1821-1899）の謁見以降、各国公使を始め外国人の内謁見には、親王が侍立しないことが定められた。(83)これについては、宮内卿伊藤博文が長崎省吾を通じて式部頭に対して提案したもので、宮内卿と式部頭の協議で定められた。

さらに伊藤は、皇室の儀礼を整備すべく、組織改革にも着手した。一〇月三日には、宮内省の式部寮が廃止され、代わりに式部職が置かれ、帝室の祭典・礼式を掌り、雅楽の事を管理させることとした。管掌事項は以前とほとんど変わらなかったが、式部長官・式部次官・式部官、掌典長・掌典・掌典補、雅楽師長・雅楽師副長・雅楽手・雅楽生という多数の職を設け、人員を大幅に増員した。元老院議官鍋島直大が式部長官を兼任し、公爵九条道孝が宮内省一等出仕と同時に掌典長を兼任することとなった。(84)さらに一一月二〇日、式部職事務規程を定め、式部職の職掌を式部職・掌典部・雅楽部に分けて明確化し、祭祀は掌典部が、神楽・雅楽は雅楽部が執り行うこととし、それ以外の朝廷の諸礼式・宮中饗宴・内外人謁見・行幸啓鹵簿などは式部職が扱うこととした。つまり、組織規模が拡大したことに伴い、職掌を明確化・細分化させ、システマティックな業務の遂行を図ろうとしたのであろう。

また、一一月一五日付で、外務卿代理外務大輔（吉田清成）より宮内卿伊藤博文にあてて次のような知らせがあったことにも注目したい。従来、英国皇族吉凶の際には、英国皇帝陛下御記名の宸翰をもって各国元首に通牒するはずであるにもかかわらず、その各国元首の中に日本皇帝の名前が掲載されていなかったことが分かった。その理由について在英国大山臨時代理公使を通じ推問したところ、一〇月二〇日付の電信で日本皇帝の御名が加えられたとのことである。この知らせを受けて、一二月一日、宮内卿は、日本の皇室で吉凶があった場合にも、英国皇帝に親書をもって報知したいという旨の御沙汰があったので、その旨、英国外務卿へ通牒し、河瀬英国公使へ訓令するようにと回答した[85]。つまり、皇室の外交儀礼に関する問題点が生じた場合、外務省は、現地で得た情報をそのまま宮内省に通報しており、判断の是非はすべて宮内省に一任していることが確認できる。要するに、外務省は現地での情報収集や交渉に徹しており、皇室の外交儀礼上の問題点の決定権は完全に宮内省にシフトしていたということが分かるのである。

以上のように、宮内卿に就任した伊藤は、皇室の外交儀礼について、その役割や決定権を宮内省に集中させた。また宮内省の中でも式部職がそれを専管することとなり、そのための組織が整備されていったのである。さらにそうした伊藤の方針を外務省も受け入れ、宮内省の方に任務を移行することに協力したのであった[86]。

以上のような一元化と同時に、宮内省は、これまで場当たり的かつ煩雑に行われてきた儀式を整理し、画一化・簡便化・簡略化をはかろうとしていく。まず、翌一八八五（明治一八）年二月五日、式部職の提案により、公式の謁見（公謁見）、非公式の謁見（内謁見）の出入・昇降について画一化がはかられた。それまで公謁見者は、正門より出入りし皇居御車寄より昇降し、内謁見者は、官門より出入りし皇居御車寄より昇降するという区別を行っていた。しかし、このような区別について、権衡を失い、混雑を来たすという理由で、式部職は宮内卿に対して、外国公使は公謁見・内謁見を問はず、代理公使以上は正門より出入し、皇居御車寄より昇降するようにしたいという旨を提案したのであった[87]。また二月二三日には、式部職の提案により、各国公使が国書捧呈を行うに当たって、夫人を同伴して参内する場合、その夫人は、天皇・皇后に、あるいは皇后のみに拝謁を願い出るのか、外務省書面に明記することとし、事務の簡便化をはかった[88]。

さらに、一一月六日、宮内卿（伊藤博文）は、外務卿（井上馨）にあてて、内外国人交際会食饗宴意見を述べた。

これによれば、近年外国人との交際が増え、会食・饗宴等が頻繁に行われるようになったが、従前のように年中季節を問わず、そのように交際を行っていたら際限がない。そのため、欧州諸国では大抵冬から春の間を「交際季節トスルノ慣例」としているのにならい、毎年、観菊の宴を交際季節の始めとし、観桜の宴をその終わりとして、外国人との会食・夜会・舞踏会等はこの季節に開催するようにしてほしいというものであった。なお、臨時の外国賓客を招いての宴会や各家の私宴などはその限りではないと付言しているのであるが、井上外務卿によって主導された欧化主義に歯止めをかけるかのような簡略化を勧めている点は注目される。(89)

一二月二二日、太政官が廃止されて内閣制度が創設された。宮内大臣は内閣の一員とはされず、宮中・府中の区別がより明確になったが、伊藤は、内閣総理大臣と宮内大臣を兼任してその後も宮中・府中双方の業務に携わり、宮内省の職掌の整備を引き続き行っていく。また、宮中には内大臣・宮中顧問官が置かれ、太政大臣であった三条実美は内大臣に就任した。同時に制度取調局が廃止された。

一八八六（明治一九）年二月四日、宮内省官制が改定され、外事課において帝室外交の事を掌り、式部職は帝室の祭典・儀式・雅楽の事を掌ることと定められた。一八日には、外国交際に関する件で、次のように式部職と外事課の交渉事務規定が定められた。

一　各国公使国書奉呈幷公使夫妻等聖上皇后宮へ謁見及観桜観菊両会ニ召サセラル外国人名此他外国人ニ関シ重要ナル事件ハ一切外事課長ノ検印ヲ取ルヘシ
　但公使随員等ノ人名ヲ外務省ヨリ通知シ来ルノ類ハ其都度同課長ノ心得迄ニ通知スヘシ
一　各国皇帝皇后等へ御親書及ヒ御贈品相成ル節又ハ各国皇帝皇后等ヨリ我聖上皇后宮へ同上ノ節此他外国人ニ関シ重要ナル事件ハ一切同課ヨリ式部長官ノ検印ヲ取ルヘシ

但外国人へ物品下賜或ハ外国人ヨリ献上品等アル時ハ其都度外事課ヨリ心得ノ為メ式部長官へ通知スヘシ(90)

つまり、式部職で取り扱っていた外国交際の職掌を切り離し、「外事課」という一部署を設け、そこで皇室の外国交際関係を一括して取り扱うようにし、かつ、外国人に関する重要な案件はすべて外事課長の決裁を経るという取り決めから窺えるように、この「外事課」は、事務処理を行うだけの部署ではなく、皇室の外国交際に関しては、統轄する責任を担う部署とされた。要するに、皇室の礼式一般を取り扱う式部寮から、外国交際に関する部分を切り離し、独立した統括部署を設置したのである。このことは、これまでみてきたような過程を経て、宮内省による皇室外交の取り扱いの重要性が増したことにより、皇室の外国交際に関する事務処理の専門部署を必要とするまでに至ったものと見ることができよう。

以上のように、宮内卿（後に宮内大臣）の伊藤博文のもと、宮内省の組織が拡大され、皇室の外交儀礼を含む皇室儀礼に関しては全て宮内省が取り決めるようになったこと、それと同時に、宮内省では、これまで場当たり的に煩雑に行われてきた儀式を整理し、画一化・簡便化・簡略化をはかったということが確認された。

六　宮内省顧問モールの雇用と外交儀礼の確立

一八八七（明治二〇）年五月四日、ドイツの貴族オットマール・フォン・モール（Ottmar von Mohl, 1846-1922）が宮内省顧問（勅任官二等待遇）として明治二二年五月までの期間で雇用された(91)。モールは一八七三年から一八七九年までドイツ帝国皇后兼プロイセン王妃アウグスタの枢密顧問秘書を務めた人物であり、元ベルリン駐在日本公使の青木周蔵と懇意であった。モールの招聘交渉は、約一年前から、伊藤博文と青木周蔵の間で交わされていたが(92)、招聘を行ったのは、これまでのように宮内省の式部寮が、欧州各国の皇室儀礼に関する調査をいちいち進めていくやり方よりも、ヨーロッパの宮廷事情に詳しい現地の人を直接招聘したほうがいろいろと便利であると考えられたからである。また、宮内省がお雇い外国人を置くのは、明治七年以来のことであり[93]、憲法の発布や皇室典範の制定を控えていたことも招聘には関係していた。さらに、モールの仕事は皇室儀礼に関する調査や皇室典範の作成だけではなく多岐にわたった。例えば、プロイセンの宮内官制と王室制度・国家制度に関する書籍を英語に訳し、それを長崎省吾（宮内大臣秘書）に伝えるという、皇室制度や国制そのものにかかわる職務も担当していた。その内容は、長崎から伊藤へ、伊藤から天皇に伝えられ、参考に供された[94]。そのほか、伊藤の関心は、「軍事参議院と文民枢密顧問それぞれの所管事項の関係、宮内相の式部官、会計検査院、内閣に対する関係、宮廷における上級ならびに最高の官僚の名称、目的ならびに業務、国王・王妃ならびに王室の他のメンバーの宮廷内の組織、宮廷女官、侍女、召使の地位と権能、王子・王女の教育、それに長子相続権、王族の年金交付、身分の格付け[95]」などにも及び、モールはこれら質問に対する回答書も作成した。

また、臨時的な外交儀礼の問題にも対応し、例えば、米国公使リチャード・ベネット・ハッバード（Richard Bennett Hubbard, Jr. 1832-1901）の夫人が亡くなり、宮中でどの程度葬式に関与するべきかという問題が起きた際にも、モールは、天皇が宮内官僚を勅使として、皇后が女官を御使として葬式に参列させ、花輪を贈るという措置を講じた[96]。このように、モールは皇室に関わる幅広い問題について諮問にこたえたり助言を行ったりしたのである。

モールの回顧録によると、皇室の外交儀礼一般に関しては、一八八七（明治二〇）年八月頃、外交団の応接規則を作成していたことがうかがえる。

宮内省ではこの頃〔一八八七年八月頃〕、外交団の応接規則をつくることが望まれており、毎日の業務でもこの問題が検討された。これらの規則は数ヶ月にわたり宮中や外務省内でときには有力な外国外交官代表を交え協議され、天皇のご裁可を経たあと、英仏両語で印刷され発効するに至った[97]。

これが『外交官接遇礼式』として勅裁を得たのは、一八八九（明治二二）年五月八日で、モールの雇用契約が終了した後であるが、礼式は外務大臣（大隈重信）にも廻覧され、協議の上、異見が出なかったため、そのまま勅定された。具体的には、「外国使臣謁見規則」として、①「皇帝陛下ニ特命全権公使及弁理公使信任状捧呈謁見ノ規則」、②「皇后陛下ニ特命全権公使及弁理公使謁見ノ規則」、③「皇后陛下ニ特命全権公使ノ夫人謁見ノ規則」、④「皇帝陛下ニ特命全権公使及弁理公使内謁見ノ規則」、⑤「皇帝陛下ニ外国紳士謁見ノ規則」、⑥「皇后陛下ニ外国紳士及其夫人謁見ノ規則」、⑦「親王殿下及親王妃殿下ニ特命全権公使弁理公使及其夫人又公使館員并ニ外国紳士及其夫人謁見ノ規則」が定められた[98]。これらは、モールの回顧録にあるように、英語・フランス語にも翻訳され、以後、外交団応接の儀礼の際に参照され、その時その時で場当たり的に対応していた不安定な面がマニュアル化されたのであった。

一八八九（明治二二）年二月一一日、大日本帝国憲法が発布され、皇室典範が制定された。憲法発布の式場は、モールの提議どおり、新宮殿で行われ、式次第もベルリンの類似行事をもとに組み立てられた。そのほか外国人新聞記者の入場を認められ、宮城（皇居）に国旗が立てられた。発布式には各国公使・公使館員及び勅任のお雇い外国人、勲三等以上の外国人なども参列した。こうした大行事を終えて、モールは雇用期間の満期を迎えるのであるが、帰国に先立つ三月八日には、在職中の功労を賞され、宮内大臣（土方久元）を通じて勲二等に叙し瑞宝章を賜り[99]、また三月二六日には、帰国前の御陪食を仰せつけられ、慰労の勅語を賜った。

以上を経て、皇室の外交儀礼は確立されていったのである。まとめれば、宮内卿（後に宮内大臣）伊藤博文のもと宮内省の組織が拡大するとともに、皇室に関する儀礼は外交儀礼も含め、全て宮内省のもとで専管されるようになった。そして、宮内省で一四年ぶりに雇われたお雇い外国人であるモールの協力を得て、皇室の外交儀礼は確立していくのである。以後、この時期に定められた外国賓客の接待様式や、外交官の接遇様式「外国使臣謁見規則」などを基礎として、皇室における外国人の接待が行われていくことになる。こうして、明治初年から模索を続けてきた皇室の外交儀礼は、一応の確立を見たのである。

おわりに

日本がいやおうなく国際社会に組み込まれていくことになった近代という時代において、それまで宮中奥深くに座して表に出ることの少なかった天皇は、皇后と共に、日本の元首・妃として、外国の王族をはじめとする賓客などと交際を始めなければならなくなった。その際、喫緊の問題として浮上したのが、どのような外交儀礼で対応するかということであった。

本稿では、その外交儀礼がどのように形成されていったのかということを分析するための基礎的作業として、皇室の外交儀礼についての管轄官庁の変遷を概観するとともに、その背後にどのような動きがあったのかを検討してきた。

既述したように、一八六八（慶応四）年一月から、外交儀礼が一応の確立をみる一八八九（明治二二）年まで、管轄官庁の変遷には、ターニングポイントが四度あった。一度目は、太政官に式部寮が設置された一八七一（明治四）年、二度目は、太政官の式部寮が宮内省内に移管された一八七七（明治一〇）年、三度目は、外賓接待事務を宮内省専管とすると定められた一八八一（明治一四）年、四度目は、伊藤博文が宮内卿となり宮中改革に乗り出した一八八四（明治一七）年である。すなわち、皇室の外国交際に関する諸事務は、当初、幕府時代の流れをそのまま汲む形で、外務省主体で進められていたが、一八七一（明治四）年、太政官内に式部寮が設置されてからは、太政官（式部寮）・外務省・宮内省の三部署間で複雑な手続きを踏んで行われることとなった。その問題を解消すべく、一八七七（明治一〇）年、太政官所轄の式部寮が宮内省の所管へと移された。謁見の手続きに関しては、依然として太政官に伺いを立てなければならなかったが、謁見の際の勅語・式次第作成、外国の外交儀礼調査などは、外務省の協力を得ながら、宮内省の式部寮が主体的に定めていった。一八八一（明治一四）年、皇室の外賓接待事務が宮内省専管事項とすることに定められてからは、外務省は情報提供はするものの、謁見の手続き、外国の外交儀礼調査、式次第の変更などありとあらゆる面の決定権は宮内省に移っていった。一八八四（明治一七）年、伊藤博文が宮内卿に就任すると、以降決定権は完全に宮内省に移行することになる。その上宮内省では一四年ぶりにお雇い外国人モールを宮内省顧問に招聘し、皇室制度整備の総仕上げに取り掛かった。そうして、所轄官庁の変更に伴い作成されてきた外交儀礼――一八七一（明治三）年の外務省の手続書と見込書、一八八一（明治一四）年の外賓接待略規――は、大日本帝国憲法制定後の「外国使臣謁見規則」の成立によって、ようやく一応の確立を見たのである。

このような所轄官庁の変遷は、欧州諸国を模範としてのことであった。式部寮を宮内省に移管し、さらに、外交儀礼に関する事務を宮内省で専管するようにしたのも欧州諸国を模範してのことであった。しかし、欧州のなかでもとりわけどの国を模範として外交儀礼が定められていったのか、ということは、別に考察を要する問題である。通常、憲法・国家体制に関しては、イギリス学派・フランス学派・ドイツ学派の争いのなかで、明治一四年の政変を契機に模範国がドイツに定められたと言われ、また軍事史においても、陸軍が、当初のフランス式から、メッケル大佐招聘以後ドイツ式に軍制を改めると言われる。しかし、こと宮中の儀礼に関しては、明治一四年を機に「ドイツ化」されたという図式は当てはまらない。一八八四（明治一七）年、外賓接待の事務が宮内省専管事項になったとき、宮内省は、イギリス、フランス、ロシア、プロシア、オランダ、オーストリア、イタリアなどの欧州諸国の王室儀礼の調査に乗り出し、そうした調査をもとに、日本の外交儀礼を定めていく。モデル候補が、ドイツへと大きく舵を切られようとしたのは、伊藤がドイツの貴族モールを宮内省顧問として雇用した一八八七（明治二〇）年であった。しかし、伊藤の意向とは裏腹にモールが日本風を重んじたことは有名であるように、(100) モールによる整備がドイツ化と単純にいえるのかどうかについても、細かい検証が必要である。こうした実際の外国交際に関する諸儀礼の具体的なあり方と、それが形成されていく背景については、現在別稿を準備している最中であり、そちらに譲ることとしたい。

註

（1）朝日新聞社〔選書〕、二〇〇七年。

（2）平凡社〔選書〕、二〇一一年。

（3）高木博志「日本の近代化と皇室儀礼——一八八〇年代の「旧慣」保存」（『日本史研究』三二〇、一九八九年四月）、後に同『近代天皇制の文化史的研究——天皇就任儀礼・年中行事・文化財』（校倉書房、一九九七年）第二章に所収。同「国際社会における天皇就任儀礼の互換性と固有性」（『近代天皇制の文化史的研究—天皇就任儀礼・年中行事・文化財』、校倉書房、一九九七年、第三章）。

（4）外務省調査部編『大日本外交文書』第一巻（外務省、昭和一一年）、九九号附属書、二三六頁。

（5）「外国事務掛」は、一月一七日、三職分課の職制改定に伴い、「外国事務課」となり、外国事務総督は、議定の山階宮二品晃親王・三条実美・東久世通禧・伊達宗城・沢宣嘉（一月二五日付）が就任し、事務掛として、参与の岩下・後藤に加え、井上馨・五代友厚・町田久成・寺島宗則が実務に当たった。さらに二月三日には三職七科を改めて三職八局と改組し、「外国事務局」となり、事務掛の職名も判事に変わる。判事には、井関盛艮・大隈重信・陸奥宗光が務めた。

（6）『太政官日誌』第一巻（慶応四年戊辰二月）、二月一七日条。

（7）外務省外交史料館所蔵外務省記録『謁見記』（六門四類三項一号）、同所蔵外務省記録『各国公使水師提督貴族御雇外国人等参朝ノ節勅語勅答並公使等言上奉答』（六門四類三項二号）、ベルガス・デュ・プティ・トゥアール『フランス艦長の見た堺事件』（森本英夫訳、新人物往来社、一九九三年）三六〜三九・二二八頁、ヘルマン・ムースハルト編著『ポルスブルック日本報告――オランダ領事の見た幕末維新』（生熊文訳、雄松堂、一九九五年）二三四頁、A・B・ミットフォード『英国外交官の見た幕末維新』（講談社学術文庫、一九九八年）、ヒュー・コータッツィ『ある英国外交官の明治維新――ミットフォードの回想』（中須賀哲朗訳、中央公論社、一九八六年）一一七〜一二三頁、アーネスト・サトウ『一外交官の見た明治維新』下巻（坂田精一訳、岩波文庫、一九六〇年）二三九頁。

（8）前掲『謁見記』。

（9）太政官七官制が取られ、太政官のもとに三権を分立（立法は議政官、行政は行政・神祇・会計・軍務・外国の五官、司法は刑法官）した。外国官知事は知官事伊達宗城（前は外国事務局督山階宮二品晃親王）、副知官事には東久世通禧。

（10）前掲『謁見記』。

（11）慶応四年五月（日付不詳）伊達宗城上申書、外務省百年史編纂委員会編『外務省の百年』上巻（原書房、一九六九年）、二五・二六頁。

（12）前掲『謁見記』、外務省外交史料館所蔵外務省記録『明治天皇関東御東下一件』（六門四類一項二号）。

（13）明治二年六月一〇日制定の外務省法則」は、明治二年七月制定の「外務省規則」と三年四月一四日の「外務省省則」と「外務省軌範」を改定したもの。

(14) 外務省外交史料館所蔵外務省記録『外国貴賓ノ来朝関係雑件　英国之部　英国「ジュック、エットウインブルグ」親王来朝ノ件』（六門四類四項一号―三―一二）、明治二年九月一四日、延遼館を除くほかの部分を、宮内省所管とし、離宮と呼ばれた。
(15) 外務省外交史料館所蔵外務省記録『外国貴賓ノ来朝関係雑件　英国之部　英国「ジュック、エットウインブルグ」親王来朝ノ件』（六門四類四項一号―三―一二）、宮内庁書陵部宮内公文書館所蔵『英王子御接伴条例及英米公使参朝手続』（三条公行実編輯掛作成）、識別番号七一五三七。
(16) 以上、宮内庁書陵部図書寮文庫所蔵『儀式検印留』、函架番号四一三―四九三。
(17) 外務省外交史料館所蔵外務省記録『外国人謁見例規参考書』、六門四類三項四号。
(18) 東京大学史料編纂所所蔵『史談会採集史料　雑録一』、請求記号史談会本一六七一。
(19) 国立公文書館所蔵『公文録』明治三年・第五四巻・庚午七月～八月・外務省伺、第三号文書「外国ニ関係ノ事務総テ本省へ御下議ノ儀上申」、請求番号 本館―二A―〇〇九―〇〇・公〇〇三六七一〇〇。
(20) 『太政官日誌』第四八号、辛未（明治四年）七月二九日条。
(21) 『太政官日誌』第五一号、辛未（明治四年）八月一〇日条。
(22) 宮内庁書陵部宮内公文書館所蔵『謁見録』（式部寮、自明治三年至明治六年）識別番号一七一九、同所蔵『上申録』（式部寮、明治四年）第三七号文書、識別番号二〇三二。内容は、明治四年一〇月四日の仏国全権公使マキシム・ウートレーが帰国に際しての謁見。
(23) 明治四年八月四日、徳大寺実則が侍従長に任命され、ついで、九月二〇日、河瀬真孝が、さらに一〇月一五日には東久世通禧が任命され、明治六年九月三〇日河瀬が辞めるまで、侍従長は三人体制で進められた。徳大寺は明治四年一〇月一七日、前宮内卿万里小路博房に代わり、宮内卿も兼任する。
(24) 前掲『上申録』（式部寮、明治四年）第五一号文書。
(25) 前掲『上申録』（式部寮、明治四年）第四三号文書。

(26) 鮫島尚信はオイレンブルク(Friedrich Albrecht, Graf zu Eulenburg, 1815-81)にあてて、一八七二年七月三〇日付の書翰で、宮廷儀礼調査に支援してほしいと依頼している。鮫島文書研究会編『鮫島尚信在欧外交書簡録』(思文閣出版、二〇〇二年)所収、四六・二八三頁。オイレンブルクは、プロシアの貴族出身で、一八六一年日本との間に修好通商条約を締結、六二年からビスマルクの右腕として、ドイツ統一への実現に尽力した人物である。

(27) 国立公文書館所蔵・請求記号単〇〇三五六一〇〇。同タイトル・同内容のものが、外務省外交史料館に所蔵されている(請求番号外交公文二三)。

(28) 欧米で調査した書籍は、明治六年五月の皇城火災の際に、全て焼失したとして、報告書の冒頭に、そのリストのみが掲げられている。

(29) 前掲『謁見録』(式部寮、自明治三年至明治六年)第二四号文書、宮内庁書陵部宮内公文書館所蔵『例規録』(式部寮、明治一三年)第一九号文書、識別番号六六五一。

(30) 明治七年八月五日付太政大臣三条実美あて外務卿寺島宗則「各国公使謁見願出候節内謁見之分は爾来不経伺直ニ宮内省へ伺度旨」、前掲『外国人謁見例規参考書』所収。

(31) 以上、前掲『謁見録』(式部寮、自明治三年至明治六年)。

(32) 明治七年八月一八日付で、「伺之趣難聞届候事」と太政大臣三条実美の回答があった(前掲『外国人謁見例規参考書』)。

(33) 国立公文書館所蔵『太政類典』第二編第六〇巻、自明治四年八月至明治一〇年一二月、外国交際三。

(34) 相曽貴志氏は、宮内省所管から正院所管に戻ったことについて、「「式部寮記録」と宮内省式部寮の成立」(『史潮』新六三号、二〇〇八年五月)のなかで、式部寮が旧例等を参考にしながら諸儀礼を整備していたことや「式部寮記録」の編纂を行っていたことの関係性を示唆している。

(35) 宮内庁書陵部図書寮文庫所蔵『式部寮官制』、函架番号三五三―七二八。

(36) 「伊藤博文意見書」、国立国会図書館憲政資料室所蔵『三条家文書』書類の部四三―九。

(37) 〔年欠、明治一〇年カ〕二月一九日付右大臣岩倉具視宛伊藤博文書翰、早稲田大学図書館特別資料室『原安三郎蒐集書画書簡』請求記号チ〇三―〇三八一六―〇〇七三。
(38) 以上、宮内庁書陵部宮内公文書館所蔵『謁見録』(式部寮、明治一〇年)第九号文書、識別番号一七二三、宮内庁書陵部宮内公文書館所蔵『上申録』(式部寮、明治九～一二年)第三号文書(明治一一年)、識別番号七一三三、外務省外交史料館所蔵外務省記録『外国派出官吏拝謁ニ関スル例規雑件』(六門四類三項六号)。
(39) 前掲『謁見録』(式部寮、明治一〇年)第九号文書。
(40) 明治一〇年一一月九日、宮内庁書陵部宮内公文書館所蔵『明治天皇御紀資料稿本』(識別番号八〇五三一)所収陸軍省所蔵『天皇御服』、前掲『謁見録』(式部寮、明治一〇年)第一一号文書。
(41) 明治一二年一二月、式部頭坊城俊政あて外務卿井上馨回答書、前掲『外国人謁見例規参考書』所収。
(42) 例えば、明治一二年八月一四日付森〔有礼〕外務大輔・榎本〔武揚〕〔駐露〕特命全権公使・吉田〔清成〕〔駐米〕特命全権公使・上野〔景範〕〔駐英〕特命全権公使あて式部頭坊城俊政の伺書、前掲『外国人謁見例規参考書』所収。
(43) 国立公文書館所蔵『公文録』明治一一年・第一二三巻・明治一一年七月～八月・宮内省、第四〇号文書「式部寮事務ニ付宮内卿総轄権限ノ儀伺」、請求番号 本館―二A―〇一〇―〇〇・公〇二三六七一〇〇。
(44) 宮内庁書陵部宮内公文書館所蔵『上申録』(式部寮、明治九～一二年)第七号文書(明治一一年)、識別番号七一三三、『太政類典』外編、明治一一年～明治一二年、外国交際・地方・運漕、明治一一年八月一七日。
(45) 国立公文書館所蔵『公文録』明治一二年・第一四六巻・明治一二年四月・宮内省、第一号文書「本省職制改正ノ件」、請求番号 本館―二A―〇一〇―〇〇・公〇二五八〇一〇〇。
(46) 国立公文書館所蔵『公文録』明治一二年・第一四七巻・明治一二年五月・宮内省、第一号文書「式部寮職制章程改定ノ件」、請求番号 本館―二A―〇一〇―〇〇・公〇二五八一一〇〇。
(47) 宮内庁書陵部宮内公文書館所蔵『例規録』(式部寮、明治一二年)第四一号文書、識別番号六六五〇。
(48) 明治一三年一一月一五日、井上は、延遼館と三田綱町にある旧蜂須賀別邸を売却し、その資金で新たな外務卿官舎と社交クラブの会館を造りたい旨を政府に上申した。これに対して太政官は、一二月二三日、クラブ建設に替えて、一〇万円の予算で新たな外人接待所の建設を外務省に命じた。その建物が明治一六年一一月内山下町の旧薩摩藩装束屋敷跡、内務省博物館の敷地に完成した鹿鳴館である。鹿鳴館の名づけ親は中井弘。以上、西川誠「戦前の迎賓館」(『日本歴史』七四六、二〇一〇年七月)参照。
(49) 井上馨侯伝記編纂委員会編『世外井上公伝』第三巻、原書房、一九六八年、七六九～七七一頁。
(50) 同右、一二六・一二七頁。
(51) 川上寿代氏は「観菊会小史」(『日本歴史』第六三〇号、二〇〇〇年一一月)の中で、観菊会が開催された背景には「条約改正交渉の一助」があったと述べている。
(52) 長崎省吾『英都交際一班』(吉川半七、明治二〇年)、「長崎省吾談話速記」第一回～第三回『「明治天皇紀」談話記録集成――臨時帝室編修局史料』第二巻、ゆまに書房、二〇〇三年。
(53) 東京大学史料編纂所編『保古飛呂比　佐佐木高行日記』九(東京大学出版会、一九七七年)所収、明治一三年六月三日、一三九頁。
(54) 同右、明治一三年一二月一六日条、三八三頁。
(55) 宮内庁書陵部宮内公文書館所蔵『明治十四年　儀式定則　上』(式部寮、明治一四年)、識別番号七二五〇九。
(56) 宮内庁書陵部宮内公文書館所蔵『明治十四年　英国皇孫来航一件　太政官伺届并官員進退　宮内省　元本』(式部寮、明治一四年)第二号文書、識別番号六五一四一、同所蔵『明治十四年　英国皇孫来航一件　各庁往復　宮内省　元本』(式部寮、明治一四年)識別番号六五一四二。
(57) 以上、宮内庁書陵部宮内公文書館所蔵『例規録』(式部寮、明治一四年)第三二号文書、識別番号六六五二一。
(58) 前掲『明治十四年　儀式定則上』。
(59) 前掲『例規録』(式部寮、明治一四年)第一九号文書。
(60) 前掲『明治十四年　儀式定則上』。
(61) 宮内庁書陵部宮内公文書館所蔵『例規録』(式部寮、明治一五年)第五六号文書、識別番号六六五三。なお報告書は、

宮内庁書陵部に保管されている。在伊国日本大使館の赤色罫線用紙に認められた①『伊国帝室諸儀式取調書』（函架番号一七〇―一二一、識別番号七一七一二二）、式部寮の赤色罫線用紙に認められた②『伊国帝室諸儀式取調書』（函架番号一七〇―一二〇、識別番号七一七二一）、宮内省の赤色罫線用紙に認められた③『伊国皇宮諸儀式書』（函架番号一七〇―一二三〇、識別番号七一五一九）の三種類があるが、内容はいずれも同じである。なお、②には、裏表紙の内側にポケットがあり、そのなかに、原文三枚が納められている。拙稿「【史料の窓】日本の国際化と皇室儀礼調査」（『法律時報』一〇四三号、二〇一二年二月、口絵頁）参照。

(62) 宮内庁書陵部宮内公文書館所蔵『英国帝室諸礼観察報告　明治一四』全三冊（式部寮、明治一四年）識別番号七一七二九～七一七三一、同所蔵『露国儀式雑報』（式部寮、明治一五年）識別番号七一六三四、同所蔵『露国帝室礼式報告書明治一五・一六』（式部寮、明治一五年）識別番号七一七〇二、同所蔵『独乙国謁見規程条例　草案』（式部寮、明治一六年）識別番号七一七七七〔「独乙」は「荷蘭」の誤り。同じ内容のもので、明治一六年二月一五日付で青木周蔵が外務卿井上馨にあてて、オランダ国を模範にした方がいいと上申したものが外務省外交史料館に『外国大使謁見並訪問規則制定一件』（六門四類三項一二号）に収められている〕、宮内庁図書寮文庫所蔵『普英仏墺四国他邦皇帝皇太子及貴人待遇礼典』函架番号一七〇―一二六、外務省外交史料館所蔵『代理公使臨時代理公使等謁見式各国慣例在外我公使へ問合一件』（六門四類三項一一号）。

(63) 宮内庁書陵部宮内公文書館所蔵『柳原公使瑞典国皇帝へ謁見次第』（式部寮）識別番号七一七二八。

(64) 宮内庁書陵部宮内公文書館所蔵『例規録』（式部寮、明治一五年）第一八号文書、識別番号六六六五三。

(65) 同右、第二一号文書。

(66) 同右、第二五号文書、前掲『外国人謁見例規参考書』。

(67) 宮内庁書陵部宮内公文書館所蔵『上申録』（式部寮、明治一五年）第三号文書、識別番号七一三四。

(68) 宮内庁書陵部宮内公文書館所蔵『例規録』（式部寮、明治一六年）第四三号文書、識別番号六六六五七。

(69) 前掲『上申録』（式部寮、明治一五年）第七号文書。

(70) 国立公文書所蔵『公文録』明治一五年・第一四三巻・明治一五年一一月・司法省一、第一号文書「内外国人勲章受領者身分取扱方ノ件」、請求記号本館2A―〇一〇―〇〇・公〇三三五一一〇〇
(71) 明治一六年一〇月一三日、宮内庁書陵部宮内公文書館所蔵『明治天皇御紀資料稿本』（識別番号八〇七六二）所収『外務省工部省司法省式部寮往復』。
(72) 前掲『例規録』（式部寮、明治一六年）第二二号文書。
(73) 前掲『例規録』（式部寮、明治一五年）第二二号文書。
(74) 前掲『例規録』（式部寮、明治一六年）第四五号文書。
(75) 伊藤博文を長官として、そのもとに寺島宗則、井上毅、牧野伸顕、伊東巳代治、尾崎三良、岩倉具定、小中村清矩、富井政章、金子堅太郎らがいた。
(76) 坂本一登『伊藤博文と明治国家形成――「宮中」の制度化と立憲制の導入』（吉川弘文館、一九九一年）。
(77) 明治一七年三月二一日、侍従職を設置、侍従長は徳大寺実則が任命された。四月一七日、学習院を宮内省所轄官立学校とし、五月六日、正倉院宝庫を宮内省の専管とした。
(78) 明治一七年七月七日、華族令が制定される。明治一八年一一月一三日には、学習院女子部が分立する形で華族女学校が開校する。
(79) 国立公文書館所蔵『公文録』明治一七年・第一七一巻・明治一七年一月～三月・宮内省（一）、第一一号文書「外国帝王等へ御贈答ノ御親書取扱方ノ件」、請求番号本館―2A―〇一〇―〇〇・公〇三八三五一〇〇。
(80) 宮内庁書陵部宮内公文書館所蔵『例規録』（式部寮・式部職、明治一七年）第二一号文書、識別番号六六五八。
(81) 同右、第八三号文書。
(82) 前掲『外国派出官吏拝謁ニ関スル例規雑件』。
(83) 前掲『例規録』（式部寮・式部職、明治一七年）第三三号文書。
(84) 宮内庁書陵部図書寮文庫所蔵『式部職通知書』（函架番号三五三―一〇〇三）。

(85) 宮内庁書陵部宮内公文書館所蔵『外務省往復録』(式部寮・式部職、自明治一六年至明治二三年)、識別番号一〇〇八六。
(86) ただし、宮内省が決定権を有することになったとはいえ、外務省に全く照会しなくなったわけではない。例えば、明治一九年三月一一日に予定されていた、新任のドイツ国特命全権公使ホルレーベン(Theodor von Holleben, 1838-1913)の謁見、フランス国特命全権公使シェンキエヴィチ(Joseph Adam Sienkiewicz)の大統領再選につき大統領の親書を捧呈するための謁見を前にして、宮内大臣(伊藤博文)は、外務大臣(井上馨)にあてて、次のような意見を送っている。「……仏公使謁見は公式に取扱候様云々御注文通りに相変再応伺換候……仏統領親書捧呈迄も公式に拠るは少しく鄭重に失するの嫌は無之歟。親書中の事柄に寄り軽重を措くは尤至難の事なり。此儀強ては申訳には無之候。」(〔明治一九年〕三月一〇日付外務大臣〔井上馨〕あて〔伊藤〕博文書翰、『井上馨関係文書』二八八―一(第七冊))。つまり伊藤いわく、フランス公使の親書の捧呈は、大統領再選を知らせるものに過ぎないので、公式に捧呈する儀式を行うのは丁重に過ぎるのではないかというものであった。そうした儀式の簡略化を提案する伊藤に対し、井上は、両国元首の親書に軽重あるべからずとして、当日は公式に行われるということもあった。
(87) 宮内庁書陵部宮内公文書館所蔵『例規録』(式部職、明治一八年)第五号文書、識別番号六六五九。
(88) 同右、第八号文書。
(89) 明治一八年一一月六日付外務卿井上馨宛伊藤博文書翰、『井上馨関係文書』六六五―四(第五一冊)。
(90) 宮内庁書陵部宮内公文書館所蔵『例規録』(式部職、明治一九年)第八号文書、識別番号六六六〇。
(91) 宮内庁書陵部宮内公文書館所蔵『例規録』(式部職、明治二〇年)第一六号文書、識別番号六六六一、同所蔵『宮内省顧問フォン・モール氏関係書類』(式部職、明治二一年)、識別番号一〇一四一、同所蔵『進退録』一(内事課、明治二〇年)、識別番号二〇八二二―一。
(92) 明治一九年七月一九・二〇・二四日付伊藤博文宛青木周蔵書翰、伊藤博文関係文書研究会編『伊藤博文関係文書』一(塙書房、一九七三年)七一・七二頁。
(93) 梅溪昇『お雇い外国人の研究』上巻(青史出版、二〇一〇年)五四・五五・六七頁。

(94)　内容は、宮内庁書陵部宮内公文書館所蔵『独逸帝室儀式並官制口述訳稿』、識別番号一〇一四一、宮内庁書陵部図書寮文庫所蔵『普国王室制度雑纂』函架番号四一五―一八六。
(95)　オットマール・フォン・モール著・金森誠也訳『ドイツ貴族の明治宮廷記』（講談社、二〇一一年）八七頁。
(96)　同右、一〇三頁。
(97)　同右、一四九頁。
(98)　宮内庁書陵部宮内公文書館所蔵『例規録』（式部職、明治二一年）第三四号、識別番号七〇九三。
(99)　前掲『宮内省顧問フォン・モール氏関係書類』。
(100)　前掲『ドイツ貴族の明治宮廷記』四〇・四一頁。

【後記】本稿は、本研究会での発表のほか、二〇一二年六月の國學院大學国史学会大会での報告をもとに、同年一一月に完稿したものです。大会では、同大学教授の柴田紳一氏と上山和雄氏、准教授の樋口秀実氏、そして日頃より上司として大変お世話になっている宮内庁書陵部主任研究官高橋勝浩氏、同僚の内山京子氏から、とても貴重な御意見と御批正を賜りました。御教示を十分に反映できているかどうか心許ないですが、この場を借りて厚く御礼を申し上げます。

なお、本稿脱稿後、本稿の趣旨と関連する辻岡健志氏の論文「宮内省の外賓接待と大津事件――宮内省公文書類の生成・編纂を中心に」（『書陵部紀要』六六、二〇一四年度）が発表されました。併せて御参照下さい。

第二部　側近からみた天皇と宮廷

第四章　三条実美没後の徳大寺実則
——「聖旨の伝達者」像の再検討

荒船俊太郎

はじめに

本章の課題は、明治天皇の侍従長・徳大寺《とくだいじ》実則《さねつね》（一八三九～一九一九年）の諸活動を考察することにより、近代天皇制国家における彼の政治的役割を明らかにすることである。

徳大寺は、明治史研究の基礎史料である「徳大寺実則日記」（以下「日記」と略記）(1)を書き残したことで知られ、その寡黙さと謹厳さから「侍従長の為に生れて来たやうな人」だと評されてきた(2)。かかる「徳大寺像」を提示したのは、宮内省臨時帝室編修局で『明治天皇紀』(3)編纂に従事し、「徳大寺日記」の写本を作成した渡辺幾治郎氏である。渡辺氏によれば、明治天皇が元勲や政府指導者との意思疎通において、「色彩のない、透明な徳大寺のレンズ」を重視したことが彼の長期在職に繋がったとされ、氏の描く徳大寺像は以下の如くであった。

何時も鞠躬怨〔如〕として明治天皇の左右に陪侍してゐるので、何人もその直立の姿勢を見たことがないといふ程、勤慎の人であつた(4)

復古的天皇観が横溢し、「忠臣」であることが奨励された時代状況の中で、徳大寺が「忠臣の鑑」として位置づけられていたことが分かる。しかしその反面、徳大寺は生前から「その事業その功績の特に一々記すべきもの、ない」(5)人物だと見なされ、戦後になっても彼の事績が本格的に論究されることはなかった。

その理由について、近年初めて徳大寺の前半生を分析した梶田明宏氏は、「謙虚・謙遜で責任感は強いが、野心・功名心は薄」いため、「彼自身の姿勢を伺〔窺〕うことのできるような」史料は稀で、「魅力的に描く材料に乏しい」からだと断じる。但し氏は、「政治的没個性という特殊なパーソナリティによって、明治天皇のもとにおける「侍従長」というポストが機能していた」とする見解を提示した。また、長期在職の背景として、「明治天皇の信任だけでなく、維新以降宮中がたびたび改革されながらも、なお明治以前の宮廷社会の伝統を引き継いだ部分があり、新しい宮中制度と伝統的な宮廷社会との折り合いをつけるためにも、宮廷社会を代表しながらも守旧的な政治勢力とならない、旧公卿社会出身の有力者として徳大寺のような人物が必要であった」ことを挙げている。つまり、徳大寺の能力が積極的に評価されたからではないが、気難しい天皇と政権政治家とを繋ぐ不可欠な存在だと認識された、というのである(6)。まさにパイプ役・仲介者としての徳大寺である。

次に、川上寿代氏は「能動的・党派的な行動が見受けられないということは直ちに徳大寺が非政治的人間であったということを意味するわけではない」として、明治中期から後期の徳大寺を考察した。川上氏も梶田氏と同様に、徳大寺の活動が「特定の藩閥勢力や個人派閥に傾倒せず、ニュートラルな立場で」、かつ「政治的影響力の増大、覇権の追求といった自己の政治的利益・党派的利益を目指すものではなく、政局の安定化を図るために行われ」たと指摘する。他方、統治権の総攬者である天皇には国家機密が集中するため、天皇に近侍し仲介役・メッセンジャー役を果たす徳大寺にも自然と多くの情報が寄せられ、天皇の「内心」を知る唯一の人物として藩閥政治家に

重宝がられたのみならず、徳大寺自身が情報操作を行って政治介入を試みた形跡があったことを明らかにしている。(7)

現在のところ、徳大寺を直接の分析対象とした研究は以上の二論文に限られるものの、近代日本の宮中研究では彼に関する指摘は枚挙に遑がない。たとえば、宮中の四大官職（宮内大臣・内大臣・侍従長・侍従武官長）の政治的機能を分析したデイビッド・タイタス氏は、侍従長を「天皇に供奉する主席伝奏使」と位置づけ、天皇のメッセンジャー役であることを強調するとともに、「四大官職のうちでは、どうみてもいちばんあいまいでフレキシブルな性格〔中略、であり〕かなり大きな裁量の余地があった」ため、「潜在的な政治的調停者」となり得たことを指摘する。但し、氏の徳大寺評は極端に低い。

> 明らかに徳大寺は天皇と寡頭政治家を結ぶ完全に抵抗ゼロの回路だったのである。〔中略〕有力な反証の出てこない限り、徳大寺は、天皇と寡頭政治家の間の単なる連絡係であり、寡頭政治家の意思の忠実な履行者だったにすぎず、後者の点でもあまり有能ではなかった、こうみてよいと思われる。維新の功労者たちの一員ではあっても、意見をもたない人間だったことは明らかである。

ちなみに、タイタス氏は内大臣について、「政治面における宮中第一の天皇助言者」だとする積極的な位置づけを与えているものの、徳大寺の「兼職時代には、内大臣の役目と侍従長の役目が合体してしまわずにはいなかった」として、

> 人畜無害な徳大寺が、明治二十四年から大正元年まで内大臣と侍従長を兼務していられたのは、前内大臣の三条が、明治天皇のまわりに寡頭制的団結をみごとにうち固めておいたからなのだ、という推測をしてみたくなるくらいである。つまり、明治二四年に三条が死んだとき、もはや腕の立つ調停者は必要でなくなっていたのである

と相変わらず手厳しい。氏の研究は、政治家として著名な昭和期の鈴木貫太郎侍従長や木戸幸一内大臣を念頭に、時代を遡及させて各官（及び任官者）の政治的機能を論じたものだが、後年の研究に少なからぬ影響を与えた(8)。

次に、内大臣研究では、川口暁弘氏(9)・西川誠氏(10)・松田好史氏(11)の研究が重要である。川口氏は徳大寺の兼任時代について、彼は「ひたすら宮廷人として、政治に対する禁欲を守った。世論は、徳大寺内大臣在任中の二十年間に、内大臣を宮内官として認識し、『宮中府中の別』によって論ずるに至った」と論じ、三条実美の死去により「内大臣の政治的役割は収縮」し、政治家肌ではない徳大寺の兼任がこの「収縮に拍車をかけた」と指摘している。

西川氏も「三条の個人的属性に関係する部分は代替が利かない」ことを挙げ、三条の死去によって必要性が低下した内大臣には、「徳大寺が就任するのが自然であった。徳大寺であれば朝廷の制度への知識もあり、皇族華族の調整も可能であろう。侍従長だから常侍もしている」と徳大寺兼任の意義を論じている。加えて、内大臣の職掌（＝国璽・御璽の尚蔵）について「実態において侍従職が印を尚蔵し、侍従長が常に侍座して常侍輔弼を代替するのであれば、内大臣の職務は侍従長の職務に埋没する。〔中略〕三条生存中は三条のための官であり、徳大寺在職中は侍従長の陰に隠れる見えない官となったことは、職務内容が就任した人物の個性に左右される官であったことを意味する」と指摘し、明治期における内大臣の特性を明らかにした(12)。また、天皇が徳大寺単独の政治活動を望まず、彼自身も活動範囲を宮中に限定していたとする「行動原理」を提示した点も見逃せない。

松田氏も「明治天皇が健在で複数の元老達が補佐している状況下では、徳大寺の積極的な政治活動は必要なく、〔中略〕軽度の政治関与にとどまっていたといえ〔中略〕本質的には侍従長であったと評することが出来よう。また、徳大寺の政治行動が主として情報伝達に関わる不可視的なものであったことが重要で、表面上彼が政治性を帯びた行動を取っていないように見えるために無色透明な存在と看做されるようになり、延いては内大臣に許容される政治的行動の水準を低下させることになったものと思われる」と指摘している。氏は、内大臣のみならず秘書官長（徳大寺の場合は侍従職幹事岩倉具定）の役割にも注目し、[13]側近集団の形成と変容の過程を辿っている。

この他、内大臣時代の三条実美について論じた佐々木隆氏は、三条との比較の中で、徳大寺は侍従長が本官であり、「御下問や内沙汰を伝達する」ことがあっても、彼自身が首相・閣僚の人選や重要政治課題について下問を受けたことがなく、「内大臣府の職員も全て侍従職職員の兼官」で、徳大寺在任中の内大臣が事実上「虚官」だったことを指摘している。[14]

また、「内大臣府文書（明治天皇御手許書類）」の成立過程を考察した真辺将之氏は、同文書が明治天皇の手許にとどめ置かれたものではなく、徳大寺「個人の職掌に属する性格の強い資料」だとして、彼が「宮内卿・侍従長・内大臣といった職掌を通じて明治天皇の秘書的役割を担っていた」ことを指摘している。[15]

以上先行研究の特徴としては、兼任内大臣時代の政治活動、すなわち「常侍輔弼」の実態解明が重視されているものの、徳大寺の生涯をカバーした人物研究や近代の侍従長職を専門に扱った研究は存在せず、[16]彼の活動についても梶田氏・川上氏以上には検討されてないことが分かる。これは、四〇年近く書き継がれた「日記」が事実上の「公務日誌」であり、「日記」本文から徳大寺個人の活動や思想を辿ることが極めて難しいことに由来している。[17]菊のベールもさることながら、肝心の「日記」がかえって徳大寺研究の足枷となっているのである。

勿論、同時代の政治家・軍人のもとには多くの徳大寺書翰が残されており、[18]彼が天皇の意向を含む高度な政治情報を度々伝達していたことが判明しているものの、寡黙で私心を挟まない性格を反映してか、人物研究に適した記述（＝意見・感想等）はほとんど含まれていない。徳大寺との会話を記録した一次史料も皆無ではないが、事務的内容が圧倒的に多く、僅かに彼の温厚さや篤実さが書き添えられているに過ぎない。[19]趣味に至っては、能書家であることと囲碁[20]や和歌[21]を嗜む程度であり、動静が十分に捉えられず、思想的にも雲を掴む状態であれば、人物研究が進まないのは当然である。これでは、「抵抗ゼロの回路」「政治的没個性」「政治的無能」「唯だ一箇の電話機[22]」等のレッテル張りがなされてしまっても止むを得ない。先行研究が、メッセンジャー役に特化して徳大寺の政治的機能を論じ（＝「透明なレンズ」「ニュートラル」等）、侍従長が本官で（佐々木、伊藤之雄[23]）、内大臣の機能を縮小させた（西川・松田）ことが繰り返し論じられてきたのはこのためである。

勿論、明治維新後に政府高官（参与・議定・権大納言・宮内卿）を歴任し、後年には貴族院議員（侯・公爵議員）の資格を有し、内大臣を兼任した徳大寺に、政治家的側面があったことは否定できない。現に『国史辞典類』において、徳大寺は「幕末・明治時代の政治家」として描かれている[24]。

しかしながら、内大臣やメッセンジャーとしての活動実態をいかに詳細に追求しても、それは徳大寺にとって、特定の機能（それもごく一部の）を掘り下げたことにしかならないのが難点である。かかる研究史上の隘路を脱し、立憲国家確立期における徳大寺の役割を見直すためには、長大な「日記」を丹念に読み説き、内大臣のみならず本官である侍従長としての活動実態を踏まえ、中長期的な視点で彼の事績を明治・大正史の中に位置づけ直す作業が欠かせない。

いかに「政治的無能」で自己の意見を持たない人物だと中傷されようとも、半世紀近く権力の中枢にあって君側奉仕を続けた事実は尋常でない。しかも各史料からは、徳大寺が宮務を中心に、国務や軍務に跨る広範な問題を正確に処理（伝達）する卒のない人物だったことが窺え、「無能」どころか「能吏」であったことさえ感じられる。従って、徳大寺が「ある意味退屈極まりない繰り返しの行為」に終始し[25]、功績に「特に一々記すべきもの、な」い[26]としても、それはあくまで印象評であり、国政の安定化のために無言の奉仕を続けた彼の存在（ないし功労）は評価されてしかるべきである。

それ故本章では、徳大寺の後半生、とりわけ彼の公務が「極大化」した侍従長兼内大臣時代を中心に、晩年までの諸活動を俯瞰し、これまでほとんど知られていない徳大寺の「内心」を析出することにより、「政治的没個性」を貫くことで彼が何をしようとしたのか、あるいはそうした立場を貫いた彼の信条（西川氏の表現を借りるなら「行動基準」）がいかなるものであったかを大局的に解明することとしたい。

最後に本章では、徳大寺の動静についてでは「日記」に依拠しつつも、諸文書中に残された直筆書翰や「山城国京都徳大寺家文書」[27]に含まれる「執事日記」を併用して補った。また、煩雑化を避けるため、初出時を除き「日記」からの引用は〔西暦下二桁年・月・日〕、『明治天皇紀』からの引用は〔紀・巻数・頁〕と本文中に記した。

一　侍従長就任から初期議会期の徳大寺

まず、徳大寺の前半生について簡単に触れておきたい。一八三九（天保一〇）年一二月六日、徳大寺は摂関家に次ぐ高級公卿（清華家）の家に生まれた。父徳大寺公純《きんいと》は幕末の右大臣であり、二度首相を務めた西園寺公望や住友財閥の当主となる吉左衛門友純《ともいと》は実弟である。明治維新後、徳大寺は新政府に出仕して議定や権大納言となり、一八七一（明治四）年に侍従長（第一次）、次いで宮内卿に就任している。その後は兼任一等侍輔、一八八四（明治一七）年には新設された侍従長に転出し、明治天皇が死去するまで君側に位置し続けた[28]。実権はともかく、新政府に出仕した旧公卿の中では、概ね三条実美（太政大臣）と岩倉具視（右大臣）に次ぐ地位を保ったと言えるだろう。

次に、徳大寺の職務について整理しておきたい。侍従長の職務は「常侍奉仕シ職務ヲ総理シ職員ヲ監督ス」とされたが[29]、実際の職掌は多岐にわたっており、年間出勤日数は三〇〇日前後であった（資料①参照）。日常業務としては、①天皇との打ち合わせ[30]、②拝謁者及びスケジュール管理（侍立の場合が多い）。また、各機関からの取り次ぎや天皇に代って面会する場合も多い）、③行幸への供奉（演習を含む）、④陪食相伴、⑤宮中諸儀式への参加（代拝や天皇の介助、勲章授爵賜物等の親授の補助）、⑥侍従職人事及びスケジュール管理（東宮職・女官・侍医人事にも関与[31]）、⑦皇族の行啓スケジュール（家令・養育主任等とのやりとり。特に皇太子関係が多い。行啓時、供奉官からの電報取り次ぎを含む）、⑧宮中顧問官の監督（一八九七年まで）、⑨内外情勢に関する情報収集等が挙げられる。

この他、⑩勅使（皇子皇女皇孫命名式・皇族や功臣の弔問・国賓級外国使節訪問・元勲及び閣僚陸海軍首脳訪問）、⑪総理・閣僚の辞表及び進退伺いの受理（奏上・却下の取扱い）、⑫内勅の代筆（皇族宛の連絡や依頼等。書状添付）、⑬中元及び歳暮（天皇からの賜物及び下賜金）の分配と通知、⑬恩赦の手続き[32]、⑭元勲（後に元老）会議の招集（書状添付）、⑮先帝事蹟調査等を担当した。

また、一八九一年三月に内大臣を兼任した後は、⑯内大臣府と職員の監督、⑰宮相及び首相辞令書の取扱いと副署、⑱詔勅の布達、⑲請願処理[33]等にも携わった。

徳大寺の（第二次）侍従長時代はこのようにして開始されたが、彼の地位は決して安泰だった訳ではない。たとえば、憲法調査（一八八二〜八三年）を終えて欧州から帰国した伊藤博文（参議）が、来るべき憲法制定・議会開設に備えて宮廷改革に乗り出した際、それまで一三年近く宮内卿を務めた徳大寺の処遇が問題となった。

一八八四（明治一七）年三月二一日、伊藤は宮内卿に就任すると即座に省組織を改め、それまで奏任五等（各省権大書記官相当）であった侍従長の地位を各省長官（＝卿）と同じ勅任一等に引き上げて再置し[34]、徳大寺を転出させた。[35] これは「敬遠」に近い処遇であるとともに、三〇年近い徳大寺の第二次侍従長時代の幕開けであった。次に、侍従長就任当時の徳大寺と天皇との密着ぶりを窺わせるエピソードを紹介したい。それは、宮中改革を進めていた伊藤が、三条実美太政大臣に宛てた建白書（草稿）に含まれている。

目下日常之御勤務とては、朝十時過ゟ十二時過迄纔二時間計出御被為在、徳大寺元田両人へ拝謁被仰付彼是御談話等有之而已ニ而、大臣参議以下万機ニ参与シ或ハ局面之事情ヲ担任スル者ヲ被為食御下問等有之候事ハ一モ不奉伺ト云テ可ナリ。〔中略〕内閣奏聞之書類も細覧ヲ経ハ希ニシテ、偶々之レアルモ御疑問有之候事ハ絶テナシ〔中略〕入御之後ハ左右ニ侍スル者無智無学ノ婦人児童而已、且近来ハ乍恐御読書も更ニ不被游、為メニ宮中女官之者迄全ク読書ヲ廃スルニ至ル。

伊藤は、天皇が毎日午前一〇時から一二時までしか出御せず、公務中も徳大寺や元田永孚（侍講）と面談するばかりで大臣・参議とはほとんど面会せず、国務に関する下問もなく、入御後の読書までやめてしまったことを問題視し、天皇の執務姿勢を批判した。[36] しかも伊藤は、徳大寺と元田について「両人之恩恭ナルモ、宇内ノ大勢ニ暗ク時務ノ得失ヲ不弁、且其地位ニ非ス其責ヲ負ハサル者ニシテ」と見下していた。直接天皇を批判できないため、拝謁を事実上「独占」していた両人が批判の対象となったのである。徳大寺は反省したものの、元田は謂れがないと憤慨している。

一八八五（明治一八）年末の内閣制度導入に伴い、総理大臣と各省大臣が親任官（勅任一等）に改められると、侍従長は勅任二等に格下げされ、各省次官と同待遇になった。

一八八七（明治二〇）年九月、井上馨外相が進める条約改正交渉において外国人判事の任用問題が拗れ、内外の非難に晒された第一次伊藤内閣の改造が不可避となるや、尾崎三良（元老院議官、三条側近）が伊藤ハ宮内大臣ヲ免ジ外務大臣ト為ルベシ、土方〔久元〕農商適任ニアラザレバ宜ク宮内ニ転ズベシ、又農商ノ後任ハ品川〔弥二郎・宮中顧問官〕ニ任スベシ、又土方宮内大臣ト為レバ吉井〔友実・宮内次官〕ノ次官或ハ土方ノ安ンゼザル所ナラン、依テ吉井ハ侍従長ト為シ、徳大寺〔実則・侍従長兼華族局長官〕ハ宮中顧問官と為スベシ[37]

と三条内大臣に進言し、実際に伊藤宮相（首相兼任）・井上外相・土方農商相の更迭が実施された（後任外相は伊藤首相の兼任）。宮中への影響は土方の宮内大臣就任に止まったが、土方（土佐出身、子爵、一八三三年生）は短期間の閣僚経験があるものの、吉井次官（薩摩出身、伯爵、一八二七年生）より六歳年少で爵位も下位にあたるため、吉井を侍従長に転出させて省内のバランスに配慮すべきだとする尾崎の主張は極めて現実的なものであった。従って、この人事構想が実現していれば、徳大寺がその座を追われた可能性は否定できない。

次に、徳大寺の身分が問題となるのは、一八八八（明治二一）年四月末、憲法と皇室典範を審議するために枢密院が設置された時点である。三条内大臣からの提起を受けた伊藤博文枢密院議長が、黒田清隆首相に徳大寺と土方宮相の枢密顧問官兼任を働きかけた。ところが、明治天皇は徳大寺の兼任を認めず、土方のみの兼任となった[38]。天皇が徳大寺の顧問官兼任を渋った理由は定かでないが、彼に「宮中府中の別」を貫徹させようとしたことや、宮内省華族局を爵位局に改組する日程が迫っていたため[39]、華族局長官を兼任する徳大寺の負担に配慮した可能性が考えられる[40]。もう一つ無視できないのは、この直後（六月一五日）に侍従長の地位が「勅任二等」から「親任官」（＝勅任一等）に引き上げられたことである〔紀⑦九一〕[41]。枢密顧問官の兼任が却下されたことの「代償」と言えるだろう。

一八九〇（明治二三）年一一月の帝国議会創設を前に、貴族院の伯・子・男爵議員の互選が行われることとなり

（七月一〇日）、宮内省では職員に「宮中府中の別」の厳守が通達された（宮内省達第一二号、七月八日）。侍従職は勿論のこと、式部職・皇太后宮職・皇后宮職・東宮職・大膳職・主殿寮・主馬寮・主猟局・帝室会計審査局・皇族付の職員は、貴族院議員選挙に出馬することができなくなったのである。この措置に合せて、上記部局の公侯爵職員は貴族院に欠席届を提出し、原則的に議員活動をしないことを申し合わせているが、徳大寺も配下の職員に貴族院議員との兼職禁止を通達している〔九〇・七・八、紀⑦五九二〜五九三〕[42]。

ところが、この後侍従二名（万里小路通房・岡田善長）と侍従試補一名（田沼望）が非職を命じられる事件が発生した（九月一六日）[43]。『明治天皇紀』によれば、「側近に奉仕して、操向治まらず、動もすれば世の指目を受く、侍従中之を諌むる者あるも悛めず、遂に或は演劇を試みる等、君側の風紀を紊すの恐れなしとせざる」状態だったとされる。侍従職内では、職員の大半が華族とその子弟であるため、貴族院議員となる「権利」を剥奪されたことに対する反発が高まったことが原因だと思われるが、恐懼した富小路敬直・北条氏恭・東園基愛（以上侍従）、広幡忠朝・日野西勇麿〔後に資博〕（以上侍従試補）、日根野要吉郎（侍従職勤務）まで辞表を提出する事態となり、侍従職内は混乱を極めた。徳大寺は、

侍従ノ職ハ君側ニ昵近シ常侍奉仕スル者ナレハ尤心ヲ忠愛ニ存シ身ヲ謹厳ニ処シ夙夜恪勤深ク其言行ヲ慎ミ敢テ怠ルコトアルヘカラス一身ノ瑕瑾或ハ延テ聖徳ヲ煩スニ至ル畏且戒サルヘケンヤ希クハ諸君相互ニ警発シ倍ス励精奉仕セラレンコトヲ小官叨ニ諸君ノ長タルヲ以テ聊カ茲ニ一言ス

と戒め、万里小路・岡田・田村を更迭し、他の辞表を却下して収拾している〔紀⑦六二七〜六二八〕。

かかる省内の紛糾を憂慮した土方宮相は、「侍従長侯爵徳大寺実則[44]の温厚に過ぐるを思ひ、侍従次長を置き之を輔佐せしめんと」働きかけたものの天皇が納得せず、職名を侍従職幹事と改め、岩倉具定（爵位局長）が兼任を命

じられて決着した（一〇月四日）〔紀⑦六四五～六四六〕。

侍従職ニ幹事を被置候儀ニ付、御注意被下候段拝承、此事件ニ付而ハ略御承知も有之候様、立憲政体実施之際ニ臨ミ候而ハ殊更君側をして活潑ならしめ、諸事無抜目注意不行届てハ不可測禍機を生シ可申と兼而御互ニ痛心罷在候処、過日侍従之中三名非職被仰付候時機を以、侍従次長を被置候様宮内大臣より上奏相成候末、遂ニ幹事之名目ニて御聞届相成候次第ニ有之候、右事件ニ付而ハ人撰之儀宮内大臣申談意見申立候得とも其目的を遂る不能して、岩倉ニ可被仰付と之御沙汰ニ有之候趣、四、五日前宮内大臣より伝承仕候(45)

土方宮相のみならず、山県有朋首相までもが「諸事無抜目注意不行届てハ不可測禍機を生シ可申」として政党勢力の宮中進出に警戒し、（藩閥有力者の就任を念頭に）「侍従次長」の新設を注視していたのである。このことは、議会政治の開始に伴い、政府・議会との交渉が増加する中で、従来藩閥側の論理に則って在位してきた天皇が政党側（議会）に靡かぬようにするため、側近者の重要性が強く認識されるようになったことを示すとともに、徳大寺一人ではそうした役割を果たすことが難しいと見なされていたことを示している。

二　内大臣兼任

本節では、初期議会期の徳大寺について、内大臣兼任事情を中心に論じる。

一八九一（明治二四）年二月一八日、三条実美内大臣が流行性感冒を拗らせて急逝した。三条は、明治維新以来右大臣・太政大臣として天皇に仕え、長らく明治政府の首席を務めた。ちょうど一ヶ月前には、侍講の元田永孚（枢密顧問官）が死去しており、天皇は寵臣を相次いで失ったことになる。折しも、開会中の第一帝国議会において、民党勢力と藩閥政府の対立が激化し、貴族院での予算案審議も難航していたことから、後任人事については、「内大臣ハ当分別に職員を置かるまじ、イヤ誰に任せらるへしなと種々の風評」が立ち、黒田清隆（枢密顧問官）・伊藤博文（貴族院議長）・東久世通禧（貴族院副議長）が有力候補として取り沙汰されていた。(46)

此の頃は黒田より内大臣になれと申居るよし、伊藤も種々他より申し勧められ困ると申し居る、黒田の勧めも黒田自身が内大臣を志願に付、態と博文を勧むと申す、黒田を内大臣に致しても、又々酒狂など致しては不都合と仰せあり。高行は、実に御沙汰の通り、内閣大臣は却つて宜しくも、内大臣にて君側の重職が酒狂致したり、不品行ありては、君徳にも自然関係するゆゑ、御採用は決して然るべからず、内大臣は格別才力なくも宜しければ、寧ろ只今の通り徳大寺の方宜しかるべしと申上ぐ、尤もと御聞き遊ばされ〔後略〕(47)

天皇と密談した佐々木高行（枢密顧問官）によれば、内大臣には清廉さが特に重視された模様である。それ故、「格別才力なくも宜し」とまで酷評された徳大寺が、勅命で内大臣を兼任することになった〔九一・一二・二二、紀⑧七五八〕。

徳大寺は、早速三条の秘書官だった石橋政方と桜井能監に(48)「従前之通可相心得示達」し〔九一・一二・二三〕、翌一四日には自ら公文式第一四条を調査し、内大臣の職掌を確認している。その後、桜井と石橋が「侍従職勤務兼勤」とされ(49)、八月には徳大寺が神田錦町邸から皇居赤坂門内の官邸（旧閑院宮邸）に移転し〔九一・八・三〇〕(50)、新たな「常侍輔弼」体制が構築されていく(51)（資料②参照）。

内大臣兼任直後、徳大寺は皇室経済顧問にも任じられた。これは、皇室財産に関する案件を審議する皇室経済会議の構成員で、当時のメンバーは宮相（土方久元）・次官（花房義質）・内蔵頭（渡辺千秋）・御料局長（品川弥二郎）・会計審査局長（田中光顕）・顧問（伊藤博文貴族院議長・松方正義蔵相）であった。(52)

この間、吉井友実前宮内次官（枢密顧問官）が死去し〔四月二二日〕[53]、寵臣と言うべき側近は、ついに徳大寺と岩倉具定（ないし土方久元・藤波言忠）程度となった。かかる側近者の払底や今後の宮中・府中関係に危機感を募らせた岩倉は、

将又自今政治上之関係帝室と政政《ママ》之間今日之如き有様にては、実に苦慮仕候事件多々可有之被存候。此儘にては未来之処杞憂に堪へさる様相考候。元より小生之如きもの彼是申出候訳には到らす。唯陛下御側に奉仕候職分と亡父よりの関係、及ひ公卿華族之一人、不肖乍ら多少心痛候事も有之、幸ひ此度賜暇一週間計は当地に滞在候間、一夕二三時間御教諭被下度只管奉願候。[54]

として京都に滞在中の伊藤を訪ね、見解を質している〔紀⑦八〇三〕。

五月一一日、来日中のロシア皇太子（後のニコライ二世）が滋賀県下で警備中の巡査に襲撃されて重傷を負う事件（＝大津事件）が突発し、日露関係を憂慮した天皇は翌日京都に急行した〔九一・五・一一～二四、紀⑦八一〇～八四四〕。徳大寺も供奉し、ロシア側宿所での天皇とニコライ皇太子の対面（一三日）、神戸沖に停泊中のロシア軍艦アゾヴァ号での午餐会にも出席した（一九日）[55]。

大津事件の結果、外相・内相等の更迭が不可避となり、松方首相が内閣改造に着手すると、伊藤貴族院議長が明治天皇に「今回宮内大臣儀、文部大臣ニ転任之風聞之アルニ付、帝室ノ為在官然ルベク、陛下御政事ニ関係セス帝室と政府ト関係セザル方立憲政体ニハ当然ナラン」と言上した。徳大寺は直ちに文相候補である土方宮相に対し、

伊藤伯ノ如キ人宮内大臣タル時ハ必ス政務ニ関係セサルヲ得ズ、然ンニハ今日迄ノ規則モ破壊シ、帝ニ責ヲ帰スルニ到ニ甚好シカラズ。自然松方大臣ヨリ転任ノ説諭アリトモ、不適任ノ廉ヲ以固辞致サル、様

勧告しているが〔九一・五・三〇、紀⑦八五三～八五四〕、これは徳大寺が宮内官の国務官への転出を「宮中府中の

別」に抵触するものと認識していたことを示すものである[56]。

土方は、「陛下ノ命ナラハ致シ方ナシト雖総理大臣ノ示命ニテハ決而動カザルベシ」と理解を示したものの、「乍去国務大臣ハ不適当ヲ以辞ト雖他ノ官ナラバ御請申スベシト」断言しており〔九一・五・三〇〕、「他ノ官」への転出の可能性を滲ませている。閣外ながら「大臣」である土方にとって、より高次のポストは首相・枢密院議長・内大臣しか存在しない。時あたかも、伊藤博文が勅命で枢密院議長に就任することが予定されたことから（六月一日就任）、土方（当時枢密顧問官兼任）は、旧主三条のポストであり、かつ徳大寺が兼任する内大臣への転出に意欲を見せたものと推察される。

その後、一〇月から一二月にかけて、天皇の内命を受けた徳大寺と岩倉は、松方内閣と対立し大磯別邸や郷里山口に引き籠った伊藤枢密院議長を呼び戻そうと努力したものの、伊藤は帰京を拒否した[57]。この期間に発せられた伊藤宛書状には、天皇の意向が明瞭に記されており、特に史料的価値が高い〔紀⑦九一六～九一七、九六五～九六八等〕[58]。同時期天皇は、徳大寺を通じ伊東巳代治（枢密院書記官長）に対し、大日本帝国憲法の制定意義を国民に周知させるよう指示している（翌年にかけて伊東が東京日々新聞を買収[59]）。

年末、徳大寺は国会議事堂消失（一月二〇日）・元田永孚と三条実美の死去（一月二二日・二月一八日）・大津事件（五月一一日）・濃尾地震（一〇月二八日）・衆議院解散（一二月二五日）を挙げ、「本年ハ国家不幸災厄ノ年也」と述懐した。特に、天皇に陪従してニコライ皇太子を慰問した大津事件については、「陛下御誠意ニヨリ幸両国平和ノ局ヲ結フト雖、累卵ノ危ニ陥ル機一髪ナリ」と認識していたのである〔九一・一二・三一末尾〕[60]。

翌年になっても、徳大寺は多忙を極めた。一八九二（明治二五）年の年間出勤日数は三〇三日であり、六月までは第一次松方内閣の下で行われた第二回総選挙（選挙干渉）・議会対策・内閣改造問題等で、天皇と諸元勲（伊藤・山県・黒田・松方・山田）の間を頻繁に往復している[61]。

一方、松方内閣の解散と総選挙準備のあり方に危機感を募らせた岩倉は、年始早々伊藤に書状を送り、見解を質している。「宮中府中の別」の徹底に努める側近者達の姿勢を示す好史料なので、長文を厭わず引用したい。

却説本期議会は遂に解散せられ、朝野之政況御熟知の如し。再撰の議員仍ほ前議員と主義を同ふする者多数を得るに至らは、将来政府執る処の政略により実に一層の困難を醸すへくと憂慮此事に御座候。然かのみならす爰に迂生の最杞憂に堪へさるの件あり。窃かに聞くに政府は帝室費中或部分の支出を請求し撰挙等の運動費に供せんとすと。固より堂々たる内閣諸員のなす処迂生の如き無学菲才のもの敢て喙を容るゝの要なしと雖とも、此事たる実に深重熟慮すへきの件ならすや。如何となれは、縦令陛下は直接関係不被為在も、帝室費の中を以て甲の政党を援助し幸に勝を議会に制するも、乙、丙党の怨望は蓋し一層甚しきを加ふへし。或は其結局遂に怨みを陛下に帰し奉るものなきを保し難し。抑帝室は徹頭徹尾雲外にあつて地上の空気にふれす、所謂不偏不党の地位に置かされは将来如何なる禍害を生するも不可知。愚昧の迂生彼是政治を誹議するにあらされとも、実に寝食も安んせすとは是れ等の事に可有之と深く苦慮痛心に堪えさるなり。ある人曰く、政略上時としては不得已ものなりとの事なれとも、苟も帝室費の中を以而政府の運動費となすに至つては極めて不可なり。謹て避くへきの事と確信す。此議は断然廃止せられ、宜く他の方法を以て公然の運動あらん事希望に堪へす。思ふて言はさるも心に安んせさる所あり。故に不文意〔ママ〕を尽す能はさるも恥を顧みす愚意陳述す。余は他日拝顔之時に譲候。御譴責を蒙るも敢て厭はす。只管御教諭相待候。〔後略〕[62]

結局、大規模な選挙干渉を実施して内閣機密費を使い尽くした松方内閣は天皇に泣きつき、かつて御資部に上納した東宮御所建築費（二五〇万円の内五〇万円）を取り崩して補填する事態に陥り〔九二・二・一九、四・二七、八・一、一八・紀⑧二八、五六、一二〇〕[63]、岩倉の主張は退けられた。初期議会期における「宮中府中の別」は、「立憲君主」となった明治天皇の神聖性や不可侵性を担保する論理的支柱であるため、側近者にとって、なりふり構わぬ藩閥政府側のやり方は頭の痛い問題だったのである[64]。

七月、松方首相が辞表を提出すると（七月二八日）、天皇は伊藤・山県・黒田に善後策を下問し、徳大寺も即日松方邸に出向き、八月一日と四日には黒田邸を訪問している〔紀⑧一一〇、一一四～一一五〕。かくして、第二次伊藤博文内閣が成立するが、徳大寺は第一次山県内閣成立時の前例（三条が副署）に倣い、内大臣として伊藤首相の辞令に副署している〔九二・八・八〕[65]。

以後の徳大寺は専ら侍従長としての活動が中心である。但し、井上馨内相から「将来政府之目的トスル処ハ厳正中立主義ニテ各政党ヲ見ス、政党員中人物アレハ之ヲ政府ニ用ヒテ可ナリ。党員ヲ擯拆〔斥〕スルハ規模狭隘ニシテ、大政事家ノ為サヾル処ナリ」と耳打ちされたことは、その後の徳大寺の政治信条を考察する上で重要である〔九二・一一・六〕。以後、藩閥政府内では、様々な試行錯誤を重ねながら、超然主義から政党勢力を取り込んだ挙国一致路線への転換が試みられていくが、徳大寺は退任するまで政党への警戒感を緩めることはなかったからである。

一八九三（明治二六）年初頭、第四議会において予算審議が難航し、衆議院で軍艦製造費が削減されると（一二日）、政府は停会を命じて対策を講じた。天皇は徳大寺に伊藤首相宛ての書状を認めさせ、前年六月に結成された国民協会（衆議院第二党）〔紀⑧九二～九三〕の党首（会頭）であった西郷従道の脱会を働きかけている。

却説西郷伯昨年来国民協会を創立し、間接現政府を庇護するの精神なるも、党員之主義に制せられ不識々々政府に抵抗するの様の事不生とも難申、左候時は終に維新の元勲をして兄弟罪に陥しいる、様相成候而は御遺憾に被思召候に付、機会を覩て可然脱会致し候方法無之哉。現今の身上に而は要路へ登庸も相成難く甚御案痛被

遊候。(66)

内勅に服した西郷は海軍大臣に就任して（三月一一日）、表向き国民協会との関係を絶ったが、更に伊藤首相は天皇に対し、同会副会頭の品川弥二郎を宮内省御料局長に推挙している。

品川子ハ国民協会員トシテ運動致シ候得共、終ニハ一身ヲ誤ルヿ無シトモ云難シ。曩ニ西郷従道モ協会員タリシヲ殊ニ御配意ノ末内閣員ニ列セラレタリ。元同班ノ大臣ニ付、品川弥二郎ニ於而モ一身ヲ誤ラサル内、協会ヲ脱シ候様相成度、御料局長ナラハ御請申上ヘシ〔九三・一〇・四、紀⑧二九六〕

品川が首肯しなかったため実現には至らなかったが、徳大寺が両人の党籍離脱問題に手を貸していることは、いかに天皇とその周辺において政党に対する忌避感が強かったかを示すものである。(67)

その後衆議院では、星亨議長が政府弾劾上奏書を提出することとなり、口頭による補足を希望したため、宮相（＝両院議長が上奏する際の窓口役）の対応が問題となった。土方宮相が、原則的に「宮内大臣は政務ニ不関ニ付、一切国務ヲ承ルヿ出来ス」と伝え、天皇が「直ニ受ケサセラレ尚熟読シ置トノ勅答ヲ賜フ」ことで決着した模様である〔九三・二・七、紀⑧一九九～二〇〇、前年の鳥尾小弥太建白時と同様〕。最終的に本件は、天皇が「和衷協同の詔勅」を発して、政治的危機を回避したことが知られているが〔九三・二・一〇〕(68)、建艦費捻出のために内廷費が削減され、内大臣府でも秘書官一名が削減されることとなり（石橋政方が諭旨退職）(69)、田中建三郎（式部官）が「事務補助」とされたのである〔九三・三・二八〕(70)。

次いで伊藤首相は内閣改造を行い（三月八日）、井上毅（枢密顧問官）が文相に起用された（河野敏鎌文相病気のため）。これまで井上は、宮内省文事秘書官長を兼任し、法律や詔勅の文案を起草し、かつ請願関係の事務を掌ってきた。(71)天皇は徳大寺に命じ、井上に「文事秘書官長免ラルト雖詔勅文案御下問ハ従前ノ如クタルヘキ旨御沙汰」

を口達させている〔九三・三・七、紀⑧二二三〕[72]。同様に、山県法相が枢密院議長へ転出する際にも、「従前ノ通軍事上ノ儀御下問可有之〔中略〕枢密ノ職ハ国家枢要ノ重事ノ顧問府タルニ付、軍事上ノ儀御下問ノ節ハ腹蔵忌憚ナク奉答」するように、との勅諭を伝達させている〔九三・三・一一、紀⑧二二四～二二五〕。

以後、徳大寺は東宮養育問題に尽力している。たとえば、五月には伏見宮禎子女王を東宮妃に内定し〔九三・五・一二〕、九月には宮相邸で中山東宮大夫らと東宮教育問題を協議し〔九三・九・四〕、次いで新任の黒川軌通東宮武官長兼東宮大夫からは「爰ニ請願仕ル一事アリ」として、「陛下ノ皇太子ニ望セラル、叡慮ハ何程ノ御事ナルヤ、拝謁親シク窺ヒ度。宮内大臣侍従長侍席ニテ拝謁被仰付、思召ノ処相伺、小官意見ヲモ奏上仕度」との相談に与っている〔九三・一一・二七〕[73]。黒川としては、土方から「奥少将〔保鞏前東宮大夫〕ノ先例ノ如ク、侍従長ヨリ御趣意書相渡シ可然被仰旨」申し付けられたことに納得できなかったため、単身での拝謁を希望したのである。そこで徳大寺が天皇と協議し、天皇が黒川に東宮教育に関する勅語を授けることで決着した〔九三・一二・一〕。

年末、衆議院では条約励行論を唱える国民協会と改進党が主導権を握り、かつ後藤象二郎逓信大臣の汚職問題を糾弾する官紀振粛決議案が可決（上奏）される（一二月四日）等、政府と衆議院の対立は深まり、閣内でも後藤の進退をめぐる対立が激化し、政局が緊迫した。そこで伊藤首相は、三〇日に衆議院を解散した。

この間徳大寺は、岩倉とともに京都滞在中の山県有朋枢密院議長を呼び戻そうと尽力している〔九三・一二・九、一四～一六、二二～二五〕。また徳大寺は、天皇から後藤を「野ニ放ツトキハ又々政党ヲ集メ政事ノ防碍ヲナストモ難測、枢密ノ官ハ政党ニ干渉厳誡ノ位置ニ付旁以宜カルベシ。麝香ノ間ハ功労者ヲ優待セラル、場ナレトモ、政事ニ関係ノ儀差支無之ニ付何ノ効能モナシ」とする伊藤首相の提案（後藤枢密顧問官転出計画、未遂）を聞かされていた〔九三・一二・三〇、紀⑧三六二〕[74]。政党勢力に対する天皇（とその周辺）の根深い不信感を裏付けるものである。

徳大寺は侍従長就任以来、一八八七（明治二〇）年末から翌年二月にかけて引籠って以来、比較的健康を維持した。しかし、議会開設後の不安定な政情のため、度々勅命を奉じて元勲間の往復が必要となる等、宮務以外の任務が増加し、年間の出勤日数は三〇〇日に及んだ。この七月、池田謙斎（侍医局長）の勧告により、脚気治療のため「暑中賜暇ヲ以テ伊香保へ転地」しているように〔九三・七・一〇〕、初老を迎えた徳大寺の身体は悲鳴を上げつつあったのである。

三　日清戦争期の徳大寺

本節では、日清戦争及び戦後経営期（一八九四〜九六年）の徳大寺について論じる。(75) 一八九四（明治二七）年前半の徳大寺は、年始の宮中儀式終了後も、明治天皇の銀婚式準備等で多忙を極めた（三月九日挙行）(76)。それでも、珍しく自ら晩餐会を主宰し（一月二四日・三一日・二月二日）、招宴にも出席する（三月一六日・四月一八日）等、活動的であった。

しかしながら、六月頃から朝鮮半島情勢が緊迫化し（＝東学党の乱）、天皇への外交・軍事情報の取り次ぎが急増すると徳大寺も大山巌陸相や陸奥宗光外相のもとを訪れるなど、身辺が慌ただしくなった〔紀⑧四三四、四三六〜四三七〕。九日には「電報頻繁」と記され〔九四・六・九〕、二二日と二七日の御前会議では出兵が議論された。徳大寺は参加していないが、天皇や出席者から協議内容を耳打ちされていた模様である。

七月に入ると日清関係は一段と深刻化し、天皇が徳大寺を陸奥外相や伊藤首相のもとに派遣し、外交の進捗状況を確認させることが多くなった〔九四・七・一、六、二〇、二二〜二四、二六〕。そのため、徳大寺は翌年の戦争終結まで、休日も参内して「常侍輔弼」することとなり、「日記」も戦況中心の記述となっていく[77]。かくして、徳大寺にとって「総力戦」というべき、日清戦争が開始されたのである。

同年九月一三日には、大本営の移転に伴い、徳大寺は天皇に供奉して広島へ旅立った。「日記」も「十三日巳後廿八年七月十二日迄別記」として〔九四・九・一二末尾〕、別立ての「大本営在勤中勒事」が用意されている。徳大寺は戦局を楽観視しておらず、長期の単身赴任となることを覚悟し、広島（及び京都）在勤中は宿所に執事を常駐させた。現在、国文学研究資料館には「廣嶋大本営供奉中日記」「京都大本営供奉中日記」と題された「執事日記」が残されており[78]、「日記」と併用することで、戦時下の徳大寺の足跡を辿ることが可能である。

それらによれば、徳大寺は毎日九時半から一〇時頃に出勤し、夕刻五時頃まで大本営に詰めていた〔紀⑧五一二〕。勿論これは、天皇が出御している時間帯と重なっており、天皇と苦楽を共にしたことが分かる。陪食や拝謁スケジュールの管理といった通常の任務に加え、徳大寺は広島に殺到する天機奉伺希望者の調整、東京に残る岩倉幹事との連絡、侍従のやり繰り（東京・広島、後に京都）に勤しみ、宿所にも面会者が相次いだ[79]。戦争の見通しについても、比較的早い段階から和平交渉の動向を掴んでいた模様である[80]。戦争末期には、下関で講和談判中の伊藤首相や陸奥外相と暗号電報を往復させ、昼夜を問わず天皇に取り次いでいる〔九五・三・二一、二三、四・二等〕[81]。

一八九五（明治二八）年四月一七日、下関講和条約が調印されると、明治天皇は大本営を京都に移転した。徳大寺も供奉し、京都田中村の別邸に入った〔九五・四・二七〕[82]。慣れない広島から住み慣れた京都に戻ったとはいえ、徳大寺は相変わらず多忙な毎日を過ごした。勤務時間も広島滞在中とほとんど変わっていない[83]。京都で一ヶ月余りを過ごした後、徳大寺は天皇に供奉して東京に戻っているが〔五月三〇日〕、翌月になって開戦後初めて日曜日に「休暇」と記していることは、戦時下の激務を示すものである〔九五・六・二〕。驚くべきことに、日清戦争を挟む一八九四年と九五年、徳大寺の年間出勤日数は三二七日と三〇五日であった。
以後、徳大寺は引き続き公務に励むものの、秋以降急速に体調が悪化していく。たとえば、一〇月には「病痾不参勤、神経症下痢症」を患い〔九五・一〇・一二〕、一七日の新嘗祭も欠勤した。「神気鬱々不楽」と記された当日の「日記」には、常侍奉仕がままならないことに対する徳大寺の苛立ちが投影されている。[84]
同じ頃、日清戦争の勝利によって立憲君主としての自信を深めた天皇にも、これまでにない振る舞いが目立ち始めた。還幸後の天皇は、大本営への臨御や凱旋将校への謁見の他、伊藤首相・山県監軍・彰仁親王（参謀総長）・西園寺公望文相（外相臨時代理）・中山孝麿東宮侍従長・黒川通軌東宮大夫等ごく限られた人物としか面会せず（但し、中山・黒川は東宮重病のため病状報告）、閣僚さえめったに拝謁が認められなくなったからである。[85]憂慮を深めた徳大寺は、佐々木高行にその一端を語っている。

何分広く人々に拝謁等被仰付候議は御六ケ敷相成、大に苦慮致し候。昨年来戦勝之時に、何方よりも今般之大勝利は全く聖徳に依ると奏聞致し候に付、自然御得意之場合も被為在候。只今之如くにては向来之処御案じ申上候。尤吾が帝室は特殊之御事なれば、以下〱より帝室へ奉対御恨み申上候様の事は決して無之事なれども、余り他を御顧み不被為在候時は、不知不識之間返て権力は閣臣等に移り、遂に叡慮も貫徹せず万事閣臣等の手に成り、局外者よりは愈臣等を攻撃する等の場合に相成候。爾後自然に帝室之御威厳にも関し、聖徳を奉煩候場合無之とも申し難く、甚だ以て憂慮す云々。[86]

半年後、一ヶ月程病気を患ったことも加わり、天皇の出無精は側近者をして嘆かせる事態にエスカレートした。
近来は出御中も拝謁は至て稀にて日々拝謁致し候は侍従長而已なり。国務大臣も伊藤総理の外は総て無之事にて、宮内大臣も近来は拝謁は実に稀なり。是れは大抵の御用は侍従長を以て被仰出候、宮内大臣も強而拝謁願

出候事も無之より自然に御疎遠と相成候。宮内大臣すら如此、其他は一人も無之候。〔中略〕岩倉公も侍従長
　病気等にて引入候筋は御用の為め拝謁致し候へ共、平日は絶て無之模様なり[87]。

不例[88]中を含めて恒常的に天皇と面会できるのは徳大寺ただ一人となってしまったのである[89]。彼の拝謁が毎日数時間に及んだとする記録もある[90]。

当時、内親王（常宮昌子・周宮房子）の養育主任であった佐々木は、拝謁が認められないもどかしさに苛立ち、「徳大寺、岩倉も只々困難にてと申位にて、実は其情実を破る力はなし」、「侍従長は〔中略〕何分力に乏しく」、「温厚なる無力の侍従長」、「徳大寺は好人物にて無力なり」、「好人物にて押し返して言上致候気も無之」、「徳大寺は篤実なれども微力[91]」等と愚痴を書き連ねている[92]。

天皇を直接批判できない佐々木としては、批判の矛先は側近者に向かわざるを得ない。そのため、徳大寺が「久敷昵近し奉り候て最早習慣と相成り候事にて、一度被仰出候事は押返し申上候事は出来ざる様に相成居候」故に、直諫できる立場を活かし切れていないと映った[93]。現在は、「一体御子様の御事は何も御震断に出徳大寺へ被仰出[94]」、「今日の処は陛下の御独断にて皇太后宮、皇后宮も都而御相談不被〔為〕在[95]」状態であり、皇子女との対顔さえままならない「今日の儘にて押移り候はゞ、皇子、皇女御方々の御教育も如何哉、各自と相成自然疎遠に被為成候事も此〔世カ〕間にも洩れ」、国家皇室のためにならない、として佐々木は憂慮を深めたのである[96]。

ちなみにこの間、侍従武官長との職掌の区分を明確化すべく「侍従長勤務規定」が制定され、大臣の上奏書類は陸海両相の提出にかかるものであっても侍従長の管掌とされた（五月一日）〔紀⑨六三〇〕。また翌月には、徳大寺にとって長年の懸案だった侍従の一斉昇任が認められている〔九六・六・一二[97]〕。

一八九六（明治二九）年夏、伊藤首相から辞意を耳打ちされた徳大寺は〔九六・八・一四〕、以後一ヶ月にわた

る政変の中で、天皇と諸元勲の間を往復しその経過を記録している。

後任に擬された松方正義は、議会対策のため進歩党との提携を企て、事実上の党首である大隈重信の外相起用を主張した。黒田清隆（臨時首相）邸での会合で、松方の相談相手を務める高島鞆之助拓殖務大臣（第二次松方内閣に留任、陸相兼務）が大隈の起用を力説したことを聞きつけた徳大寺は、「日記」に「大猥」と三度も記し、「犭」を「阝」に修正し、欄外に「隈」と大書している〔九六・八・一六〕。几帳面な徳大寺が連続して人名を書き誤ることは珍しく、彼が大隈のことを快く思っていなかったことは明白である。

その後、松方は九月一八日に首相に就任し、二八日にかけて閣僚を整えていった。親任式に出席した徳大寺は、「日記」に新旧閣僚の任免経過を列記しているが、新閣僚の中心だった大隈外相（二二日就任）ついては一言も記していない〔九六・九・一八、二〇、二二、二八、紀⑨一二五〕[98]。

更に徳大寺は、大隈等の主張について、

隈伯政治ノ意嚮官民同治ヲ主眼トス。是迄内閣ノ破ル、ハ内ヨリス。之ニ由テ之ヲ思ヘハ、根本ヲ鞏固ニシ、議員ト協同シテ責任内閣ヲ造ラザルヘカラス。議会解散モ一度ハヨキモ、再度ニ到テハ国務大臣ハ責ヲ負テ引退セサルベカラスト云ニアリ。樺山伯之説破リ不同意ヲ示シ、松方高島西郷等モ同意セズ。憲法第五十五条ニ、国務各大臣ハ天皇ヲ輔弼シ其ノ責ニ任ス。陛下ニ対シ責ニ任シ、国民ニ対シテハ責ヲ負ハス。官ヲ任スルモノ之ヲ免ス主権者ノ権ニアリ

と書き記している〔九六・一〇・三〕。同日の「日記」にはこれだけしか記載されておらず、徳大寺がどのように本件を聞きつけたのかを詳らかにしえないが、「議員ト協同シテ責任内閣ヲ造ラザルヘカラス」の後に、「其実政党内閣ナラン」と書き添えられている点は無視できない。明らかに徳大寺は政党政治を標榜する大隈を警戒し、嫌悪し

ていた[99]。以後隈板内閣期にかけて、徳大寺の大隈に関する悪感情は一層顕著となる。

一一月には、雑誌『二十六世紀』事件が突発する〔紀⑨一五一〜一五二〕[100]。これは、大阪で発行されていた朝日新聞社系の政論雑誌『二十六世紀』に土方宮相を糾弾する記事が掲載され（一〇月二七日）、東京の有力紙『日本』にも転載されたことから（一一月九日）、宮内省が処罰を求めた事件である（一四日の閣議で『二十六世紀』発行禁止、『日本』発行停止）。

閣内で対応した清浦奎吾法相は、「随分甚しき記事にて是れには深き根源ある事と存候。要するに今の宮内省は長州宮内省也、否な伊藤宮内省也。聡明を壅閉し奉りて私曲を恣にす。之を刷洗せされは政治上に不利益なりとの事より茲に及ひ候事と存候。是れは皇室の為め又国家将来の為め深く慮るへき儀也。是れより此攻撃は益激甚なるに至らん」と指摘し[101]、天皇の信任を背景とする伊藤博文の宮内省支配（伊藤の代理である土方久元宮相の専横）が招いたものだと漏らしている。徳大寺は多くを記していないが、

　伊藤侯土方伯攻撃スル余波皇室事項ヲ誹毀シ、不敬文字ヲ羅列シ、陛下ノ聖徳ヲ累シ奉ルノ恐レアリ。依之、去一日取消ヲ命セリ。然ルニ本日、日本新聞ニ転載シ同意ヲ表セリ。

とする事実経過に続き、「不敬ノ徒朝憲ヲ蔑視ス。厳戒ヲ加フヘシ」と珍しく強硬な見解を書き添えている〔九六・一一・九〕。それでも、徳大寺は自己の見解を公にすることはなかった[102]。黙々と政府の対処方針を取り次ぎ、黒田清隆枢密院議長（内閣班列）と連絡を取り合い、水面下で行政処分の実現に尽力している[103]。

この年、徳大寺は大病こそ免れたものの、「日記」には、「休憩」ないし「休暇」「休養」の文字が散見されるようになった〔九六・二・九、四・五、一二、五・三、六・一四、一一・八、二四〕。また秋には、一時的に「眩暈甚療養」する事態に陥るなど〔九六・一一・一〇〕、以前にも増して心身の消耗が顕著となった。日清戦争が終結しても、

「天皇の秘書」たる徳大寺の任務が軽減されることはなかったからである。徳大寺は、終わりの見えない「常侍輔弼」と対峙していた。

四　隈板内閣期の徳大寺

本節では、「隈板内閣」期の徳大寺とその活動について論じる。

一八九七（明治三〇）年の徳大寺は、年頭の宮中諸儀式に加え、英照皇太后の病没（一月一一日）とそれに伴う大喪（二月七日）のため、多忙を極めた。年明け後初めての休暇が、宮中喪のため紀元節式典と宴会が中止された二月一一日だったことは、彼の激務ぶりを物語っている。ところが、徳大寺はその翌週から体調を崩し、二月一九日から三月二四日にかけて欠勤を余儀なくされた（紀⑨二〇八）。診察した池田謙斎によれば、当初は「風気」「気管支加答児」との診断だったが、再診時の尿検査で「糖分頗ル多量腎臓炎再発、摂養尤注意」と申渡され（二月二二日）、療養必須となったのである（九七・二・一九〜三・二四）[104]。

三月に入っても、徳大寺の病状は一進一退であった[105]。「天気霽朗病床ニ在」（九七・三・一四）と記された「日記」からは、復調しないもどかしさが垣間見える。一五日には、池田から喘息治療用の吸入器を処方され、「気管洞豁ヲ覚フ」と安堵している（九七・三・一五）。長年の激務が徳大寺の身体を蝕んだことは明白である。療養中、徳大寺は、岩倉幹事を通じて土方宮相に、「内大臣常務取扱ノ為専属二人ヲ置ク事」を上申している（九七・三・一八）。

同じ頃、政府内では清浦奎吾法相が元勲の山県に対し、宮中改革の必要性を提起していた[106]。清浦は、宮内省の財政を預かる内蔵頭に山田信道（京都府知事）を起用し、「内大臣宮内大臣ニハ霍光范仲淹ノ如キ人物コソ望マシク存候」として、暗に土方宮相と徳大寺内大臣の更迭を訴えた(107)。ちなみに、清浦が挙げた霍光（?～前六八年）と范仲淹（九九〇～一〇五二年、范文正）は、ともに中国の政治家で前者は前漢時代、後者は北宋時代の名臣である(108)。前年の『二十六世紀』事件以来、清浦は「宮内大臣は、到底此儘永く其位置を持ち難かるべし」と見ており(109)、燻る宮相の進退問題に加え、徳大寺の健康問題が側近刷新への機運と捉えられたのである。

出仕再開後、徳大寺は天皇の行幸（英照皇太后百日祭）に供奉し、四ヶ月ほど京都に滞在している。京都での徳大寺は、日曜を除きほぼ毎日出勤して政府・軍当局者・外国使臣の拝謁スケジュール管理に明け暮れているが(110)、珍しく乃木希典台湾総督宛ての勅語を起草したことが目を惹く〔九七・七・三一、紀⑨二八五〕(111)。

八月二三日に帰京した徳大寺は、以後台湾総督府官制問題で松方首相・川上操六参謀次長・山県監軍を往復し、文武官総督制を主張する天皇の意向を伝達している〔九七・八・三〇、九・二六、二七、一〇・四、八、九、紀⑨二九五～二九六、三一一、三一三～三一四、三一七〕。この時天皇は、官制問題に固執する余り「此頃台湾官制改正之件に付昨〔九月三〇日〕日も総理大臣より奏上有之、何分余程六ケ敷叡慮に被為在候様相伺候間、今暫く右事件落着の上ならでは何角御申上に相成候ても十分に御聞込被為在間敷哉と恐察仕候」程であり(112)、国政の遅滞を招き、側近者を嘆かせる事態を招来してしまったのである(113)。

続く一〇月には、内大臣府官制が改正され、内大臣の職掌から「宮中顧問官ノ議事ヲ総理ス」及び「皇室典範儀式ニ付諮詢アルトキハ〔宮中顧問官の〕議事ヲ開キ奉答ス」が削除され（第一項後段）、宮中顧問官は「功労アル者ヲ以テ任之」名誉職に改められた。また、新たに「属三人ヲ置」くことが認められ（第三項）〔九七・一〇・九、紀⑨三一九〕、従来の秘書官二名に加え、野崎来蔵・北村信篤(114)・内山耕三郎の三名が「内大臣府属」として配属されることとなった（資料②参照）。野崎は専任で前侍従属、北村は侍従属兼勤、内山は専任、恩地轍・近藤久敬両秘書官は従来通り「侍従職事務兼勤」である。相変わらず職員の大半が侍従職との兼勤であるが、内大臣府創設以来初めてスタッフの拡充が図られた。その理由は、月二〇日以上の不規則な勤務に加えて、徳大寺の老齢化や政局の不安定化（＝政党勢力の伸張）に伴う国務負担の増加等が考えられる。本改正は、事実上徳大寺の負担軽減を企図した官制改革だった。三月の提起がようやく実を結んだのである（＝第一次拡張）。

一一月、進歩党との提携が破綻し、党出身の閣僚と政府高官が辞職した松方内閣は、政権運営に行き詰った。「松方派ヲ以議会ニ対シ政党ノ力ヲカラザルヿ」（＝超然主義）を貫き年末の議会に臨むのか、新たに自由党と提携して政権基盤を強化し、懸案の地租増徴を実現するのか、松方は逡巡した。天皇は徳大寺を通じ、「政党内閣タランヨリハ汝充分尽力シ、松方流ヲ以ヤリ遂クヘシ。議会ハ解散スルモヨシ、曖昧模捘〔ママ〕ヨリハ主義ヲ立テ貫クベシ」と激励し〔九七・一一・二二、紀⑨三四二〕[115]、警視総監を呼び出して徳大寺に自由・進歩両党の状勢を聴取させている〔紀⑨三四三〕。

しかし、松方首相は議会を解散して辞職し〔一二月二五日〕[116]、天皇が伊藤に組閣を命じ、第三次内閣の組閣が進行したため、徳大寺も度々召し出され、黒田邸に派遣されるなど慌ただしい歳末となった〔紀⑨三六一、三六三、三六五〕。大晦日に詠じた「ふし〔臥〕衣着つつむかふるあら玉の　としのはしめは初めともなし」〔九七・一二・三一末尾〕はそうした心境を良く伝えている。早春の大病後、徳大寺は比較的健康を保ったが、年末まで公務に追われる日々を送った。月に数度の休日を心待ちにしていた模様である[117]。

一八九八（明治三一）年六月一〇日、地租増徴問題をめぐり民党勢力との対立を深めた第三次伊藤内閣は衆議院を解散した。自由党と進歩党は選挙協力から合同へと進み、六月二二日に巨大与党（憲政党）が誕生する。伊藤は政府党を結成して総選挙に臨むことを主張したが、藩閥内の対立のため実現せず、日本初の政党内閣（第一大隈重信内閣）が誕生したことは有名である（六月三〇日）〔紀⑨四五二～四五六〕。これにより、党人の官界への流入が激化し、政党内閣に有利な形での憲法改正や警視庁廃止等の「改革」が囁かれることとなった。

新内閣が憲法改正案を帝国議会に提出し（衆議院で可決、貴族院では否決されることが予想され、廃案となる公算）、その後緊急勅令を用いて改正を強行してくることを憂慮した天皇は、勅令案の枢密院諮詢に先立ち、議長に下問する可能性があるとして、徳大寺を派遣し黒田議長の見解を質した。当時黒田は政党を忌避する急先鋒であり、

万々一若哉憲法ヲ更正し政党内閣ヲ組織スル場合或は立チ至ルも相知れす、乍恐皇位ハ主権ノ本体統治の淵源にして我国体ノ基礎也、第一憲法ノ大則タリ、一定政務ハ一定ノ機関ニ由リテ之ヲ施行スヘク、彼是相混同し相侵犯スル事許サス云々之明文有之、如斯重大之要件にして我帝国ニ政党内閣ヲ組織云々ヨリして、欽定憲法迄変更スル必要からして其問題或は出来るかも不被計、決シテ難出来、万々一其場合ニ於ては是非必ス枢密院ニ御諮詢有之候は尤モ至当之御事(118)

と考えていた。枢密院が大権擁護の役割を果たすべきだと自負していた黒田が「万々一も上裁不相成旨」、つまり天皇が可否の判断を下さず、実質的に緊急勅令案を握り潰すことを「奉答イタシタル時ハ如何ナル思召ニテ被為在候哉」と確認した際、徳大寺は「其場合ニは、議長ゟ首相閣下へ篤ト協議調和交渉云々之事アラント」答えており、天皇が藩閥側の方針を理解し後援してくれると見込んでいた黒田を唖然とさせている。無答責の天皇に直接仲裁させる訳にはいかず、かつ「宮中府中の別」を強く意識する徳大寺としては当然の指摘であり、徳大寺が明治憲法体制について決して無知ではなかったことが窺える。

焦った黒田は、「申上マテも万々無御座、依ツテ憲典ヨリ生シタル枢密院之官制ノ定ムル処ト云ヒ、併セテ事例

等モ十分調査講究シタル上ニモ熟慮再考致しタル末は、如何之次第奉答スルト、何ニ分幾重ニも侍従長殿ヨリ可然様御執成悃願云々、別ケテ奉伏冀候」と依頼して会談は終了した。(119) 側近者が頼りにならないことを悟った黒田は、ともに政党内閣を忌避する山県の直諌に期待し、それもままならないと知るや、後述する内大臣秘書官増員問題を提起し、これも天皇の反対で実現しなかったため、「第一御側之徳大寺、岩倉尤モ厳密ニ注意ハ緊要ナル必要、究メて油断出来ザルは、万々申迄も無御座候」と側近者への不信感を顕わにしていくのである。(120)

現在を明治憲法体制の危機だと捉える黒田には、非協力的だと認識されてしまったものの、徳大寺にとっても、嫌悪する大隈を首班とする「政党内閣」の登場は、内心不愉快だったと推測される。それを裏付けるかのように、内閣成立後、「日記」の情報量が激減している。(121) このように徳大寺のモチベーションが低下する中で、大隈内閣が行政整理の大綱を示したことから（九月五日）〔紀⑨四九四〕、俄かに内大臣秘書官の増員が政治問題となる。(122)

詳細は、佐々木隆氏と川口暁弘氏の研究をご参照いただきたいが、(123) 政党内閣の進める「行政改革」を恐れた藩閥側では、黒田議長と山県が協議し、井上馨の娘婿である都筑馨六（待命中、元宮内省図書頭・文部次官）を内大臣秘書官に起用して内大臣府のチェック機能を強化し、憲法改正案が上奏された場合水際で阻止しようとした。文部省留学生としてドイツで政治学を学んだ都筑は、超然主義の急先鋒として知られ、藩閥勢力の前途を嘱望された俊英であった。(124) 徳大寺は、「小官ニ於別段人物ニ異議無之」と理解を示したものの、間接的に「御手許御用を取調取扱候儀ニ付」天皇に事情を説明したところ、「是迄秘書官ニ行政法律学者を使ひ候儀無之事故、此際余り目立候人物を秘書官ニ置事ハ見合へく」と天皇が反対したため実現しなかった〔紀⑨四九六〜四九七〕。(125)

この事件に関し、佐々木隆氏は「天皇とその側近（特に徳大寺・岩倉）は天皇が積極的に藩閥指導層に与するのを好まなかったが、決して政党に肩入れしていたわけではない」、あるいは「天皇は憲政党の私党性を危ぶんでいたが、黒田らに同調して宮中を藩閥化することは無かった。天皇と側近は明治憲法体制の総攬者としての中立性・公正さ、そして君主としての無謬性を重視して行動したと言えるだろう」と述べ、側近達が政党勢力に懐疑的でありつつも、国家元首である天皇の政治的中立を守るために行動したことを論じている(126)。

天皇側近の行動については概ね佐々木氏の指摘通りであり、消極的姿勢に終始した徳大寺が元勲達を失望させたことも事実だが、前後の記録を見る限り、彼が大隈や政党勢力のやり方に理解を示した形跡はない。

たとえば、同年末に行われた皇太子の大隈邸行啓の折には、「予案内ヲ受ルモ不行向」と拒否し〔九八・一二・三〕、佐々木高行と人物評を試みた際には、「香川〔敬三皇后宮大夫〕は〔中略〕才子にて油断はできず。田中〔光顕宮相〕の方は実直〔中略〕板垣〔退助〕は此の節は至て穏健なる事にて、帝室へ奉対候ては真面目に相勤様見受け候〔中略〕大隈〔重信〕に至ては不相替横着と申すもの歟少しも信用出来ず」と述べ(127)、特に大隈への不信感を露わにしている(128)。

歯痛や再発した喘息に苦しむなど、健康状態が思わしくなかったことは事実だが、政党や大隈への嫌悪感も加わり、隈板内閣期の徳大寺の活動は概して低調であった(129)。それでも天皇は徳大寺を信任し、重用し続けた。天皇との密着ぶりが窺える史料を紹介したい。

陛下へ入御覧、要点丈ケ御前ニ於而読上入御聴ニ候処、徳大寺へ相廻し置候様トノ御沙汰ニ付、則及御送附候。且此件ニ付而ハ桂板垣等打合之上云々御沙汰之事も御坐候得共、右ハ御出勤之上口頭ヲ以而可申上候。一、九月廿一日之万朝報記事ニ対スル別紙内務省意見書、今日内務大臣拝謁之上御手許へ差出候ニ付、是又閣下へ可及送附との御沙汰ニ御坐候。過日之分と同様ニ奉存候。徳大寺より何とか内務大臣へ返答致候ハ、可然、自分ハシラヌ事故只一見致し置クト申置キタリトノ御沙汰ニ御坐候(130)。

前段に桂太郎陸相と板垣退助内相の協議を経た上でとあるので、本史料は最終局面を迎えていた共和演説問題の処理に関するものである。差出人の岩倉は、桂や黒田枢密院議長とともに尾崎行雄文相の更迭へ向けて奔走していた。後半は、九月二一日付『万朝報』記事(131)をめぐる問題である。内務省側では処罰を検討していた模様だが、天皇は「只一見致し置ク」と板垣内相に伝えたのみで、「自分ハシラヌ事故」徳大寺から回答すれば十分だと突き放している。当時憲政党内では、尾崎文相の後任人事をめぐる駆け引きが本格化し、政府内にも動揺が広がっていた。天皇は岩倉に命じて欠勤中の徳大寺に事情を伝え、上奏された書類を逐一転送することで君側の対処方針を統一し、政治的影響の大きい自身の直接的発言を回避していたのである(132)。

その後、尾崎文相が辞任し大隈首相の辞職も決定的となった一〇月末以降、「日記」の記述は精彩さを取戻し、第二次山県内閣の成立過程を緻密に記録している(133)。政変後、徳大寺は大阪特別大演習への供奉を辞退し、恩地轍秘書官に印璽の「守護」を命じ〔紀⑨五四五〕、「御使用之節」の取扱いは岩倉幹事に託して(134)、一〇日間程鎌倉で静養した〔九八・一一・一三〜二四〕。滞在中、徳大寺は「白玉の波路はるかに見渡せば　葉山の梢紅くもえけり」と詠み、寺社仏閣を詣で、束の間の休息を堪能した。この間の「日記」には、「鎌倉滞在、病痾追日軽快」〔九八・一一・一九〕とあり、重責から解放された安堵感が滲んでいる。

五　皇太子成婚と徳大寺の辞表提出

本節では、皇太子養育問題を中心に、徳大寺が辞表を提出するまでの経過を論じる。

一八九九〜一九〇〇（明治三二〜三三）年の徳大寺は、皇太子嘉仁親王（後の大正天皇）の養育問題や婚姻準備に忙殺された。一八八四（明治一七）年四月一〇日に明宮御用掛に就任して以来[135]、徳大寺は皇太子と昵懇であり、天皇からは密かに東宮妃選定を委嘱される（一八九三年）等、天皇と係官との間に立って皇太子養育問題に関与していた。そのため、「日記」には、皇太子関係の記述（行啓・病気・青山御所や赤坂御所での生活・輔導を任された有栖川宮とのやり取り）が散見される〔紀⑨六四一〜六五〇等[136]〕。

一八九九年二月、侍医たちの診断を受けて土方前宮相・香川敬三皇后宮大夫・徳大寺が協議した結果、皇太子妃に内定していた伏見宮禎子女王の右胸部に「濁音アリ」として内定が取り消されることとなり、新候補者の選定が開始された〔九九・二・六、三・二二、二五、二八、紀⑨六一三〜六一六〕。四月四日には、早くも九条道孝の四女節子が有力候補に浮上し、八月には天皇が当人を皇太子妃とすることに内諾を与え〔九九・八・一九〕、徳大寺が勅使として九条家を訪れ「東宮殿下御息所御内意御治定」を伝達した〔九九・八・二二〕。月末には、岩倉が「結婚礼式掛」を命じられ〔九九・八・三一[137]〕、徳大寺も東宮妃付の女官人事に関与していく[138]。

たとえば、杉孫七郎（前皇太后宮大夫）を介して京都在住の万里小路幸子（元英照皇太后付女官）に再出仕を要請し〔九九・九・一八、二七、紀⑨七〇二[139]〕、中山孝麿東宮大夫からは東宮付女官の増員（四名から六名）について相談を受け〔九九・一二・一二〕、正親町鍾子（皇后付女官）の東宮女官転出につき、香川皇后宮大夫から中山東宮大夫へ交渉するように手配している〔九九・一二・一二〕。その後も、万里小路を東宮御内儀監督[140]、生源寺政子・正親町等を東宮女官に採用することを中山孝麿東宮大夫に通達し、中山からの返信を受けて香川皇后宮大夫へ回覧、田中宮相へも経過を通知する等、尽力している〔〇〇・二・一九〕。女官人事は宮相の管轄事項だが、天皇の内意を受けた徳大寺が公家出身の立場を活かし、手際良く処理している様子が窺える。

かくして、一九〇〇（明治三三）年五月一〇日、皇太子嘉仁親王と九条節子の成婚の儀が執行された〔紀⑨八一三～八一五〕。徳大寺は、一七日の内宴まで慌ただしい日を送っている。その後、徳大寺は明治天皇に辞表を提出した〔〇〇・七・六、紀⑨八五四〕[141]。

昨朝予進退ヲ決セントスル事アリ。華族ノ身分ハ朝廷奉仕スル、身ヲ犠牲ニ供シテ仕ヘザルベカラズ。然ルニ免職ヲ願ヒ、逸楽ニ処セントスルハ以ノ外ノ心得違ナリ。幾度職ヲ辞スルモ決シテ聞届ケス。且今日ハ士族ヨリ登リシ官吏ハ我儘勝手ヲナシ、華族タル身分ノ者モ楽ヲナサント欲ス。朕孤リヲ困苦ニ陥ラシム。不忠是ヨリ甚敷ハナシト逆鱗殊甚シ。

突然の辞表提出について、渡辺幾治郎氏は、多年の奉仕による老衰と健康不安とを挙げ、天皇の逆鱗に触れた徳大寺が「非常に恐懼して辞意をひるがえし、終生御奉公の決心をした」と指摘している[142]。梶田氏も「本当に終生奉職の決意をしたかどうかはわからない」と留保しながらも、数少ないエピソードとして触れている[143]。前後の「日記」に目立った欠勤（病気）の記事はないため、徳大寺は比較的健康を保っていた模様である。しかしながら、温厚な徳大寺としては珍しく「進退ヲ決セントスル事アリ」とまで記しているように、彼は本気で退任しようとしていた。それは、侍従長兼内大臣として一〇年を経過し、成人した皇太子と節子妃の結婚が滞りなく済み、（第二次）侍従長就任直後から一五年以上担当してきた「明宮御用掛」の任務に一区切りがついたからだと推察される。

それを裏付けるかのように、この頃徳大寺は、「天保十年十二月六日予生　本年六拾年」と記し〔九九・一・一〕、翌年にも「予年齢六十一年」〔〇〇・一・一〕、同年二月には「侍従長兼内大臣　在官在職廿九年五ヶ月実則」〔〇〇・二・二二〕と年齢や在官年数について繰り返し書き止めており[144]、還暦と在官三〇年を機に退官を決意していた模様である。実際、年間出勤日数も二八八日（一八九九年）、二七六日（一九〇〇年）と下降傾向にあり、健康が続く内に後継者にバトンタッチしたいと考え始めたと見て間違いない。しかしながら、天皇は「震怒」して徳大寺の退任を認めようとはしなかった。[145] 天皇にとって徳大寺は、手足・耳目を超えた欠くべからざる存在となっていたのである。

この他、当該期の徳大寺に関し、部下の不祥事が影響した二つの事例を紹介したい。いずれも「宮中府中の別」が問題視された岩倉具定と恩地轍の進退問題である。前者は、先の政変において、岩倉が黒田枢密院議長・西郷従道海相・桂太郎陸相等に協力し、隈板内閣の倒閣に奔走した結果、新聞に「宮内官としてなす間敷事を尽力したるやの誹謗」を掲載されたため、辞表を提出した事件である（一八九九年初頭）[146]。岩倉の辞意は固く、後任人事が難航した。

佐々木高行から、「岩倉具定の辞表は如何哉、留任と申訳には参り不申哉」と尋ねられた徳大寺は、「色々心配中なれども未た何とも参り不申、随分六ケ敷方に有之候」と処理が難航していることを認め、佐々木も「定めて六ケ敷かと被察候。然るに跡の人体には御困りならんと奉存候。局外には伺ひ知れざれども、御事情を粗相（マヽ）心得候ては後任の処是れと申人体は差向無之様に被考候。宮内省中にて御事情を相心得候人は稀なるべし」と懸念している。日々の奉仕（輔弼）には、宮廷社会のしきたりに通じ、気難しい天皇との相性が欠かせないだけに、徳大寺も「御説の如く省中にても相心得候者は少く、既に田中光顕にても次官の節は随分六ケ敷事も有之候」と嘆息するばかりであった[147]。結局本件は、天皇が岩倉の辞任を認めず、一月一六日に徳大寺が勅使として岩倉邸に出向き「精々病気療養を加へ速に出勤可致」伝達して沙汰やみとなった〔九九・一・一四、一六〕[148]。

後者は、一九〇〇（明治三三）年初頭、山県首相が政府提出の「宗教法案」につき、恩地轍内大臣秘書官を通じて東本願寺の大谷光瑩（第二二代法主）に接触したことが問題視され、恩地が更迭された事件である[149]。直属の部下の不祥事を重く見た徳大寺は、早速川口武定宮内次官に進退伺を提出している（一月一五日、田中宮相は服喪欠勤中）。この間の経過を報じた山県首相宛の書翰には、徳大寺の信条が顕れている。

陳者去十五日御話の一件〔中略〕猶熟考仕候処、小官進退伺書は閣下御談已前に宮内次官差出置候儀に付、此上は宮内大臣之処分を相俟居候儀閣下に対し御気毒に存候得共、何卒宮中府中の区域権限を明燎《〔ママ〕》に致す方将来の為双方の都合宜敷と相考候間心情御諒察願度〔後略〕[150]

徳大寺は、皇室の安泰を図るために「宮中府中の別」を厳守しなければならないと考えていたのである。結局山県と復職した田中宮相が協議して徳大寺の進退伺は却下されたものの、恩地は式部職に転出させられ、[151] 後任には歌人で神道家の足立正声（諸陵頭）が就任することとなった。

こうした「宮中府中の別」に拘る徳大寺の背景に、天皇の政治趣向があったことは疑いない。たとえば、議会開設一〇周年にあたる当時、天皇は「内閣更迭数回ニ及ヒ其度毎総辞職ニ相成ニ付、外務大蔵ノ両省ハ後任者最モ得ヤスカラズ、殊ニ外交上ノ儀最モ重要ノ職ニ付将来屢更迭セサルヤウアリタシ」〔九九・二・一七、紀⑨五九六〕と述べて猟官や党弊に憂慮を示し、地方官会議のため上京していた知事達に「地方情況政党ノ模様」〔九九・四・二〇〕を下問する等、相変わらず政党への懸念を抱いていた。隈板内閣の記憶は、なお鮮烈だったのである。天皇に近侍し、聖旨の貫徹を使命としていた徳大寺が、同様の思いを抱いていたことは想像に難くない。

六　第四次伊藤内閣期の徳大寺

本節では、立憲政友会創設期の徳大寺について、実弟西園寺公望の党籍離脱問題や第四次伊藤内閣後継問題への関与を中心に論じる。

留任後の徳大寺は、北清事変に伴って関係機関からの取り次ぎ業務が増加した模様である。[152] そうした無理が祟ったのか、秋口に入ると徳大寺は「輸尿管神経痛」を発症し、「困苦参勤セス療養」することとなった〔〇〇・九・一〇〕。翌一一日、岩倉と田中宮相が相次いで徳大寺を訪ね、伊藤博文の立憲政友会創立と党総裁就任に伴う宮中ポスト（帝室制度調査局総裁・皇室経済顧問・皇太子輔導顧問）の辞表について報告している〔〇〇・九・一一〕。しかし、徳大寺の病状は改善せず、岡玄卿（侍医頭）の診察を仰ぎ、一ヶ月近く療養生活を余儀なくされた〔〇〇・九・一六～一〇・七〕。従って、徳大寺は政友会創設には関与していない。[153]

一〇月八日、出仕を再開した徳大寺は第四次伊藤内閣の組閣に立ち会い、体調を崩して引籠った伊藤首相に代わって内大臣の職権を行使して首相辞令書に副署している〔〇〇・一〇・一九〕。[154] また徳大寺は、八月二三日に急死した黒田清隆枢密院議長の後任に実弟西園寺公望が決定した際、西園寺の党籍離脱問題に深く関わっている〔紀⑨九一六〕。従来この問題は、党人の顧問官就任を認めない枢密院の保守的性格を示す事例として指摘されることが多いが、[155] 珍しく徳大寺が介入したことも注目すべきである。先ず岩倉が伊藤首相に書状を送り、西園寺の脱会について質した。

然は唯今御申聞相成候件御内奏之通り相運ひ候節は、政友会脱会相成候義に御座候哉、小生心得迄に承知仕置度候、果して脱会に御座候得は格別御返書に及はす、中越之通りと御口上にて使之者へ御返答被下度候。[156]

ところが、伊藤は明答しなかった模様である。枢密院議長（及び内閣班列・内閣総理大臣臨時代理）の親任式に際しても西園寺は、しばしばインフルエンザを患った「首相ニ面接スル故御前ヲ憚ル」として出頭せず、徳大寺から辞令書を受け取り、「御請之旨」奉答しただけである〔〇〇・一〇・二七〕。感染症の流入防止を名目としつつも、天皇から党籍問題について下問されることを憚ったのであろう。一一月七日、枢密顧問官の定例参集において、副島種臣顧問官が前例を挙げて西園寺に党籍離脱を勧告し、二人は「激論」になった。東久世通禧副議長がその場を収め、（岩倉を介し）徳大寺から伊藤首相への再質問となったのである〔〇〇・一一・七〕[157]。

陳は西園寺公望過日枢密院議長可被命ニ際シ政友会総務委員幷会員トモニ脱シテ議長拝命致候事ニ候哉、閣下ヨリ伊藤へ御照会ニ相成、政友会ハ脱シサスル（ママ）トノ返答有之由承リ候得共、右ハ総務委員ノミニテ会員ハ其儘ニテハ無之哉、若其儘ニ相成居候得者閣下之御考ヲ以テ会委〔員〕モ辞シ候方妥当タルベク、伊藤侯へ御照会被下度存候[158]。

徳大寺が西園寺の政党問題で動いたのは、東洋自由新聞の社長辞任勧告（一八八〇年）以来二度目である[159]。当該書翰の後段には「右者陛下御沙汰之次第モ有之候間」とあるので、西園寺の完全な党籍離脱を主張したのは天皇なのだが[160]、徳大寺の「宮中府中の別」への拘りを示すと共に、身内に対する厳格さがよく顕れている[161]。

その後、第四次伊藤内閣は、半年足らずで行き詰りを見せた。渡辺国武蔵相が公債支弁にかかる諸事業の繰り延べを主張し、閣内で孤立したからである。先ず、貴族院が政府提出の増税案に強く反対した。伊藤首相は天皇に勅語の渙発を奏請し、近衛篤麿貴族院議長に詔勅が降下、貴族院の対決姿勢を撤回させて切り抜けた〔紀⑩二四、二九〜三二〕。しかしながら、近衛が驚いたように、この勅語は伊藤首相が起案し、田中光顕宮相を通じて引き出したもので、徳大寺は預かり知らなかった模様である。

〔岩倉〕公、〔徳大寺〕内大臣ト共ニ与リ知ラザルナリ。而シテ公ハ常ニ、博文ノ従来窮境ニ処スルヤ、毎々勅語ヲ奏請シテ、以テ一時其ノ責ヲ免ルルノ癖アルヲ痛嘆ス。近衛議長ノ、特ニ公ヲ訪ヒシモノ、亦公ノ此ノ言アルヲ以テ、今次ノ事、其ノ事情ヲ知ルニ足ラン事ヲ期セシナリ。

とあり、恐れ多くも、勅語に関する宮廷秘事の一つであり、此不臣の行動は、全く免れえぬ大罪科に該当する。之につき鵜崎鷺城の明治大正人傑伝（人物評論朝野之五大閥）は、次の如く伝へてをる。之より先、政界の雲行不穏なるを観て、徳大寺、岩倉、田中、花房等相約するに、此際飽く迄宮廷を、政争の外に立たしめん事を以てせり。然るに〔三月〕二日時の上院議長故近衛公、宮中に召され、其帰途を以て侍従職幹事岩倉公を訪ひ、詔勅渙発の次第を語るに及びて、岩倉は始めて事の意外なるに驚き、直に徳大寺を訪ひて、田中の不埒を告ぐるや、流石に温厚なる徳大寺も、心中安からざる色あり。当時田中の行為たる啻に曩日の約束に背反せるのみならず、宮内大臣の職権以外に亘り、明かに徳大寺を無視したるものと云はざるべからず。何となれば、宮内省官制に依れば、賜勅の席には内大臣侍立するも、宮内大臣は参列すべきものにあらず。而かも田中は専断を以て、内大臣の職務を執行したればなり。(162)

伊藤首相はともかくとして、田中宮相が徳大寺や岩倉を軽視していたことが窺える。予算案をめぐる問題は一端解消したように見えたものの、議会終了後に渡辺蔵相が再び公債支弁事業の中止を訴えたため、閣内不一致となった。この経過は前掲の川上寿代氏と伊藤之雄氏の研究に詳しい。伊藤首相は大命再降下を予期し、蔵相の罷免を念頭に総辞職を主張した。しかし、渡辺が辞職を拒否したため内閣改造は行き詰まり、結局西園寺枢密院議長が首相臨時代理に就任し（五月二日）、渡辺を罷免して蔵相を兼務し、勅命で元老会議にも参加して時局を収集することとなった。(163)

驚くべきことに、この間徳大寺が個人的に伊藤首相へ書通し、首相を辞して後継首班選定の元老会議へ出席するように促してしまった模様である（五月上旬頃(164)）。「一個人の資格」とは言え、かかる処置に元老山県と井上は憤り、徳大寺を「詰責」した。

這は容易ならさる事にて、既に善後の手段を講するの一事は元老等に御依頼あり。未た復命に及はさる前、早くも首相一身の進退に付内旨を伝へらるゝに於ては、仮令徳大寺侍従長一個の資格を以て伊藤侯の内意を問ひたりと謂ふも、伊藤侯は之を以て徳大寺侯の一個の行為と認めすして必す内勅に出たりと認定するや論を待たす。善後の手段尚未た定まらすして早く既に首相の印綬を解かるゝ如きありては、折角の御内旨に対し奉り苦慮しつゝあるも何の詮あるましく〔後略〕(165)

内閣継続（大命再降下）を決議する予定であった、元老会議の開催意義が失われてしまったのである。徳大寺の「勇み足」から伊藤が大命再降下を諦め（第四次伊藤内閣の倒壊が決定し）、元老会議が難航して後任首相が決まらない悪循環を招いてしまった訳だが、彼自身に即してここまでの経過を見直すと別の要因が浮かび上がってくる。

同年二月、徳大寺は生母竹島を肺炎で失ってからも黙々と公務を続け、三月には松方に皇孫養育主任の人選を依頼し(166)、四月には伏見宮禎子女王と侯爵山内豊景の婚礼を滞りなく済ませ〔〇一・四・六、紀⑩四八〕、皇孫（後の昭和天皇）命名式では勅使を務めるなど〔〇一・五・五〕、相次ぐ宮中行事で多忙を極めていた。徳大寺が伊藤に書通したのはちょうどこの頃と見られ、しかも彼は命名式からの帰宅後体調不良を訴えて静臥していた(167)。従って、命名式終了後に宮中開催された元老会議で伊藤への意見聴取が行われることが決まり、大磯の伊藤別邸に派遣されたのは岩倉であった(168)。この間徳大寺は、参謀本部への行幸に供奉した七日を除き欠勤(169)、特に九日は岡玄卿（侍医局長）の診察を受け、「心臓病アリ脈不正ナリ」と診断されていた（六日・八日・九日欠勤）〔〇一・五・九〕(170)。過労から健康を損ないかけていたのである(171)。

以上、元老達から「専断」だと糾弾された徳大寺の行為とは、政局を速やかに安定化させるため（そうすれば天皇が安心し、徳大寺自身の介在も少なくて済むため）、大磯別邸に引籠る伊藤に出京を要請し、「元老の資格」で政局の処理にあたるよう促したものだったことが分かる。先行研究では、徳大寺が単独で政治的調停を果たすことが認められていなかったことが指摘されているものの(172)、もともと徳大寺にそうした調停役さえ果たすつもりはなく、政局の混乱が最小限に済むよう、お膳立てしたものだったと推察される。

第一桂太郎内閣が成立すると、徳大寺は再び辞表を提出した。辞表には「臣実則菲才、追々老年ニ及ヒ重任不堪、両官辞職奉願候。宜御執奏頼度候也」と記されているものの〔〇一・六・二九〕、如上の政局絡みの辞表ではない。原因は、皇太子の輔導をめぐる天皇と有栖川宮威仁親王の確執によるものだった。天皇が威仁親王に東宮の輔導を一任していたにもかかわらず、親王の頭越しに、度々徳大寺を介して東宮大夫や東宮侍従長等に近状を下問したため、憤慨した親王が「輔導の統一を紊し、甚だ不可」と抗議し、「其の任に居る能はず、天皇躬ら輔導の任に当らせたまふに如かず」と辞意を伝えたため（六月二八日）、天皇と宮の板挟みとなった徳大寺が「惶悚措く所を知らず」として辞表を提出したのである〔紀⑩八三～八四〕。翌三〇日、田中宮相と岩倉幹事が天皇に事情を説明し、徳大寺の辞表は却下され、今まで通りの勤務を続けることとなった〔〇一・六・三〇〕[173]。

七　日露戦争期の徳大寺

本節では、日露戦争期の徳大寺について論じる。

元勲が一人も入閣しなかった第一次桂太郎内閣は、「二流内閣」「小山県内閣」等と揶揄され、政権基盤が脆弱だと見られていた[174]。徳大寺も「這般之閣員ハ総テ山県系ナリ。貴族院各派ハ都合能キモ、政友会即衆議院多数傾向如何。伊藤首領操縦ニアラン」と内閣の先行きを危ぶんでいた〔〇一・六・二〕。ところが、徳大寺は「内閣超然孰ノ政党ニ依ラス」〔〇一・九・三〕、「対党態度ハ最初方針通リ不偏不党、公平中立ヲ採ツテ首相ハ所理シツ、アリ」として〔〇一・一一・二九、紀⑩一五六〕、政務に励む内閣を好意的に見守るようになっていく。年末になると、天皇は徳大寺を通じ、桂に「内閣組織以来閣員一致協同、外交上ノ事ハ元ヨリ内政ニ於テモ漏洩セス全ク指揮宜敷ニ依ル〔中略〕将来協同一致シ内閣ノ基礎ヲ鞏固ナラシムヘク御沙汰」を伝え、賞賛している〔〇一・一二・二一、紀⑩一六九〜一七〇〕。以後徳大寺が元勲間を往復し、国政の安定化に努める機会は減少する。予想外とも言うべき内閣の「安定」が、徳大寺の活動に一大変化をもたらしたのである。

翌一九〇二（明治三五）年も政治問題への関与は少なく、[175]徳大寺は聖旨の伝達（確認）に勤しみ、粛々と宮務に専念している。[176]軍関係の連絡が目立ったことも特徴的である。[177]体調も決して芳しかったわけではなく、たとえば熊本特別大演習（一一月七〜一九日）では、供奉中に体調を崩して列外へ退避し（九日）、帰京後も月末まで不振が続いた。この他当年の「日記」には、一月三〇日に締結された日英同盟協約について、枢密院での諮詢経過を簡潔に書き記している〔〇二・二・一二〜一三〕。また、欧米旅行のため暇乞いに参内した元老松方に対し、天皇がロシアで陸相か参謀総長に面会することがあれば、「国是」を聞いてくるように命じた際、徳大寺は

露国ニ於テハ軍人派勢力強く首相大蔵大臣ノ意見ノ如クニモ政略不被行、出先ノ将官等随意ニ領土ヲ拡張スル傾向アリ。本国ノ経済ヲモ不顧着、皇帝ノ裁可ヲ経テ意ノ如クニ運フト云。是全議会ナキニ因ル。

と書き止めている〔〇二・三・一一、紀⑩二〇九〕。短文ながら、出先軍人が領土拡張に逸ることを危惧し、国会が存在しないため軍部の暴走に歯止めがかからないことを鋭く指摘しており、政党政治に懐疑的でありつつも、徳大寺が議会制度の意義を理解し、一定の見識を持つ人物だったことが窺える。

こうした中で、当該期の徳大寺が、伊藤博文の枢密院議長への転出問題に関与したことが明らかにされている。[178]一九〇三（明治三六）年、北清事変の後満州地域を占拠していたロシアが第二期撤兵を実施せず、逆に清韓国境に進出したことで日露関係が緊迫し、第一次桂内閣は外交交渉と戦争準備を慎重に進めていた。ところが、前年末か

ら内閣への攻勢を強めた政友会は第八回総選挙で第一党の座を保ち、第二党の憲政本党（党総理：大隈重信）との提携を画策するなど、挙国一致の障害となっていた。

六月下旬、桂首相は元老山県と松方に辞意を漏らし、伊藤への政権禅譲ないし伊藤の政友会退会・枢密院議長への転出を求めた。但し、桂は事前に伊藤とも協議を重ねており、伊藤の立場に配慮し、徳大寺にも経過を伝えることで天皇の理解を得ようと努めている〔紀⑩三七二〕。その上で（桂の庇護者である）山県は徳大寺に協力を求め、天皇の内心を把握しつつ、勅命を用いて伊藤を枢密院議長に就任させた（七月一四日）。川上寿代氏は、徳大寺が身辺に集まる高度な政治情報を利用して政局を誘導した稀少なケースだと論じているが、ここでは徳大寺が何故そうした政治介入に踏み切ったのかを考察したい。

当時伊藤は、自己の立場（元老・政友会総裁）の使い分けに苦慮していた。政党の首領として政権奪取に向かう傍ら、天皇の最高顧問（＝元老）として国政指導にあたらなければならず、国益と党益の狭間で、伊藤の言動は矛盾に満ちていた〔紀⑩四六三～四六五〕。党員に諮らず桂首相と談判してしまう場面も多く、憤慨した党員の中からは脱党者が相次ぎ、党勢が揺らいでいたのである[179]。

徳大寺は、「聖旨の伝達」を超えた政治介入・調停は不得手のため、「小官に於而も不容易心配仕居候。甚要領を不得御答申入候得共打明有之儘拝復如此候[180]」、「微力之限り速に御決行之事、尽力可仕候[181]」、「穏当なる良策被為有候事歟と存候へ共、之而已頗心配に不堪候[182]」等と漏らし、自身の関与が「宮中府中の別」に抵触するのではないかとの不安を滲ませている。それでも彼が大磯から伊藤を呼び出し（七月六日）、伊藤邸を訪れて勅命を伝えるとともに〔八日〕〔紀⑩四六八〕、山県に協力したのは、伊藤が君側に戻れば政局が安定し、天皇が安心すると考えたからであろう。徳大寺には、政党指導者となった伊藤が、その晩節を汚しかけていると認識されたのである[183]。徳大寺らしいのは、拝謁を終えた伊藤に対し「議長御請被成候上は政党を被止候様御沙汰有之候」として、あくまで政友会を脱会し「宮中府中の別」を厳守するように釘を刺したことである。[184] かくして、伊藤は枢密院議長に就任し、議長を退任した西園寺公望が第二代政友会総裁に就任することとなった。[185]

一九〇三（明治三六）年夏以降、徳大寺は桂首相・小村寿太郎外相・伊藤枢密院議長等と頻繁に連絡を取り合い、日露交渉の経過を天皇に取次いだ〔〇三・七・二八、八・八、一六、一九、二四、二六、二九、三一、九・七、八、一一、二一、一〇・五、七等〕。また、山本権兵衛海相が軍令部から（海軍）参謀本部への名称変更を提案すると（＝海軍参謀本部設置問題）[186]、天皇と軍首脳の間を往復している〔〇三・九・一二、一六、二八、一〇・五、紀⑩四八九～四九〇、四九六〕。次いで、戦争指導にあたる参謀次長（兼台湾総督）に長く留まることができるよう、児玉源太郎台湾総督の内相兼任をやめるべきだとする天皇の意向を寺内陸相に伝えている〔〇三・一〇・一二、一三〕。このように、日露関係の悪化を受けて政局が緊迫すると、徳大寺も事実上「臨戦態勢」となった。休日出勤が増加し、年間出勤日数も七年ぶりに三〇〇日を超えたのである（三〇二日）[187]。

一九〇四（明治三七）年一月、日露交渉が危機的状況に陥る中で、徳大寺は内命を受けて桂首相・小村外相邸を訪れ〔〇四・一・六、[七]一五〕、各元老に東京を離れぬよう通達する等、慌ただしく過ごしていた〔紀⑩五七九〕。ところが、一五日の退出後、徳大寺は体調不良を訴え、岡玄卿侍医局長の診察を受けることとなった。その後、気力を振り絞って御歌所に詠歌を提出しているが[188]、二〇日には病勢が募り、劇症性肺炎を患ったのである〔紀⑩五八五～五八六〕。以後岡と看護婦三名が付きりとなり、一三日からはベルツ博士も応援に駆け付け、懸命の治療が続けられた。

その甲斐あってか、徳大寺の病状は二月一〇日頃より快方に向かい、三月三日からは鎌倉の大給恒別邸を借用して転地療養に努めた。それにもかかわらず、徳大寺の回復は捗々しくなく、焦燥感を募らせた彼は四月一日に野崎来蔵秘書官を通じて辞表を提出した[189]。添付された診断書からは、長年の不規則な勤務が徳大寺の身体を蝕み、生活習慣病を悪化させたことが窺える[190]。ところが、この辞表も田中宮相を通じて却下された。

四月二四日に徳大寺が帰京すると、天皇は早速ベルツ博士に診察を命じている。診察中、徳大寺はベルツに対し、出仕できないもどかしさや自身の曠職ぶりを嘆いたのであろう[191]。ベルツも徳大寺の衰弱ぶりを認め、気の毒がっている。

天皇のご依頼により、内大臣徳大寺侯爵を診察する。侯は引退を望んでいるが、お許しが出ないのだ。老侯は最近、ひどいインフルエンザ性肺炎にかかり、病気はもうなおったのだが、まだ衰弱が残っている。三十五年にわたるご奉公の後、侯が隠退したいのも無理はないことと思う[192]。

以後、徳大寺は千駄ヶ谷邸での静養を続けたが、五月四日に再び辞表を提出している（一一日却下）。結局、辞任が認められなかった徳大寺は、七月一日から半年ぶりに出勤することとなった〔紀⑩六九七〜六九八〕。

日清戦争中と異なるのは、復職後の徳大寺が比較的早い時間に退出し、ほとんど休日勤務をしていないことである[193]。戦時中であるが故に、しばしば桂首相〔紀⑩八六七〜八六八、八七四〕・小村外相〔紀⑩七九九、八〇九、八六九〕・寺内陸相〔紀⑩八一三〜八一四、八五〇〕・山県参謀総長等を訪問して天皇の内意を伝えるとともに、天皇からは「時務二事」の処理を依頼され[194]、戦局の趨勢[195]や出征軍人への勅語類を数多く書き残しているものの、大病後の徳大寺は宮中儀式を欠席することが多くなり、招宴への出席も激減した。

この間、執務を代行した岩倉は「小官ハ去一月中旬已来徳大寺〔実則〕侍従長病気引籠之為メ、日々侍従職ニノミ出勤。午前九時比ヨリ午後五六時比ニ至リ退出、自宅ニ於ても御用取扱居リ、公務之外他出致候時間無之始末。

殊ニ大本営ヲ宮中ニ被為置候ヨリ、陛下ニハ日曜モ御平常之如ク午後五時迄ハ必ス出御、万般之枢務ヲ見ソナハサレ候御事故、具定ノ如キモ実ニ未曾有之事ト恐察仕リ、出勤勉励罷在候次第」という状態で[196]、拝謁の調整・出征軍人への勅語・軍旗授与式・陪食等の準備に明け暮れていた。当時岩倉が、天皇から「戦時事務繁劇」のため慰労されていることは、彼の孤軍奮闘ぶりを物語っている〔紀⑩七七八、七九二〕[197]。

徳大寺は秋以降も体調が優れず、再び欠勤勝ちとなったこともあり、この年の出勤日数は侍従長就任後最も少ない一四〇日であった。翌一九〇五（明治三八）年、年間出勤日数は二七〇日まで持ち直しているものの、毎月のように体調を崩して引籠っており（但し、宮中儀式に合せて欠勤している場合もある）、徳大寺の老衰は一層顕著となったのである。

八　明治天皇の死去と徳大寺の退任

本節では、日露戦後期の徳大寺について論じる。当該期（＝「桂園時代」）については、府中の「制度化」に伴い、天皇の政治関与が減少していったことが指摘されているが、それと符合するかのように徳大寺の政治関与もほとんども見られなくなり、「取次人」に徹していた様子が見て取れる。

一九〇五（明治三八）年九月、ポーツマス講和条約が締結され日露戦争が終結する。条約調印前に帝都を震撼させた日比谷焼打ち事件については、憂慮した天皇が側近者に幾度となく状況を下問したとされているが〔紀⑪三一三～三一五〕、徳大寺は「日露媾和条約ノ件ニ付人心不穏形勢アリ」と書き止めているだけである〔〇五・九・五〕。

翌一九〇六（明治三九）年一月六日、第一次西園寺公望内閣が成立すると「日記」の記述が減少し、特に三月以後はほとんど見るべき記述がなくなる。[198] これは、徳大寺の嫌う政党系内閣だったことに加え、国務を預かるのが実弟西園寺のため、双方の頻繁な接触は「宮中府中の別」の観点から好ましくないと考えていた可能性が高く、[199] 下降線を辿った徳大寺の健康状態がこの傾向に拍車をかけたことが推察される。[200] 歳末、徳大寺は「本年ハ無事泰平　聖徳洽于四表万民鼓腹撃壌矣」と記し、長期離脱せずに勤め終えたことを喜んでいる（二六五日）〔〇六・一二・三一〕。

以後、一九〇九（明治四二）年までの「日記」には、しばしば徳大寺が（天皇の命で）伊藤博文と連絡を取り合っていたことが確認されるが、[201] ここでは伊藤を総裁とする帝室制度調査局が立案した公式令及び皇室典範増補の制定とその影響について言及しておきたい。伊藤が明治憲法体制の再編を企図し、伊東巳代治等とともに公式令と皇室典範増補を作り上げたことは高久嶺之介氏や瀧井一博氏の研究に詳しい（＝「明治典憲体制」）。[202] 公式令（一九〇七年二月一日）では詔書や法律等の公布及び書式について厳格に規定され、次いで制定された皇室典範増補（同年二月一一日）では、それまで「皇室の家法」として位置づけられてきた皇室典範が初めて官報によって公布され、永世皇族制を廃止し一般法を皇族にも適用することなどが定められた。また、これに併せて実施された宮廷制度改革については、川田敬一氏が詳細に検討している。[203]

この内組織面では、新しい宮内省官制（皇室令第三号、一九〇七年一一月一日）が制定され、侍従職に奏任官の侍従と次侍従（合計一六名以内）を置くことが定められた（第二七条・第二八条）。[204] 同日、新しい内大臣府官制も制定され（皇室令第四号、紀⑪八二〇）、翌年一月一日に宮内省文事秘書局を廃止し、代って内大臣府に秘書官長が設けられ、文事秘書局員が内大臣府に統合されることとなった[205]（資料②参照）。

かくして、文事秘書官・股野琢は内大臣秘書官長（勅任官）となり、徳大寺の部下となった。[206] 内大臣府の陣容は、股野秘書官長と日高秩父・野崎来蔵両秘書官（次いで高橋暸が加わって三秘書官体制）、北村信篤・松井定克・宮本基・宇野国太郎・猪子益次郎・内山耕三郎（宮内属事務兼勤）の属六名体制となったのである（第二次拡張）。しかも、三秘書官は「侍従職事務兼勤」、北村・宮本・宇野・猪子の四人は「侍従属事務兼勤」を命じられている。徳大寺が内大臣を兼務するのに合わせ、秘書官・属のほとんどが「事務兼勤」とされたのである。「執事日記」には、北村や松井が頻繁に徳大寺邸を訪れていたことが確認されるので、実質的に北村以下の属官は、内大臣府と侍従職を往来し、徳大寺や股野秘書官長（兼帝室博物館総長）の事務を補佐していたと見られる。請願については、徳大寺が侍従長として取扱い、高橋内大臣秘書官が「侍従職事務兼勤」の立場で穂積八束御用掛とともに処理していた[207]。

以後、若干の変動はあるものの、一九四五（昭和二〇）年一一月の内大臣府廃止まで、侍従職と内大臣府の陣容は変わらない。つまり、侍従職と内大臣府は、徳大寺の兼任時代にその組織的基礎が形作られたのである。

次に、徳大寺個人への影響としては、十数年間にわたって慣習的に運用されてきた内大臣の職掌が公式令によって明文化されたことが挙げられる。旧内大臣府官制（一八八五年一二月の太政官達第六八号）では、内大臣の職掌として二つの条項（第一項、御璽国璽の尚蔵。第二項、常侍輔弼し宮中顧問官の議事を統提する。一八九七年後段廃止）が規定されているに過ぎないが、新たに総理大臣と宮内大臣の辞令書に副署（但し、首相については留任閣僚を欠く場合のみ）することが規定された[208]。

問題は、これほどの改革が行われたにもかかわらず、宮内省・内大臣府でいかなる議論が交わされ、どのような準備が進められたのか、それに徳大寺がどの程度関与したのかを窺い知ることができないことである。管見の限り、一九〇七～〇八年の「日記」には以上の経過を示す記述が見られないため、後考を待つほかない[209]。

この他、当年の徳大寺は、ハーグ密使事件に際し天皇から緊急の呼び出しを受け〔〇七・七・一四〕[210]、軍令制定問題では、伊藤統監・西園寺首相・寺内陸相を歴訪した〔〇七・八・一九〜二二〕。また、この年、徳大寺は日露戦争の功績によって大勲位菊花大綬章を授与され〔〇七・一一・二九、紀⑪五二二〕、金二万円を下賜された〔〇七・九・二三〕。先帝の事蹟調査も終了し、金二五〇〇円を下賜されている〔〇七・三・一八〕。

一九〇八（明治四一）年初頭、編成中の予算案に新規事業を計上するか否かをめぐって阪谷芳郎蔵相と山県伊三郎逓相が辞表を提出し、続いて西園寺首相も辞表を提出する事態となった。ところが徳大寺は、一月三日から体調を崩して欠勤勝ちとなり、九日には天皇からの出仕要請があったものの参内できなかった（一四日に岩倉が入来〔〇八・一・一三〜六、九〕。そのため、「日記」には西園寺内閣の進退問題（＝「幻の政変」）の記述がない。

六月、山県枢密院議長が天皇に対し、内閣の社会主義取締りが不徹底であることを奏上したことで天皇が懸念を深め、徳大寺を通じて原敬内相への事情聴取が行われた。この時原は次のように書き残している。

病中故警保局長を差出さんと返事せしに、書面にて送附ありたしと云ふに付、取調書差出し置きたるも、尚ほ本日参内し親しく侍従長と内談せしに、同人の内話によれば、山県が陛下に社会党取締の不完全なる事を上奏せしに因り、陛下に於せられても御心配あり、何とか特別に厳重なる取締もありたきものなりとの思召もありたり。山県が他人の取締不充分なりと云ふも、然らばとて自分自ら之をなすにも非らずとて、徳大寺も山県の処置を非難するの語気あり、徳大寺の如き温厚なる人の口より此の如き言を聞くは意外なりき、兎に角山県が右様讒構に類する奏上をなしたりと云ふに付、尚ほ詳細今日までの取締の現況を内話して奏上を乞ひ置きたり。尤も徳大寺の言によれば、山県が右様に云ふも、陛下に於せられては、今日は昔の如く妄りに人を処罰することの出来ぬ事は十分御承知なりと云へり、本日はもはや一時にて奏上の時間なきに因り徳大寺に篤と内話して奏上を依頼し退出せり。[211]

「山県の陰険なる事今更驚くにも足らざれども、畢竟現内閣を動かさんと欲して成功せざるに煩悶し此奸手段に出たるならん」と勘繰っていた原は勿論のこと、徳大寺が山県のやり方に憤慨していたこと、天皇も急激な処置が難しいと認識していたことが分かる。

七月、徳大寺は「公式令、留任大臣ナキトキ内大臣副署」と意気込んで、第二次桂太郎内閣の成立に立ち会った（留任した寺内陸相が副署）〔〇八・七・一四〕。以後、「日記」の記述が再び詳細になっており（桂首相と小村外相の記事が増加）、徳大寺が藩閥系内閣の出現を待ち望んでいたことが窺える。

翌一九〇九（明治四二）年六月には、岩倉が念願の宮内大臣に昇格した（徳大寺が大臣官記を手交）〔〇九・六・一六〕。しかも、後任者を得るまで、との条件付きながら、天皇は引き続き岩倉に侍従職幹事の兼任を命じたのである〔紀⑫二四二～二四三〕。天皇の寵臣として、また長年侍従長兼内大臣の職務を補佐・代行してきた岩倉の大臣昇任は、徳大寺の負担軽減と勇退へ向けた第一歩となるはずであった。しかしながら、岩倉の健康は長続きせず、二ヶ月足らずで「左腕疼痛」を患って転地療養を余儀なくされ〔〇九・八・九〕、翌年三月二〇日頃からは重症の胃潰瘍を患い、三〇日に急逝した。後任の宮相には、元老山県と桂首相の推挙で、山県直系の渡辺千秋次官が昇格することとなった（徳大寺は渡辺の辞令書に副署し大臣官記を手交）〔一〇・四・一〕。一三歳年少で宮廷事情に通じた岩倉の急死は、天皇にとっても徳大寺にとっても恨事であった。以後徳大寺は、老身に鞭打ちつつ、再び終わりの見えない君側奉仕に向かうこととなったのである（一九〇九年から一〇年にかけて、年間出勤日数は二四九日から二七四日に急増）。[212]

岩倉の没後、天皇は伊藤の養嗣子博邦に留学中の韓国皇太子（李垠）の養育監督を任せ、「重要件学課改正ノ件アラハ侍従長へ申出、其上宮相へ協議遂る事」を命じた〔一〇・四・八〕。以後徳大寺は、退任するまで李垠の養育問題にも関係したのである。また、内大臣俸給が八〇〇〇円に加俸された際には、「天恩優渥不堪感泣尺位素餐汗顔之至也」と記し、高齢化によって、俸給に見合う働きが出来ないことを恥じた〔一〇・四・一五〕(213)。

一九一一（明治四四）年一月の大逆事件については、一月一八日・一九日の結審、二四日・二五日の刑執行、二六日の減刑犯の移送に関する事実経過と首相・大審院長への注意が淡々と記載されているだけである。桂首相と西園寺政友会総裁との「情意投合」に関する記述も見られない〔一一・一・二九〕。南北朝正閏問題では、閣議決定と枢密院諮詢を経て南朝正閏が決定された際、天皇は徳大寺を桂首相のもとに送って追認している（三月三日）〔紀⑫五六一～五六六〕。

四月、公爵に陞爵した徳大寺は、「優渥厚恩陛下奉感謝」と感激一入であった〔一一・四・二一〕。八月三〇日、西園寺が第二次内閣を組織すると、再び「日記」の記述は減少し、辛亥革命に関する記述もほとんど見られない。

一〇月九日、山県が拝謁し、奥保鞏参謀総長の後任に乃木希典学習院長を推挙した際、翌日天皇は徳大寺を山県のもとに派遣し、後任院長が容易に得られないとして難色を示し、奥の留任となった〔紀⑫六七三〕。

一一月、久留米での陸軍特別大演習に向かう御料列車が脱線し、到着が大幅に遅れたことで、原敬内相は天皇に待罪書を提出しようとした。原が待罪書の「種類」について相談すると、徳大寺は、内相ではなく兼任する鉄道院総裁の進退伺書として首相に提出し、首相を経由して天皇に提出することが望ましいと答えており、前例を踏まえた的確な処理方法を提示する「能吏」ぶりを発揮している(214)。

一九一二（明治四五）年、徳大寺は一月下旬から体調を崩して引籠っているが、二月初めには症状が悪化し、「後頭部腫物瘍類似痛強」と診断されたため〔一二・二・二〕、岡玄卿らによる切開手術を受け〔一二・二・一三〕、三月一二日に出仕を再開するまで療養を余儀なくされている。この間の逸話に、大島健一（参謀本部総務部長）の回想に見られる秋季大演習計画の裁可問題がある。

〔大演習計画が〕二《〔三〕》月に入つても御裁可がない、私は二《〔三〕》月の八日か九日頃と思ひますが、遅くも十日には密令をしなければなりませぬから、侍従長の処へ御様子を伺ひに出た、其の頃は演習の計画其他上奏御裁可を乞ふものは、侍従長を経て御手許に差上げるのであります、所が徳大寺侍従長は風《〔ママ〕》を引いて出て居られませぬ、中村〔覚〕大将が侍従武官長でありましたが近親に不幸があつて引籠んで居る〔中略、大島はやむなく侍従日野西資博に事情を伝え、天皇に取り次いでもらったが裁可なし〕そこで参謀本部から徳大寺さんに電話を掛けて、少し御病気がお宜しくなれば是非お目に掛かりたい、実は演習の書類が下がらぬから其の事に付てお話し申上げたいと言ひますと、「幸い大分良いから一両日待つて貰へまいか」、「宜しうございますお待ちしませう」と言つて、それから師団長の方へは今年の密令は両三日遅れるからと云ふことを電報を打ちました、其の内に徳大寺さんが病気が癒つて御出仕になつて、演習計画のことをお伺ひせられました所が、陛下は「(中略)そんな計画はいかぬ」と仰せになりました、其のお話を伺ひまして私も実に恐縮致しまして、(中略)さう云ふ大御心ならば致方がございません、此計画は変へることに致しませうと言つて、直ぐに持つて帰つて、元来が無理をして立てある計画でありますから、一二時間で書類を整へまして又持つて行きました、さうして徳大寺さんを経て差出しました、徳大寺さんは或は直ぐにお下げになるかも知れんから、少し待つてゐた方が良からうと言はれました[215]

実際には、日高秩父秘書官が欠勤中の徳大寺に「当十一月大演習ノ件」を伝え〔一二・三・七〕、出勤を再開した徳大寺が大島に上奏書の書き直しを指示し〔一二・三・一三〕、翌日新たな計画書を再上奏して裁可されたのだが

〔紀⑫七四四〜七四五〕、国務・宮務・軍務に関係なく、事務処理上徳大寺の介在がいかに重要だったかを示す事例である。

また、金子堅太郎（枢密顧問官）は、この頃徳大寺から聞いた次の逸話を述懐している。

> 四十五年の三月か四月〔五月二八日〕に陸軍士官学校の卒業式に御出でになつた、徳大寺さんも御陪乗して行かれたお馬車の中で、「本年の秋の演習は川越でございますから、御道中が短くして行幸還幸ともにおらくでございます」と申上げられた、さうすると陛下は、今度の演習には自分は居らぬからと仰しやつた、徳大寺さんは、そんなお淋しい事を仰せになるものではございません、と申上げると、陛下はアハ、とお笑ひになつたが、あとは何とも仰せにならなかつた〔後略〕[216]

明治天皇の容体について、徳大寺は七月一八日の「日記」に糖尿病が重篤になったことを初めて記している[217]。但し、日常天皇に接していた宮内高等官であっても、病状については判断が分かれていた模様で、渡辺千秋宮相は「両三日間御不例、昨日は出御も不被為在候事に御座候。乍去格別之御事には不被為在との侍医頭申出に御座候」と山県に知らせている[218]。徳大寺は、病気のため翌一九日は欠勤したものの、同日午後一一時半頃天皇の病状悪化の知らせを受けて急遽参内した。二〇日も参内して病状を聞き、その後数日間は記事を欠くものの、二六から三〇日までの「日記」には、天皇の病状が詳しく記されている。同じ二六日、徳大寺は山県枢密院議長・元老松方・山本権兵衛前海相・西園寺首相・渡辺宮相とともに、生前最後の拝謁をし「涕泣不耐」であった。

一方、徳大寺の子息公弘は、昼夜を問わず出仕を続ける徳大寺の悲痛な様子を書き残している[219]。

> 父上昨夜十二時頃本邸より御参省被遊、今暁三時官邸へ御帰被遊。御心痛恐察、御病症ハ御中風ノ由ニ拝承ス〔中略〕父上九時御参省、后一時頃御退出。（一九一二年七月二〇日条）

父上御退出御后三時四十分、陛下御入患后初メテ遅キ御退出ナリ。御疲労ノ程拝察ス。（七月二六日条）

父上午前御参省、夜ニ入《終》ルモ御退省不被為在、御心労之程恐察ス。（七月二八日条）

父上今暁五時過御退出之処復々六時過御参、午後六時頃御退出、又々仝九時四十五分御参、御心労ノ程恐察ス、御異状被為在カト杞憂ニ不堪。（七月二九日条）

かくして天皇を看取り、大正天皇の践祚を見届けた徳大寺は辞表を提出し（八月一三日勅許）、二八年に及んだ侍従長（内大臣兼任としては二一年）を退任することとなった。当時、徳大寺は明治天皇の大喪準備に忙殺されていたものと思われ、「日記」には退任までの経過が何も記されていない。それ故、実弟である西園寺首相が原敬内相に語った言葉に頼るほかない。

徳大寺侍従長辞職の真相を聞きたるに、是迄藩閥が其職をねらつて種々の企をなしたる事あれども徳大寺は一身を捧げて奉仕するの誠意あり、又先帝陛下も御許容なきにより現職に止居たるも迚も老衰して全く至難の衝に当りて留職するの力なしと云ふに付西園寺も之に同意せりと云ふ、尤も表面の理由は今回各国より使節も来朝する事に付老体にては到底其任に堪へずと云ふに在り、桂の任命は山県より之を持出したるものにて、彼等之にて其野心を満たしたる事ならんか、官僚の運命も斯くては到底長きこと能はざるべし[220]

すなわち、徳大寺を信任した明治天皇が没したため彼の辞任が認められ、山県が腹心の桂を後任に推挙したのである。この間、山県の指示を受けた渡辺宮相が、「西園寺には種々胸中描き居候無之とも難計奉存候〔中略〕松方侯も是又考案何歟無之とも難申愚案仕候」として警戒し、大正天皇が単独で側近人事に着手しないように戒めつつ、徳大寺の更迭と桂の起用に向けた布石を敷いたことが窺える。[221]

一朝先帝崩御被為在、未殯宮ニ被為入ニ突然此命アリ、驚愕ノ至、父上ノ御心中拝察ニ余アリ、不遠官邸ヲ引払ノ運命トナレリ、嗚呼々々後任者ハ桂公ナリ、同公ノ如キ大政治家カ宮中ニ入ル、是ヨリ宮中府中別如何成行ナラン、杞憂ニ不堪。（「公弘日記」一九一二年八月一三日条）

明治天皇の側近中の側近であった徳大寺が、大葬を待たずに退任したことは、家族にさえ疑問を抱かせるほどの唐突なものだったのである。

退任にあたり、徳大寺は特に内大臣の前官礼遇を受け、金一〇万円を下賜された（一二・九・一二続、「公弘日記」八月一三日条）。これは臣下への下賜金としては破格の金額であった。明治天皇の秘書役に徹し、半世紀近く君側奉仕を続けた徳大寺の「功労」を物語って余りある。(222)

九　晩年の徳大寺——大正天皇の輔弼者

本節では、侍従長兼内大臣退任後の徳大寺について、大正天皇の助言者であったことを中心に論じる。

従来、退任後の徳大寺は「訪問者と面会することも希で（中略）天機奉仕として参内したときなども、つとめて宮内官等の目に触れないように奉伺帖に署名し、内舎人が気づいて侍従職に報告し天皇に拝謁を勧めるといった風であった」と考えられてきた。(223)しかしながら、実際は、徳大寺が直ちに隠居の身となった訳ではない。

徳大寺は、一〇月一日に千駄ヶ谷本邸に転居するまで、皇居内の内大臣官舎に居住し続けた。(224)子息公弘の日記には、「道具類棹等官邸ゟ来ル」（九月三日条）、「父上御道具御片付ノ為御来邸、夕方御帰被遊」（九月一一日条）、「父上御道具類多ク運搬ナリシヲ以テ、警備ノ為メ当夜ヨリ官邸ヨリ一人宿直スルニ決シ、小川左ノ次来邸宿泊ス」（九月一五日条）等とあるので、彼は拝領物品等の整理を進めていた模様である。また、明治天皇の大喪（九月一三日）において、徳大寺は「華族総代」として参列し、一一月四日から七日にかけて同じ資格で桃山御陵に参拝しており、引き続き「公務」をこなしていた。

先述したように、徳大寺は大正天皇の幼少期から御用掛を務め、婚約問題にも深く関与したことから、新帝とは昵懇の間柄である。天皇も徳大寺との対話を楽しみ、彼の意見を尊重していたことが推察される。それを裏付けるように、明治天皇の大喪とそれに続く諸儀式が一段落した一九一三（大正二）年二月以降、徳大寺は月に一度の割合で天皇に召し出され、種々の下問に与っている。明治天皇から重要政務や人事に関する下問が無かったこととは対照的である。

この時は、「先帝元老会議之節宮内大臣ハ其席ニ列セシヤ如何」と下問があり、徳大寺は「元老会議之節宮内大臣ハ出席不仕旨申上、首相ノ後任者推挙ノ節陛下思召可否実則ヲ以伝宣ノ事アリシ」と奉答している〔一三・二・一六〕。三日後、伏見宮貞愛親王（内大臣府出仕、当時内大臣は欠員）に呼び出された徳大寺は、改めて「元老会議ニ宮相列席セシヤ如何」と下問を受け、さらに「表御内儀区域立ツル事」「女官増加ノ事」「陛下御服ノ事」についてもそれぞれ回答している〔一三・二・一九〕。

時あたかも、第一次憲政擁護運動によって第三次桂太郎内閣が倒れ（二月一〇日）、大命を受けた山本権兵衛が組閣に取り掛かっている時であったから（二月二〇日内閣成立）、天皇が元老会議に公然と出入りする渡辺千秋宮相のことを快く思っていなかったことが分かる。二月二三日、天皇は再度徳大寺を召し出し、「元老会議内閣進退等ノ節宮内大臣ハ列席セザル事ニ致スヘク山県へ申聞、同人ヨリ宮内大臣へ申聞スヘシ」と伝えている。

同日、娘婿である鷹司熙通侍従長に面会した際、徳大寺は持論とする「宮中府中の別」の立場から、「侍従長在職中宮内大臣ハ各大臣会議席ニハ不列様覚へ居ル旨注意被申入置。然ルニ渡辺宮相ハ時々元勲会議ニ加ワル趣如何(225)

モノナルヤ」として、宮内官の政治関与に対する懸念を伝えている。これに対し、鷹司は「陛下過日河村〔金五郎〕次官被召、宮内大臣云々之件御直々御沙汰被遊由承リ居噂アリ。側勤男女区域別ノ事、宮城ヘ御移転ノ場合定ル事。就而ハ人少ニ付増員ノ事。女官人数増之上ハ男子ノ侍寝ハ廃スル事。御側女官設ケラル、事ハ、皇后御納得ノ上ナラテハ勿論ノ事」と回答しており〔一三・二・二三〕、先の伏見宮への奉答内容が、ほとんど取り入れられていることが分かる。大正天皇への代替わりを契機に、国務・宮務の両面で明治時代からの転換が図られつつあったが、先例を熟知した徳大寺の見解は特に貴重だったのである。

五月、大正天皇に召し出された徳大寺は、「山県枢府議長辞任願出、過日辞表被差返留任ノ御沙汰被為在、後補〔候〕者ニ乏シ」と聞かされ、「側勤奉仕者ニ付下問」を受けた。更に「渡辺宮相世評如何」との下問があった。徳大寺は「女官新旧交迭ノ事急激御所分御宜カラザル旨」を奉答している〔一三・五・一八〕。

一〇月の拝謁時には、「山県有朋議長辞申再三、雖御留任命下ルモ固辞スルニ依リ、辞職被為聞届思召也。後任松方侯被命内旨山本首相ヲ以御内意被伝歟」〔一三・一〇・二五〕として、再び山県枢密院議長の辞任問題が伝えられた[226]。当時は、第一次山本内閣によって軍部大臣現役武官制の廃止・文官任用令改正・枢密顧問官の定数削減等の急激な行政改革が進められており、既得権益を侵害された山県枢密院議長が辞意を漏らしていたのである[227]。天皇が徳大寺に山県の辞任問題を語り、松方後任案を提示したことは驚くべきことである。ほぼ同じ頃、徳大寺の勲功によって三男則麿に男爵が授けられたことも、天皇の信任ぶりを示すものである〔一三・一一・五〕。

年末、天皇に拝謁した徳大寺は、またしても山県辞職問題の顛末を聞かされている〔一三・一二・七〕。天皇からの召し出しは翌年も続き、五月には「皇后〔宮欠〕大夫後任者」についての下問を受け、「戸田〔氏共〕牧野〔成貞〕平田〔東助〕等」と奉答している〔一四・五・二六〕[228]。六月には山県が、日高秩父（内大臣秘書官）を通じ、「明治卅二年比陸海軍ハ天皇陛下御直轄ニ付、他各省トハ異ナル旨ノ勅語ヲ賜リシ旨桂陸軍大臣ノ申出有之旨実則記憶無之哉」と質した。徳大寺は「記憶無之」と素気なく回答している〔一四・六・八〕。徳大寺は、その後も天皇から女官の人選を依頼された模様である（但し、奉答を辞退）〔一四・一一・九〕。

翌一九一五（大正四）年、天皇は昭憲皇太后の死去によって延期されていた即位式の最高責任者（＝大礼使長官）に徳大寺を起用する意向を固めた[229]。

当年即位大嘗祭被為行官制調制、来十一日諒闇後発表公布ニ付、実則大祝長官被仰付度思召有之、即位大嘗会為今上御大礼ニ付而ハ旧公卿門地ノ輩相勤方可然、旧武家華族ニテハ不宜旁実則ヘ長官被命内意ナリ。

しかしながら、召し出された徳大寺は「名誉アル長官被命内旨、過分ノ恩命ナレトモ糖尿病ノ持病アリ。且七十八才ノ高齢、加之聾病有之、盛大ノ祝典長官儀御断申」と辞退した。天皇は徳大寺の辞退を聞き入れたが、皇后宮大夫の後任人事[230]について再び下問している〔一五・四・七〕。いかに大正天皇が徳大寺を信任していたかが窺えよう。

以上のように、退任後の徳大寺は、天皇や宮中関係者から相談を受ける隠れた輔弼者であった。いずれの場合も最低限の奉答に終始し、「宮中府中の別」に則って対応していることが微笑ましい。この他、徳大寺は月に数度帝室経済会議に出席し、天皇・皇后・皇太后の行幸啓時には、しばしば新橋や上野まで奉送迎に出向いていたものの、一九一五年頃から高齢と多病のため外出がままならなくなっていく[231]。それでも「日記」には、なおも宮内省から回覧された書類の内容が細かく記入されており、最晩年まで帝室経済顧問としての任務を果たしていたことが確認される。

一九一九（大正八）年六月四日、徳大寺は静かにこの世を去った（享年八一歳）。死去に先立ち、大勲位菊花章頸飾を授けられている。人知れず位人臣を極めた「聖旨の伝達者」の最期であった。

おわりに

侍従長兼内大臣時代の徳大寺は、何事も前例に照らして大過なく処理し、物事を（総じて国政を）遅滞なく動かすことに腐心した。しかも、その活動はほとんど人目につかぬものであり、徳大寺の「功績」は最終的に天皇の治績として表出されるため、ほとんど可視化することができない。

そうした中で、（第二次）侍従長時代の徳大寺の役割とは、まさに明治憲法体制が創出され、天皇の「立憲君主化」が進行していく中で、天皇大権が実際に行使される場面ごとに、責任者（各輔弼機関）と天皇とをつなぐ回路として機能し、円滑に国政を作動させ続けることであった。従って、先行研究において徳大寺が「軽度の政治関与に留まっていた」とする指摘は(232)、内大臣としてのみならず彼のあらゆる活動に当てはまる。むしろ、明治憲法等によって規定された主務責任者（＝国家機関）の輔弼・輔翼に抵触するため、原則的に「お膳立て」以上の関与をしないと言った方が適切であろう。

侍従長就任当初、徳大寺の活動は、天皇のスケジュール管理（拝謁者の取り次ぎ、儀式）や行幸への供奉等が中心だった。もともと徳大寺は政治活動が得意ではない（その気もない）。ところが、成長した天皇が国家元首・統治権の総攬者として機能し始めると、天皇の行為はあらゆる点で国家統治に結びつくようになる。しかも、明治憲法体制は、天皇大権をそれぞれの国家機関に分かつ「割拠性」を特徴とし、天皇だけが国政の交通整理をなしうる構造であったから、当然のことながら内政・外交・軍務・宮務のあらゆる問題が天皇に集中する。他方、実際の行政においては、内閣（各省）・統帥部等の国家機関が責任を負担し、天皇大権が発動される前に、あらゆる問題の裁可（または諒解）を得なければならないが、多忙な大臣が天皇に一々拝謁して事情を説明することは事実上不可能である。

それ故、天皇の意向や疑問点を主務責任者に伝えるとともに、国家諸機関側でも上聞に達した方が望ましいと考えられた事案を決済前に天皇に取り次ぐことが統治の円滑化には不可欠となる。三条実美・元田永孚等の没後、そうした水面下の実務を担ったのが徳大寺であった(233)。徳大寺が「聖旨の伝達者」と謂われる所以であり、佐々木高行をして「徳大寺の云へる事は他人は知らさる事多し」とまで言わしめた天皇の手足・耳目としての関与であるからこそ(234)、伊藤や山県など元勲（後の元老）にしか認められなかった国務・宮務・軍務への関与も黙認されたのである（但し、あくまで「軽度」の関与。「事務」と言い換えても良い）。年間三〇〇日あまりを君側で過ごした徳大寺こそが、実は明治憲法体制確立期の隠れた功労者であり、明治天皇を支え、「大帝」たらしめたと言っても過言ではない。その点を弁えていた天皇が、生涯にわたって徳大寺を手放さなかったことは本章で論じた通りである(235)。

従って、冒頭にも引用した、

> 公の一生涯は誠に忠臣の模範、君子の典型で、その事業その功績に特に一々記すべきもの、ないところに寧ろ公の大任を全うした要素がある〔中略〕政治的の功名心などがあつては勤まるものではない、異常な忍耐心が無くては果たせるものではない、この意味に於て亦一個の大人格たるを失はない(236)

とする末松謙澄の追悼言は極めて的を射たものであり、徳大寺に対する最大級の賛辞であった(237)。

もう一つの功績は、徳大寺が明治期を通じ「宮中府中の別」を貫いたことである。かかる「宮中府中の別」が大変曖昧な論理であったことは、夙に指摘されてきた通りである(238)。徳大寺の場合、土方久元への留任勧告（一八九一年）、政党政治を標榜する大隈重信への嫌悪（一八九七〜一九〇〇年）、恩地轍の更迭問題と西園寺への党籍離脱勧告

（一九〇〇年）、伊藤博文への党籍離脱勧告（一九〇三年）、子息（公弘）の証言（一九一二年）など、随所にこの論理を見出すことができる。宮内官の政治関与は原則禁止だが、徳大寺の場合は特に厳格で、（本来政治家である）枢密院議長・顧問官を含めた側近奉仕者の対政党関係を一切認めなかったことが特徴的である(239)。

その甲斐あってか、少なくとも徳大寺の在職中に「宮中府中の別」が政治問題化し、天皇の権威が損なわれることはなかった。初代の伊藤をはじめ、歴代の宮内大臣（土方・田中・岩倉・渡辺）が職掌を超えて府中の政治問題に介入したケースは枚挙に遑がないが、ほとんどの場合何らかの形で徳大寺も関与し、責任問題化させずに処理して事なきを得ている。

その反面、後任の内大臣兼侍従長に就任した桂太郎の場合は、強い権力志向を抱いていたため、短期間で首相に転出して「宮中府中の別」を政治問題化させ、大正政変の引き金となった。嗣子公弘の憂慮が的中した形だが、「無色透明」に見えた徳大寺の存在（＝影響力）は、こうした所に滲み出ている。原敬が西園寺から聞いた「是迄藩閥が其職をねらつて種々の企をなしたる事あれども徳大寺は一身を捧げて奉仕するの誠意あり、又先帝陛下も御許容なきにより現職に止居たる」とする指摘は正しかったのである(240)。

徳大寺の第三の功績は、長期間侍従長と内大臣を務める中で、侍従職と内大臣府の組織整備に励み、天皇の代替わりにも対応できる体制を整えたことである。人知れず、次代への橋渡しを行ったということができよう。両組織の構成が昭和戦前期を通じほとんど徳大寺の在任中と変わらないことは、その証左である。

この他本章では、公職を退いた徳大寺が大正天皇からしばしば召し出され、下問を受けていた実態を明らかにした(241)。幕末から朝議に参加し、四〇年以上「秘書」として明治天皇に寄り添い、引退後も大正天皇の相談役を果たし、死去するまで国家皇室の繁栄を願ってやまなかった徳大寺の存在（＝滅私奉公）なくして、近代天皇制国家の円滑な運用は実現しなかった。その意味で、三条実美没後の徳大寺実則は、揺籃期の明治憲法体制を支えた一大功労者だったのである。

註

（1）原本は宮内庁書陵部所蔵、抄録の写本が宮内庁書陵部と早稲田大学図書館に所蔵されている。徳大寺関係史料については、梶田明宏「徳大寺実則」（伊藤隆他編『近現代日本人物史料情報事典』吉川弘文館、二〇〇四年、二八二〜二八三頁）を参照。また、一九〇一年についてはその全文が翻刻されている（岩壁義光他編「昭和天皇御幼少期関係資料——「徳大寺実則日記」と「木戸孝正日記」」、『書陵部紀要』五三、二〇〇一年）。

（2）珍しく人前で行った挨拶でさえ、「予起テ、唯今主人公ヨリ懇篤ナル御謝詞ヲ演ラレ深感謝堪マセン。主人公ノ為ニ乾杯シマス」（宮相を退任した田中光顕の招宴）という簡潔さであり〔一〇・四・一六〕、寡黙で厳格な仕事人間だったことが分かる。元侍従武官の川島令次郎（海軍中将）は、徳大寺の忠勤ぶりについて「円満無碍の態度で、陛下に奉仕して、水も洩さぬ恪勤振りであり、侍従長が之はいけませぬとか、又はかやう遊ばせますなと申す事もなく、よく陛下の大御心のほどを知りて、君臣水魚のやうに、御一体であることが拝察できた」と回想している（西村文則編『岩倉具定公伝』北海出版社、一九四三年、一二五〜一二六頁）。

（3）宮内省臨時帝室編修局編、一九三三年完成。吉川弘文館から全一三巻で刊行された（一九六八〜一九七七年）。

（4）渡辺幾治郎『明治天皇と輔弼の人々』（千倉書房、一九三六年）一二五〜一三四頁。但し一三一頁以後は、天皇と有栖川宮熾仁親王の逸話が挿入されており、徳大寺に関する記述は非常に少ない。氏は、明治天皇からの信任がなければ、徳大寺は早期に失脚し、「宮廷からは典型的な廷臣を長く失った」可能性が高いと指摘している。

（5）末松謙澄談「忠臣君子の典型　異常な忍耐力と公卿育ちの趣味生活」（『東京朝日新聞』一九一九年六月五日朝刊、徳大寺の追悼記事）。

（6）梶田明宏「徳大寺実則の履歴について——明治十七年侍従長就任以前を中心に」（沼田哲編『明治天皇と政治家群像』

吉川弘文館、二〇〇二年）六六頁、七一～七二頁、七九頁、九二頁。氏は、徳大寺が君徳輔導の強化を目指す佐々木高行・元田永孚等によって排斥されかかったものの、大久保利通の暗殺に伴う政府内の動揺の中で、天皇の沙汰によって辛うじて宮内卿に踏み留まった経過を明らかにした。

（7）川上寿代「徳大寺実則と政治的意思伝達」（『メディア史研究』一七、二〇〇四年）。氏は、①明治二四年の覆牒問題（内閣と対立して郷里に引き籠った伊藤博文を上京させるために、天皇が伝達させた要望）、②明治三六年の伊藤枢密院議長祀り上げ問題（桂太郎首相の依頼を受けた元老山県有朋が伊藤を枢密院議長に転出させた事件）、③明治三四年の第四次伊藤内閣辞職問題（徳大寺からの書状を受けた伊藤首相が、天皇が総辞職を望んでいると誤認し、政変へと繋がった事件）の三事例について、徳大寺の活動を分析した。ちなみに、これまで写本版の「日記」を用いた研究は枚挙に遑がないが、二〇〇一年に公開された原本を本格的に活用した研究は、川上論文だけである。

（8）タイタス『日本の天皇政治』（サイマル出版会、一九七九年、原著は一九七四年）一一七頁、一四七～一四八頁、一五五頁、一五九頁、一六〇頁、一九〇～一九一頁を参照。ちなみに、前任の三条実美については、高級公卿出身で宮廷の慣習に通じ、明治憲法・皇室典範の審議に参加し、黒田清隆内閣の後任として二ヶ月間兼任首相を務め、「予備の総理大臣」役を全うした事績を高く評価し、「発議者ではなく、調停者として天皇を『輔弼』する人間としては、寡頭政治家内部の最適任者だった」と絶賛している。

（9）川口暁弘「内大臣の基礎的研究」（『日本史研究』四四二、一九九九年）。

（10）西川誠「明治期の内大臣」（坂本一登・五百旗頭薫編『日本政治史の新地平』吉田書店、二〇一三年）、特に一四四～一四九頁。

（11）松田好史『内大臣の研究――明治憲法体制と常侍輔弼』（吉川弘文館、二〇一四年）。徳大寺に関する分析の初出は「大正期の常侍輔弼と内大臣」（『史観』一六三、二〇一〇年）。

（12）徳大寺の内大臣兼任については、松田好史氏も「印璽・文書の管理に関する制度と実態の乖離を人的配置によって是正する意図があったものかとも思われる」と指摘している（前掲『内大臣の研究――明治憲法体制と常侍輔弼』一八頁）。

(13) 松田好史氏は、徳大寺と岩倉具定の関係について「側近奉仕そのものについての補完関係は明らかであるが、府中との関係については、両者の間で役割分担がなされていたのかどうか判然としない〔中略〕余り固定的なものではなく、各人の得意・不得意や藩閥政治家との個人的関係によって流動的に運用されていた可能性がある」と述べている（前掲『内大臣の研究――明治憲法体制と常侍輔弼』二四頁）。

(14) 佐々木隆「内大臣時代の三条実美」（前掲『明治天皇と政治家群像』）、特に二五七頁、二七五頁。

(15) 真辺将之「内大臣府文書（明治天皇御手許書類）に関する基礎的研究――深谷博治旧蔵文書を手がかりとして」（『近代史料研究』九、日本近代史研究会、二〇〇九年）一一頁。

(16) 昭和期に限定されるが、岸田英夫『天皇と侍従長』（朝日新聞社、一九八六年）が唯一の文献である。

(17) 当該期の重要案件でも記録されなかったケースが多く、徳大寺が職務上重視した事柄のみを採録していたことが窺える。また、欠勤中もしばしば天皇や皇族の動静を記していることから、徳大寺が秘書官ないし当直侍従からの報告や新聞等で補っていた可能性が高い。徳大寺は、自らの行動について、時折「実則～」「予～」「余陪乗」等と記している（特に行幸や欠勤中の場合が多い）。

(18) 一例として、伊藤博文関係文書研究会編『伊藤博文関係文書』全九巻（塙書房、一九七三～一九八一年）、大東文化大学東洋研究所編『松方正義関係文書』全二〇巻（巌南堂、一九七九～二〇〇一年）、尚友倶楽部・山縣有朋関係文書編纂委員会編『山縣有朋関係文書』全三巻（山川出版社、二〇〇五～二〇〇八年）、千葉功編『桂太郎関係文書』（東京大学出版会、二〇一〇年）等。

(19) たとえば、安在邦夫・望月雅士編『佐佐木高行日記――かざしの桜』（北泉社、二〇〇三年）一〇六頁（一八九六年二月四日条）、一二九頁（同年三月一七日条）、一六七頁（同年七月二一日条）等に散見される。他に、原奎一郎編『原敬日記』五（福村出版、一九八一年）一〇三頁（一九一九年六月五日条）。

(20) 徳大寺実則書翰大隈重信宛、明治（八ないし一三）年九月六日付（早稲田大学大学史資料センター編『大隈重信関係文書』七、みすず書房、二〇一一年、四二五頁）。本書翰は、碁会の案内を受けた徳大寺が「欣喜之至」と出席を快諾する内容で、彼が大隈と疎隔する以前のものである。

(21) 徳大寺は翠蘭と号し、高崎正風に師事した（徳大寺実則書翰高崎正風宛、年月日不明、国立国会図書館憲政資料室所蔵「憲政資料室収集文書」二一八、「徳大寺実則関係書簡」一〇、以下「徳大寺実則関係書簡」と略記）。毎年一月の「日記」には、歌会始に詠進した和歌の控えが記載され、他にも幾つかの和歌が書き止められているものの、岩倉具定のように歌集等には纏められていない（岩倉具栄編『岩倉宮内大臣集』明玄書房、一九六〇年）。

(22) 鶉崎鷺城『人物評論朝野乃五大閥』（東亜堂書房、一九一二年）七〇頁。

(23) たとえば、伊藤之雄『伊藤博文』（講談社、二〇〇九年）四五五～四五六頁。伊藤氏も徳大寺のことを「兼官」で政治主体たり得ないものと認識しているため、彼の政治的機能については掘り下げて分析していない。

(24) 『国史大辞典』一〇（吉川弘文館、一九八九年、川田貞夫氏執筆の項目）三二六頁。ところが近年では、政治家的人物評は影をひそめ、「明治天皇の侍従長」（『日本史大事典』五、平凡社、一九九三年、一七五～一七六頁、由井正臣氏執筆の項目）、「明治時代の宮内官」（『朝日日本歴史人物事典』朝日新聞社、一九九四年、一一四七～一一四八頁、佐々木隆氏執筆の項目）、「幕末～明治期の公家」（『日本史広辞典』山川出版社、一九九七年、一五五〇頁）等と捉え方が多様化している。

(25) 松岡資明『アーカイブズが社会を変える――公文書管理法と情報革命』（平凡社、二〇一一年）一四九頁。氏は、「戦略的思考は確かに重要だが、前提となるのは（いささか退屈な）日々の活動の記録やデータ収集なのである。換言すれば、目の前の、ある意味で退屈極まりない繰り返しの行為をきちんと記録することによって初めて、物事の本質が見えてくる」と述べ、日々の資料保存とその活用の重要性を喚起している。毎年三〇〇日余り出勤して天皇のスケジュール管理を行い、宮中・府中の諸儀式に臨み、天皇と国家諸機関におけるあらゆる問題を取り次ぎ、淡々とその経過を記録し続けた徳大寺の活動とは、こうした地道な行為の実践に他ならない。

(26) 前掲末松謙澄談「忠臣君子の典型　異常な忍耐力と公卿育ちの趣味生活」。

(27) 国文学研究資料館所蔵「山城国京都徳大寺家文書」。

(28) 前掲梶田明宏「徳大寺実則の履歴について――明治十七年侍従長就任以前を中心に」、秦郁彦編『戦前期日本官僚制の制度・組織・人事』(東京大学出版会、一九八一年)一六一頁。

(29) 一八八九(明治二二)年七月二三日制定の宮内省官制による。

(30) 当時侍従職出仕だった藪篤麿は、「日々ノコトハ一切侍従長初メ其他ノ人カラ申上ゲラレマス」と証言している(「子爵藪篤麿談話速記」、堀口修編『臨時帝室編修局史料「明治天皇紀」談話記録集成』三、ゆまに書房、二〇〇三年、三四〜三五頁、以下『談話記録集成』と略記)。

(31) たとえば、各地に差遣された侍従が帰京して天皇に復命すると、「少し申上げますと、侍従長に言つて置けとのお言葉がございますので退下し、侍従長に詳細を伝へて置きます」という具合だった(「伯万里小路通房談話筆記」、同前、一、六〇頁)。侍従の職務や役割分担については、「子爵日野西資博談」(同前、八二〜八三頁、二一五〜二一六頁)・「子爵日野西資博談話速記第二回」(同前、三七八頁)・「男爵西五辻文仲談話速記」(同前、三、一九八頁)・「慈光寺仲敏談話速記」(同前、二四四〜二四五頁、二五〇〜二五一頁)・「松村龍雄第一回談話速記」(同前、五、一八一〜一八六頁)等で繰り返し言及されている。

(32) たとえば、〔紀⑦八六六、⑩一六六〕及び徳大寺実則書翰(草稿)清浦奎吾宛、一八九七年一月一五日付(神奈川県立公文書館所蔵「山口コレクション」、ID:二一九九四〇〇六〇五)など。

(33) (内大臣としての)請願処理については、前掲川口暁弘「内大臣の基礎的研究」を参照。「日記」には、井上毅文事秘書官長が天皇に書類を差出し、一瞥した天皇が井上に処理を命じたケースが見える〔九一・六・一六〕。また、前掲「山城国京都徳大寺家文書」には、一八八六〜一八九三年にかけての徳大寺宛の請願(陳情)四点(二四五・二六二・二七一・二九〇)が含まれている。但し、文事秘書局の内大臣府への合併までは、徳大寺の請願処理への関与は常態化していない。その一例として、〔紀⑩五四四〜五四五〕を参照。

(34) 同時に、侍従についても奏任六等及び七等→奏任四等〜七等、侍従試補についても判任九等→判任八等と九等に改め、君側奉仕者の地位向上がはかられた(太政官達第二五号、『法令全書』一七―一、原書房復刻、一九七六年、一六四頁及

び内閣記録局編『明治職官沿革表』別冊付録、原書房復刻、一九七九年、四〇〜四二頁）。
(35) 坂本一登『伊藤博文と明治国家形成――「宮中」の制度化と立憲制の導入』（講談社、二〇一二年、初出は一九九一年）一六三頁。坂本氏は、「従来の宮内省は、第一に職責の機能分化が進んでおらず〔中略〕第二に、人材の面でも宮内卿の徳大寺実則に象徴されるように有能というよりは人格の清廉さが強調される人物が多かった」と指摘している。
(36) 伊藤博文書翰（草稿）三条実美宛、一八八五年八月一六日付（国立国会図書館憲政資料室所蔵「伊藤博文文書」（その一）書類の部四五一）。伊藤之雄氏は、こうした天皇の姿勢について、欧米流の宮中改革に警戒感を抱いた天皇が、意図的に政務をサボタージュしたものだと位置づけている（『明治天皇―むら雲を吹く秋風にはれそめて』ミネルヴァ書房、二〇〇六年、二五〇〜二五四頁）。
(37) 伊藤隆他編『尾崎三良日記』中（中央公論社、一九九一年）一四二頁（一八八七年九月一七日条）。前掲佐々木隆「内大臣時代の三条実美」二五六頁。
(38) 〔紀⑦六三〕、前掲佐々木隆「内大臣時代の三条実美」二五九頁。他に侍講の元田永孚が枢密顧問官に就任した。
(39) 〔紀⑦七六〜七七〕。華族局は華族関係の事務を管掌したが、改組後の爵位局は「爵位奉宣の事務及び華族に関する一切の事務を管理する所」とされた。ちなみに、華族局及び爵位局員は、明治一九年一七名、明治二〇年二〇名、明治二一年二一名だった（各年次の『職員録』を参照）。
(40) 一八八八年一〇月三〇日、岩倉具定が専任の宮内省爵位局長官に就任した。
(41) 宮内省達第一六号「宮内省官制中侍従長ハ親任トス」（前掲『法令全書』二一―二一、一一三頁、紀⑦九一）。同時に、侍従が勅任二等と奏任一等〜四等まで、侍従試補が奏任五等と六等、内豎が奏任六等へ格上げされた（前掲『明治職官沿革表』別冊付録、七九頁、一三七頁）。この後侍従長の地位は、一九四七（昭和二二）年五月まで変更されなかった。
(42) たとえば、島津久光の三男珍彦は、当初侍従への就任を希望したものの、貴族院議員との兼任禁止が打ち出されたことで方針を転換し、山県首相に談判して元老院議官への就任を希望した（柳原前光書翰海江田信義宛、一八九〇年七月二六日付、佛教大学近代書簡研究会編『元勲・近代諸家書簡集成』宮津市・思文閣出版、二〇〇四年、五二三〜五二五頁）。

ところが、その元老院も一〇月二〇日に廃止されたため、貴族院議員に就任した。管見の限り、徳大寺が帝国議会に出頭したのは、日清戦後経営について伊藤首相の演説を傍聴した一八九六年一月一〇日だけであり（開院式への供奉を除く）、通常は岩倉や他の侍従が議事を傍聴した模様である（「子爵藪篤麿談話速記」、前掲『談話記録集成』三、七三～七五頁）。

(43) 当時侍従試補だった慈光寺仲敏も同様の回想をしている（「慈光寺仲敏談話速記」、同前、二五八頁）。

(44) 侍従職幹事（勅任、後の侍従次長）の職掌は、「侍従長ヲ輔ケ職務ヲ整理シ職員ヲ監督ス」であった（宮内省達第一八号、前掲『法令全書』二三―二、五三三～五三四頁）。

(45) 山県有朋書翰山田顕義宛、一八九〇年一〇月四日付（日本大学大学史編纂室編『山田伯爵家文書』一、日本大学、一九九一年、一八五～一八六頁）。

(46) 『読売新聞』一八九一年二月二二日朝刊。

(47) 津田茂麿編『明治聖上と臣高行』（自笑会、一九二八年）七二四～七二五頁（一八九一年三月九日条）。

(48) ちなみに桜井能監は、翌年徳大寺から次の密命を受けている。「明治廿五年八月十八日内大臣公ヨリ宮内大臣トモ内談ノ上ナリトテ能監へ聖上御起居嘉言善行ノ記註スへキ事アル時ハ概略ヲ記註シ置クへシトノ内命ヲ蒙ル仍而仮ニ明治秘註ト題シテ一冊ヲ備へ随聞随録スル事トハシヌ　明治廿五年九月二日」（「山口正定日記　附明治秘註」、早稲田大学図書館特別資料室所蔵「渡辺幾治郎収集謄写明治史史料」特別リ五―一一五二八―二一四）。

(49) しかも、内大臣秘書官の「侍従職事務兼勤」は、以後一貫して継続された（資料②参照）。

(50) 前掲「山城国京都徳大寺家文書」八七（「執事日記」明治二四年後半）には、「永田町閑院宮御邸内官舎へ御引移被遊候事」（一八九一年八月三〇日条）とある。翌年、麹町区一番町六番地の内大臣官舎が落成すると、徳大寺は直ちに移転した（九三・四・二二、紀⑦八九一）。また、同年末には、鷹司家より千駄ヶ谷の土地一万一八七〇坪余りを購入している（翌年五月完全譲渡）（九三・一二・二九）。この他、錦町邸居住時に府下でコレラが流行し、徳大寺家に感染者が出た際には、心配した天皇が徳大寺を新宿第一御料地内に転居させている（紀⑦六二五）。

(51) 三条実美の在職中、内大臣府は石橋政方・田中栄秀（後に桜井能監）両秘書官のみの小所帯で、属官さえ持たなかった。

但し三条は、幕末の七卿落ち以来、土方久元・尾崎三良・清岡公張等の旧側近、東久世通禧・柳原前光らの旧公卿を同志とする政治勢力を有していた（＝「三条派」）。彼等の政治的動向については、前掲佐々木隆「内大臣時代の三条実美」を参照）。一方徳大寺は、政治的趣向を共有する幕僚を一切持たなかった。

(52) 一八八八年三月、三条実美・伊藤博文・松方正義に下問があり、皇室経済会議が設置された。次いで一八九一年七月には「帝室経済会議規程」が定められ、宮相・宮内次官・内蔵頭・御料局長・会計審査局長・特選経済顧問を構成員とすることが定められた（川田敬一『近代日本の国家形成と皇室財産』原書房、二〇〇一年、一六七〜一七〇頁、二五二〜二六三頁）。従って、当初内大臣は会議の構成員ではない。しかし、会議創設時にまず三条に下問がなされていることから、彼は「特選顧問」の立場で出席したものと見られる。徳大寺も「余帝室《皇室》経済顧問被仰付候事」と記し、その脇に「内大臣」と書き添えていることから、死去した三条に代っての就任だったことが分かる〔九一・三・一二〕。その後一九一〇（明治四三）年、皇室財産令が制定されると皇室経済会議は帝室経済会議に再編成され、内大臣・宮内大臣・七名以内の顧問によって組織されることとなった（前掲『日本史広辞典』一四六六頁）。但し〔紀⑫一六四〕には、一九〇八（明治四一）年一二月段階で「帝室経済会議」とあり、会議の名称と変遷についてはなお検討の余地がある。この他、徳大寺は内大臣として皇族会議にも関係した〔〇三・一二・一九、一〇・一・二九等〕。

(53) 徳大寺は吉井について、「維新勲功者一人、殊明治初年ヨリ永ク帝室職ヲ奉シ鯁直忠実之仁也。可惜々々」と記している〔九一・四・二二〕。

(54) 岩倉具定書翰伊藤博文宛、一八九一年四月一三日付（前掲『伊藤博文関係文書』三、一九七五年、五八〜五九頁）。

(55) ちなみに、一八九一年五月一九日の「日記」には、ロシア艦内における席順が記載されている。

(56) 前掲西川誠「明治期の内大臣」を参照。

(57) 詳細は、前掲川上寿代「徳大寺実則と政治的意思伝達」を参照。

(58) 徳大寺実則書翰伊藤博文宛、一八九一年一〇月三一日付及び一一月四日付（いずれも前掲『伊藤博文関係文書』六、一九七八年、二一五〜二一六頁、紀⑧五）。徳大寺は、大病を患った山田法相宛の見舞状でも、「此後之撰挙ハ党派代議士テナク、実業家之良民を撰挙致し候様、為国家企望仕候」と述べている（徳大寺実則書翰山田顕義宛、一八九一年一二月三一日付、前掲『山田伯爵家文書』一、一〇六頁）。

(59) 晨亭会編『伯爵伊東巳代治』下（一九三八年）一一二〜一二〇頁。

(60) 徳大寺は年末まで、小沢武雄事件等の処理に忙殺された（九一・一二・一六、紀⑦九五五〜九五六）。他に、徳大寺実則書翰松方正義宛、一八九一年一二月一八日付（前掲『松方正義関係文書』七、一九八六年、七二〜七三頁）を参照。

(61) この間徳大寺は、小田原の伊藤博文別邸を四回（一月七日、二月二六日、五月二七日、六月三日、紀⑧六九によれば五月一六日にも伊藤邸訪問）、三田の黒田邸を五回（二月二九日、三月一四日、四月一七日、六月七日、六月一五日）訪問している。

(62) 岩倉具定書翰伊藤博文宛、一八九二年一月一〇日付（前掲『伊藤博文関係文書』三、四九頁）。

(63) 佐々木隆『伊藤博文の情報戦略――藩閥政治家たちの攻防』（中央公論新社、一九九九年）二五二〜二五五頁。

(64) この他、「宮中府中の別」をめぐる問題については枚挙に遑がない。たとえば五月、天皇が伊藤に、大津事件の記念碑建立についてその可否を下問した際、伊藤は新聞上の議論となりかねず、万一建立できなかった場合は、「所謂綸言汗ノ如ク一度仰出シ儀ヲ消滅スルヿハ相成ラス」、天皇の「尊厳を毀損シ、外国ニ対シ信義ヲ失スル」ことになるため、見合わせるべきだと上奏していた（九二・五・一〇、紀⑧六五〜六六）。その数日後、今度は鳥尾小弥太（枢密顧問官）が土方宮相に「国事ノ意見」を述べ、天皇への取り次ぎを依頼したことが問題化している。土方は、「素ヨリ宮内大臣内大臣等ハ政事ニ干渉スルモノニ非ス。執奏ハ出来ザルモノナリ、書面ヲ以スルハ宮内大臣ニ差出シ、上奏アランヿヲ乞フベシ」と謝絶した（九二・五・一九、紀⑧六九）。

(65) ちなみに徳大寺は、この政変について、「先般来政海風浪烈シク一週間斗リハ艦長モナキ有様ニテ、唯飄蕩着岸も不分明夫是痛心仕候得共、漸元老連中内閣ニ相列シ世間ニ重キヲ示ス様相成候。追々万事御運ニ相成、被安宸襟候御義与奉存候」と認識していた（徳大寺実則書翰佐々木高行宛、一八九二年八月二七日付、宮内庁宮内公文書館所蔵「佐々木侯爵家文書（原題　寝覚之友）一　徳大寺実則書翰」、識別番号三五一三〇、本史料は臨時帝室編修局作成の写本）。

(66) 徳大寺実則書翰伊藤博文宛、一八九三年一月一三日付（前掲『伊藤博文関係文書』六、二二八頁、紀⑧一八三）、元勲側の動向については、「西郷海軍大臣再任迄の経緯」（国立国会図書館憲政資料室寄託「大山巖関係文書」八―九）を参照。

(67) 徳大寺が熊本に出張する高崎正風（北白川宮別当）に依頼し、「第六師団ノ地タルヤ民間政党各派、別シテ紫溟会国民協会東洋自由党各種アルニ依リ、師団ト人民ノ間円滑ニ処理シ圭角ヲ生セサル様注意シ且地方官ト師団ノ際ニ於テモ不偏様注意アリ《〔ル〕》ベシ。且赴任未日浅ケレハ今日要求セサレトモ団下之情況風俗人情等陛下ヘ御報告可被成ヿ」とする北白川宮能久親王（第六師団長）宛ての天皇の伝言を託している事も同様の論理である〔九三・一・二〇、紀⑧一八五〕。

(68) 徳大寺は佐々木高行宛ての書翰の中で、「過日者政府議会衝突一時騒然タリシモ、大詔一降頗平穏之姿ニ相見え候。当期議会最早余日も無之、無事ニ経過致候ハんト想像仕候。将来行政各部之整理方何程迄整候儀哉、第五期之形勢如何案しられ候」と政局の行方を注視していた（徳大寺実則書翰佐々木高行宛、一八九三年二月一八日付、前掲「佐々木侯爵家文書（原題　寝覚之友）一　徳大寺実則書翰」）。

(69) 毎年三〇万円ずつの内廷費を軍艦建造に充てるため、徳大寺も職員の年俸の一〇分の一（判任官は二〇分の一）を返上する請願書を土方宮相に提出している〔九三・三・一四〕（宮内庁宮内公文書館所蔵「内大臣徳大寺実則・同秘書官桜井能監　内廷費省減ニツキ俸給十分一献納願ノ件」識別番号五〇二五四）。なお、石橋の免官は急遽決まった模様で、上記の俸給献納願いには石橋の署名捺印が見られる（上から薄紙が貼り付けられている）。また、この時土方宮相は兼任する枢密顧問官を免じられた（一八九三年三月九日）。

(70) 田中建三郎は、その後正式に内大臣秘書官（侍従職勤務兼勤）に任じられた〔九三・五・一二〕。

(71) 前掲川口暁弘「内大臣の基礎的研究」を参照。他に、請願関係では、伊藤に面会して請願書の処分方法を質している〔〇五・九・一二〕。

(72) 同年九月、細川潤次郎（貴族院副議長、女子高等師範学校長）が文事秘書官長兼任とされた〔九三・九・八〕。その後細川は枢密顧問官に転出しているが〔九三・一一・一〇〕、文事秘書局が廃止されるまで兼任を続けた。

(73) 前掲伊藤之雄『明治天皇――むら雲を吹く秋風にはれそめて』三六五頁。

(74) 但し、徳大寺は後藤象二郎農商務相と黒田清隆逓相を混同している。

(75) 当該期の宮中については、望月雅士「日清戦争の開戦と明治天皇」(『日本史攷究』二六、二〇〇一年) 及び同「日清戦争後の宮中と政治」(『東アジア近代史研究』一、一九九八年) を参照。

(76) 徳大寺の詠歌は、「万代も色香かはらで咲花に　契り施せず来鳴鶯」であった〔九四・三・五〕。

(77) たとえば、大島義昌少将率いる混成第九旅団が朝鮮半島の成歓と牙山を占領した際には (七月二五日～三〇日)、「吾将校五名兵卒七十名死傷大勝利也」と興奮気味に記している〔九四・八・三〕。この他、佐々木高行には、「朝鮮事件も依然トシテ埒明不申候。清国出兵も毎度虚声而已小田原評定歟ト遠察セラレ候」(一八九四年七月一七日付)、「扨清韓事件ニ付而ハ先以捷報ニ接シ御同慶之至ニ候。猶未タ詳細ナル報道ニ接シ不申、此末追々好結果ニ至リ候様祈念此事ニ候」(一八九四年七月三〇日付)、「旅順口モ略取ニ相成毎戦毎捷、実ニ日軍前無ノ勢、国光宣揚欣躍ニ不耐候」(一八九四年一一月二六日付)、「北洋艦隊ハ亡滅シ、否清国海軍ハ亡滅シ海上ノ権ハ我邦ニ帰シ、海軍之光輝万国ヲ照シ愉快無極候」(一八九五年二月一八日付)、「征清軍も追々進行又々牛荘栄口等も占領相成、続々捷報万々恐悦之至御座候。使節も近々ニハ来朝可致、今度ハ相纏リ候儀企望致候」(一八九五年三月九日付) 等と私情や密報を交えた書状を幾度も発信している (前掲「佐々木侯爵家文書 (原題　寝覚之友) 一　徳大寺実則書翰」)。

(78) 前掲「山城国京都徳大寺家文書」二三一、二三二。

(79) 同前及び徳大寺実則書翰佐々木高行宛、一八九四年一〇月二三日付 (前掲「佐々木侯爵家文書 (原題　寝覚之友) 一　徳大寺実則書翰」所収)。

(80) たとえば、桜井能監書翰岩倉具定宛、一八九四年一〇月三一日付 (鈴木栄樹他編「岩倉具定関係文書 (書翰の部　一)」、『京薬論集』一六、二〇〇九年、一七頁) には、「在清公使ヨリ在日英公使云々之儀ハ固ヨリ小生輩ノ耳朶ニ触ルヘキ事ニ無之候間、極内々侍従長閣下へ相伺候処、同侯ニモ左様ノ風聞ハ仄カニ承リ候事有之候様存候へ共、未タ確タル人ヨリ承リ候事は無之ニ付一向明答致シ兼ヌルトノ答ニ御座候」とあり、徳大寺が英国から提起された和平案について聞きつけていたものの、「風聞」に惑わされぬように努めていたことが分かる〔紀⑧五三八～五四〇〕。日清戦争の経過については、古結諒子「日清戦争終結に向けた日本外交と国際関係――開戦から「三国干渉」成立に至る日本とイギリス」（『史学雑誌』一二〇―九、二〇一一年、五～六頁）を参照。
(81)　こうした無理が祟ったのか、流石の徳大寺も体調を崩し、一週間の休養を余儀なくされている〔九五・四・五～一〇〕。また、実際には実現しなかったものの、天皇は講和交渉に臨む伊藤と陸奥を激励すべく、勅使として徳大寺を下関まで派遣するつもりだった〔九五・四・一一、紀⑧七六一〕。
(82)　田中村別邸は一九〇七年に実弟である住友吉左衛門友純に売却され、その後住友家が主屋を建設し西園寺に貸与された（＝京都清風荘、現在は京都大学の所有の重要文化財）。
(83)　前掲「京都大本営供奉中日記」。
(84)　たとえば、徳大寺は「征清之戦役功労者賞典ノ事」について下問を受け〔九五・七・二〇、紀⑧八六三〕、調査に従事した。その結果彼は旭日桐花大綬章を授与され、金二万円を下賜されている（一〇月七日）〔紀⑧九〇六〕。
(85)　但し、伊藤之雄氏は「睦仁が拝謁自体を減らしているわけではない」と指摘している（前掲『明治天皇――むら雲を吹く秋風にはれそめて』三五七～三五八頁）。
(86)　前掲『佐佐木高行日記――かざしの桜』三五～三七頁（一八九五年七月二九日条）。
(87)　同前、一四〇頁（一八九六年四月二八日条）、桜井能監の談話。但し、三月末にインフルエンザを患った天皇は、四月二六日まで表御座所に出御せず、面会を制限していた事実を踏まえる必要がある。
(88)　当時侍従職出仕だった園池公致は、「陛下が御不例で、床にお就きになる事を、御仮床と云つて居た〔中略〕たまにお仮床と云へば大抵は御風気であつた。〔中略〕拝診の侍医から御仮床の願い出があると、表御座所の物置から、低い、黒塗りの寝台が、侍従の手で御内儀の中央の間へ運ばれた。陛下は白羽二重の寝具に包まれてそれに御休みになる訳である。そうなるとわれわれは、殆んど用が無くなり、毎日の飾棚や御剣の掃除と云うような事もしなくてよく、甚だ呑気なものとなる。陛下の御仮床は、一寸した御風気でも、大抵二三週間は続いた。その間は内閣その他から差し出される書類のほか、大臣の拝謁なぞ云う事はなかつたが、陛下もたまには退屈なさるか、徳大寺侍従長を召される事はあつた。侍従長は雞の杉戸の処で靴を脱ぐと、その辺で手を洗う事が出来ないので、ポケットからハンカチを出して両手を拭いて、御仮床の置かれて居る御座所の方へと進んだ。陛下のお側には常に権典侍が一人居る訳だが、親任官の拝謁ともなれば女官も御前を退がる定めか〔中略〕そう云ふ訳で国家の事、政治の事なぞは、それに係わる重臣のほか側近の人と謂えども全く預り知る事がなかつた」と回想している（「明治のお小姓（五）――続明治宮廷の思い出」、『心』一〇―一二、一九五七年、六九～七〇頁）。天皇の不例とその政治的意義については、前掲坂本一登『伊藤博文と明治国家形成――「宮中」の制度化と立憲制の導入』一七〇～一七一頁を参照。

(89)　数年後、元老伊藤博文が「何事にても奏上の事は徳大寺侍従長実則御取次致し候処同人にて弁し不申、去りとて時々拝謁を相願候も内閣大臣の感触を悪敷するの嫌ひあり、且又近来は時々被召出候事も無之に付不運と被存、侍従長へ迄申出候場合多く困る云々」と嘆くほどに、政務における天皇の徳大寺「依存」は深まった（前掲『佐佐木高行日記――かざしの桜』三九一頁、一九〇〇年二月一四日条）。ちなみに、山県も徳大寺のことを疎ましく思っており、天皇の代理人（＝「聖旨の伝達者」）ではなく、「取次人」と見下していた。それは、一八九七年一一月、九州での陸軍対抗演習を前に天皇が風邪で引籠り〔紀⑨三三三～三三四〕、出張する山県監軍の拝謁が認められなかったため、徳大寺が取り次いだ際のやり取りから明白である。「大演習ニ付テハ、陛下ヨリ御下問モアラセラルベキ筈ナリ。然ルニ取次人ヲ以申上ヨナド、ハ天職ヲ尽サレズ、又大臣ヲ御待ナサル、凡人ノ如シ。監軍御信用ナクバ、御信用ノ人ヲ命ゼラルベシ。有朋ノ精神ハ、軍人タル者陛下ノ為ニ水火ノ中ニ入ルモ厭ハザルヤウ教育セザルベカラズ。然ルニ、陛下ノ思召如斯ニテハ輔導ノ道尽シ難シト」〔九七・一一・四、紀⑨三三四～三三五〕。

(90)　前掲『佐佐木高行日記――かざしの桜』一六七頁（一八九六年七月二一日条）、佐々木と藤波言忠（主馬頭）の会話。当時侍従職出仕だった藪篤麿も、徳大寺が午前一〇時頃から一二時過ぎまで拝謁していたことを指摘しており（「子爵藪篤麿談話速記」、前掲『談話記録集成』三、七三～七五頁）、元侍従の万里小路通房も「侍従長が出ると話も長引きお笑声など聞えることもありました」と証言している（「伯万里小路通房談話筆記」、同前、一、五七～五八頁）。一方で園池公致は、藤波が「陛下の御幼少の頃からの学友で、後ち侍従から所々の馬関係、そして現在の職〔主馬頭〕に移つた人で、侍従長よりもその他の誰れよりも、陛下と一番友達つき合いのやうな容子に私には見えた」と回想している（「明治のお小姓（四）――続明治宮廷の思い出」、『心』一〇―一〇、一九五七年、八二頁）。他に園池は、明治天皇が元老の拝謁願いを長時間放置した事例についても回想している。「松方正義が拝謁を願つてきた時、丁度その時、徳大寺侍従長が御前に御話中であつた。松方正義は侍従の候所へきて、その由をいうので、私が居合せて早速その旨を陛下に申上げた。〔中略〕小一時間たつてもまだ侍従長は退つてこなかつた。〔中略、苛立った松方からの催促で〕私はふたたび御前へ行くと、陛下は先程のままのお立ちになつた姿勢で、徳大寺侍従長は不相変の謹厳な態度で、お話を続けていた。しかしそれは、重大なお話でもなさそうで、政務というよりは、何んとなく座談程度であつたような感じがした。そして尚お暫く侍従長は退つては来なかつたが少年の勝手な独断ではあつたが、陛下が侍従長を引止めていられたように思えた」（園池公致「明治宮廷の思い出」、『世界』一九五六年九月、一八三～一八四頁）。

（91）前掲『佐佐木高行日記――かざしの桜』五七～五九頁（一八九五年一〇月一八日条）、一〇三頁（一八九六年二月三日条）、一〇四頁（一八九六年二月四日条）、一〇五頁（一八九六年二月五日条）、一二九頁（一八九六年三月一七日条）、一六七頁（一八九六年七月二一日条）。他に〔紀⑨六五～六七、一一五〕。

（92）伊藤博文ら薩長主流と対峙する非主流派の佐々木としては、天皇に近侍する徳大寺を味方につけ（それを梃子に天皇を懐柔して）、政治的上昇を目指していたため、思い通りに動いてくれない徳大寺に失望し、かかる酷評を認めた可能性も否定できない（西川誠「保古飛呂比　佐佐木高行日記」、御厨貴編『近現代日本を史料で読む』中央公論新社、二〇一一年、二二一～二二五頁）。

（93）前掲『佐佐木高行日記――かざしの桜』一〇九頁（一八九六年二月六日条）。かつて秘書官を務めた桜井能監も徳大寺について、「今少し人情に通し能く御取成あれば宜敷候へ共、其辺に至りては実に旧大名の如き観あり。其誠実に至りては所謂君子人なれども、如何せん少しも働きなく是れには閉口せり」（同前、一八五頁〔一八九六年九月二四日条〕）、「下情には余程迂遠なり」と評していた（同前、二〇八頁〔一八九六年一二月二四日条〕）。

（94）同前、一三九頁（一八九六年四月二四日条）、土方久元の談話。

(95) 同前、一〇八頁（一八九六年二月五日条）。

(96) 同前、一〇九頁（一八九六年二月六日条）。伊藤之雄氏は、天皇が「子供に対する愛情表現は不器用で、臣下の目を気にして、愛情を抑制した形でしか示せなかった」と指摘している（前掲『明治天皇――むら雲を吹く秋風にはれそめて』三三七頁、三六一頁）。こうした天皇の「変化」については、「日清戦争の後、お上のお人が変って、立派におなり遊ばされたと私は思います」との指摘もある（「田中光顕伯謹話」、前掲『談話記録集成』一、八九頁）。

(97) 当時侍従試補だった日野西資博は、後年次のように証言している。「何年頃の事でしたか、田中宮内大臣（土方宮相または田中次官）の時でした、本省ではドン〳〵定期で昇進するのに、御手許の侍従の方は、幾年たつても昇進しない、度々徳大寺侍従長に迫りましたが、少しも埒が明かない、とう〳〵皆で、ひどく迫つた処が、侍従長も閉口して『私が罷めるより外に仕方がない』と云つて、辞職を願はれたさうです、陛下は無論侍従長の辞職を御許しになりませんでしたが、其の後やつと昇進の道が開けました、陛下は『侍従の官等が余り高くなると、遣ひにくい』とおつしやつたこともありましたが、そんな思召で、一向御上げにならなかつたのかと存じます」（「子爵日野西資博談」、前掲『談話記録集成』一、二二二～二二四頁、二六四頁）。この一斉昇進は、日清戦争の論功と見られる。

(98) 但し諸新聞によると、大隈は病気のため親任式に出席せず、九月二四日に初参内した模様である。

(99) この秋、徳大寺は大隈から早稲田邸での園遊会に招待されたが、「依公用不行向」と欠席した（九六・一一・一七）。

(100) この事件については、佐々木隆「『二十六世紀』事件と藩閥」（『新聞学評論』三六、一九八七年）、伊藤之雄「山県系官僚閥と天皇・元老・宮中――近代君主制の日英比較」（『法学論叢』一四〇―一・二、一九九六年）、同『立憲国家の確立と伊藤博文』（吉川弘文館、一九九九年）二一六～二一七頁、川上寿代「『二十六世紀』事件と天皇側近」（『聖心女子大学大学院論集』二五、二〇〇三年）を参照。

(101) 清浦奎吾書翰山県有朋宛、一八九六年一一月一〇日付（前掲『山縣有朋関係文書』二、二〇〇六年、六〇～六一頁）。

(102) 佐々木高行は東久世通禧との会話において、「一体宮内大臣は他より見るよりは存外難場もあるべし、宮内省等一体帝室之御為めを考候時は只今之儘にては如何哉と懸念す。宮内大臣は国務には関せず候へ共、国務大臣にて其当局たる大臣は職務上上奏等致し候は当然なれば、能々宮内大臣と御都合の処を相談致し置き内外職務上より尽力致し候様相成候はゞ、自然何事も被相行候場合可有之、内外能々相応じ御聖徳を光輝致候様之所大事と考へ候。内外と云ふ時は宮内大臣の国務に関する如く聞ゆれども左に非ず、只々聖徳を補佐する上には国務大臣は其職務上より親敷奏上する等に付、内大臣、宮内大臣の平素注意し、聖徳を被為注候様の人物こそ肝要なれ。今日の内外、大臣には其辺注意如何哉、向来吾が御国体を以て大権のある処を以て万国特殊之皇徳を以て政事を施行するには、愈益々御聖徳の能々臣民に貫徹する事尤肝要なり。今日の景況にては徳川の政権を取り還して直に人民の方へ政権を譲り渡せる有様なれば、何分欧洲の弱点なる政党内閣等之為めに大権を失ひ無之様に御補佐するには、国務大臣並内大臣、宮内大臣等能々注意し内外協力御補佐有之度、夫れに付其人物を得事難題なり、能々御勘考有り度云々」と述べ、暗に土方宮相と徳大寺内大臣を批判していた（前掲『佐佐木高行日記――かざしの桜』一九三～一九四頁、一八九六一一月一六日条）。

（103）徳大寺実則書翰黒田清隆宛、一八九六年一一月一七日付（鹿児島県歴史資料センター黎明館所蔵「黒田清隆関係文書」五〇―六、北泉社版マイクロフィルムを使用）。

（104）欠勤中の動静は、徳大寺自筆の「日記　明治三十年二月十九日以後」（前掲「山城国京都徳大寺家文書」九八―二、記事は一八九七年四月一二日まで）を参照した。

（105）たとえば、「病気逐日軽快ニ赴ト雖暁更ニ到リ咳気止リ難ク困苦」として池田謙斎に来診を依頼している（同前、九七・三・一二）。

（106）前掲伊藤之雄「山県系官僚閥と天皇・元老・宮中――近代君主制の日英比較」六七～六九頁。

（107）清浦奎吾書翰山県有朋宛、一八九七年三月三〇日付（前掲『山縣有朋関係文書』二、六四～六五頁）。一方山県は『二十六世紀』事件の終息後、「已に事局を結ひたる上は、大臣之進退は勿論、此際二三官吏之更迭有之ては帝室之威厳に関係する耳ならす、遂に大権にも波及可致と憂慮に不堪候」と述べ、土方宮相等の更迭論には慎重だった（山県有朋書翰田中光顕宛、一八九六年一一月二一日付、安岡昭男・長井純市編「田中光顕関係文書紹介（一〇）」、『法政大学文学部紀要』六一、二〇〇九年、五四頁）。

(108)『世界大百科事典』（平凡社、一九六七年）を参照。特に、霍光は武帝の遺言を守り、年若い昭帝を補佐して善政を行った名宰相とされており、裏方役に徹した徳大寺がこれに擬されているものと思われる。
(109) 清浦奎吾書翰山県有朋宛、一八九六年一一月一四日付（前掲『山縣有朋関係文書』二、六一〜六四頁）。
(110) 但し、六月下旬まで「日記」の内容が乏しく、出勤以外の活動状況を詳らかにすることができない。
(111)「日記」には、股野琢（文事秘書官、儒者）が徳大寺の草稿を修正したことが記されており、井上毅の没後における勅語起案の一端を伝えている。従って一〇年後、文事秘書局が内大臣府に統合された際、股野が徳大寺直属の内大臣秘書官長に就任したことは決して偶然ではない。
(112) 前掲『佐佐木高行日記――かざしの桜』二二二頁（一八九七年一〇月一日条）。
(113) 結局、一〇月二一日に公布された台湾総督府官制において、総督は現役の陸海軍大将・中将に限定され、天皇の意向は退けられた。聖旨に沿うことが出来なかった松方首相は、徳大寺を通じ天皇に謝罪している〔九七・一〇・一八〕。この他徳大寺は、海軍武官階級問題〔紀⑨三〇二〜三〇五〕や小松宮彰仁親王の参謀総長辞任問題にも深く関与していた（留任の勅書を代筆〔九七・一〇・二二〕）。
(114) 北村信篤については、元田永孚の門人で漢詩文に長けていたこと（「慈光寺仲敏談話速記」、前掲『談話記録集成』三、二六一頁）、侍従職出仕に漢文を講じていたことが知られる（前掲園池公致「明治宮廷の思い出」一七七頁）。
(115) その一方で、内閣が農商務大臣秘書官に前田青莎（東宮侍従、前田正名の甥）の就任を希望した際、天皇は徳大寺を通じ、内閣書記官に「常仕官ノ後任者撰択も要スル儀ニ付先見合スヘク」と伝えさせている〔九七・一一・一三〕。これは、第二次松方内閣が薩派と進歩党との連立政権だったことに加え、一〇月末には進歩党との提携が破綻し、内閣が窮地に陥っていたため、「宮中府中の別」を慮った天皇が宮内官の国務転出に特に難色を示した可能性が高い。但し前田は、それでも農商務大臣秘書官に就任した。
(116) 佐々木隆氏は、第二次松方内閣の退陣が天皇の指示を受けたものだったことを明らかにし、徳大寺が勅使として松方首相や野村靖内相のもとを頻繁に訪れ、政変劇に一役買っていたことを指摘している（「首相を辞めさせた天皇は昭和帝だけではない」、『日本歴史』八〇〇、二〇一五年、一二八頁）。

(117) 夏以降、徳大寺は毎月のように「安息日」〔九七・八・八〕、「休日」〔九七・九・二六〕、「休憩」〔九七・一〇・三〕と記している。また、「千駄ヶ谷邸逍遥小児ヲ拉ス」〔九七・四・一二〕、「千駄ヶ谷村別墅散策」〔九七・一〇・一〇〕、「別墅散策公弘ヲ拉ス」〔九七・一一・二二〕等の記述からは、徳大寺にとって子どもたちと別邸で過ごすひと時が安らぎだったことが分かる。本文中には言及できなかったが、徳大寺は子どもたちと過ごす時間を大切にし〔〇一・八・二五〕、彼等の成長に目を細め（治子と伊曽子が華族女学校卒業〔九九・七・一八〕、嫡孫英麿（後の実厚）が陸軍幼年学校で品行方正として称讃〔〇四・七・三〕、英麿が陸軍士官学校卒業〔〇九・五・二七〕、婚姻を喜び（三女蓁子と三井高縦〔九七・一一・二九～三〇〕、四女治子と松平頼孝〔〇三・三・二九〕、三男則麿と毛利亮子〔〇六・四・六〕、六女伊曽子と島津忠重〔〇九・一二・二三、一一・三・一八〕）、懸命に病気の家族を看護する（六男篤麿の病気〔八六・六・二一〕、四男泰麿病死〔〇〇・一二・一五～一九〕、生母竹島病死〔〇一・一・二六～二・一二〕、五男彬麿の急病〔〇七・五・三一〕）家庭人であった。徳大寺は特に末娘の伊曽子を可愛がり、歌会始に入選した際は「名誉の預選欣喜々々」と小躍りし〔〇八・一・一八、紀⑫八〕、松方正義の紹介（後に媒酌）で旧薩摩藩主家の島津忠重との婚約が内定すると〔〇七・一〇・七〕、三田の松方邸で開かれた島津家親睦会に出席し、破格の待遇で英国人アルベ・ホール女士に語学家庭教師を委嘱（年俸二四〇〇円）するほどの子煩悩ぶりを見せている〔〇八・六・六〕。この他、徳大寺は、父母の命日には休暇を取得して菩提寺に詣で、太祖・徳大寺実能を祀り（たとえば七五〇回忌〔〇六・一〇・一九〕）、宝暦事件に連座した徳大寺公城（従一位追贈）と家臣の竹内式部（正四位追贈）への贈位が認められた際には、「宝暦八年止官落飾蟄居被命シ輩本日贈位宣下アリ。地下霊青天白日ノ身トナリ謹欣不啻。〔中略〕竹内式部敬持ハ〔中略〕積年徳大寺家ニ祗候セリ。王室式微ヲ憂へ慷慨ノ情講筵ニ発シ、縉紳家ヲシテ勤皇ノ志ヲ興起セシム大ニ力アリト云ベシ。今ヤ子孫ナシ可惜。贈位ノ事塋域ニ申告ス」と先祖の復権を喜び〔九一・一二・一七〕、翌年の公城忌日には京都に出向いて「従一位奉告祭」を執り行うなど、強い家意識を持っていた〔九二・七・八～一四〕。

(118) 黒田清隆書翰松方正義宛、一八九八年七月七日付（前掲『松方正義関係文書』七、一九八六年、三五一～三五二頁）。

この時黒田は徳大寺に内閣班列の辞表を提出し、大隈内閣との対決姿勢を鮮明にしていた（黒田清隆書翰徳大寺実則宛（控）、一八九八年六月二五日付、前掲「黒田清隆関係文書」九七―一二）。

(119) 黒田清隆書翰松方正義宛、一八九八年七月一一日付（同前、三〇八～三〇九頁）。会談中黒田は「欽定憲法ヲ以テ政党内閣組織スル〻ハ、万々決して出来得サル云々」と回答した模様である（黒田清隆書翰松方正義宛、一八九八年七月一四日付、同前、三〇六～三〇七頁）。

(120) 黒田清隆書翰松方正義宛、一八九八年一一月三日付（同前、三〇一～三〇二頁）。

(121) 「日記」には、七月五日に徳大寺が大隈邸を訪問し、近衛篤麿の入閣について協議したことが記されていない（紀⑨四七二～四七三）。また、八月に大隈邸を訪問した記事も「大隈首相官舎面晤依公事」と素っ気ない（九八・八・二七、紀⑨四九二）。一方「執事日記」には、連日大隈外相（首相兼任）から封書が届いていた記事が見え、重要案件は即座に侍従職へ転送していたことが分かる（前掲「山城国京都徳大寺家文書」一〇一）。

(122) 一八八一（明治一四）年三月に提出された大隈重信の憲法意見書では、第三項において「政党官ト永久官ヲ分別スル」とされ、参議・各省卿輔・諸局長・侍講・侍従長等を「政党官」、各省の奏任官と属官を「永久官」、三大臣・軍官・警視官を「中立永久官」とすることが謳われていた（『明治文化全集一〇　正史篇』下、日本評論社、一九六八年、四三三～四三八頁）。それから一七年。憲法政治が創始され、意見書の大部分は既に実現していたが、かつて「政党官」に擬された侍従長と「中立永久官」に擬された太政大臣の後身である内大臣を兼務する徳大寺としては、更なる政体改革を志向する大隈を首班とする「政党内閣」の成立に、とりわけ危機感を募らせたことが推察される。

(123) 佐々木隆「明治天皇と立憲政治」（佐々木隆・福地惇編『明治時代の政治家群像』吉川弘文館、一九九三年）、前掲川口暁弘「内大臣の基礎的研究」。

(124) 馨光会編『都筑馨六伝』（一九二六年）、坂野潤治『明治憲法体制の確立』（東京大学出版会、一九七一年）二九～三七頁等。

(125) 徳大寺実則書翰黒田清隆宛、一八九八年九月一四日付（前掲「黒田清隆関係文書」五〇―八）。なお、田中光顕書翰黒

田清隆宛、一八九八年九月一五日付（同前、四二―三）にも、徳大寺が内大臣秘書官増員問題に「至極尤ニ被聞込候」と理解を示したことが記されている。

（126）前掲佐々木隆「明治天皇と立憲政治」、特に三三一頁、三三七頁。

（127）前掲『佐佐木高行日記――かざしの桜』二五三～二五四頁（一八九九年一月一〇日条）。ちなみに、同日の「日記」には、「参」としか記載されていない。

（128）この他、日清戦争中、松方蔵相が天皇に戦費調達方法について説明した際、大隈と谷干城が外債論を唱えていることが報告された。徳大寺が松方の外債慎重論を詳細に書き止めていることも、大隈忌避の顕れと見られる（九四・一〇・七）。また一九〇〇年一月、佐々木高行が養育している皇女二人の避寒先に大隈の大磯別邸が選ばれた際、徳大寺が天皇に経過を言上したが（紀⑨七五五、前掲『佐佐木高行日記――かざしの桜』三八七～三八八頁（一九〇〇年一月二八日条））、「日記」には一言も記載されていない（〇〇・一・一～三一）。一九〇一年には、「日本ヨリ外国江大使派遣スル場合アラハ、大隈伯伊藤侯同時ニ大使ヲ命セラル、ナラハ、大隈モ党ノ権勢ヲ殺ル、ト思ハス奉スルカ、但片足ハ奉セサルカ」と記し、大隈と憲政本党に打撃を与えるため、大隈を外遊させることが望ましいと指摘している（〇一・八・二六）。外遊すれば党勢に影響し、拝辞した場合は聖意に背いたとして大隈個人の信用に影響することから、どちらの場合でも大隈の力を殺ぐことができるとする悪意に満ちた表現であり、徳大寺の嫌悪感の根深さを窺うことができる。

（129）この年の出勤日数は二八六日と決して少なくないが、隈板内閣期の四ヶ月間は「参」「休」としか記していない日が増加し、七月には歯痛で六日間、一〇月下旬には気管支炎で九日間欠勤している（資料①参照）。

（130）岩倉具定書翰徳大寺実則宛、一八九八年一〇月一八日付（前掲「徳大寺実則関係書簡」三）。

（131）『明治天皇紀』には、板垣内相が一〇月一八日と二二日に拝謁し、前者では『萬朝報』に掲載された社説「偽勤王論」の処罰について、後者では尾崎文相に対する弾劾上奏を行ったことが掲載されているものの（紀⑨五一一～五一五）、管見の限り当該期の『萬朝報』にそれらしい記事は掲載されていない。

（132）天皇自身、直接的責任を回避しようと努めたものの、宮中側近による内閣弾劾上奏説が流布してしまったことから、悪影響を懸念した佐々木高行が徳大寺に事の真相を質している〔紀⑨五一五〕。

(133) 聖旨の伝達や内閣交代の手続きは岩倉が担当しているが、徳大寺は岩倉に託して野村靖の内閣弾劾意見書を奏上している〔紀⑨五〇四～五〇八〕（徳大寺実則書翰岩倉具定宛、一八九八年一〇月二九日付、宮内庁宮内公文書館所蔵、識別番号五四〇〇六）。書翰末尾には、「賤恙存外長引速ニ不参恐入候。逆上頭痛を起し困臥之仕合、今日も不参療養奉願候」と記されており、速やかに出仕したいが、他ならぬ大隈の辞表を処理することになるため、苦悶している様子が窺える（公式の病状は気管支炎）。

(134) 行幸時を含む国璽・御璽の管理については、園池公致「明治のお小姓（一）――続明治宮廷の思い出」（『心』一〇―六、一九五七年）七一～七二頁を参照。

(135) 〔紀⑥一九四〕。明治一九年頃までの「日記」には、宮内省への出勤前に徳大寺が青山御所に立ち寄っていたことが記されている。

(136) 大正天皇については、原武史『大正天皇』（朝日新聞社、二〇〇〇年）及び古川隆久『大正天皇』（吉川弘文館、二〇〇七年）を参照。

(137) 但し、岩倉は翌一九〇〇年二月から九月まで、閑院宮載仁親王に随行して万国博覧会（仏国）に出張することとなったため「結婚礼式掛」を外れ〔紀⑨七五四～七五五、七六三〕、この間に田中光顕宮相が聖旨の伝達を含む補助業務にも関わるようになった。ちなみに山県首相は、外交上の便宜になるとして岩倉の位階勲等の陞叙を奏請したが、天皇は年限に満たないとして許可せず、枢密顧問官の兼官だけを認めた。かかる措置に対しても、「元来同公ハ徳大寺内大臣が老余の骸骨を乞ひ得たらん後その後を襲ふて内大臣兼侍従長たるべき筈にて、洋行前に枢密顧問官に任ぜられ、洋行中に正二位に陞されたるなども皆内大臣に進むの地を為されたるもの、由」と報じられている（「岩倉公の進退」、『万朝報』一九〇〇年九月八日付朝刊）。

(138) 本経過については、浅見雅男『皇太子婚約解消事件』（角川書店、二〇一〇年）を参照。

(139) 杉孫七郎書翰徳大寺実則宛、（一八九九カ）年九月四日付（前掲「徳大寺実則関係書簡」六）では、富田算・生源寺正

子・鴨稀八十の職掌につき万里小路幸子に問い合わせ中で、万里小路からの返書を得次第、参上して詳しく説明することが報じられている。

(140) 一九〇二年末には、万里小路に東宮御内儀監督の二年延長を伝達している〔〇二・一二・二三〕。

(141) 園池公致によれば、天皇は徳大寺の辞表提出について「お内儀でも一切口にされず、当時は侍従職でも誰も気ずか〔ママ〕ぬようだった」模様である（前掲「明治のお小姓（五）」七〇頁）。

(142) 前掲渡辺幾治郎『明治天皇と輔弼の人々』一三〇～一三一頁。

(143) 前掲梶田明宏「徳大寺実則の履歴について――明治十七年侍従長就任以前を中心に」九一頁。

(144) 長期間の在官に伴う勲位の昇級を意識していたと見ることもできるが、徳大寺は名利に恬淡であり、既に一八九九年一二月に臣下としては最高位の従一位に叙せられていた〔九九・一二・六、紀⑨七三四〕。

(145) 皇太子成婚後、まず山県首相が辞意を漏らし（五月二四日）、天皇が伊藤の組閣を希望したため、徳大寺は山県と伊藤をそれぞれ訪問して斡旋に努めたが、伊藤が固辞して政権交代は暗礁に乗り上げた〔〇〇・五・三一、六・四〕。そうした中で、清国で義和団事件が深刻化し、天皇が一転して山県の留任を求めたことから山県内閣はしばらく留任することになった。加えて、今度は東宮輔導の威仁親王が辞表を提出したことも（六月二八日）、天皇が徳大寺の退任を認めなかった背景として重要である（七月三日慰留）〔紀⑨八四六～八四八〕。

(146) 岩倉具定書翰桂太郎宛、一八九八年一二月二八日付及び同封の新聞切抜「〇到底留職せざらん」（『時事新報』一八九八年一二月二八日朝刊、千葉功編『桂太郎関係文書』東京大学出版会、二〇一〇年、八四～八五頁）。

(147) 前掲『佐佐木高行日記――かざしの桜』二五三～二五四頁（一八九九年一月一〇日条）。『明治天皇紀』では、前年岩倉を差し置いて田中光顕が宮相に任じられたことが両者の確執の原因だとしている〔紀⑨五七九〕。

(148) ちなみに徳大寺は、山県首相と松方蔵相にもこの旨を連絡している（徳大寺実則書翰山県有朋宛、一八九九年一月一六日付、前掲『山縣有朋関係文書』二、四二五～四二六頁。徳大寺実則書翰松方正義宛、一八九九年一月一六日付、前掲『松方正義関係文書』八、一九八七年、五一八頁）。

(149) 条約改正に伴う内地雑居の実施（一八九九年）により、対外関係を考慮した政府は、神仏二教に対する従来の監督姿勢をキリスト教にも適用し、宗教各派を均等に監督することを企図し、帝国議会に「宗教法案」を提出して成立を急いだ。ところが、当該法案が旧来の政教関係を破壊するものだとして仏教界の一部に反発を招き、特に東本願寺が強硬な反対運動を行った結果、貴族院で否決されて廃案となった。本法案については、『日本議会史録』一（第一法規出版、一九九一年、伊藤之雄氏執筆「Ⅲ　立憲政友会創立期の議会」）二六九頁及び小林和幸『明治立憲政治と貴族院』（吉川弘文館、二〇〇二年）第二部第二章を参照。本経過については、「日記」に記載されておらず、「執事日記」からも辿ることができない。

(150) 徳大寺実則書翰山県有朋宛、一九〇〇年一月一八日付及び山県有朋書翰田中光顕宛、一九〇〇年一月一八日付。徳大寺書翰は後者に同封されたものである（安岡昭男・長井純市編「田中光顕関係文書紹介（二二）」、『法政大学文学部紀要』六三、二〇一一年、一四頁）。「執事日記」（前掲「山城国京都徳大寺家文書」一〇四）一九〇〇年一月一八日条に見える「山県総理大臣殿ゟ来書到来之事」が、その返書だと考えられる。

(151) 本事件については、東久邇宮稔彦王の回想（異説）も参考にした。元司法官で東京地方裁判所の検事であった「恩地先生は北白川宮家令をやめられて後に、内大臣秘書官になりました。何か恩地先生が、大変望んでいらした重要な法律案が御裁可になったとき、先生はたいそうよろこばれて、あわてて天皇の玉璽をさかさにおしてしまわれたのです。恩地先生は非常に責任を感じて、その内大臣秘書官を辞職なさったそうです。徳大寺侍従長土方宮内大臣〔田中光顕宮相または土方久元前宮相〕が、何もそんなことで、辞めなくてもいいのではないか、としきりに慰留したが、断固としてきかなかったということです。明治天皇があとからその話をおききになって、『恩地は誠忠の臣だね』とおっしゃったということです。〔中略〕このように、なんでも、自分の意志はどこまでも通される先生でした。〔中略〕内大臣秘書官をやめて後、式部官を停年まで勤め、昭和二年、八十何歳かで亡くなられたのです」（『やんちゃ孤独』読売新聞社、一九五五年、一九〜二二頁）。ちなみに恩地は、式部官に転出した後も北白川宮の侍講であった谷口藍田（儒者）の私塾（藍田書院）や、谷口に私淑する北条・片岡・日野西・沢等の侍従達が組織していた行動学会（谷口は「道」を教授）の運営に携わっていた模様で、徳大寺が谷口の葬儀後に恩地を呼び（一九〇二年一一月末頃）、「谷口藍田翁侍従職の人々等を薫陶すること多年、大に啓誘の功を見る。生前何等の会釈も致さず、今に至りて残懐の至りなり。宜しく遺族へ伝へられたしと篤厚の言」を述べたとされる（恩地轍編「藍田谷口先生伝」、谷口豊五郎編『藍田遺稿』熊田活版所、一九〇三年、四二〜四三頁所収）。東久邇宮は、「恩地塾といっても、先生は漢学の谷口藍田という人でした。恩地先生は自分が貧乏であるにもかかわらず、熊本時代に、藍田先生と親交を結び、東京へ家族とともにお招きして、恩地塾の先生にしたのだそうです。先生は藍田先生を死ぬまでお世話されたのです。私と朝香〔宮鳩彦王〕さんは、毎日一時間この藍田先生から四書五経の素読をさせられました。素読というのは、意味も何もわからず、ただ漢文を棒よみにしておぼえるのです。これにはまったく閉口しました。学習院へ行く時間が迫っても、この素読がすまないと、登校することができないのです。おかげで学校へ行ってから漢文には困りませんでした」と回想し、恩地の私塾で谷口に教えを受けたと指摘しているが、藍田書院の記憶違いと思われる（前掲『やんちゃ孤独』二一〜二二頁）。恩地は、徳大寺が主催する孝明天皇の伝記編纂にも引き続き従事していた模様である（『孝明天皇紀』五、吉川弘文館、九四四〜九四五頁、藤井貞文氏の解題）。行動学会（一九〇〇年二月創立）は、「専ら宮内省官吏を以て組織し、公務の余暇、師を聘して国書・経書の講筵を開き、以て各自の人格品性を養はんと」努めた勉強会だった模様である〔紀⑫四七六〕。

(152) 当時侍従武官だった松村龍雄は、北清事変のために「侍従長ノ方ガ非常ニ御忙シイヤウニ見受ケラレマシタ」と証言している（「松村龍雄第二回談話速記」、前掲『談話記録集成』五、二八一頁）。

(153) この間、岩倉幹事と田中宮相が渡辺国武蔵相の所謂「心機一転事件」解決に協力し、水面下で伊藤の政友会結党を支援したことが、「宮中府中の別」に悖るとして批判された〔紀⑨九一〇〕。たとえば、「宮内大臣田中子が、〔伊藤〕侯の病褥に伺候して其の慫慂を承はり、侍従職幹事岩倉公をして政友会総務委員長渡辺子の邸に赴かしめ、殆ど職名を帯びて之を説きたりといふ。果して此の事実あらば、宮内大臣として其の職権を濫用するの責固より免るべきにあらず。皇室は無偏無党の地に超然たるべきもの、若し其の近側に奉仕する人人〔ママ〕が相率ゐて政党の党務に斡旋すとせんか、皇室が忽ち此の人々の為めに政党中に引込まる丶の憂ひあるは多言を要せざるべし。〔中略〕抑も宮中府中の別を最も善く言ふは、伊藤の徒なりと雖も、宮中府中の別を最も多く混ずる亦た伊藤の徒に如くは莫し」（陸羯南「宮内省と政党」、『陸羯南全集』六、みすず書房、一九七一年、五七七〜五七八頁、初出は『日本』一九〇〇年一〇月一二日付朝刊）。

(154) 徳大寺は「日記」に「総理大臣辞令内大臣副署スルハ、去廿五年伊藤枢府議長ヨリ総理大臣任命ノ節例ニ依」と添え書きしている〔〇〇・一〇・一九〕。

(155) たとえば、立命館大学編『西園寺公望伝』二（岩波書店、一九九一年）三六二頁。

(156) 岩倉具定書翰伊藤博文宛、一九〇〇年一〇月二四日付（前掲『伊藤博文関係文書』三、五四頁）。

(157) 清浦奎吾（貴族院議員・前司法相）も、「政友会員として枢密院議長たる事は随分議論有之、併し西園寺は脱会したりと弁解致居候。そこは曖昧也」として、西園寺の政友会退会を疑っていた（清浦奎吾書翰山県有朋宛、一九〇〇年一一月一三日付、前掲『山縣有朋関係文書』二、六九〜七〇頁）。この他枢密院では、顧問官だった大隈重信が、板垣退助（自由党党首）と会見して改進党との提携を企図したことで罷免されたケースがある（一八九一年一一月一二日）。

(158) 徳大寺実則書翰岩倉具定宛（写）、一九〇〇年一一月七日付。なお本書翰は、同日付の岩倉具定書翰伊藤博文宛に添付されたものである。岩倉は伊藤に対し「徳大寺侍従長書面ハ極々秘密ニ相願候也。御一覧後御返却ヲ乞フ」と伝えて本書翰を回収した模様で、三者の内から借用した西園寺が一一月九日に筆写したものである（いずれも、立命館大学図書館所蔵「西園寺公望関係文書」。但し本書翰は、山崎有恒・西園寺公望関係文書研究会編『西園寺公望関係文書』松香堂書店、二〇一二年には未収録）。本史料の閲覧にあたっては、立命館大学教授山崎有恒氏のお世話になった。記してお礼申し上げる。

(159) 後年西園寺は、東洋自由新聞社長の辞任勧告は土方久元宮相が行ったと回想しているが（西園寺公望談「明治天皇御追憶記」、『西園寺公望伝』別巻二、岩波書店、一九九七年、二六〜三六頁）、当時土方は宮内少輔であり、実際には三条実美太政大臣・岩倉具視右大臣・徳大寺宮内卿が協議し、徳大寺が西園寺を呼び出して辞任勧告を行った（前掲『西園寺公望伝』一、一九九〇年、三四九〜三七四頁）。従って、西園寺のこの発言は、単なる記憶違いではなく、君側に仕える徳大寺（及び追慕する明治天皇）への配慮から、あえて土方に責任転嫁したものと推察される。また西園寺は、「明治天皇は御幼年からおなじみもあり、兄（徳大寺実則）がながくお側に仕えていた関係もあつて、どちらかというと、私をひいきにされたと思う」と述べ、君側に仕える徳大寺の存在が自己の政治的資源となったことを指摘している（小泉策太郎筆記、木村毅編『西園寺公望自伝』大日本雄弁会講談社、一九四九年、一四三頁）。

(160) 前掲『西園寺公望伝』二、三六〇～三六三頁。

(161) この他、徳大寺は甥の菊亭脩季（侯爵）の借金問題で伊藤に相談している。「伊藤侯官舎行向菊亭侯計財整理済并善後策、同侯ヨリ菊亭脩季へ後来充分倹約家計調フベク住友へ伊侯ヨリ親書ヲ以テ菊亭扶助ノ事被申入。趣意は、名族トシテ終ニ礼遇停止ニ到リテハ御親戚皇后陛下又三条公爵家未亡人活君ニ対シテモ不相済、又徳大寺西園寺両侯真実ノ甥ニ当リ、加之維新以来要路顕職ニアリテ伊侯懇親ナリ、旁差出タル事ナガラ住友へ一書ヲ投ゼシナリト謂ニアリ。予西園寺深謝之意ヲ演へ、菊亭家ノ将来ヲ厳戒ス。臥薪嘗胆ノ感ヲ以テ家計ヲ立替ヘシト云ニアリ」（〇五・八・二）。ここからは、徳大寺の家意識を強く窺うことができる。二ヶ月後、菊亭が急逝すると、徳大寺は爵位局長でもある岩倉具定に「昇位ノ件」を調査させているが、「内規年限之半ニモ達サル位、又功労と申候ても別ニ申立候程之事も無之、元ゟ無勲ニ有之尽力之途も無之」との回答に接すると、それ以上の対応をしていない（岩倉具定書翰徳大寺実則宛、一九〇五年一〇月九日付、前掲『西園寺公望関係文書』八九頁）。菊亭については、刑部芳則「公家華族の経済的困窮と打開策——侯爵菊亭脩季の挑戦」（松尾正人編『中央大学図書館所蔵　幕末・明治期名家書翰草稿——史料と研究』中央大学近代史研究会、二〇〇九年）を参照。

(162) 前掲『岩倉具定公伝』一三四～一三七頁。鵜崎鷺城『人物評論　朝野乃五大閥』（東亜堂書房、一九一二年）七四～七五頁。後年、田中はこの頃について「恰モ内閣更迭ノコトアリテ、現内閣ハ冠ヲ挂ケテ去ラントスルニ、後継内閣ノ組織ヲ見ザルコト久シク、荏苒数旬ニ及ンダ、陛下ニハ非常ニ御焦慮アソバサル、折柄、一日、侍従長徳大寺実則侯、予ニ謀ルニ、後継内閣成立ニツキ斡旋スベキコトヲ以テス、予其ノ任ニアラザルヲ陳べテ、固辞スト雖モ、侯聴カズ、是ノ事ニ当ル、今君ヲ措キテ人ナシト、予遂ニ諾シ、急遽奔馳シタ結果、幸ニモ日ナラズシテ内閣組織ヲ見ルニ至ツタ」と述懐し、徳大寺から慫慂されて政治活動をしたものだと釈明（責任転嫁）している（「田中光顕伯謹話」、前掲『談話記録集成』一、二五頁)。

(163) 徳大寺は渡辺蔵相の提出した辞表(二種類)の文言を問題視し、「余は個人の進退に対し容喙する者にあらずと雖も、先例は率ね病を称するのみ」と伝え〔紀⑩五七〕、原則として病気による退職願いにしなければならないとして修正させた(前掲『原敬日記』一、三三二頁、一九〇一年五月九日条)。

(164) 本書翰は、前掲『伊藤博文関係文書』六(徳大寺書翰伊藤宛)に収録されておらず、原本未発見であるが、広瀬順晧監修・編集『憲政史編纂会旧蔵　伊東巳代治日記・記録――未刊翠雨荘日記』二(ゆまに書房、一九九九年)一一九～一二一頁(一九〇一年五月一七日条)に、山県からの伝聞情報としてその概要が記されている(山県は西園寺から伝聞)。同じ西園寺から伝聞した原敬も「徳大寺侍従長をして伊藤に辞職を聴許ある上は元老として協議に与かるべしとの内意を伊藤に伝へられ、伊藤謹んで其命を拝したるに因り此議を元老に下されたるもの、ごとし」と書き止めている(前掲『原敬日記』一、三三二頁、一九〇一年五月一〇日条)。

(165) 前掲『憲政史編纂会旧蔵　伊東巳代治日記・記録――未刊翠雨荘日記』二、一一九～一二一頁、山県の苦言。但し山県は、西園寺から告げられた徳大寺の書信そのものを疑っていた模様で、「西園寺及徳大寺両人の挙動に付ては、明白に事実を表白し置かざるべからす」として、確認のため一八日に大磯の伊藤別邸へ向かった(同前、一三七頁、一九〇一年五月一八日条)。

(166) 「日記」には、「松方伯邸行向」〔〇一・三・二六〕としか記されていないものの、実際には「川村伯之外ニ御同県人ニて御用適任は無之候哉、閣下御見込之人体御申越被下度願入候。川村伯一人ニ而万一差支候而ハ甚痛心仕候間、今一人候補者有之候得は心慥に候故、甚乍御面倒右御依頼ニ及候。〔中略〕西郷侯之御話も御座候得共、是ハ内閣更迭之場合ニハ必要之人ニ付、他ノ人体御選抜願度存候」として、元老である西郷従道を除く複数の養育主任候補者を選定するよう依頼していた(徳大寺実則書翰松方正義宛、一九〇一年三月二七日付、前掲『松方正義関係文書』八、五一四頁)。ちなみに、川村を推挙したのも松方である〔紀⑩四六〕。

(167) 皇孫命名式の勅使を務め、復命・参賀終了後、徳大寺は午後〇時四〇分に帰宅しているが、夕刻皇太子からの出頭要請に対し、「俄カニ少々御不例ニ付代筆ヲ以テ御理書」を中山孝麿東宮大夫に送っている（前掲国文学研究資料館所蔵「山城国京都徳大寺家文書」一〇五（「執事日記」明治三四年前半）、一九〇一年五月五日条）。

(168) 西園寺公望書翰伊藤博文宛、一九〇一年五月六日付、前掲「山口コレクション」ＩＤ：二一九九四〇〇三二七。岩倉が伊藤の辞意が固いことを復奏したため（七日）、八日に再び元老会議が開かれることとなった。

(169) 徳大寺は参謀本部への行幸に供奉し、大山巌参謀総長とともに陪食に出席した（陸軍省編『明治天皇御伝記史料明治軍事史』下、原書房、一九六六年、一一四六頁、〔〇一・五・七〕）。

(170) 一方、「執事日記」には、「一、御違例ニ付御不参之事。一、岡玄卿殿入来。右若公、若奥様御診察之事」とあり、徳大寺だけでなく公弘夫婦も引籠っていたことが分かる。つまり、岡は三人を診察したのである（前掲「山城国京都徳大寺家文書」一〇五（「執事日記」明治三四年前半）一九〇一年五月九日条）。

(171) この間の日曜日には、「安息日」と記している〔〇一・三・三一〕。

(172) 前掲川上寿代「徳大寺実則と政治的意思伝達」、前掲伊藤之雄「山県系官僚閥と天皇・元老・宮中――近代君主制の日英比較」。特に伊藤氏は、「〔徳大寺の〕内大臣は兼官にすぎず、内大臣になる格式がまだ不十分とみられている一宮内官僚にすぎない。その徳大寺が個人の資格とはいえ、後継首班の善後処置について天皇の意を慮って元老伊藤に重要な発言をしたことを、天皇から善後処置を下問されている元老たちは、大きな挑戦と受け取った」と論じる傍ら、「徳大寺は自らの政治的野心からではなく、天皇が伊藤に継続して政権を担当させたいと考えていることを慮って、伊藤に一旦首相を辞任して元老会議に列するようにと独断で述べたということは、徳大寺の実直な性格から見て間違いないであろう」と指摘している（前掲論文八二～八三頁）。

(173) 「日記」によると、一九〇一年六月は二四日勤務、七月は二〇日勤務（病欠五日）。但し、出仕再開直後に「輸尿管神経症」を再発して引き籠っており〔〇一・七・二〕、威仁親王の逆鱗に触れたことが体調に影響した模様である。

(174) 第一次桂内閣については、『日本内閣史録』一（第一法規出版、一九八一年）三七三頁を参照。

(175) 「日記」に、桂太郎首相宛の勅語（一九〇一年一二月二一日付）を再録していることから、徳大寺（と天皇）が桂内閣を高く評価していたことが窺える〔〇二・二・二八〕。

(176) たとえば、女官人事〔〇二・一・二三、一二・二二〕、東宮妃産所の件〔〇二・一・二八〕、東宮の病気と国事行為負担延期の件〔〇二・三・一五〕、東宮女官増員問題〔〇二・四・二八、紀⑩二三二〕、皇太子の東北行啓中出産間近の東宮妃を見舞うため青山御所に参上するよう岩倉に通達〔〇二・五・二三〕、秩父宮誕生につき命名式の勅使〔〇二・七・一、但し紀⑩二六一～二六二では、式部官の田中建三郎が勅使を務めたとしている〕。

(177) たとえば、陸軍省官制問題（監督部から経理部に改正）で岩倉を派遣して大磯滞在中の山県に下問を伝達〔〇二・一・一七、紀⑩一七九～一八〇〕、児玉源太郎から寺内正毅への陸相更迭に際し桂の奏上を取り次ぎ〔紀⑩二一七～二一八〕、山県に田坂虎之助大佐の特旨進級を確認〔〇二・四・八、紀⑩二二四〕、北清事変への派遣軍人による馬蹄銀隠匿問題で進退伺を提出した児玉前陸相の処遇について山県に下問〔〇二・四・一八、紀⑩二二八～二二九、二三二〕、大山巌参謀総長邸に出向き、清国に派遣される三個師団を秋季大演習で再動員するのは無理があるとして天皇が計画再考を促した件〔紀⑩二五二〕、寺内陸相宛の書状で予算編成上の注意を伝達〔紀⑩二五八～二五九〕、大庭二郎副官を招聘し山県に「五ケ条御下問」を伝達〔〇二・八・二九、三〇〕。この他、師団長会議を召集する手続きについて、岡沢精侍従武官長から相談を受けている〔紀⑩一九二〕。

(178) 前掲川上寿代「徳大寺実則と政治的意思伝達」。

(179) 伊藤は桂首相に対し内々に地租増徴継続への同意を表明したが、解散含みの緊迫した政局のため公表できなかった〔〇二・一二・四、紀⑩三四七～三五一〕。当該期の政友会と伊藤については、山本四郎『初期政友会の研究』（清文堂、一九七五年）を参照。

(180) 徳大寺実則書翰山県有朋宛、一九〇三年七月三日付（前掲『山縣有朋関係文書』二、四二九頁）。

(181) 徳大寺実則書翰山県有朋宛、一九〇三年七月四日付、第一信（同前）。

(182) 徳大寺実則書翰山県有朋宛、一九〇三年七月六日付、第一信（同前、四三〇頁）。

(183) ちなみに、佐々木高行が「伊藤は元勲中にも別に御寵遇あれども政党の主領にて、今日政海の風波荒れたる場合何となく伊藤の方へ御寄り被遊候様の感触を一般の人心に与へ候は、乍恐御聖徳に関し一視同仁の叡慮も如何との影響なきやも申し難く」と憂慮した際、徳大寺も、伊藤が天皇の「御信用の厚きをひらめか（ママ）し候癖あり。此には畢竟党人又は一般人に信用を置かしめんの策なるか、誠に困りたるなり」と応じ、政党党首である伊藤の振る舞いに苦言を呈していた（前掲『佐佐木高行日記――かざしの桜』五一七～五一八頁（一九〇二年一二月七日条、一三日条））。

(184) 徳大寺実則書翰山県有朋宛、一九〇三年七月六日付、第二信（前掲『山縣有朋関係文書』二、四三一頁）。伊藤が枢密院議長に就任する当日になっても、徳大寺はなお「政友会ノ処分ハ明瞭ヲ欠キ候様被存候得共、勿論政党ハ罷メられ候事と想像致候」と懸念し、西園寺の場合と同様に党籍離脱の徹底を希望していた（徳大寺実則書翰松方正義宛、一九〇三年七月一三日付、前掲『松方正義関係文書』八、四九九頁）。川上寿代氏も、「徳大寺もまた元老である伊藤が政党の総裁であることに批判的だったのかと考えられる」と指摘している（前掲「徳大寺実則と政治的意思伝達」四三頁）。

(185) 前掲『西園寺公望伝』二、三七八～三八四頁。

(186) 前掲伊藤之雄『明治天皇――むら雲を吹く秋風にはれそめて』三八〇～三八一頁。

(187) この間、年末には「奉答文事件」などが起こっているが、徳大寺は重要視しなかった模様である。

(188) 徳大寺は、二〇日の歌会始に「岩かきに根さしかためてよろつ世を　うたふ千代たのまつかせのこえ」（題目「岩上松」）と詠進した〔〇四・一・一九〕。

(189) 徳大寺の辞表には、本官並びに兼官（＝侍従長兼内大臣）の他に、皇室経済顧問・先帝御事蹟調掛長・春日保存会会長・興風会会長〔頭〕・行道（ママ）会会長と記されている〔〇四・四・一〕。興風会については、〔紀⑩一三、⑫一一八、四八三〕を参照。

(190) 辞表に添付された診断書は以下の通りである。「侯爵徳大寺実則　右者両三年前ヨリ時々脈搏不整且脈管少シク硬変等ノ症状ヲ来セシカ、先般肺炎ニ罹リシ以来心機変常且ツ脈管硬化稍々増加ヲ認メ候ニ付、向後猶一層ノ摂養可然診断候也。明治三十七年三月三十日　岡玄卿」〔〇四・四・一〕。

(191) かつて脚部腫瘍を患って一ヶ月半欠勤した際にも、「連日不参心事雖不易難如何」と記している〔八七・一一・三一〕。

(192) トク・ベルツ編、菅沼竜太郎訳『ベルツの日記』下（岩波書店、一九七九年）六五〜六六頁（一九〇四年四月二四日条）。

(193) 前掲「山城国京都徳大寺家文書」一〇九（「執事日記」明治三八年前半）。但し、自邸での事務処理は欠かしていない。

(194) 第一は、大韓帝国から伊藤を国王顧問に招聘したいと打診があり、異存はないが皇帝からの請願書が必要で二ヶ月程度の出張とする事。第二は、九月に米国博覧会への出張を予定している威仁親王の病状が芳しくないため貞愛親王に交代することとし、本当に皇族の派遣が必要なのかを外相に確認するよう依頼された〔〇四・七・四、紀⑩七九二〜七九三〕。

(195) たとえば、日本海海戦の際は、「対馬釜山海峡ニ於テ波艦廿五隻ト我聯合艦隊ト大海戦アリ〔中略〕午後風浪荒ク艦飛揚ス。敵旗艦ヲ撃沈、総司令官負傷シ駆逐艦ニ移乗ス」〔〇五・五・二七〕、「終日激戦我大勝利」〔〇五・五・二八〕と興奮気味に記している。興風会の戦死者追悼歌会（勅題「鏡」）には、「ほまれある霊は鏡にしつまりて　すめら御くにを世々守らむ」と詠進している〔〇五・五・一八〕。この他当該期の書状には、「時局着々海上ハ別而奏功愉快ニ候。目下要塞攻撃余程難戦之趣相聞候得共、是亦不日奏功候与想像候」（徳大寺実則書翰斎藤桃太郎宛、一九〇四年八月二四日付、宮内庁宮内公文書館所蔵「斎藤家文書」、識別番号三五〇四〇、本史料は臨時帝室編修局作成の写本）と見える。

(196) 岩倉具定書翰依仁親王宛、一九〇四年三月一日付（前掲「岩倉具定関係文書（書翰の部一）」八〜九頁）及び岩倉具定書翰斎藤桃太郎宛、一九〇四年二月二一日付（前掲「斎藤家文書」）。

(197) 徳大寺の欠勤時に岩倉が職務を代行していた記述は散見される（たとえば、東京帝国大学の卒業証書授与式等に陪従した岩倉宮相が侍従長、渡辺千秋次官が宮相の職掌を代行〔紀⑫二五六、二八四、三一六〜三一七、三二三〜三二四〕）、他に徳大寺実則書翰岩倉具定宛、一九〇二年六月二日付、「岩倉具定関係文書（書翰の部二）」、『京薬論集』一七、二〇一〇年、一〇頁等がある）。岩倉が「外国使臣の来朝都度毎之接伴員となり、或は伊藤、山県諸公以後の内閣の更迭及、政変頻発の際に臨み、いつも陛下の御内命を奉じて、重臣邸と、宮中の間を往復して、政局の収拾と、緩和に力める等政界の裏面に於ける、人知れぬ労苦と功績がある。又時として侍従長事故不参の時に在りては、侍従長代理として陛下を扶翼し奉り、又は陪乗して、其御臨幸に供奉する場合が多かつた」と評される所以である（前掲『岩倉具定公伝』一三〇頁）。

(198) たとえば、加藤高明外相が辞任した鉄道国有問題（一九〇六年一〜三月）については、「外相辞任首相臨時兼任」と記しているに過ぎず〔〇六・三・三〕、五月一九日の林董外相の親任式については記載されていない。また、児玉源太郎参謀総長の急死（七月二三日）についても、二三日と二四日に事務的（位階勲等・下賜金・祭祀料）な記述が見られる程度である（但し、同月一二日から病欠中）。

(199) 元侍従の東園基愛は、「西園寺侯が総理大臣の時代に公務上徳大寺公と会談することが屢あつたのであるがさう云ふ場合に公侯は実の同胞でありながら双方から『閣下……閣下』とお互に敬語を用ひられるのが例であつたと云ふ一事で見ても公の人格の一面が偲ばれる」と証言している（「宮中奉仕五十年」、前掲『東京朝日新聞』一九一九年六月五日朝刊、徳大寺の追悼記事）。また、西園寺は徳大寺の招きに応じているが（西園寺公望書翰徳大寺実則宛、一九〇三年三月一六日付、前掲「山城国京都徳大寺家文書」三六六及び年不明一月六日付、前掲「徳大寺実則関係書簡」五）、徳大寺は西園寺側の招宴（たとえば、毛利八郎を養子に迎える披露宴〔九九・六・一一〕や西園寺八郎と新子の結婚式〔〇六・六・八〕）を欠席しており、「日記」にも西園寺との接触の記述が少ないことから、徳大寺が西園寺と距離を置いていたことが分かる。但し、「執事日記」や子息が残した「徳大寺公弘日記」には、両家の頻繁な往来が確認される。

(200) 一九〇五年二月一二日以来途絶えていた「本邸徜徉」の記述が見られるようになった〔〇六・八・一二、九・一六〕。

(201) たとえば、「日記」中の伊藤関係記事は以下の通りである。北白川宮輝久王臣籍降下の件で伊藤邸訪問〔〇七・二・二六〕、鎮海防備条例処理の件〔〇七・三・二六〕、軍令問題〔〇七・八・二〇〕、憲法諮詢宮殿下賜の件〔〇八・二・一二〕、昌子内親王の婚姻後の宮中席次の件で伊藤邸訪問〔〇八・三・三一〕、西園寺首相に伊藤の身上について相談〔〇八・五・二五〕、天皇の気遣いを記した書翰を発信〔〇八・六・二七〕、後継首班下問〔〇八・七・四〕、伊藤拝謁〔〇八・九・一九〕、伊藤へ暗号電報〔〇八・一二・四〕、賞勲局総裁人事及び韓国皇太子御用掛人事の下問〔〇九・二・一七〕、療養中の伊藤に関する情報〔〇九・三・三一〕、韓国統監辞任〔〇九・六・一一、一四〕、皇室費増加に関する伊藤談話〔〇九・六・一九〕、日韓関係事績編纂総裁依嘱〔〇九・八・二六〕、暗殺と国葬〔〇九・一〇・二六〜一一・四〕。伊藤が統監として京城に滞在している間は、専ら日高秩父秘書官が勅使役（＝下問と奉答の伝達）を命じられている。

(202) 高久嶺之介「大正期皇室法令をめぐる紛争」上下（『同志社人文科学研究所社会科学』三二・三四、一九八三〜一九八四年）、前掲川田敬一『近代日本の国家形成と皇室財産』、瀧井一博『伊藤博文──知の政治家』（中央公論新社、二〇一〇年）等を参照。

(203) 前掲川田敬一『近代日本の国家形成と皇室財産』。

(204) 前掲『法令全書』四〇─二、一三頁。但し侍従職には、これ以前から一五人程のスタッフ（侍従・次侍従・侍従職勤務・侍従職出仕）と属官七〜八人が勤務しているので、これらを明文化したものと思われる。

(205) 同前二〇〜二一頁、「内大臣府沿革」（粟屋憲太郎他編『昭和初期の宮中と政治──侍従次長河井弥八日記』六、岩波書店、一九九四年）一九五〜一九八頁。

(206) 但し、文事秘書局の内大臣府への統合に際し、新設されることとなった内大臣秘書官長人事は難航した模様である。当初は、細川潤次郎文事秘書局長（本官は枢密顧問官、徳大寺より五歳年長）がそのまま就任し、宮中顧問官の資格が付与される予定だと報じられたが（『読売新聞』一九〇七年一一月三日朝刊）、実際に就任したのは文事秘書官・股野琢（帝室博物館総長・宮中顧問官）だった。

(207) 前掲「内大臣府沿革」一九六頁。たとえば、雨宮敬次郎の請願を首相等へ回覧している〔〇八・五・一二〕。

(208) 公式令第一五条二「内閣総理大臣ヲ免スルノ辞令書ニハ他ノ国務大臣又ハ内大臣、宮内大臣ヲ免スルノ辞令書ニハ内大臣年月日ヲ記入シ之ヲ奉ス」（我妻栄編『旧法令集』有斐閣、一九六八年、一四頁）。

(209) 徳大寺が天皇に公式令等の草案を見せていること（一九〇六年一一月二二日）〔紀⑪六三八〕。両法令公布の直前に、天皇の命を受けて大磯の伊藤別邸を訪問していること（一九〇七年一月二九日）〔紀⑪六六九〕。皇室典範増補についても、枢密院での審議や皇族会議の経過を書き止めていることから、徳大寺が宮内省内で両法制定の準備に関わっていたことは間違いない〔〇七・二・四、五、一一〕。

(210) 天皇の宸念を伝える伊藤宛書状を連続して発信し、林董外相の特派準備にも関係している（堀口修・西川誠編『公刊明治天皇御紀編修委員会史料末松子爵家所蔵文書』上、ゆまに書房、二〇〇三年、四八一〜四八七頁）。

(211) 前掲『原敬日記』二、三〇八頁（一九〇八年六月二三日条、二五日条）。

(212) この間、前年一〇月二六日、伊藤博文がハルビンで暗殺された。午後四時に天皇から呼び出し受けた徳大寺は、直ちに参内し「外相ニ前途方針ヲ可尋」沙汰を受け、小村外相・山県枢密院議長と会談し侍従武官と侍医の派遣を奏上している（伊藤死去の報が届いたため、軍艦派遣に切り替え）（〇九・一〇・二六）。「日記」には、「伊藤公爵今朝九時ハルピンステーションニ於テ露国大蔵大臣ノ請求ニヨリ閲兵了リプラットホームニ於テ韓人ノ為ニ暗殺《ピストルニテ撃》セラレタリトノ急報」と記されており、徳大寺が動揺したことが窺える（〇九・一〇・二六）。

(213) この年の徳大寺は、統監を兼務する寺内陸相が出張している間に有事が発生した場合の対処法について桂首相に下問を伝達したり（一〇・五・一二、紀⑫四一二〜四一三）、韓国併合につき小村外相や桂首相からの伝言を取り次いだこと（八月）が挙げられる。

(214) 前掲『原敬日記』三、一八三〜一八六頁（一九一一年一一月一〇〜一四日条）。

(215) 「大島健一談話速記」（前掲『談話記録集成』六）一七八〜一八三頁。

(216) 同前、二〇二〜二〇三頁。

(217) 実際には、前年頃、徳大寺・西園寺首相・山県枢密院議長が会見した席で、岡玄卿侍医局長から、天皇の体調が思わしくないため「どうか外交や政治上の事で此の上御精力を消耗遊ばされるやうな事のないやうに、なるべく御控へ願ひたい」と告知されていた模様である（前掲「明治天皇御追憶記」三三二〜三三三頁）。

(218) 渡辺千秋書翰山県有朋宛、一九一二年七月一九日付（前掲『山縣有朋関係文書』三、三七九頁）。

(219) 「徳大寺公弘日記」（前掲「山城国京都徳大寺家文書」一八二、以下「公弘日記」と本文中に略記）。

(220) 前掲『原敬日記』三、二四五頁（一九一二年八月一四日条）。

(221) 渡辺千秋書翰山県有朋宛、一九一二年七月三〇日付・八月五日付・八月七日付（前掲『山縣有朋関係文書』三、三八〇〜三八一頁）。特に八月五日付書翰には、「要するに今後之順序等総而閣下之御指示可相待との事に約束仕置候儀にて、到而好都合に御座候間、御安慮被下度」とあり、徳大寺更迭と桂の起用について西園寺と合意したことが窺える。

(222) ちなみに、三条の国葬費は三万円、伊藤は政友会創設時三万円（その後合計二〇万円余）、桂は洋行時一万五〇〇〇円を拝領した。恩給額も破格で、在職中とほぼ同額の年八〇〇〇円余りと算出されている（「日本一の高恩給」、『報知新聞』一九一二年九月一日朝刊）。

(223) 前掲東園基愛「宮中奉仕五十年」及びその記事を基礎に執筆された小川金男『宮廷』（日本出版協同株式会社、一九五一年）二〇九頁。小川は、徳大寺家の筆頭家扶を務めた小川左之次の子息で、当時徳大寺家に寄宿していた宮内省の下級役人（＝仕人《つこうど》）（国文学研究資料館編『史料館所蔵史料目録第六八集　山城国諸家文書目録（その二）』一九九九年、八六頁）。

(224) 前掲「徳大寺公弘日記」一九一二年一〇月一日条。後任の桂太郎は、君側奉仕が「毎日々々朝より夕方に掛け候而君側之勤務不得寸暇」と愚痴をこぼしているが（桂太郎書翰山県有朋宛、一九一二年九月一一日付、千葉功編『桂太郎発書翰集』東京大学出版会、二〇一〇年、四二八頁）、首相時代から桂は徳大寺と昵懇なので、官舎を引き払うまで徳大寺が助言していた可能性がある。

(225) 「過日来元老会議ヲ重ヌル事十一回、大命桂公へ下リテ御前新任式ヲ行ハセラル。国家ノ為メ先ツ大慶ナリ。併シ僅四ケ月前宮中へ入レル桂公、復々政海ニ出テ斎藤海相辞任ノ固堅《ママ》ナルニ苦ルシミ、勅語ヲ賜ハラシムルニ至リテハ実ニ恐懼ノ至ナリ。闇諒《ママ》中殊元老等ノ不謹慎ナル挙動アルニ至リテハ、今上陛下ニ奉対何共恐惶至極ナリ」と記し、臆面もなく天皇を政治的に利用する桂のやり方に憤慨していた子息公弘は、義弟である鷹司熙通の侍従長就任に「歓トシテ同家ヲ訪問シ、順子〔徳大寺長女〕ニ面会シ祝意ヲ申入」れた（「公弘日記」一九一二年一二月二一〜二二日）。伝統的な宮廷社会において、桂がいかに逸脱した存在として見なされていたかが窺えよう。また、従来の研究では、鷹司熙通について等閑視されている。しかし、一九〇二年に侍従武官となり、少将で退役した後は侍従職御用掛（一九一〇年）に就任し〔紀⑫三五四〜三五五、三五九〜三六〇〕、高齢化した徳大寺を補佐した後に大正天皇の侍従長となって内大臣府御用掛を兼ねた鷹司こそ、舅である徳大寺の路線を継ぐうってつけの人物だったと言える（現に、鷹司は「常ニ君側ニ奉仕スル者ハ、心ヲ忠愛ニ存シ身ヲ謹厳ニ処シ、夙夜恪勤其言行ヲ慎ミ、一身ノ瑕瑾延テ至尊ヲ煩スニ至ラザランコトヲ希フト。是レ曾テ前ノ侍従長徳大寺公爵ノ諸君ニ警告セラレタルモノニシテ、洵ニ尽セリト謂フベシ。煕通叨ニ乏ヲ承ク、安ゾ此至言ヲ服膺セザルヲ得ンヤ。熟ラ案ズルニ、志慮忠純ニシテ職ヲ謹ミ、忠亮篤誠ニシテ恭敬ナルハ、蓋シ亦君側ニ奉侍スルモノノ要点ナランカ。将来諸君ト共ニ其動作ヲ慎ミ互ニ相警メ、以テ皇室ノ尊厳ノ毀ケザランコトヲ希望ス。今茲ニ煕通ガ誠意ノ〔ママ〕披瀝シテ以テ諸君ニ告グ」と侍従一同に口達していた。前掲『昭和初期の天皇と宮中』六、二〇四頁、一九一三年一二月二七日）。従って、宮内官としての鷹司については、もっと注目されてしかるべきである。

(226) この月、徳大寺は大正天皇にもう一度拝謁しているが、対話内容は不明である〔一三・一〇・八〕。

(227) 数度にわたる山県の辞任問題については、「山県有朋枢密院議長辞職「陳情書」」（『日本歴史』七八九、二〇一四年、口絵写真と伊藤隆氏による解説）を参照。

(228) 結局皇后宮大夫は、香川敬三（皇太后宮大夫）の兼任となった。

(229) 同じ頃、波多野敬直宮相も「長官は徳大寺の様なる人を望む」として大礼使長官への起用を主張していた（前掲『原敬日記』四、六七頁、一九一四年一一月二四日条）。

(230) 香川敬三皇后宮大夫が死去した後は（一九一五年三月二〇日）、徳川達孝侍従次長が事務を担当していた。

(231) 徳大寺の「引退」と入れ替わるように、大正天皇に召出された実弟西園寺が、大正政変時の「違勅」問題からの復権を果たし、政治活動を再開したこと（＝元老に列したこと）は決して無関係ではない（拙稿「大正前・中期の西園寺公望と「元老制」の再編」、『日本歴史』七六〇、二〇一一年。後に『「元老制」変容過程の研究』二〇一四年早稲田大学提出の博士論文に収録）。

(232) 前掲松田好史『内大臣の研究――明治憲法体制と常侍輔弼』二三頁。

(233) 資料①からも、侍従長専任時代より内大臣兼任時代の方が多忙であったことが分かる。

(234) 前掲『佐佐木高行日記――かざしの桜』一九頁（一八九五年五月一一日条）。

(235) 金子堅太郎は、「マア徳大寺サンデセウ、徳大寺サンニハ大キナ声デ論ジテ御居デニナルヤウナ事ヲ伺ツタコトガアリマス、マア御機嫌ヲ徳大寺サンニ浴セカケニナルノデスナ、他ノ人ニ向ツテハ全ク左様ナ事ハ仰シヤラナイヤウデシタ、徳大寺サンダケニハ思フ存分仰セラレルヤウデス」として、天皇が唯一愚痴をこぼせる相手が徳大寺だったことを証言している（「松村龍雄第二回談話速記」、前掲『談話記録集成』五、三六六〜三六七頁）。

(236) 前掲『東京朝日新聞』一九一九年六月五日朝刊。

(237) 他に、「忠貞而謙譲。不誇功。不炫才。華冑之英也」とする陸羯南の人物評も的を射た指摘である（「聖代名臣録」、『日本』一八九二年二月一一日朝刊、前掲『陸羯南全集』三、一九六九年、四〇五頁）。

(238) 前掲坂本一登『伊藤博文と明治国家形成――「宮中」の制度化と立憲制の導入』。

(239) 小川金男は、「徳大寺侍従長」と題する一文の中で、「恐らく内大臣侍従長としての性格から、自分を極度に慎んだもので、政治には絶対に関与してはならないという鉄則を実行されていたのであろう。またこうした内大臣侍従長としての態度は、明治陛下が強く要求されていたものでもあつたであろう」と指摘している（前掲『宮廷』二〇八〜二一〇頁）。

(240) 前掲『原敬日記』三、二四五頁（一九一二年八月一四日条）。

(241) 従来しばしば利用されてきた早稲田大学図書館所蔵の「日記」写本は、『明治天皇紀』の編纂用に作成されたため、天皇の大葬が終了する一九一二（大正元）年九月以後の分が含まれていない。

（付記）

本研究は、日本学術振興会科学研究補助金（特別研究員奨励費・課題番号15J00042）の助成を受けた研究成果の一部である。

内豎（明治21年まで）出仕（明治22年から）	属（明治41年から宮内属）	雇員及雇員兼勤	太政大臣のち明治18年12月より内大臣	出仕（親任待遇）御用掛（奏任・勅任・親任各待遇）	秘書官長	秘書官	属	雇員	文事秘書官長（明治23年から）	秘書官	属	備考
—	松井定克・斎藤久次・内山耕三郎・犬養駒太郎・原忠道・田村幸一・酒井盛・長崎素介＋内舎人15	飯村栄一	松方正義	平山成信（親任）・富井政章（親任）	近藤久敬	日高秩父・北村信篤	宮本基・宇野国太郎・猪子益次郎	金指泰・雨宮三郎	—	—	—	

西暦／年号	侍従長	幹事（大正4年から侍従次長）	御用掛（明治43年から）	事務官（大正4年から）	侍従（人数）	七等相当（明治17年まで）／侍従試補／次侍従（明治37年から）／侍従補（大正7年から）（人名）	勤務および勤務兼勤（下線）
1919年 大正8	正親町実正	徳川達孝	東園基愛	原恒太郎	日根野要吉郎・清水谷実英・原恒太郎・沢宣元・松浦靖・落合為誠・大炊御門家政・海江田幸吉・松平慶民・徳川義恕・黒田長敬・加藤泰通・河鰭実英（13人）	穂穙俊水	日高・北村

凡例

各年次職員録・安在邦夫・望月雅士編『佐佐木高行日記――かざしの桜』（北泉社、2001年）・宮内庁書寮部「徳大寺実則日記」・『明治天皇紀』（吉川弘文館）などから作成。明治24年と31年は『職員録』が発行されていないため不明。

＊資料①と②は横書きのため本章末尾から始まる。

内豎（明治21年まで）出仕（明治22年から）	属（明治41年から宮内属）	雇員及雇員兼勤	太政大臣のち明治18年12月より内大臣	出仕（親任待遇）御用掛（奏任・勅任・親任各待遇）	秘書官長	秘書官	属	雇員	文事秘書官長（明治23年から）	秘書官	属	備考
坊城俊良・穂穙俊水・久世章業	松井定克・斎藤久次・原田次平太・内山耕三郎・犬養駒太郎・原忠道・田村幸一・酒井盛・兼勤渡辺敬宗・事務兼勤宮本基・事務兼勤宇野国太郎・事務兼勤猪子益次郎	—	大山巌	貞愛親王（出仕・親任）鷹司熙通（勅任）	股野琢（帝室博物館総長）	日高秩父・高橋暐・北村信篤	松井定克・宮本基・宇野国太郎・猪子益次郎・内山耕三郎（宮内属事務兼勤）	—	—	—	—	
穂穙俊水・久世章業・河辺正長	松井定克・斎藤久次・原田次平太・内山耕三郎・犬養駒太郎・原忠道・田村幸一・酒井盛＋内舎人15	金指泰・長崎素介	大山巌	貞愛親王（出仕・親任）鷹司熙通（勅任）	股野琢（帝室博物館総長）	日高秩父・北村信篤	宮本基・宇野国太郎・猪子益次郎	長崎素介・金指泰	—	—	—	侍従職幹事廃止、侍従次長設置
穂穙俊水・久世章業・河辺正長	松井定克・斎藤久次・内山耕三郎・犬養駒太郎・原忠道・田村幸一・酒井盛＋内舎人15	金指泰・長崎素介	大山巌	鷹司熙通（勅任）	股野琢（帝室博物館総長）	日高秩父・北村信篤	宮本基・宇野国太郎・猪子益次郎	長崎素介・金指泰	—	—	—	
穂穙俊水・久世章業	松井定克・斎藤久次・内山耕三郎・犬養駒太郎・原忠道・田村幸一・酒井盛＋内舎人15	長崎素介・飯村栄一	松方正義	鷹司熙通（勅任）	股野琢（帝室博物館総長）	日高秩父・北村信篤	宮本基・宇野国太郎・猪子益次郎	金指泰	—	—	—	
久世章業	松井定克・斎藤久次・内山耕三郎・犬養駒太郎・原忠道・田村幸一・酒井盛・長崎素介＋内舎人15	飯村栄一	松方正義	鷹司熙通（勅任）・平山成信（親任）・富井政章（親任）	近藤久敬	日高秩父・北村信篤	宮本基・宇野国太郎・猪子益次郎	金指泰	—	—	—	

西暦／年号	侍従長	幹事（大正4年から侍従次長）	御用掛（明治43年から）	事務官（大正4年から）	侍従（人数）	七等相当（明治17年まで）／侍従試補／次侍従（明治37年から）／侍従補（大正7年から）（人名）	勤務および勤務兼勤（下線）
1914年大正3	鷹司熙通	米田虎雄	—	—	東園基愛・日根野要吉郎・日野西資博・田内三吉・清水谷実英・原恒太郎・沢宣元・高辻宜麿・松浦靖・大炊御門家政・海江田幸吉・松平慶民・徳川義恕・石山基陽（14人）	—	日高・高橋・北村
1915年大正4	鷹司熙通	徳川達孝	—	原恒太郎	東園基愛・日根野要吉郎・清水谷実英・原恒太郎・沢宣元・高辻宜麿・松浦靖・落合為誠・大炊御門家政・海江田幸吉・松平慶民・徳川義恕・石山基陽・黒田長敬（14人）	—	日高・北村
1916年大正5	鷹司熙通	徳川達孝	東園基愛	原恒太郎	日根野要吉郎・清水谷実英・原恒太郎・沢宣元・高辻宜麿・松浦靖・落合為誠・大炊御門家政・海江田幸吉・松平慶民・徳川義恕・石山基陽・黒田長敬（13人）	—	日高・北村
1917年大正6	鷹司熙通	徳川達孝	東園基愛	原恒太郎	日根野要吉郎・清水谷実英・原恒太郎・沢宣元・松浦靖・落合為誠・大炊御門家政・海江田幸吉・松平慶民・徳川義恕・石山基陽・黒田長敬・河鰭実英（13人）	—	日高・北村
1918年大正7	鷹司熙通・正親町実正	徳川達孝	東園基愛	原恒太郎	日根野要吉郎・清水谷実英・原恒太郎・沢宣元・松浦靖・落合為誠・大炊御門家政・海江田幸吉・松平慶民・徳川義恕・黒田長敬・加藤泰通・河鰭実英（13人）	穂穙俊水	日高・北村

内豎（明治21年まで）出仕（明治22年から）	属（明治41年から宮内属）	雇員及雇員兼勤	太政大臣のち明治18年12月より内大臣	出仕（親任待遇）御用掛（奏任・勅任・親任各待遇）	秘書官長	秘書官	属	雇員	文事秘書官長（明治23年から）	秘書官	属	備考
坊城俊良・穂穙俊水・久世章業・藤井兼光	松井定克・楠成允・斎藤久次・小島忠義・原田次平太・内山耕三郎・犬養駒太郎・原忠道・兼勤渡辺敬宗・事務兼勤北村信篤・事務兼勤宮本基・事務兼勤宇野国太郎・事務兼勤猪子益次郎	—	徳大寺実則	落合為誠（奏任）	股野琢（帝室博物館総長）	日高秩父・野崎来蔵・高橋暐	北村信篤・松井定克・宮本基・宇野国太郎・猪子益次郎・内山耕三郎（宮内属事務兼勤）	—	—	—	—	内大臣府御用掛設置 1/14愛宕侍従職勤務、次侍従に昇任 2/2愛宕次侍従死去 9/20松浦（陸軍中佐）侍従就任
坊城俊良・穂穙俊水・久世章業・藤井兼光	松井定克・斎藤久次・原田次平太・内山耕三郎・犬養駒太郎・原忠道・兼勤渡辺敬宗・事務兼勤北村信篤・事務兼勤宮本基・事務兼勤宇野国太郎・事務兼勤猪子益次郎	—	徳大寺実則・桂太郎	貞愛親王（出仕・親任）鷹司熙通（勅任）	股野琢（帝室博物館総長）	日高秩父・野崎来蔵・高橋暐（式部官）・落合為誠	北村信篤・松井定克・宮本基・宇野国太郎・猪子益次郎・内山耕三郎（宮内属事務兼勤）	—	—	—	—	明治天皇死去・大正天皇即位
坊城俊良・穂穙俊水・久世章業	松井定克・斎藤久次・原田次平太・内山耕三郎・犬養駒太郎・原忠道・田村幸一・酒井盛・兼勤渡辺敬宗・事務兼勤北村信篤・事務兼勤宮本基・事務兼勤宇野国太郎・事務兼勤猪子益次郎	—		貞愛親王（出仕・親任）鷹司熙通（勅任）	股野琢（帝室博物館総長）	日高秩父・高橋暐・落合為誠	北村信篤・松井定克・宮本基・宇野国太郎・猪子益次郎・内山耕三郎（宮内属事務兼勤）	—	—	—	—	次侍従廃止 新帝践祚に伴い、東宮侍従が侍従に就任

西暦／年号	侍従長	幹事（大正4年から侍従次長）	御用掛（明治43年から）	事務官（大正4年から）	侍従（人数）	七等相当（明治17年まで）／侍従試補／次侍従（明治37年から）／侍従補（大正7年から）（人名）	勤務および勤務兼勤（下線）
1911年 明治44	徳大寺実則	—	鷹司熙通・九条道実・大炊御門家政	—	米田虎雄・東園基愛・北条氏恭・日根野要吉郎・日野西資博・清水谷実英・河鰭公篤（7人）	沢宣元・慈光寺仲敏	日高・野崎・高橋・石山基陽
1912年 明治45 大正1	徳大寺実則・波多野敬直・桂太郎・鷹司熙通	—	鷹司熙通・九条道実・大炊御門家政	—	米田虎雄・東園基愛・北条氏恭・日根野要吉郎・日野西資博・清水谷実英・河鰭公篤・松浦靖（8人）	沢宣元・慈光寺仲敏	日高・野崎・高橋・落合・石山基陽
1913年 大正2	鷹司熙通	米田虎雄	—	—	東園基愛・日根野要吉郎・日野西資博・田内三吉・九条道実・清水谷実英・原恒太郎・沢宣元・高辻宜麿・松浦靖・大炊御門家政・海江田幸吉・松平慶民・徳川義恕・石山基陽（15人）	—	日高・高橋・落合

内豎（明治21年まで）出仕（明治22年から）	属（明治41年から宮内属）	雇員及雇員兼勤	太政大臣のち明治18年12月より内大臣	出仕（親任待遇）御用掛（奏任・勅任・親任各待遇）	秘書官長	秘書官	属	雇員	文事秘書官長（明治23年から）	秘書官	属	備考
石山基陽・坊城俊良・平松時賢・穂穙俊水・倉橋泰光	松井定克・楠成允・斎藤久次・小島忠義・原田次平太・内山耕三郎・犬養駒太郎・原忠道・兼勤渡辺敬宗・事務兼勤北村信篤・事務兼勤宮本基・事務兼勤宇野国太郎・事務兼勤猪子益次郎＋内舎人17	—	徳大寺実則	—	股野琢（帝室博物館総長）	日高秩父・野崎来蔵	北村信篤・松井定克・宮本基・宇野国太郎・猪子益次郎・内山耕三郎（宮内属事務兼勤）	—	—	—	—	明治40年内大臣府官制。内大臣秘書官長設置・文事秘書局廃止。1/1股野内大臣秘書官帳就任
石山基陽・坊城俊良・穂穙俊水	松井定克・楠成允・斎藤久次・小島忠義・原田次平太・内山耕三郎・犬養駒太郎・原忠道・兼勤渡辺敬宗・事務兼勤北村信篤・事務兼勤宮本基・事務兼勤宇野国太郎・事務兼勤猪子益次郎＋内舎人17	—	徳大寺実則	—	股野琢（帝室博物館総長）	日高秩父・野崎来蔵・高橋皞	北村信篤・松井定克・宮本基・宇野国太郎・猪子益次郎・内山耕三郎（宮内属事務兼勤）	—	—	—	—	岩倉は宮相転出
坊城俊良・穂穙俊水・久世章業	松井定克・楠成允・斎藤久次・小島忠義・原田次平太・内山耕三郎・犬養駒太郎・原忠道・兼勤渡辺敬宗・事務兼勤北村信篤・事務兼勤宮本基・事務兼勤宇野国太郎・事務兼勤猪子益次郎	—	徳大寺実則	—	股野琢（帝室博物館総長）	日高秩父・野崎来蔵・高橋皞	北村信篤・松井定克・宮本基・宇野国太郎・猪子益次郎・内山耕三郎（宮内属事務兼勤）	—	—	—	—	2/25侍従職御用掛設置、鷹司・九条就任 3/31岩倉急死

西暦／年号	侍従長	幹事（大正4年から侍従次長）	御用掛（明治43年から）	事務官（大正4年から）	侍従（人数）	七等相当（明治17年まで）／侍従試補／次侍従（明治37年から）／侍従補（大正7年から）（人名）	勤務および勤務兼勤（下線）
1908年明治41	徳大寺実則	岩倉具定	—	—	米田虎雄・東園基愛・北条氏恭・日根野要吉郎・日野西資博・河鰭公篤・清水谷実英（7人）	沢宣元・慈光寺仲敏	日高・野崎・愛宕通則・大炊御門家政
1909年明治42	徳大寺実則	岩倉具定	—	—	米田虎雄・東園基愛・北条氏恭・日根野要吉郎・日野西資博・河鰭公篤・清水谷実英（7人）	沢宣元・慈光寺仲敏	日高・野崎・高橋・愛宕通則・大炊御門家政
1910年明治43	徳大寺実則	—	鷹司熙通・九条道実・大炊御門家政	—	米田虎雄・東園基愛・北条氏恭・日根野要吉郎・日野西資博・河鰭公篤・清水谷実英（7人）	沢宣元・慈光寺仲敏	日高・野崎・高橋・愛宕通則・石山基陽

内豎（明治21年まで）出仕（明治22年から）	属（明治41年から宮内属）	雇員及雇員兼勤	太政大臣のち明治18年12月より内大臣	出仕（親任待遇）御用掛（奏任・勅任・親任各待遇）	秘書官長	秘書官	属	雇員	文事秘書官長（明治23年から）	秘書官	属	備考
石山基陽・長谷信昊・中川興功・高野宗正・坊城俊良	松井定克・楠成允・斎藤久次・小島忠義・原田次平太・内山耕三郎・渡辺敬宗・事務兼勤北村信篤・事務兼勤宇野国太郎	—	徳大寺実則	—	—	日高秩父（梨本宮家令）・野崎来蔵	北村信篤・松井定克・宇野国太郎	—	細川潤次郎	広橋賢光・工藤一記	宮本基・上野義撰・猪子益次郎	
石山基陽・中川興功・高野宗正・坊城俊良	松井定克・楠成允・斎藤久次・小島忠義・原田次平太・内山耕三郎・渡辺敬宗・事務兼勤北村信篤・事務兼勤宇野国太郎	—	徳大寺実則	—	—	日高秩父（梨本宮家令）・野崎来蔵	北村信篤・松井定克・宇野国太郎	—	細川潤次郎	広橋賢光・工藤一記	宮本基・上野義撰・猪子益次郎	1/11広幡侍従急死、1/16綾小路（雅楽部長）侍従就任、高野出仕満期
石山基陽・中川興功・坊城俊良・平松時賢	松井定克・楠成允・斎藤久次・小島忠義・原田次平太・内山耕三郎・渡辺敬宗・安藤朝彦・事務兼勤北村信篤・事務兼勤宇野国太郎	—	徳大寺実則	—	—	日高秩父（梨本宮家令）・野崎来蔵	北村信篤・松井定克・宇野国太郎	—	細川潤次郎	広橋賢光・股野琢（帝室博物館総長）	宮本基・上野義撰・猪子益次郎	5/29片岡侍従辞任、9/20中川出仕辞任、10/19倉橋出仕見習就任
石山基陽・坊城俊良・平松時賢	松井定克・楠成允・斎藤久次・小島忠義・原田次平太・内山耕三郎・渡辺敬宗・犬養駒太郎・原忠道・事務兼勤北村信篤・事務兼勤宇野国太郎	—	徳大寺実則	—	—	日高秩父（梨本宮家令）・野崎来蔵	北村信篤・松井定克・宇野国太郎	—	細川潤次郎	広橋賢光・股野琢（帝室博物館総長）	宮本基・上野義撰・猪子益次郎	3/14河鰭侍従就任 6/17綾小路侍従死去 11/11清水谷（陸軍中佐）侍従就任

西暦／年号	侍従長	幹事（大正4年から侍従次長）	御用掛（明治43年から）	事務官（大正4年から）	侍従（人数）	七等相当（明治17年まで）／侍従試補／次侍従（明治37年から）／侍従補（大正7年から）（人名）	勤務および勤務兼勤（下線）
1904年明治37	徳大寺実則	岩倉具定	—	—	米田虎雄・片岡利和・東園基愛・北条氏恭・広幡忠朝・日根野要吉郎・日野西資博（7人）	沢宣元・慈光寺仲敏	日高・野崎・愛宕通則・大炊御門家政
1905年明治38	徳大寺実則	岩倉具定	—	—	米田虎雄・片岡利和・東園基愛・北条氏恭・綾小路有良・日根野要吉郎・日野西資博（7人）	沢宣元・慈光寺仲敏	日高・野崎・愛宕通則・大炊御門家政
1906年明治39	徳大寺実則	岩倉具定	—	—	米田虎雄・片岡利和・東園基愛・北条氏恭・綾小路有良・日根野要吉郎・日野西資博（7人）	沢宣元・慈光寺仲敏	日高・野崎・愛宕通則・大炊御門家政
1907年明治40	徳大寺実則	岩倉具定	—	—	米田虎雄・東園基愛・北条氏恭・綾小路有良・日根野要吉郎・日野西資博・河鰭公篤（7人）	沢宣元・慈光寺仲敏	日高・野崎・愛宕通則・大炊御門家政

内豎（明治21年まで）出仕（明治22年から）	属（明治41年から宮内属）	雇員及雇員兼勤	太政大臣のち明治18年12月より内大臣	出仕（親任待遇）御用掛（奏任・勅任・親任各待遇）	秘書官長	秘書官	属	雇員	文事秘書官長（明治23年から）	秘書官	属	備考
大炊御門家政・石山基陽・園池公致・正親町実慶・長谷信昊	北村信篤・楠成允・松井定克・斎藤久次・小島忠義・原田次平太・内山耕三郎・事務兼勤野崎来蔵・事務兼勤宇野国太郎	—	徳大寺実則	—	—	足立正声（主猟官）・近藤久敬	野崎来蔵・北村信篤・宇野国太郎	—	細川潤次郎	股野琢・広橋賢光	宮本基・市野喜作・上野義撰	12/29日野西侍従試補を侍従に、慈光寺侍従職勤務を試補心得に、大炊御門を侍従職出仕勤務に昇任
石山基陽・園池公致・長谷信昊	北村信篤・楠成允・松井定克・斎藤久次・小島忠義・原田次平太・内山耕三郎・渡辺敬宗・事務兼勤野崎来蔵・事務兼勤宇野国太郎	—	徳大寺実則	—	—	足立正声（主猟官）・近藤久敬	野崎来蔵・北村信篤・宇野国太郎	—	細川潤次郎	股野琢・広橋賢光	宮本基・市野喜作・上野義撰・猪子益次郎	1/9綾小路侍従辞任、雅楽部長に転出
石山基陽・長谷信昊・中川興功・烏丸光孚・高野宗正	北村信篤・楠成允・松井定克・斎藤久次・小島忠義・原田次平太・内山耕三郎・渡辺敬宗・事務兼勤野崎来蔵・事務兼勤宇野国太郎	—	徳大寺実則	—	—	近藤久敬・原恒太郎	野崎来蔵・北村信篤・宇野国太郎	—	細川潤次郎	股野琢・広橋賢光	宮本基・市野喜作・上野義撰・猪子益次郎	2/24中田直慈内大臣秘書官死去
石山基陽・長谷信昊・中川興功・高野宗正	北村信篤・松井定克・楠成允・斎藤久次・小島忠義・原田次平太・内山耕三郎・渡辺敬宗・事務兼勤野崎来蔵・事務兼勤宇野国太郎	—	徳大寺実則	—	—	近藤久敬（御歌所主事心得）・日高秩父（梨本宮家令）	野崎来蔵・北村信篤・宇野国太郎	—	細川潤次郎	広橋賢光・工藤一記	宮本基・市野喜作・上野義撰・猪子益次郎	8/5近藤内大臣秘書官辞任、内事課長へ転出。野崎属内大臣秘書官就任

西暦／年号	侍従長	幹事（大正4年から侍従次長）	御用掛（明治43年から）	事務官（大正4年から）	侍従（人数）	七等相当（明治17年まで）／侍従試補／次侍従（明治37年から）／侍従補（大正7年から）（人名）	勤務および勤務兼勤（下線）
1900年明治33	徳大寺実則	岩倉具定	—	—	米田虎雄・片岡利和・東園基愛・北条氏恭・綾小路有良・広幡忠朝・日根野要吉郎（7人）	日野西資博・沢宣元	足立・近藤・愛宕通則・慈光寺仲敏
1901年明治34	徳大寺実則	岩倉具定	—	—	米田虎雄・片岡利和・東園基愛・北条氏恭・広幡忠朝・日根野要吉郎・日野西資博（7人）	沢宣元・慈光寺仲敏（心得）	足立・近藤・愛宕通則・慈光寺仲敏・大炊御門家政
1902年明治35	徳大寺実則	岩倉具定	—	—	米田虎雄・片岡利和・東園基愛・北条氏恭・広幡忠朝・日根野要吉郎・日野西資博（7人）	沢宣元・慈光寺仲敏（心得）	近藤・原・愛宕通則・慈光寺仲敏・大炊御門家政
1903年明治36	徳大寺実則	岩倉具定	—	—	米田虎雄・片岡利和・東園基愛・北条氏恭・広幡忠朝・日根野要吉郎・日野西資博（7人）	沢宣元・慈光寺仲敏（心得）	近藤・日高・愛宕通則・慈光寺仲敏・大炊御門家政

内豎（明治21年まで）出仕（明治22年から）	属（明治41年から宮内属）	雇員及雇員兼勤	太政大臣のち明治18年12月より内大臣	出仕（親任待遇）御用掛（奏任・勅任・親任各待遇）	秘書官長	秘書官	属	雇員	文事秘書官長（明治23年から）	秘書官	属	備考
慈光寺仲敏・岡崎国良・大炊御門家政・高松公秋・久我通保・藪篤麿	野崎来蔵・楠成允・松尾相隆・北村信篤・松井定克・小島忠義・斎藤久次・原田次平太	—	徳大寺実則	—	—	桜井能監・田中建三郎（式部官）	—	—	細川潤次郎	股野琢・広橋賢光	宮本基（調査課務兼勤）	5/30石山侍従職出仕採用
慈光寺仲敏・岡崎国良・大炊御門家政・久我通保・藪篤麿・石山基陽	野崎来蔵・楠成允・松尾相隆・北村信篤・松井定克・小島忠義・斎藤久次・原田次平太	—	徳大寺実則	—	—	桜井能監・田中建三郎（式部官）	—	—	細川潤次郎	股野琢・広橋賢光	宮本基	
大炊御門家政・久我通保・藪篤麿・石山基陽・園池公致	野崎来蔵・松尾相隆・北村信篤・楠成允・松井定克・小島忠義・斎藤久次・原田次平太	—	徳大寺実則	—	—	桜井能監・恩地轍	—	—	細川潤次郎	股野琢・広橋賢光	宮本基	1/3堀川侍従死去、6/11侍従一斉進級（広幡侍従試補と日根野勤務侍従昇任、沢勤務を侍従試補に昇任）
大炊御門家政・久我通保・藪篤麿・石山基陽・園池公致	松尾相隆・北村信篤・楠成允・松井定克・小島忠義・斎藤久次・原田次平太・宇野国太郎	—	徳大寺実則	—	—	恩地轍・近藤久敬	野崎来蔵・北村信篤・内山耕三郎	—	細川潤次郎	股野琢・広橋賢光	宮本基	内大臣府に属官設置
大炊御門家政・久我通保・石山基陽・園池公致・正親町実慶	北村信篤・松尾相隆・楠成允・松井定克・小島忠義・斎藤久次・原田次平太・内山耕三郎・事務兼勤野崎来蔵・事務兼勤宇野国太郎	—	徳大寺実則	—	—	恩地轍・近藤久敬	野崎来蔵・北村信篤・宇野国太郎	—	細川潤次郎	股野琢・広橋賢光	宮本基・野市喜作・上野義撰	10/7西四辻侍従死去

西暦／年号	侍従長	幹事（大正4年から侍従次長）	御用掛（明治43年から）	事務官（大正4年から）	侍従（人数）	七等相当（明治17年まで）／侍従試補／次侍従（明治37年から）／侍従補（大正7年から）（人名）	勤務および勤務兼勤（下線）
1894年明治27	徳大寺実則	岩倉具定	—	—	米田虎雄・西四辻公業・堀河康隆・片岡利和・東園基愛・北条氏恭・綾小路有良（7人）	広幡忠朝・日野西勇麿	桜井・田中・日根野要吉郎・沢宣元
1895年明治28	徳大寺実則	岩倉具定	—	—	米田虎雄・西四辻公業・堀河康隆・片岡利和・東園基愛・北条氏恭・綾小路有良（7人）	広幡忠朝・日野西資博	桜井・田中・日根野要吉郎・沢宣元
1896年明治29	徳大寺実則	岩倉具定	—	—	米田虎雄・西四辻公業・片岡利和・東園基愛・北条氏恭・綾小路有良・広幡忠朝・日根野要吉郎（8人）	日野西資博・沢宣元	桜井・恩地・愛宕通則・慈光寺仲敏
1897年明治30	徳大寺実則	岩倉具定	—	—	米田虎雄・西四辻公業・片岡利和・東園基愛・北条氏恭・綾小路有良・広幡忠朝・日根野要吉郎（8人）	日野西資博・沢宣元	恩地・近藤・愛宕通則・慈光寺仲敏
1899年明治32	徳大寺実則	岩倉具定	—	—	米田虎雄・西四辻公業・片岡利和・東園基愛・北条氏恭・綾小路有良・広幡忠朝・日根野要吉郎（8人）	日野西資博・沢宣元	恩地・近藤・愛宕通則・慈光寺仲敏

内豎（明治21年まで）出仕（明治22年から）	属（明治41年から宮内属）	雇員及雇員兼勤	太政大臣のち明治18年12月より内大臣	出仕（親任待遇）御用掛（奏任・勅任・親任各待遇）	秘書官長	秘書官	属	雇員	文事秘書官長（明治23年から）	秘書官	属	備考
壬生基義・慈光寺仲敏・岡崎鷹磨・大炊御門家政・高松公秋・久我通保	竹中公要・野崎来蔵・楠成允・松尾相隆・北村信篤・青木熊三郎・小島忠義・斎藤久次・近藤定義・渡辺敬宗	—	三条実美	—	—	石橋政方・田中栄秀	—	—	—	—	—	7/23藤波侍従、主馬頭に転出
慈光寺仲敏・岡崎鷹磨・大炊御門家政・高松公秋・久我通保・藪篤磨	竹中公要・野崎来蔵・楠成允・松尾相隆・北村信篤・青木熊三郎・小島忠義・斎藤久次・近藤定義・渡辺敬宗・原田次平太	—	三条実美	—	—	桜井能監・石橋政方	—	—	井上毅	牧野伸顕（内閣記録局長）・斎藤桃太郎	—	9/16侍従万里小路・侍従岡田・侍従試補田沼非職、後に更迭 10/4侍従職幹事設置、岩倉就任 12/2文事秘書局設置
慈光寺仲敏・岡崎鷹磨・大炊御門家政・高松公秋・久我通保・藪篤磨	竹中公要・野崎来蔵・戸田重民・楠成允・松尾相隆・北村信篤・青木熊三郎・小島忠義・斎藤久次・近藤定義・渡辺敬宗・原田次平太・事務兼勤小林精一	—	徳大寺実則	—	—	桜井能監・石橋政方	—	—	井上毅	股野琢・広橋賢光（兼内閣記録局長）	渡辺末吉（調査課勤務兼勤）・東胤徳・佐々正之	1891年 12/2西三条侍従辞任、9/27毛利侍従辞任
慈光寺仲敏・岡崎国良・大炊御門家政・高松公秋・久我通保・藪篤磨	竹中公要・野崎来蔵・戸田重民・楠成允・松尾相隆・北村信篤・青木熊三郎・小島忠義・斎藤久次・近藤定義・渡辺敬宗・原田次平太	—	徳大寺実則	—	—	桜井能監・石橋政方	—	—	井上毅・細川潤次郎	股野琢・広橋賢光（兼内閣記録局長）	宮本基（調査課勤務兼勤）・東胤徳・佐々正之	3/28石橋秘書官諭旨免職、田中式部官事務補助、5/7田中内大臣秘書官就任

西暦／年号	侍従長	幹事（大正4年から侍従次長）	御用掛（明治43年から）	事務官（大正4年から）	侍従（人数）	七等相当（明治17年まで）／侍従試補／次侍従（明治37年から）／侍従補（大正7年から）（人名）	勤務および勤務兼勤（下線）
1889年明治22	徳大寺実則	—	—	—	米田虎雄・西四辻公業・堀河康隆・富小路敬直・東園基愛・北条氏恭・片岡利和・毛利左門・西三条公允・万里小路通房・岡田善長（11人）	広幡忠朝・田沼望	日根野要吉郎・日野西勇麿
1890年明治23	徳大寺実則	岩倉具定	—	—	米田虎雄・西四辻公業・堀河康隆・富小路敬直・東園基愛・北条氏恭・片岡利和・毛利左門・西三条公允・綾小路有良（10人）	広幡忠朝・日野西勇麿	日根野要吉郎・沢元麿
1892年明治25	徳大寺実則	岩倉具定	—	—	米田虎雄・西四辻公業・堀河康隆・富小路敬直・東園基愛・北条氏恭・片岡利和・毛利左門・綾小路有良（9人）	広幡忠朝・日野西勇麿	桜井・石橋・日根野要吉郎・沢元麿
1893年明治26	徳大寺実則	岩倉具定	—	—	米田虎雄・西四辻公業・堀河康隆・片岡利和・東園基愛・北条氏恭・綾小路有良（7人）	広幡忠朝・日野西勇麿	桜井・石橋・日根野要吉郎・沢元麿

内豎（明治21年まで）出仕（明治22年から）	属（明治41年から宮内属）	雇員及雇員兼勤	太政大臣のち明治18年12月より内大臣	出仕（親任待遇）御用掛（奏任・勅任・親任各待遇）	秘書官長	秘書官	属	雇員	文事秘書官長（明治23年から）	秘書官	属	備考
	20人	—	三条実美	—	—	—	—	—	—	—	—	3/21侍従職設置。6/24山口侍従、宮内大書記官に転出。他に馭者4人・門鑑長2人・消防長2人・門鑑3人
冷泉為仲・壬生鯉之助/慈光寺藤若・大原脩	22人＋舎人24人	—	三条実美	—	—	—	—	—	—	—	—	12月、内閣制度実施・内大臣府設置
冷泉為仲・壬生鯉之助/慈光寺藤若・櫛笥隆督・風早藤若丸・岡崎鷹麿	日根野要吉郎・三沢為質・松尾相隆・北村信篤・青木熊三郎・小島忠義・木村義三＋御歌掛勤務7人	—	三条実美	—	—	石橋政方・田中栄秀	—	—	—	—	—	12/15増山侍従職勤務、侍従昇任
壬生鯉之助・慈光寺藤若・櫛笥隆督・風早藤若丸・岡崎鷹麿・大炊御門家政	日根野要吉郎・三沢為質・松尾相隆・北村信篤・青木熊三郎・小島忠義・木村義三＋御歌掛勤務7人	—	三条実美	—	—	石橋政方・田中栄秀	—	—	—	—	—	4/22増山侍従落馬急逝9/30萩侍従非職
壬生基義・慈光寺藤若・岡崎鷹麿・大炊御門家政・高松公秋	三沢為質・松尾相隆・北村信篤・青木熊三郎・小島忠義・斎藤久次・近藤定義	—	三条実美	—	—	石橋政方・田中栄秀	—	—	—	—	—	

資料②：　徳大寺在職中の侍従職および内大臣府職員構成

西暦／年号	侍従長	幹事（大正4年から侍従次長）	御用掛（明治43年から）	事務官（大正4年から）	侍従（人数）	七等相当（明治17年まで）／侍従試補／次侍従（明治37年から）／侍従補（大正7年から）（人名）	勤務および勤務兼勤（下線）
1884年明治17	徳大寺実則	—	—	—	米田虎雄・山口正定・堀河康隆・高辻修長・富小路敬直・西四辻公業・東園基愛・北条氏恭・片岡利和・太田（毛利）左門・藤波言忠・荻昌吉（12人）	西三条公允・万里小路通房	—
1885年明治18	徳大寺実則	—	—	—	米田虎雄・堀河康隆・富小路敬直・西四辻公業・東園基愛・北条氏恭・片岡利和・毛利左門・藤波言忠・荻昌吉・西三条公允・万里小路通房・岡田善長（13人）	広幡忠朝・田沼望・亀井玆明	—
1886年明治19	徳大寺実則	—	—	—	米田虎雄・堀河康隆・富小路敬直・西四辻公業・東園基愛・北条氏恭・片岡利和・毛利左門・藤波言忠・荻昌吉・西三条公允・万里小路通房・岡田善長（13人）	広幡忠朝・田沼望	増山正同・日野西勇麿
1887年明治20	徳大寺実則	—	—	—	米田虎雄・西四辻公業・堀河康隆・富小路敬直・東園基愛・北条氏恭・片岡利和・毛利左門・藤波言忠・西三条公允・万里小路通房・岡田善長（12人）	広幡忠朝・田沼望	日野西勇麿
1888年明治21	徳大寺実則	—	—	—	米田虎雄・西四辻公業・堀河康隆・富小路敬直・東園基愛・北条氏恭・片岡利和・毛利左門・藤波言忠・西三条公允・万里小路通房・岡田善長（12人）	広幡忠朝・田沼望	日根野要吉郎・日野西勇磨

西暦	明治	年齢	出勤日数	備考
1906	39	68	265	1/27 ～ 2/5（病気）、2/17 ～ 18（記事なし）、3/21（微恙）、3/28 ～ 31（腫物）、6/4 ～ 6（微恙）、7/12 ～ 31（病気）、8/31 ～ 9/10（微恙）、11/5（公純命日）、11/19 ～ 21（病気）、11/23 ～ 24（病気）、11/27（感冒）、3月頃から日記の記述減少
1907	40	69	244	2/1（生母命日）、2/15 ～ 25（流行感冒）、3/11（微恙）、5/30 ～ 7/5（感冒、庶子彬麿重病看病）、7/20 ～ 25（病気）、8/23 ～ 9/10（病気）、10/9 ～ 10（下瀉）、11/5（公純命日）、12/26（病気）
1908	41	70	259	1/3 ～ 16（病気）、1/30（微恙）、2/1（生母命日）、2/22（牙痛）、4/4 ～ 14（風邪）、5/3 ～ 6（記事なし）、6/1（病気）、8/8 ～ 31（休暇）、9/23（病気）、9/29（記事なし）、11/5（公純命日）
1909	42	71	249	1/3（病気）、1/8 ～ 12（病気）、1/30（微恙）、2/1（生母命日）、4/3（記事なし）、4/5（記事なし）、5/12 ～ 18（夜間咳）、5/28 ～ 30（不明）、6/2 ～ 3（眩暈）、7/10 ～ 13（微恙）、7/18（微恙）、7/19 ～ 8/7（休暇）、9/20 ～ 21（微恙）、10/2 ～ 14（休暇、京都で公純27回忌）、11/17 ～ 18（記事なし）、11/21 ～ 12/6（時気感冒）
1910	43	72	274	1/11（微恙）、1/30（不参）、2/1（生母命日）、2/24（記事なし）、3/17 ～ 27（時季感冒）、4/3（不参）、4/27（記事なし）、6/20 ～ 24（下痢）、7/11 ～ 14（病気）、8/1 ～ 14（休暇）、9/24（微恙）、11/5（公純命日）、11/24（風邪）、12/5 ～ 12（風邪）、12/23（小恙）
1911	44	73	262	1/8（記事なし）、1/30 ～ 2/5（病痾）、3/18・3/20（末娘伊楚子結婚）、4/3（微恙）、7/12 ～ 14（病気）、8/1 ～ 15（休暇、但し8/5 ～ 6呼び出し）、9/11 ～ 17（腸カタル）、10/23 ～ 28（記事なし）、10/30 ～ 11/2（記事なし）、11/20 ～ 12/5（風邪）、12/19（記事なし）、12/29 ～ 30（記事なし）、秋以降記述減少、この年の公純命日は天皇からの呼び出しで出勤
1912	45	74	135	1/3（不参）、1/25 ～ 3/11（後頭部腫瘍、切開手術）、3/18（記事なし）、4/3（病気）、5/4 ～ 6（病痾）、5/11 ～ 13（病気）、6/6（病気）、6/30（不参）、7/1 ～ 2（病気）、7/19（病気、但し天皇急病のため深夜出勤）、7/30（明治天皇死去）、8/13（侍従長兼内大臣辞任）
	平均		262.4	

凡例

宮内庁書陵部所蔵「徳大寺実則日記」明治18 ～大正元年、国文学研究資料館所蔵「山城国京都徳大寺家文書」（98-2「日記」）より作成。病名も日記の記述による。

明治元～ 17年の「日記」は、ごく僅かしか残されていない。

明治18年は3月17日までの「日記」が残されていないため、それ以降の289日間。

明治19年は未記入の日が多いため（114日不明）、251日間。

明治23年は、京都供奉中の「日記」（3/31 ～ 4/30）が残されていないため、334日間。

明治45年は7月末までの213日間。

出勤日には「参」「参朝」と記していることが多いが、それ以外にも東宮御所への祗候・行幸への供奉・宮中諸儀式等に参加したケースがあり、「出勤日数」に加算した場合がある。

西暦	明治	年齢	出勤日数	備考
1895	28	57	305	1/8～10（微恙）、1/28～30（病気）、3/12～14（微恙）、4/5～10（病気）、4/27（大本営京都移転のため供奉）、7/4～10（腸カタル）、7/30（東京帰還）、10/12～15（神経症・下痢）、10/17（神経症）、10/25（病気）、11/2～8（休暇、京都で公純13回忌）、11/28（頭痛）、
1896	29	58	303	2/14（微恙）、4/6～7（病気）、6/4（恙）、8/4～12（病気平臥）、11/5（公純命日）、11/10（眩暈）、11/30～12/2（微恙）、日記同年末条に「三〇四日」とあり。
1897	30	59	284	2/19～3/24(気管支カタル・糖尿病)、4/3(三女蓁子婚姻)、4/13～16（記事なし）、4/17～8/23（英照皇太后100日祭のため京都行幸供奉）、7/21～22（有恙）、11/5（公純命日）、11/10～13（時気感冒）
1898	31	60	286	1/3（病痾）、1/14～15（有恙）、3/28（病気）、7/1～2（牙痛強）、7/13～18（歯治療）、10/16～18（病気）、10/24～30（気管支炎再発）、11/5（公純命日）、11/14～24（鎌倉で静養）、12/30～31（下痢）
1899	32	61	288	1/1～8（病痾）、1/30（小恙）、2/19～26（風邪）、5/20（微恙）、8/1～3（病気）、9/29～30（微恙）、10/7（微恙）、11/2～11（京都で公純17回忌）
1900	33	62	276	1/15進退伺、2/9（歯痛）、6/12（頭痛）、7/5（辞表提出）、7/21～24（病気）、9/10～10/7（輸尿管神経痛）、11/5（公純命日）、12/12（微恙）、12/18～22（四男急病のため看病と服喪）
1901	34	63	269	1/26～2/11（生母永寿院インフルエンザ看護・葬儀）、5/6（病気）、5/8～9（不整脈・心臓病）、6/29（辞表提出）、7/1（輸尿管神経症再発）、7/29～8/13（下痢、賜暇2週間）、8/19（病痾）、8/30～9/1（下痢）、9/18～21（病気）、11/5（公純命日）
1902	35	64	282	1/3～4（病気）、6/2～3（眩暈）、7/26（病気）、8/6～20（休暇）、9/4（微恙）、9/24（秋季皇霊祭欠）、11/5（公純命日）、11/7～19（熊本行幸供奉、但し11/9～13下痢静養）、11/20～22（風気）、11/28～29（病痾）
1903	36	65	302	1/11（不参）、4/1～6・4/14～19・4/21～22・4/24～30(記事なし、但し、4/7～5/11まで大阪博覧会行幸供奉)、6/15（病痾）、7/14～20（病）、9/7～8（病痾）、11/5（公純命日）
1904	37	66	140	1/3（微恙）、1/15～6/30（劇症肺炎・転地療養)、4/1（辞表提出）、5/4（辞表提出）、7/10（微恙）、9/19～25（下痢）、11/5（公純命日）、11/14～12/4（風邪）、12/19～27（時気感冒・咽喉カタル）、この年欠勤178日
1905	38	67	270	1/21～2/4（時気感冒）、3/13（風邪）、3/21(病)、3/30～4/4（病・有恙）、5/8～9（病痾）、6/7～14（下痢）、6/27～28（忌引）、7/17～22（時気感冒）、9/10～16（時気感冒・吐瀉）、10/6～11（病気）、11/4（病気）、11/5（公純23回忌）、11/6（病気）、11/14～19（伊勢行幸供奉）、11/23（病気）、12/6～10（微恙）

資料①：侍従長兼内大臣時代の勤務状況

西暦	明治	年齢	出勤日数	備考
1885	18	47	214	1/1～3/17（日記欠）、4/12（咽頭カタル）、5/18（病気）、6/15～16（病痾）、7/20（所労）、7/26～8/12（山陽行幸供奉）、8/13～15（賜暇）、9/3～4（病気）、9/11（微恙）、9/28（微恙）、11/5（公純命日）、11/6（微恙）、12/18～31（病気）
1886	19	48	165	1/1～10（病気）、1/12～14（記事なし）、1/17～23（記事なし）、1/27～28（記事なし）、1/30～2/2（記事なし）、2/4～9（記事なし）、2/11～15（記事なし）、2/24～3/29（記事なし）、5/18～6/9（記事なし）、6/21（六男病気のため欠）、6/25～7/15（記事なし）、7/17～25（病欠）、8/2～23（慢性腎臓炎、3週間賜暇療養、8/14六男篤麿死去）、9/16（病気）、9/24～25（所労）、10/5（所労）、10/22（腹痛）、11/4（所労）、11/5（公純命日）
1887	20	49	259	1/19（病気）、1/24～2/24（京都行幸供奉）、3/1（微恙）、4/6（病痾）、4/8（病気）、4/11（病気）、5/25（病気）、5/30（病気）、6/13～16（脳病）、7/15～16（病気）、7/29（病気）、8/2～22（熱海で賜暇）、9/1（微恙）、10/12（風邪）、11/5（公純命日）、11/30（所労）、12/8（脚部腫物）、12/12～31（脚部腫物）
1888	21	50	230	1/1～1/27（脚部腫物）、1/31～2/3（後妻芳子急死のため服喪）、2/8～9（風邪）、2/23（風邪）、4/18（病気）、5/16～17（中耳炎）、5/28（病気）、6/4（病気）、7/30（病気）、8/3～9/2（日光・伊香保で賜暇）、11/5（公純命日）、11/8～22（記事なし）
1889	22	51	304	1/8～9（病気）、7/18～23（腸カタル）、9/12（病気）、10/29～30（病気）、11/4～8（京都で公純7回忌）
1890	23	52	276	1/13（微恙）、2/1～3（習志野出張）、3/31～4/30（記事なし、3/28～5/7名古屋行幸供奉）、9/3～12（錦町邸内コレラ患者発生のため欠勤）、10/5（侍従職幹事設置）、10/26～29（茨城行幸供奉）、11/5（公純命日）、11/11～12（微恙）
1891	24	53	292	1/6・7（微恙）、1/13～17（風邪）、2/21（内大臣兼任）、3/5～8（頭痛）、4/13（微恙）、4/30（微恙）、5/12～22（大津事件のため京都行幸供奉）、7/6・7（微恙）、8/16～22（微恙）、10/14～15（恙）、11/5（公純命日）、12/27～30（時季感冒）
1892	25	54	303	1/25～30（病気）、5/18（感冒症頭痛）、7/8～14休暇（公城忌日、従一位奉告祭等執行）、7/18～19（病気）、10/3・4（恙）、11/5（公純忌日）、12/3～8（病気）、12/12～13（病気）
1893	26	55	283	2/13（微恙）、3/30（微恙）、4/11～13（実母永寿院流行感冒看護）、4/22（内大臣官舎落成移転）、5/11（腹痛）、6/30（微恙）、7/11～8/6（脚気療養、伊香保へ転地療養）、10/24～26（風邪）、11/23～24（腸カタル）、この年の公純命日は日曜日
1894	27	56	327	1/13（所労）、4/2～3（病気）、5/12（微恙）、7/10～11（微恙）、8/1～2（病気）、9/13（大本営広島移転のため広島へ供奉）、9/24～25（病気）、この年の公純命日は戦争中のため出勤

第五章　桂内府論

山本悠三

はじめに

桂太郎は大正元（一九一二）年八月一三日内大臣兼侍従長に就任した。内大臣としては三条実美、徳大寺実則に継いで三人目である。また、侍従長としては初代の徳大寺から数えて八人目にあたる。徳大寺は明治一七（一八八四）年に二度目の侍従長に就任し、明治二四（一八九一）年二月二一日から大正元年八月五日までは内大臣と侍従長を兼任した。徳大寺は侍従長が本官で内大臣は兼官であったが、桂は内大臣が本官で侍従長が兼官であった。したがって、同じ兼官でも両者のスタンスは異なっていたことになる。

ところで、従来の研究では桂の内大臣兼侍従長の就任に関してどのような理解を示しているのであろうか。山本四郎氏は「桂一行は帰国の途につき……東京へ急ぐ車中で、山県の使者から、内大臣の就任を告げられる。これを聞いた桂の顔は一瞬青ざめた……ひとたび宮中へ入ったならば、まず政権担当の可能性がないからである（宮中府中の別）。原敬はこれを、山県派がその勢威を宮中にのばす人事と見ているが、当たらない。明らかに山県

の桂押込め策である」としている。(1)

また、伊藤之雄氏は「天皇の信任を得て台頭し……政界刷新を目指した桂に対する、山県を中心とした元老たちの反撃であった。明治天皇の死後、桂を内大臣兼侍従長に就任させたのは、後ろ盾である明治天皇を失った悲しみで桂が動揺したのに乗じて、元老らが桂を宮中へ封じ込めようとした策であった」としている。(2)

これに対して、坂野潤治氏は「明治天皇の死」が「政界上層の力関係に大きな変化を与え」ることになり、「前年の予算作成の過程で山本権兵衛や西園寺首相により疎外された山県閥が、新帝の即位を機に宮中と枢密院とを掌握し、その政治的発言力を回復するのに成功し」て、桂を「内大臣と侍従長の両方に就任」させたとしている。(3)

坂野氏は山本氏や伊藤氏のように桂の就任を「押し込め」策とは捕らえてはいないが、桂は山県有朋の勢力下にあり、その就任を山県派による勢力拡大の一環とみなしている。このように、従来の研究では桂の就任に対してマイナスか少なくともプラスとはいえない評価が与えられてきた。その評価は全て否定出来ないとしても、果たして桂は単に没主体的な立場にあったのであろうか。

桂は内大臣兼侍従長の就任を告げられた時、「浮かない顔をしてい」(4)たことからみて、当初その就任は本意ではなかったとしても、就任を回避するための画策を試みた事実も見えてこない。ということは、内大臣兼侍従長のポストを受け入れたことに桂なりの計算が働いていたとは考えられないであろうか。

また、就任後に桂は内大臣兼侍従長としてどのような行動をしたのであろうか。従来の研究ではそこに十分な検討を加えることなく評価を下しているように思われる。

本稿ではこのような問題関心をベースに、桂の内大臣兼侍従長の就任過程と就任後の具体的な行動について検討をすることにある。

一　内大臣兼侍従長就任への経緯

デイビット・タイタスの著書『日本の天皇政治――宮中の役割の研究』（大谷堅志郎訳、サイマル出版、昭和五四年↓以下副題を略す）によれば、宮内大臣、侍従長、侍従武官長、内大臣をもって四大宮中官としている。このうち、内大臣は「前歴の点でも身分の上でも宮中指導者中でいちばん勢威のある」ポストで、「一人残らず有爵者であり、「功成り名をとげた人物」であったことから、「最重要な宮中ポスト」であったとしている。そして、「つねに宮城外の政治世界と天皇の間に立って、連絡係兼調整役として行動してきた人間」であり、「天皇を政治に結びつける役割の点では……最重要な宮中官」であったとしている（一八六～一九七頁）。

また、侍従長は四大宮中官のうち「おそらくいちばんあいまいである」ため、内大臣との「兼職時代には、内大臣の役目と侍従長の役目が合体してしま」い、それゆえに侍従長もまた「天皇に到達する政治的情報を左右する」人物となりうるとともに、「政府筋の協力が必要な宮廷行事のための連絡係兼調整役」を担うことになるとしている。

とくに桂の場合には明治「天皇が若年だった明治初期と同様、即位したばかりの大正天皇にも時代に合った天皇になってもらう……必要があった」ため、「基本的な政治常識や時事問題についての定期的進講プランの作成」に留意する必要があった。その進講プランとは「憲法の本質、『日本の国体が万邦無比なる理由』、諸国の政治制度、古代の理想的な天皇たちの話、日本ならびに西洋諸国の軍事態勢、といった講義内容」であった（一四五～一七〇頁）。

この記述から判断すると、内大臣及び侍従長は閑職でもなければ政治の世界から隔離されたポストでもない。それどころか、天皇側近という立場ゆえに政治の世界に無関係ではありえないポストであったと考えるべきであろう。

桂の前任が徳大寺であることは述べたが、徳大寺家は公爵の家柄で実則の実弟が西園寺公望、住友吉左衛門であることはよく知られている（維新史料編纂会編『現代華族譜要』徳大寺家の項　昭和四年）。しかし、徳大寺実則は「宮中でのつとめが長かったにもかかわらず……奇妙な知名度の低さ」で、「伝記は一つもな」く「たいていの人名辞典にも、『明治天皇の侍従長』といった程度のことしか」書かれていない。つまり、徳大寺は長く侍従長兼内大臣を勤めたが、「天皇と寡頭政治家を結ぶ完全に抵抗ゼロの回路」であり、「組閣だの外交政策の問題だのといった、重要な国事すべてに関しての天皇のメッセンジャーではあったが、自分の意見を具申したり、天皇への接近路をふさいだりしうる人間とは目されていなかった」のである（『日本天皇政治』一四七～一四八頁）。

その徳大寺も明治天皇の死去時（一九一二年七月三〇日）には既に七〇歳を越えていたため引退することになったが、そのことは必然的に後任問題を引き起こすことになる。

そのころ四大宮中官の一つである宮内大臣は、明治四三年四月岩倉具定が在職中に死去したため宮内次官の渡辺千秋が昇格した。渡辺は山県派の内務官僚であった。渡辺の後任には山県の秘書官を経て枢密院書記官長を勤めた川村金五郎が就任した。(5) このことは明らかに山県派によるポストの掌握であるが、このポストに対する執着は宮内大臣が巨額の資金を利用出来る立場にあったことと関係している。

『日本の天皇政治』によれば明治三四年一二月四日に井上馨が原敬に対して「少なくとも一度、宮内省が山県有朋に宮中の金を渡してやったことがある」と述べた。そのことを原は二日後西園寺に伝えたところ、西園寺は「山県はあるとき九八万円という巨額の金を宮内省からもらったことがある」と語った。原は「まったく驚いたと告白」し、「山県の廉直さの評判は高いにしても、山県は宮廷から出たこれらの金を」政治資金に使用したと睨んだ。そして、山県は「自分の息のかかった人間を宮内大臣にすえることによって、例の件以降も宮内大臣の金を時折もらい続けていた」との指摘がある（一三九頁）。

このような旨味を知った山県が次に内大臣及び侍従長の後任ポストをも掌握しようとしたのは当然でもあった。天皇家の家政を預かる宮内大臣に対して内大臣及び侍従長の場合は「宮内側近といっても役割が全然ちがう」(6)ため、影響力も別な意味で大きなものがある。徳大寺は「是迄藩閥が其職をねらって種々の企をなしたる事あれども」(7)と語っていたが、このことは藩閥勢力がいかにこれらのポストに執着していたかを窺わせるものであった。

徳大寺が侍従長を辞任したのは八月一三日であったが、直前の七月三〇日、つまり明治天皇が死去した日に波多野敬直が侍従長に就任した（任期は八月一三日まで）。侍従長の複数制は過去にも前例があり、波多野は東宮侍従長で徳大寺は従来の侍従長という役割分担があったにせよ、七月三〇日から八月一三日まで二人の侍従長がいたことになる。

波多野は肥前の出身で第二次山県内閣の時に司法次官、第一次桂内閣で司法相となり、明治四四年より東宮大夫の職にあった。この経歴から明らかなように波多野の侍従長就任は山県派による侍従長職掌握の一環と考えられよう。波多野はこの後兼職の東宮大夫に戻り、大正三年四月に渡辺の後任として宮内大臣に就任する。(8)それは山県派が引き続き宮内大臣ポストを掌握したことを意味するものであった。

ところで、桂が内大臣兼侍従長に就任したのは大正元年八月一三日であるが、海軍次官で山本権兵衛の娘婿にあたる財部彪の日記に依拠した坂野氏の研究が明らかにしているように、直前の八月一〇日から一二日にかけて山県と薩閥の元老との間で侍従長のポストを巡る駆け引きが繰り広げられていた。(9)ここではその日記である『財部彪日記　海軍次官時代下』（山川出版社　一九八三年）に依拠しながら改めて事実関係の確認をしておきたい。

八月一〇日に松方正義は山本を訪ねているが、具体的な内容については不明である。翌一一日は桂が帰京した日であるが、元老会議で山県が桂を侍従長に推薦している。さらに、山県は山本と平田東助を「御補導役如キモノニ推選」したが、松方は「黙シテ可否ヲ答ヘ」なかった。その松方は直後山本に向かって「山県サンハ平田ヲ大変能ク見テ居ラル」と述べていたが、終始後任問題が山県の主導権で進められることを耳にした財部は、松方のこうした態度や発言に不満を感じていたようである。

一二日の夜山本は松方を訪問すると、松方から「侍従長推選ニ関スル咄」を聞かされた。山本は第二次山県内閣から第一次桂内閣まで（明治三一～三九年）海相を勤め、明治三七（一九〇四）年からは海軍大将の地位にある。いわば薩閥の切り札的存在であるが、その山本を侍従長に就任させる構想であった。ただ、この構想は薩閥全体の意志であるのか、それとも松方の個人的見解であるのかははっきりとしない。とはいえ、山県派は桂、薩閥は山本というともに切り札を押し立ててポスト争奪戦の真最中にあったのである。

桂はこれより少し前の七月六日、後藤新平、若槻礼次郎等を伴って欧州に向けて出発した。ペテルブルグ滞在中に明治天皇危篤の報に接したため、モスクワ経由で帰国の途についた。七月三〇日シベリア鉄道のスイズラン駅で本野一郎駐ロ大使から崩御の知らせを受けた桂は、鉄道と船を乗り継いで八月一一日の朝新橋に到着した。途中浜松まで戻ったところで、出迎えた寺内正毅前陸相から内大臣兼侍従長の就任を告げられた。先に「浮かない顔をしてい」たのはこの時である。この様子を見ていた若槻は「大いに失望」し「まるで虎を檻の中に入れるように、押しこめてしまうとは、ひどいことをするものだ」と述べている。[10] 桂の表情や若槻の感慨からみて、「最重要な宮中ポスト」に就任するという雰囲気は伝わってこない。

ところで、その頃の桂と山県及び他の元老との関係はどうなっていたのであろうか。行論を進める上でその点を整理しておく必要がある。

明治四二（一九〇九）年一〇月二六日に伊藤博文はハルピンで暗殺されたが、それまでは伊藤が明治天皇の信頼も厚く元勲の頂点にあった。その伊藤をはじめ長閥の山県、井上馨、薩閥の黒田清隆、松方、大山巌、西郷従道の七人が「日清戦争後に元老制度が成立するなかで元老となっていく」(11)が、伊藤の死後は山県が優位にあった。とはいえ、山県も伊藤の死去時には七一歳に達する高齢となっていた。

これに対して、桂、西園寺の「第二世代」が相対的に政治力を向上させていた。特に桂は明治三四年六月から明治三九年一月まで第一次の組閣をし、続いて明治四一年七月から明治四四年八月まで第二次の組閣をするなど、通算で七年半にも及ぶ長期間首相の地位にあった。これは伊藤の四次に及ぶ通算期間にほぼ匹敵する長さであった。

このような経歴に対して明治四四年八月桂に元勲優遇の詔勅が下された。この時桂は陸軍大将正二位大勲位功三級公爵であった(12)。元勲優遇の詔勅はそれまで伊藤と山県が四回ずつ、黒田が一回、松方が二回受けていたが、西郷、井上、大山には与えられていない(13)。西園寺も然りである。したがって、元勲優遇の詔勅を受けたということは、「第二世代」に属する桂が明治の元勲たちに並ぶか、あるいは元勲によってはそれをも凌ぐ地位に達したことを意味していた。

桂はこの後内大臣兼侍従長に就任した大正元年八月一三日に、山県、大山、井上、松方とともに大正天皇から「朕今先帝ノ偉業ヲ継クニ当テ復卿ノ匡補ニ須ツモノ多シ卿宜シク朕カ意ヲ体シ朕カ業ヲ輔クル所アルベシ」との優遇を受けた。これは大正天皇を補佐するにあたり、重要側近を限定するものであった(14)。

このような桂の政治的地位の向上は、従来の山県派の一員という地位から脱却し、山県に並ぶ力量を持つようになったことを意味している。これより前の明治四四年八月二七日に桂は徳大寺に対して、「此頃太郎掛冠ヲ出願セシハ、各元老ニ老衰ニ及ヒ起テ政事ヲ執リ御輔導申上ル人体少ク、前途寔ニ心ホソキ事ナリ……他日内閣困難生シタル時ハ何時ニテモ御沙汰賜リ候」とのべている。[15] この発言から世代交代を望む桂の意欲を窺うことが出来よう。[16]

桂の政治的地位の向上やそれに裏付けられた発言は、おのずと山県との軋轢を生むことになる。山本四郎氏が指摘しているように欧州への「出発前、桂が、こんど帰って来たら元老などはおしこめてやる」と貴族院議員の沖守固に語り、そのことが山県の耳にも入ったといわれている。[17]

さらに渡欧する七月六日にも桂は山本権兵衛に対して「故伊藤公ハ学識アリ雅量モアリタルヲ以テ事ヲ論議スルモ面白（カか——引用者註）リシモ、山県公ノ如キ都合悪クナレバ横向シテ取合ハザル如キ人ニ向テハ最早共ニ談ズルヲ好マズ、ト放言セラレタリ」[18] と述べていた。山本に対する発言であったから、そのまま山県の耳には入らなかったとしても、これらの発言からみて「当時山県と桂の対立は意外にふか」かったことになろう。[19] この対立の深さが「桂押し込め論」の根拠となるのであるが、既に述べたように内大臣及び侍従長、とりわけ前者は「最重要な宮中ポスト」であった。しかも、この時期は即位したばかりの大正天皇との関係を築く上で、どの勢力にとってもこれらのポストの掌握は重要な意味を持っていた。そのため各派とも最高の切り札を用意したのである。

もし、山県が桂を押し込める意図であったとすれば、帰国後当分の間すべての役職から排除するか、あるいは文字通りの閑職を用意することもありえたはずである。そうしなかったのは、たとえ山県に桂憎しの感情があったとしても、桂を有効な切り札として活用した方が、切り札としての価値を無効にするより遥かに得策と考えていたからではあるまいか。[20] それよりも山県が桂を押し込めたとして、そのことにどのようなメリットがあるのであろうか。そのメリットを見いだす方が困難と言わねばならない。

このような山県の采配に対して、第二次西園寺内閣の内相原敬は「山県一派の陰謀にて枢府並に宮中を一切彼等の手に収めんとの企に出たること明かなり」[21] と危機感を強めていた。それは原の政治的嗅覚の鋭さを示すものでもあった。これに対して、首相の西園寺は桂の内大臣兼侍従長就任にあたり、「其重任に当り、新帝陛下を輔佐す可し」(22)とエールを送っている。それは実兄徳大寺の後継者に同じ「第二世代」の桂が就任することへの感慨であろうか(23)。いずれにせよ、西園寺と原との間には温度差が感じられる。

二　内大臣兼侍従長としての役割と対応

内大臣兼侍従長に就任後桂は駐ロ大使の本野一郎宛に書簡を送った。本野は肥前の出身でこの後寺内内閣（大正五年成立）の外相に就任する。桂が送った書簡の内容は不明であるが、本野から九月一五日付で返信が届いている。返信には「八月二九日御認の尊翰昨日相達し」とある。その文面から本野へ宛てた桂の書簡の内容を類推してみよう。

その文面には「御帰朝後、早速内大臣に御拝命の儀に付ては、世上種々の論議ありと雖も、目下の場合誠に止むを得さる事にて、閣下御一身上の御都合より申上候へは、極めて御迷惑の御事は申迄も無之事と存候へ共、総ての情況より観察仕候へは、閣下に於て万々御辞退難相成理由の存在致候事と確信致居候。為邦家何卒此度の重任、完全に御勤めあらんこと衷心奉祈候(24)」とある。

この文面によれば、桂の書簡には内大臣兼侍従長への就任に戸惑いやためらいが見られ、辞退すら考えていたようである。就任を聞かされてから投函する八月二九日までの間、桂はおそらく気持ちの整理がつかないままに過ごしていたと思われる。そのような悶々とした心境が書簡の執筆に駆り立てたともいえよう。

とはいえ、桂は早急に気持ちの切り換えをしていた。というのは、明治天皇の死後葬儀の段取りが慌ただしく進められ、九月一三日から一五日にかけて大喪儀が行われていく。桂は「現に眼前に進み来る御大葬に際し、外国君主並に首長の名代、又は特派大使等の接見」にあたって、「陛下の初めての御乗出なれは、事一度相異を生すれは、之れを末代に残し、実に容易ならさる時機なり。是予か尤も苦心の第一なり」(25)と述べているように、なによりも内大臣兼侍従長としての職務を全うしなければならなかったからである。

さらにこの時期、陸軍の二個師団増設問題が最大の政治的懸案事項となっていた。桂もこの問題にかかわらざるを得ない立場にあったことはいうまでもない。

二個師団増設問題とは明治三九（一九〇六）年一〇月の帝国国防方針により陸軍は平時二五個師団、戦時五〇個師団を目標にしたが、明治四三年日韓併合が実現すると朝鮮に新たに二個師団の常置が計画された。しかし、日露戦後の財政難から第二次桂内閣、第二次西園寺内閣はともに延期を指示した。ところが、明治四五年四月病気辞任した石本新六に代わった上原勇作陸相は、田中義一軍務局長らと画策して増師を要求したため、同年八月ごろから争点となっていたのである。

以下、増師問題への桂の対応を主として『原敬日記』に依拠しながら明らかにしていきたい（日付は主として『原敬日記』に依る）。

桂は渡欧直前の七月一日、訪問してきた原に対して「陸軍拡張は不可」であり、「其事は陸軍側にも告げた」と述べている。この時点でも桂も増師に難色を示していたと考えられる。しかし、帰国後の八月一二日つまり内大臣兼侍従長に就任する前日、原の訪問を受けた桂は増師に話が及ぶと「此際は事務整理の外一切中止（減税問題も海陸増設問題も）しては如何」と述べた。原は桂の心中を推し計れなかったのか「之に対する可否」は述べなかったものの、「桂の心中は或は摂理を喜ばざるに非らざるか」と受け止めていた。原は桂の変化を感じ取ったようである。

西園寺も八月一六日桂に対して師団増設問題の相談をしている。だが、桂は増設は山県の主張であるから「山県にあびせかけ協議する方得策」であり、「山県も財政の情況を聞きては無下にも主張せざるべし」と述べてかかわりを避けている。原は「此問題に付ては西園寺は余程痛心し居れる」とみたため、一八日桂に面会することになった。桂はそこでも「山県に対し……直接談判する方得策」であり、「山県と談判したる後なれば自分が口を出すの機会もあらん」として、消極的な姿勢を示していた。さらに、桂は「今後全く政治に干与せざる事を言明」して原にフェイントをかけた。もちろん原は「此事は果して如何あらんか頗る疑はし」と判断し、桂の発言を額面通りには受け取ってはいない。

政治的な言動を避けていた桂は、大喪儀後の九月一七日、原が秋季大演習のことで侍従長の桂に面会した際、桂は天皇の「思召に」より「諸事簡単を望ませられ、又随て行幸の御道筋も時々変更せらるゝ事ある」と述べて、ひたすら天皇の意志を伝える職務に徹していた。というより、職務に徹することで増師問題へのかかわりを避けていたというべきかもしれない。

この後、増師問題を巡る西園寺内閣と陸軍の間にはしばらく膠着状態が続くことになる。その間桂は表立った発言も行動もみせていない。一一月一一日に面会に来た原に対して、桂は社会主義者恩赦のことは司法省に漏れたため実行出来なくなったこと。秋季大演習の際は多人数の付き添いを天皇が望んでいないことを告げたが、増師問題に関しては意図的に避けているのか全く触れていない。

その桂に言動の変化がみられたのはそれからすぐ後であった。一一月一五日に桂に面会した政友会の野田卯太郎は原に対して、桂が増師問題に関して西園寺に同調していない様子であることを告げた。そこで、原は翌一六日に桂を訪問する。

原は桂に対して増師問題ほど訳の分からぬものはないが、何とか解決方法はないものかと問うた。これに対して、桂は内大臣兼侍従長という立場にあるので「口を出すに困難なり」と応対した。原は「夫れは表面」上のことであり、「此侭になし置かばお互に思もよらざる境遇に立至るべし」と述べて、桂の協力を取り付けようと試みた。

桂は山県と西園寺の「仲裁的言動」をすることは「不可なりと注意」し、寺内の意見を聞いた上で寺内に働きかけてはどうかと切り返した。こうした桂の対応を見た原は、桂が増師問題を避けることが出来ないものとみて「真に調停の意志あるべしとも思われず」と判断するに至った。

両者間に亀裂はあったものの、なお桂を通しての画策は続けられていった。交渉役には野田が当たった。一一月二三日に野田は桂に対して「西園寺を見殺しにする訳には往かざるべし、今後如何するやと切込」んだが、桂は「本音を吐」こうとはしなかった。

桂は西園寺や原との間に距離を置いていたが、さりとて山県に接近する様子も見せてはいない。それはこれまで見たように山県との関係が悪化していたためであったが、桂は野田に対して増師問題の交渉にあたっては「山県を入るべからず、又井上にも話すべからず、但し仲裁せしむるならば山県よりも井上の方は宜しからん」と述べて、あくまで山県との距離を置くのであった。

さらに山県の直系にあたる寺内に対しても「内閣に出すを好まず、不得已ときは桂自身に出づる」腹づもりであったようである。これほどに桂は「山県を嫌い山県系を疎外し」ており、「山県ら長州閥と陸軍」からの「距離をお」いていたのであった[26]。

とはいえ、桂がこのような立場に立つということは、山県系の人脈から孤立することを意味するものでもあった。しかし、桂の言動から孤立感は窺えない。それよりも、発言のたびに「内大臣として」あるいは「侍従長にて」とあるように、「最重要な宮中ポスト」をある時は「隠れ蓑」に、ある時は「切り札」として巧みに利用しながら、他勢力との駆け引きを演じていたのである。

その過程で桂の主張は師団増設を大正二年度としたり、あるいは大正三年度としたり、「数々変更」をするようになった（一一月二七日）。そのため原は「誠意を以て時局を収拾するの考もなきこと看破せられ、結局桂等は此問題を以て内閣倒る丶ことを望むものなりと思はれたれば、余は他日互に意外の争をなすに至る」（同前）と考えるようになる。その際、桂と原の折衝過程で注目すべきことがある。それは「面会の場所としては宮中の方宜し」（一一月二三日）、あるいは「明朝九時青山離宮に於て会見すべしことなりしも、離宮にては都合宜しからざるに明晩七時桂の宅を往訪する事に決せり」（一一月二四日）とあるように、桂は面会の場所として宮中や青山離宮を指定したり、あるいは都合により取り消したりしている。

つまり、桂は内大臣兼侍従長としての立場を活用しながら、自己の都合で宮中や青山離宮を政治空間の場として利用していたのである。その意味ではまさしく「宮中と府中の区別を乱していた」ことになる。なお、青山離宮は当初青山御所と称していたが、明治三一年に改称した。同年東宮仮御所が置かれることになり、大正天皇は明治天皇の死去後もそこを在所としていた。大正天皇が皇居に移ったのは大正三年のことである(27)。宮中や青山離宮を政治空間の場として利用していたことについては後でまた触れることにしよう。

一一月二二日に閣議が開かれて上原陸相から増師案が提出されたが、一二月一日西園寺首相から拒否された。これに対して、上原は同日「病気を理由にて辞表を出す」行動をとった。そして、翌日上原は帷幄上奏の形式で単独に辞表を提出した。

その日桂は首相官舎に西園寺を尋ね、桂個人の考えと前置きして西園寺に上原の主張を受け入れてはどうかと告げた。西園寺は即座に拒否するとともに上原の後任人事について語ったところ、桂は後任人事に関しては考えない方がよいと述べた。

ついで、西園寺は内閣総辞職について触れ、後任の首相には寺内ではなく桂を指名した。桂は寺内を不可とすることに同意をするとともに、自身が就任することにも否定はしなかった。この会談を聞いた原は桂が「推測通自ら内閣に立つの意志あること」を確認した。一二月三日に西園寺は山県に陸相の後任人事を持ちかけたが、「体よく謝絶」されたため五日に辞表を提出することになった。

西園寺内閣の辞表提出を受けて一二月六日午前一〇時から宮中で元老会議が開かれた。その前日桂から山県、松方、大山、井上の四元老に対して「御召状」が発せられていた。六日山県と桂は九時までに参内し、内大臣府において元老会議の打ち合わせを行っていた。井上と大山も定刻までに参内したが、松方は病気を理由に不参加となった。定刻になり桂も元老の資格で会議に出席し、「後継内閣組織に関する要件」についての協議をおこなった。[28]

元老会議開始直前の山県と桂との間での打ち合わせでは、西園寺に対しての留任勧告を試みることが話し合われた。桂は西園寺を召し出して元老列席の場で留任勧告をしてはどうかと述べたが、山県は「自から往訪の労を取」ると申し出た。桂にしてみれば格上の山県が使いとしてわざわざ出向くことに内心優越感を抱いていたようで、「之に越したる仕合せなし」[29]との感慨を抱いた。

山県は元老会議の席上でこのことを告げた後に中座し、西園寺のところへ赴いた。[30]そこで山県は西園寺に対して「自分が度々申上げたる折衷案にても、纏りのつかぬ事はなしと信ず」るため、「留任に決意せられたし」と述べた。これに対して、西園寺は「微力重任に堪へざる旨を陳じ」、「更らに寛容の量を示さ」なかったため、[31]この会談は物別れに終わった。

山県と西園寺の溝は深かったが、そもそもこの会談が持たれたこと自体が不可解でもある。というのは、先に述べたが西園寺は元老会議の三日前に後任陸相の件で山県に相談を持ちかけたが、山県は「体よく謝絶」したのである。したがって、西園寺にとってみれば「謝絶」されて「留任」を求められたことになる。ということは増師案を呑めといわれたのと同じである。山県にしてみれば建前と本音を使い分けたとも考えられるが、その意図はどこにあったのであろうか。

この点に関して坂野氏は「元老山県有朋も事態が『意外の争』に発展するのを警戒して」おり、「原敬の妥協案を排して一路倒閣につき進もうとする陸軍首脳部」に警告を発したが、「西園寺＝山本連合が増師阻止の態度を固め、陸軍は倒閣＝寺内内閣の樹立をめざし、桂太郎も新党結成を計画しているという状況の下」にあっては、「山県の影響力を以ってしても」ついに「妥協点を見い出すことは出来なかった」と述べている。(32) つまり、急旋回する政治情勢に山県自身がどう対処すべきかの指針を示せなかったことの表現であったというものである。(33)

山県は西園寺との会談後、元老会議に戻り「会談の次第を逐一報告」した。参会者たちは「財政問題が主たるの今日、宜しく松方侯の就任を勧説すべし」となり、大山と井上がその任に当たることとなった。

翌七日、大山と井上は鎌倉の別邸に松方を訪ねて出馬を勧めた。松方は「快く熟考を約」し翌日帰京することになった。八日には山県が松方を説得し、桂も「現時の財政状態を語り合い、目下の時局にては、軍人を起たらしむること能はず、従って陸軍の寺内も、海軍の山本も共に不可なれば、是非とも老閣の奮起を請ふ」と説得した。

松方は「一々其の説に賛し」たものの、九日になると病状を理由に辞退した。(34) その代わりに山本を第一候補とし、山本が辞退した場合に平田を第二候補とする考えを示した。そして、山本を宮中へ呼び寄せて、大命を下してはどうかとの提案をした。(35) ちなみに、桂との会談で松方は山本を不可とする桂の提案に賛成したが、その直後に山本を

推したことからすると、桂案への賛意は表向きで本心とは異なっていたことになる。(36)

これに対して、桂は山本が必ず大命を拝受するのであれば山本を御前に召して大命を下すのもよいが、山本がもし辞退するようなことがあれば「失体の至り」となるから、山本の真意を確かめることが先決であると主張した。ほかの参会者もこの意見に賛同したため、井上の斡旋により松方邸に山本を呼んで勧めたところ、山本は「断然之を辞退」することになった。

そこで、次に平田の説得に当たることになった。山県は平田を候補者としては不適任と考えていたが、桂は「是非とも之を勧誘すべし」と説き、大山、井上も賛成した。平田は第一次桂内閣で農商務相、第二次桂内閣で内相を歴任し、この時桂より一歳下の六三歳であった。平田は一二日の夜桂邸において桂と井上から「懇々勧誘を受け」たが、山本と同様「断然之を辞退」した。(37)

平田の態度が明らかになる前の日に宮中で元老会議が開かれた。その会議で「井上侯は予てよりの御事情もあり、奮起せらるること不可能」であり、「大山公に於て奮起一番せられては如何」とするも「微笑するのみにて、決して之に応」じなかった。そのため山県は自分と桂しか残っていないと前置きをした上で、自らは「元と一介の武弁にして政事家にあらず、而して今や老耄の身」であり、「自分が局に当るに於ては此上に紛糾を重ねる」ことになるため、「其意は無論桂公を推す」が、桂が困難な場合は「自から起ちて局に当たるの決心なり」と述べていた。(38)

一三日の朝山県は平田辞退の報告を受けた。そこで、山県の参内して天皇に「此上は桂公と自分との外に局に当るべき者」はいないが、桂は「御手許に奉侍中」で「陛下に於て御手放し相成り難」いが、「宮中の任重要なるも、府中の任更に重要なることを……縷々陳述」すると、天皇より桂を府中へ出してもよいとの返答があった。(39)

この返答を得て同日再び元老会議が青山離宮で開かれた。これで八回目である。そこでは山県が大山と井上に天皇との会談の内容を報告した。遅れて出席した桂は山県の話が済むや大山に向かって、昨夜平田を説得したが平田が辞退したこと。[40] さらに平田は代わりに寺内を推薦したので、桂も寺内に賛成であることなどを語った。

大山は「今更ら寺内説を提出することを考えるべからずとて之を遮」った。大山は寺内の組閣には賛成ではなかったのである。[41] 桂が寺内案に賛成したのは勿論本心ではない。桂はこれまでの発言から明らかなように、寺内案には断固反対の立場にあったのである。寺内が組閣するくらいなら自分がと考えていたほどである。これは大山が賛同しないことをあらかじめ見越した上での演出であったと考えられる。

このような経過を経て一二月一六日桂の組閣が具体化した。続いて翌一七日に「優詔を拝する」ことになる。

第三次桂内閣の創出過程にあって、桂の政治力は山県を凌いだとの印象が強い。元老会議でも「元老の資格」で参加した桂の一人舞台であった。原は「元老の価値甚だ衰へたり」（前掲『原敬日記』大正元年一二月一三日）と述べたが、それは新旧の勢力交替を如実に表現したものであった。

原は桂に大命が下ろうとする形勢となった一二月一五日、間接的にではあるが桂が「元老の手を此際一切打切り、而して後西園寺と相談して乗出す」用意があり、「山県の窮地に陥るを待」っていると伝え聞いた（同一二月一五日）。また、桂は西園寺に「今回の問題の副産物とも云ふべきは已来元老が全く口出の出来ぬ様になしたることにてお互に仕合せなり」と語っていた（同一二月一八日）。これらのことから、桂は内閣創出過程で元老に先手を打ち、自らの主導権で就任したことに強い自信を持ったと考えられる。

ところで、元老会議は前後一〇回以上にも及んだが、元老会議の開催場所について伊藤勲氏の研究によれば、西郷従道邸で開かれたこともあるが、基本的には宮中で開催されていた、との指摘がある。[42] ところが、この時期には宮中と並んで天皇の在所でもあった青山離宮でもかなりの回数で開催されている。

この会場設定はどのようにして決まるのであろうか。多少の推測を交えるが内大臣は「或る意味に於て、政治上の師伝たるり資格を要する」[43]のであれば、その設定に桂の意志が強く働いたことは十分に考えられる。昨日は宮中で今日は青山離宮でというように、元老たちは桂の意のままに会場の設定をされていたことになる。大正時代の幕開けとともに明治元勲たちの時代は終わりを告げようとしていたのである。

おわりに

桂の内大臣兼侍従長の就任前後から第三次桂内閣の成立（大正元年一二月二一日）に至る過程を、桂の動向を中心に辿ってみた。

桂との軋轢はあったものの、山県は宮中への勢力扶植策の一環として内大臣兼侍従長のポストに自派の切り札ともいうべき桂を送り込んだことは確認出来た。それを「押し込め策」とする評価は誤りとしたい。山県にとって内大臣兼侍従長というポストは徳大寺の所謂「抵抗ゼロの回路」というイメージを伴うものであった。そのため、「抵抗ゼロの回路」ほどではなくても、桂はあくまで自派の制御可能な対象であり続けなければならなかった。そのことは山県にとってベストであったのである。

桂が山県の制御下にあるうちはそれも「押し込め」たことを意味することになるのかもしれないが、桂は「山県公の意に反して宮中から延び過ぎて居た」[44]のである。つまり、桂は内大臣兼侍従長というポストを最大限に利用しながら、元老たちと時には互角に、時には手玉にとりながら勝負に挑んだのであった。そのため、山県にとって当初は自派のエースとして投入したはずの桂が、意のままにならないジョーカーになっていたのである。

元老かどうかの議論はひとまず棚上げするとして、「元老としての序列」でいえば桂は山県よりは下位になるが、内大臣兼侍従長というポストに就いたことにより、天皇との至近距離を巧みに活用しながら力関係の不足分を補充したともいえよう。

その意味で桂は「抵抗ゼロの回路」であった徳大寺とは全く異なる内大臣兼侍従長のイメージを作り出したことになる。やや早急な結論ともなるが、後に後継内閣首班の決定に主導権を発揮するなど、政治的に重大な役割を果たした内大臣の先鞭をつけたのは桂ではなかったかとも思われる。

桂は総理に就任する直前の一二月一八日、原に対して「内大臣の後任は当分置かぬ積り」と述べていた。それに対して原は「或は其人なきかも知れざれども桂が再び後に逃げ込む場所として明け置くものかも知れず」と日記に記していた。桂は此のときの経験から宮中のポストが極めて政治的に利用価値があるとの認識を強めたと思われる。

事実、この後に「宮中助言者のポスト」は、一方では政治指導者たちを宮中に登用するための工夫であり、他方では、政府ポストをやめたりやめざるを得なくなったりしたとき、ふたたび政府復帰できるよう、そうした指導者を温存しておくための工夫」として利用されていくのであった（『日本の天皇政治』一九三頁）。

註

（1）山本四郎著『元老』（静山社、一九八六年）一五八頁。
（2）伊藤之雄「元老制度再考――伊藤博文・明治天皇・桂太郎」（『史林』七七巻一号所収、一九九四年）一二七～一二八頁。以下副題は略す。
（3）坂野潤治著『大正政変――一九〇〇年体制の崩壊』（ミネルヴァ書房、一九八二年）一〇三頁。以下副題は略す。

（4）若槻礼次郎著『古風庵回顧録』（読売新聞社、一九五〇年）一八四頁。
（5）『西園寺公望伝』第三巻（岩波書店、一九九三年）一四四頁。
（6）前掲『西園寺公望伝』第三巻一四六頁。
（7）『原敬日記』第三巻（福村出版、一九六五年）大正元年八月一四日。
（8）山県が七月三〇日に急遽波多野を侍従長に送り込んだのは、本命の桂の帰国が未確定であったため、波多野にワンポイントリリーフの役割を期待したためと考えられる。波多野がその後宮内大臣に就任したのはそれに対する論功行賞と思われる。
（9）前掲『大正政変』一〇三頁。
（10）前掲『古風庵回顧録』一八四頁。
（11）前掲「元老制度再考」四頁。
（12）「徳大寺実則日記」明治四四年八月三〇日。
（13）前掲「元老制度再考」三頁。
（14）山本四郎氏はこの優詔により「桂は新たに元老の仲間入りをした」と述べている（前掲『元老』一五九頁）。一方、伊藤氏は「元老の形成と『元勲優遇』の詔勅は直接関係ない」とする（「元老の形成と変遷に関する若干の考察——後継者推薦機能を中心として」『史林』六〇巻二号所収、一九七七年、七七頁。以下副題は略す）。伊藤氏は大正元年八月一三日の優詔ですら「元老の同意を得ていると考えるのが妥当であり、桂が元老と共にこれを受けたことは、桂が将来元老となる含みを示した」（八五頁）ものの、桂＝元老説を採ってはいない。しかし、前掲『西園寺公望伝』第三巻では大正元年一二月二一日に西園寺が優詔を受けたことに関して、「この優詔には明治期の元勲が受けた『元勲優遇』の文字はない。しかし、大正天皇が即位にあたって山県・大山・松方・井上・桂の元老に対して出した優詔とほとんど同じ文言である。大正期に『元勲優遇』の優詔は一件も出されていない。だからこの優詔によって西園寺は大正期の元老の地位についたものと理解される」（一六六頁）としている。優詔を以て元老か否かの基準とするのであれば、西園寺に比べ桂には辛い判定といえよう。
(15)「徳大寺実則日記」明治四四年八月二七日付。
(16) 伊藤氏はこの発言から「自ら首相となり且つ元老（元勲）として天皇に仕えた伊藤博文のような立場に自分が就くことを理想としていた」としているが（前掲「元老制度再考」二七頁）、この史料からそこまで断定出来るのであろうか。
(17) 前掲『元老』一五八頁。
(18)『財部彪日記　海軍次官時代下』（山川出版社、一九八三年）明治四五年七月六日。以下『財部日記』とする。
(19) 前掲『元老』一五八頁。
(20) 前掲『西園寺公望伝』第三巻によれば山県と桂の間には対立点よりも「長州閥、官僚、軍閥という点ではやはり両者の共通性がなお強く維持されていたといってよい」（一四四頁）との指摘がある。
(21) 前掲『原敬日記』大正元年八月一三日。
(22)『公爵桂太郎伝』坤巻（原書房　昭和四二年）六〇〇頁。
(23) 前掲『日本の天皇政治』では「桂押込め策」により、西園寺は「自分の政治的ライバルであり原敬のライバルでもある桂を追いはらいたいと望んでいた」（一五〇頁）としているが、西園寺がそのように考えていたのかは疑問とせざるを得ない。
(24) 前掲『公爵桂太郎伝』坤巻五七七〜五七八頁。原典は国会図書館憲政資料室所蔵の「桂太郎関係文書」所収（第一八冊八八の一八）。
(25) 前掲『公爵桂太郎伝』坤巻六〇一頁。
(26) 前掲『西園寺公望伝』第三巻一四六頁。
(27) 井原頼明編『皇室事典』（富山房、一九三八年）七八〜九八頁。村上重良編『皇室辞典』（東京堂出版、一九八〇年）三頁。
(28) 前掲伊藤論文「元老の形成と変遷に関する若干の考察」。
(29) 伊藤隆編「大正初期山県有朋談話筆記」（『史学雑誌』七五巻一〇号所収、一九六六年）七二頁。

(30) 元老のうち大山と不参加の松方は「西園寺侯ノ舞戻リニモ不同意ナリ」との考えであった（前掲『財部日記』大正元年一二月六日）。

(31) 前掲伊藤隆編「大正初期山県有朋談話筆記」七三頁。

(32) 前掲『大正政変』一一三〜一一四頁。なお、桂の新党結成計画は渡欧の目的の一つがその準備にあったといわれている（今井清一著『日本近代史Ⅱ』岩波書店、一九七七年、八二頁）。桂の新党結成に関しては桜井良樹著『大正政治史の出発──立憲同志会の成立とその周辺』（山川出版社、一九九七年）の第Ⅰ部第五章「立憲同志会の成立」に詳しい。

(33) それでも坂野氏の指摘には納得の行かないところがある。山県がそこまで懸念を持っていたのであれば、このような事態に至る前に西園寺から相談を受けた段階で助力をした方がベターであったはずである。そこで推測を交えて以下のような仮説を試みた。

山県は一個師団ないし半個師団の折衷案を以て増師を実現すべきと考えたが、その実現は西園寺内閣よりもう少し後になると判断した。その際なるべく、嫌悪感を抱く桂以外の内閣で実現することが望ましかった。そのため、「桂公よりは却って」関係が「良好であった」（中川小十郎著『近代日本の政局と西園寺公望』吉川弘文館、一九八七年、一八一頁）西園寺に慰留させ、折衷案という形ででも西園寺内閣の手で増師問題の決着をはかろうとしていたのではなかろうか。とすれば西園寺のところへ桂を行かせる考えはなく、また桂と同席の場でもなく山県自らが直接西園寺のところへ出向かなければならなかったのであろう。

一方、桂は元老会議直前に山県と打ち合わせた際、はじめから西園寺への慰留工作は失敗するものと読んでいた。そのため、山県の行動はむしろ山県の権威を失墜させることになると睨んだ。その見込みが「仕合せ」と感じたもう一つの根拠ではなかったのであろうか。

結果から言えば山県の手配は遅きに過ぎたということになる。山県の政治的判断力も衰えていたのである。

(34) 前掲『財部日記』によれば「山県公一派ガ今日ノ如ク宮中ニ根拠ヲ構ヘ我儘ヲ働ル、間ハ、松方侯立タル、モ到底行詰ルニ相違ナキヲ以テ、今ニ於テ老中ヲ提ゲ起タル、ハ不利益ナリト云フニ在リ」（大正元年一二月九日）とある。

(35) 前掲伊藤隆編「大正初期山県有朋談話筆記」七四〜七五頁。
(36) 前掲『財部日記』によれば、七日に松方は神戸にいた山本に連絡をとり、八日に東京で会う約束をしていた、とある(大正元年一二月七日)。
(37) 前掲伊藤隆編「大正初期山県有朋談話筆記」七五〜七六頁。
(38) 前掲伊藤隆編「山県有朋談話筆記」七六頁。
(39) 前掲伊藤隆編「山県有朋談話筆記」七六頁。
(40) 平田についても桂は「老境に入り且つ其器にあらず」(『原敬日記』明治四三年一二月一四日)と述べていたように賛成ではなかった。それでも、桂からみれば格下の平田を推薦したのは、平田が辞退することを見越してのリップサービスであったと思われる。
(41) 前掲『財部日記』によれば「大山公、松方侯共ニ、桂、寺内ノ総理ハ不同意ナル由」(大正元年一二月六日)とあるように、寺内と同様桂の組閣にも反対であった。
(42) 伊藤勲「明治時代における元老・軍閥・政党」(『法学新報』七四巻二・三号所収　一九六七年)。なお、同稿には「いわゆる『桂園時代』が始ま」り「その間、一度も『元老会議』は開かれなかった」(九七頁)とある。「その間」がいつを指すのかは明確ではないが、それが「桂園内閣」期であるならこの叙述は誤りではなかろうか。
(43) 前掲『公爵桂太郎伝』坤巻五九六頁。
(44) 前掲中川著『近代日本の政局と西園寺公望』一八二頁。

第三部　民間における天皇・宮廷認識

第六章　「受爵」をめぐる板垣退助の言動と華族認識

安在邦夫

はじめに

板垣退助の「一代華族論」は、戦前においてこれを説き、かつ実践した点においてきわめて重要な問題であるように思われる。しかし、戦後自由民権運動史の研究が進展した中にあっても、板垣の歴史的評価は相対的に低く、したがって同問題はもちろん、板垣全体の研究は深められてこなかった。そのような状況の中で、近年、幻の書といわれてきた『板垣退助君伝記』が発刊された(1)。そして同書の刊公が契機となって板垣のご子孫の存在が明らかとなり、またご子孫が所持されてきた貴重な遺品の記念展、および同展開催にちなんでの記念講演会が持たれるなど(2)、板垣への関心が急速に高まり研究が進められている(3)。本稿はこのような研究状況に連動するものであって、冒頭の課題の前史を為す一八八七（明治二〇）年の「板垣叙爵問題」について検証するものである。

検証に関しては、板垣個人の問題だけでなく、政府の「叙爵」の真意はどこにあったのか、また、叙爵・辞爵問題を板垣周辺の人びとはどのように受け止めたのか、などの問題についても言及したい。

一　板垣「叙爵」問題の生起と「同志」の動向

(1) 板垣「叙爵」問題の生起

板垣退助の「叙爵」問題に関しては、遠山茂樹が「三大事件建白運動論」で触れている。板垣「叙爵」問題一件に関し最も要を得た記述と思われるので、少々長くなるが次に引用・掲載する。

一八八七（明治二〇）年五月九日板垣は、後藤・大隈重信とともに伯爵を授けられた。大同団結の運動がもりあがろうとする矢先の首領引きぬきである。年来の主義に反するとした板垣が辞爵の表を提出したのが六月四日、これにたいし一一日宮内次官を通じて授爵せしめよとの天皇の命が伝えられた。全国の自由党員の多数、また改進党員は、辞爵の完遂を主張し、新聞も社説で論じて政界の大問題となり、「為めに事の成否に由り、自由主義の消長を為すが如きの観を生ぜり」。しかし、七月七日の再度の辞爵の表が拒まれると、ついに一五日には受爵した。事は思想の自由の問題、辞爵を許さぬのは、人民思想の自由を禁ずる野蕃未開の国の制度と説いて、板垣の辞爵を声援した『毎日新聞』は、辞爵の素志が達成されれば、人民の権利を主張することの功績の大なるのみならず、思想自由の尊重という国の品位を進めたという令評をえると期待したのに残念だと論じた。

遺憾と落胆は、党派をこえ多くの民権派がもつ感想であった。官権派の手になると思われる『土佐国民情一班』は、「星亭は板垣の受爵を批判し、共に事を謀るに足らずとし、罵詈百端す」と記した。またいう、板垣の側近として共に上京した西山志澄は一足先に帰郷し、同志に次のように話した。「板垣受爵に関しては、我が同主義を把持するもの、中に於て、種々の浮説を生じたり。然れども板垣は決して他意あるにあらず。今回谷子爵の内閣を退くや、板垣も亦朝野の有志と後事を約したれば、不日一篇の意見書を政府へ出し、東京を去らんとす。余は板垣の嘱託により先づ帰県して、現内閣の組織を改革する計画あることを諸君に報ず」と。西山の報告どおり、板垣は八月一二日政府施政批判の一万八千余言の長文の封事を差出し、翌日帰郷の途についた。その結語には「早く国約の憲法を頒し、天下の正義を容れ輿論のある処を採つて、速に苛税を減じて人民の休養を量り、責任内閣の実を表」すべきだと説いた。「国約の憲法」「責任内閣」の語の安易な使用に、かえって疑問を残すとはいえ、表向き強硬な政府批判の姿勢を見せた。(4)

引用の文には、後述するが『毎日新聞』に関する記述で若干追記すべきと思われる部分も見られる。また、「はじめに」の末尾で触れた問題の検証や、歴史的位置付けなど多々課題を残している。

まず、板垣「叙爵」問題の発端となった一八八七（明治二〇）年の新たな叙爵についての政府の意図であるが、このことに関し絲屋寿雄は、「明らかに自由民権運動への対策であり、両人（板垣と後藤象二郎——注引用者）を民権運動から身をひかせようとする意図をもつものであった(5)」と、その目的を明確に指摘している。換言すれば、「民権派首領懐柔策」、あるいは「民権運動領袖一般運動家離間策」ともいえようか。絲屋のこの指摘は、「実に此栄典に拠て民間党の首領を抜いて貴族の伍中に置き、以て国民反抗の聲を絶たんとするに在しが如し(6)」という『自由党史』の記述からも首肯される。

周知のように板垣への「叙爵」の「恩命」があったのは一八八七（明治二〇）年五月九日で、その翌日には郷里高知においても、「昨日午後四時東京発の電報に曰く板垣、後藤、大隈今日伯爵に叙せらる(7)」と報じられた。しかし当の板垣はこの時「土佐に在り、夢にも之を知らなかった」(8)のであり、その伝達も次の板垣宛後藤書簡が伝えるように、後藤を代理人として受け取らせようとしたことなど、政府の姿勢は実に軽忽であった。

拝啓　本日僕宮内省へ被召、御前に於て伯爵に被叙候。其節宮内卿より君之名代として同様に請可致との事なれども、僕は君の委任なきにより之を断り、取次とあらば可仕と申せし処、取次にて不苦とのことに付、再び御前に出で、別紙目録の書類を受取り退出致候儀に有之。尤も其甲号は、陛下より御直に被渡、其他は宮内卿より被渡候。又丙号は請書にて、若し御請相成候へば臣の下へ名を、又月日の下へ伯爵何某と自署する儀に有之候。此段御報旁御取次申上候。以上。

（別紙）

甲号写

正四位　板垣　退助

依勲功特授伯爵

御名御璽

明治二十年五月九日

宮内大臣従二位勲一等伯爵　伊藤博文　花押

乙号写

正四位　板垣　退助

特旨ヲ以テ華族ニ被列候事

明治二十年五月九日

丙号写

宮内省

臣　世襲ノ栄ヲ賜ヒ併セテ、聖勅ノ辱ナキヲ拝ス敬テ、皇祖ノ神霊ニ奉対シ仰テ、盛旨ヲ欽ミ益々忠誠ヲ致シ永ク、皇室ノ尊厳ヲ扶翼センコトヲ誓フ庶幾クハ、神明此レヲ鑒ミ給ハンコトヲ

明治二十年五月九日

丁号　華族令一冊

戊号　勅書写一枚[9]

政府の板垣・大隈重信・後藤象二郎ら五〇名への新たな「叙爵」については、「今回ノ叙爵ハ黒田清隆帰朝スルヤ直ニ伊藤ニ云テ曰ク欧羅巴ニハ在朝者ノミ叙爵セラル、モノニアラズシテ民間ノ者モ功労アルトキハ爵ニ叙セラル、モノナリト依テ伊藤大臣ハ直ニ其言ニ従テ為シタルナリト云フ」[10]という指摘もある。このような動向に関し、福沢諭吉は「政府の爵を弄んだ行為」と、次のように冷淡に見ている。

授爵　福沢云之レハ伊藤等ガ黒田ノ攻撃ヲ防御スルカ為メノ一手段ナルヘシ何ナレハ薩長ハ献《ママ》外患アルニモ拘ラス常ニ位置ヲ争ヒ軋轢止マス而シテ今回黒田帰朝ノ際ノ如キハ最モ安穏ナラサルニ似タリ然レトモ差シタル事ナシ豈ニ社会ニ向テ何ノ影響ヲモ及スヘキヤ只己レ等カ勝手ニ爵ヲ玩テ以テ己レ等ノ釣合ヲ取り便利ヲ計ルノミ我政府ノ所為百事児戯ナラサルハナシ[11]

なお、政府の「叙爵」伝達の仕方について、『板垣退助君伝記』の著者宇田友猪は、「宮内大臣伊藤の軽忽なること、御名御璽の影印されたるものを、単に一片の反故紙視する観なからずとせず。形式を虚飾し、階級を荘重にし、君民の間に藩屛を設けんとする当初の精神に対照して解し難きの至りではないか[12]」と批判しているが、その心情に

ついて理解できるところである。板垣が「素心に基いて之を辞退[13]」したことについては次節で記し、次に板垣周辺の人びと=同志の受け止め方・動向について見よう。

(2)「同志」の動向

「叙爵」問題が生起した時、大阪では大井憲太郎らの朝鮮改革陰謀事件（大阪事件）の予審が終結し、大阪重罪裁判所の公判が目前となっていた。このような状況下の五月一五日、旧自由党員を中心に全国有志大懇親会が大阪中之島自由亭で開催され、板垣も高知より上阪、出席した。後藤象二郎の使者弘瀬重正により叙爵の宣命書が板垣に伝達されたのは、この懇親会終了後神戸の西村旅館に入ってからとされる[14]。この経緯について『自由党史』は次のように記している。

板垣退いて神戸に返る。恰も後藤の馳する所の使者、叙爵の宣命を伝達するに会ふ。乃ち深く聖恩優渥遠く草莽の臣に及ぶを感激せざるに非ずと雖も、其爵を受るは平生の主義に反くを以て、良心之を屑しとせず。遂に栄典を固辞するの已むべからざるを信じ、将に闕下に趨って陳奏する所あらんとす[15]。

前掲『板垣退助君伝記』および『自由党史』の記述で奇異に思われることがある。すなわち、五月九日板垣叙爵のことは翌日の新聞に報道されている。とすれば、大方の人びとの知るところとなっていると思われるにも拘わらず、一五日の懇親会で語られていないことである。この点の検証は今後の課題であるが、いずれにしても「叙爵」を固辞した板垣に対し、「阪神に集合せる諸国の同志は皆な受爵の不可を鳴らし、交も板垣の決意を壮[16]」とした。その後の状況は、「全国自由党の多数は、飽く迄も之を固辞すべしと論じ、政府党の人々は必ず辞爵すべからずと唱へ、忽ち社会の一大問題となり。為に事の成否に由り自由主義の消長を為すが如きの観を生ぜり。都鄙の新聞紙は争ふて其状を報じ」[17]というものであったが、この時の板垣周辺の動向を見ると、「一、授爵ノ当初此電報ノ国許ニ達シタル翌早朝嶽洋社員ノ如キハ特ニ吉報ノ祝賀トシテ態々出掛ケシモ板垣ハ寧ロ凶報ナリトシ其賀意ヲ受ケサリシトノコト但土佐総体ノ議論ハ先ツ拝受ノ方ナリト云フ、二、来阪後三五ノ人ニ諮リシニ栗原亮一、法貴発ノ外ハ皆ナ辞スルヲ可トセリ就中星亨ニハ最モ辞退ノ事ニ熱心セリトノコト」[18]と見える。さらに詳しく見ると、次のように報じられている。興味ある指摘が見られるので、やや長い引用になるが掲載しておく。

今回後藤板垣華族ニ編シ伯爵ニ叙セラレタルニ就テハ民間有志者中ニ之ヲ賛成スルモノアリ又之レニ反対シテ不可説ヲ唱フルモノアレトモ重々板垣ノ身上ニ集合シ後藤ニ向テハ可否ノ説ヲ唱フルモノハ至テ少シ然シ四五日前後藤ニ向テ不可説ヲ唱ヒ痛ク攻撃シタルモノハ中島信行ニシテ同人カ後藤ニ向テ不可説ヲ唱フルトキハ平素ノ状貌一変シ全身震動眼瞳血ヲ帯ヒ其挙動実ニ恐ロシクアリタリト然シ後藤ハ敢テ驚ク色モナク云テ曰ク叙爵ハ将来吾党ニ利アルヤ害アルヤヲ考究シ若シ之ヲ受タル害アリトノ公論ナレハ之ヲ辞スベシ先ツ虚心平気以テ考慮セラレヨト云テ分袂シタリ信行又来テ後藤ニ面会シタルトキハ寝〻平穏ニシテ坂崎斌（賛成説ヲ唱フルモノ）等ノ言ヲ聞テ少シク反対説ノ勢力減シタリト云フ

賛成説ヲ唱フル者ノ言ニ七様アリ然シ帰着スルトコロハ同一ナリト今其賛成説ヲフルモノ、重ナルケ條ハ左ノ如シ

第一　地方未タ幼稚ニシテ民間有志ト合同シテ社会上ニ尽力スルヲ恐ルモノ、如シ故ニ各地方ノ財産家等ハ吾党ニ加入セス故ニ民間ノ勢力僅少ニシテ強大ニ至ラス又タ着明ナル運動ヲ為ス能ハス然ルニ爵位アレハ地方ニ漫遊スルモ先ツ県知事始メ出迎ニ出テ、待遇モ自ラ異ナルヨリ地方ノ財産家大人等モ恐怖ノ念ヲ去テ吾党ニ加入スルニ至ラン従来ノ如ク後藤板垣ハ加波山ノ親分ナリトテ恐レ嫌ハル、コトモナカルヘシ

第二　英雄仁人ノ其国家ノ為ニ尽力シ其目的ヲ達センニハ身体ノ健全ヲ要ス因テ爵位アレハ即チ陛下ノ親臣ニシテ政府ノ藩塀タルベシ故ニ相原尚聚ノ如キモノアルモ爵アルカ氏ニ之ヲ害スルコト能ハサルベシ是ヲ以テ前途事業大ニ利益アルヘシ

第三　国会上院ニ出頭シテ上院ニ自由ノ空気ヲ吹込ミ下院ヲ利スルノ計画ヲ為スヲ得ヘシ仏国ミラボー氏及ヒオルリノーレ公ノ如キハ固ト貴族ニシテ護民官ニ入リテ民権皇張ニ従事シタルカ故ニ著大ノ利益ヲ人民ニ与フルヲ得タルモ元是レ貴族ナルガ故ナリ

第四　貴族ニシテ爵位アレハ主上ト親近スルヲ以テ国家有事ノ時ニ当ラハ主上ニ計画スルコトヲ得ルナリ我邦ハ英国ノ同《（ママ）》日ノ論スベカラサルヲ以テグラットストンガ爵ヲ辞シテ受ケサルヲ誉ムト同一ニ為スベカラズ

星亨去十日大阪ニ出発ノ際後藤ニ向テ不可説ヲ唱エタル者ナレトモ恐クハ賛成論者ニ変スルナラン(19)

同志の受け止め方は多様であったことが窺われる。すなわち、概して土佐派は「受爵」に肯定的であり、また板垣や後藤が加波山事件の首謀者（親分）として地域の名望家層から「恐レ嫌ハルル」状態にあり、「受爵」はこのような状況を打開するとして歓迎する雰囲気もみられたようである。一貫して「受爵」反対の姿勢をもっていた星亨も、「賛成論者ニ変スルナラン」と思われたことなど、政府の密偵は楽観的な報告をしている。

二　板垣「辞爵」の論理と言動

(1)「辞爵表」の提出

政府の叙爵という施策に対し、板垣がこれを頑なに固辞したことはすでに知られている。板垣のこのような姿勢を予測した一人に後藤象二郎がいた。「後藤ノ説ニハ板垣ハ之ヲ辞スルヤモ斗ラレスト申居レリ[20]」という一文がそのことを伝えている。が、概して一般には、板垣が容易にこれを受け容れると考えていたようである。次の史料からそのことを窺い知ることができる。

板垣退助氏カ辞爵スルト云フノ風説之レアレト今府下新聞社会ノ重ナル者ノ説ニハ同氏ハ素ヨリ民権自由ノ論者タルニハ相違ナク特ニ天爵ノ貴フベク人爵ノ貴フニ足ラサルハ務テ同氏ノ持論ナリシト雖トモ同氏ハ元ト勤王ヲ以テ身ヲ出シ現ニ勤王ノ方向ニ運動シツ丶在ル者ナリ今回ノ叙爵タル全ク王家ノ特旨ニ出テ丶板垣氏ノ勤王ノ功ヲ表スルモノナリ国家典刑ヲ以テ勤王家ニ勤王ノ表賞ヲ授ク是固トヨリ其分ナリ勤皇家タル板垣氏ハ豈ニ進ンテ之ヲ甘受セサルノ理アランヤ故ニ板垣氏ノ素志決シテ之ヲ辞スル抔ノ事アラサルベシ云々ト云ヒ居レリ

五月廿一日[21]

板垣が容易に「受爵」するとの思いは、官憲も恐らくは有していたのではないかと思惟される。たとえば、板垣に関する次の密偵報告である。

板垣退助授爵ノ恩命ヲ辞退スヘシトノ説ハ過日来彼是風評スル處ナリシガ敢テ其根拠トスル処ナカリシカバコハ同人ガ一時世人ニ対スルノ申訳ニ外ナラストハ餘程其内部ヲ穿チタルノ説ナリシカ尚聴ク處ニヨレハ稍〻其然ラサルヲ覚フニ至レリ或ハ真実ノ決心ナルヘキカトモ認メラル、モノ之レ無キニアラサルナリ其要旨ヲ列挙スレハ

（中略）

三　板垣自ラ云フ余ハ素ヨリ不遜者ニアラサルカ故ヘニ陛下ニ対シ奉リ毫モ不遜不敬ノ言ヲ以テ返上スルカ如キコトハ勿論為スヘキ意思ナシ飽迄蚊ノ鳴ク如ク事情ヲ述ヘ辞退シ奉ラント決心セリトノコト

四　右ニ付可成丁寧ナル意思ヲ以テ辞退文ヲ起草スヘシト去ル十七日同行ノ宮崎富要ニ命シタリトノコト

五　板垣又云フ内閣諸臣ノ意ハ余ニ授爵シ余ヲイジメ殺スノ覚悟ト思ハル何セナレハ此侭受ケンカ遂ニハ元老院辺ヘ押シ込ムヘシ左ナクモ開会ノ上ハ必定上下ニ区別シ余ヲ上院ニ入ラシメ飽迄余ノ説ヲ押シ潰フシ余ヲシテ翼ナキノ孤鳥タラシメントスルニアルナラントノコト(22)

板垣が頑なに辞爵の姿勢を貫いた背景の一つに、元老院かあるいは上院へ自分を押し込み自説を押し潰す意図が政府にある、という指摘は興味深い。「叙爵」が自由民権運動の「離間策」とともに、「言論封じ込み政策」の一環として意図されたという板垣の認識は強ち間違ってはいないと思われる。すなわち、同年六月五日付井上馨宛の書簡で、伊藤博文は「愚考にては同人（板垣――注引用者）平素の議論所謂アナルキストかソシアリストと同一主義に有之候故、彼れが民権主義は到底我朝廷の所不容にして、王室前途の為めに有害物と認定するの大義を此際に明瞭ならしめ度きものと愚考候。若し我々目前の人情に被拘束、斯如大事を黙過せば、到底前途の目的を達する能はず、のみならず天下後世の罪人たるを免れ不能べし。小生愚按にては、一歩も仮借せざる存意に有之候候共……(23)」と記

しているのである。「板垣叙爵」問題を考える重要な点と指摘しておきたい。自由主義者が、見る人によってあるいは時代によって、アナーキストか社会主義者にされてしまうことの意味を考えることは、歴史の教訓の一つとして重要である。

板垣は以後辞退のため奔走する。まず、五月二五日に上京、宮内大臣伊藤を訪ねるが不在（相州夏島の別荘に滞在）のため面会叶わず、吉井宮内次官に会い辞爵の意を伝えた。さらに内大臣三条実美、内閣顧問黒田清隆らを訪い辞爵活動を行った。このような行動は、「都鄙の新聞紙は争ふて其状を報[24]」ずる事態を生み、また「閣臣中には之を固辞するを以て不敬罪に渉ると為す者あるに至[25]」る状況を生みだした。そのため板垣は六月四日正式に「辞爵表」を認め、吉井宮内次官に提出するに至った。「辞爵表」の提出は六月九日であるが、その経緯については次の史料が伝えている。板垣の固い辞爵決意も示されている。

板垣辞爵一条ハ或ハ辞スルト云ヒ或ハ受クルト云ヒテ世評区々ナレトモ板垣ハ飽迄辞スルノ決心ナリ然レ雖（ママ）上京以来既ニ数日ヲ経ルモ躊躇スルハ何等ノ訳ナルヤヲ尋ルニ可成陛下ニ対シ不敬ニ相成ラサル様平穏無事ニ願意貫徹相成ル様トノ情願ニテ右内意ヲ通セシガ為メ三條黒田佐々木福岡等ニ面会右情実ヲ陳シ且ツ宮内ノ長次官トモ不在ニ付猶予致居タル訳ニシテ敢テ躊躇セシニアラス吉井宮内次官過日帰京ニ付終ニ本日六日辞表ヲ奉呈（尤モ内密ニテ吉井次官ノ私宅ニ持参）セシ由吉井次官ハ受取難キニ付差戻スト云タレトモ板垣強テ受理相成度ト申述タルヨリ然ラハ熟考中預リ置クベシ来ル九日迄ニ受理スルヤ否ヤノ決答ニ及フヘシトテ右辞表ハ預リタル由ナリ板垣ハ飽迄素志ヲ貫徹スルノ決心ニテ若シ之レガ採用ナケレハ非常ノコトヲ以テ其一身ヲ処置スル（割腹の類歟）哉モ計リ難シトテ随行者ハ頗ル心配致シ居ル様子ナリ右辞表ハ高輪後藤宅ニテ大ナル奉書紙ニ記載セシモノヲ一見シタルレトモ他ニ洩泄ヲ恐レ謄写ヲ許サス併シ前日ノモノト其主意差異ナシ唯文章ノ顛

倒熟字ノ変換ニ過キス尤前ノモノニハ既ニ正四位ニ居レハ一朝事アルトキハ天顔ニ咫尺云々トアレトモ之レヲ削除セリ又又臣平生別ニ一片感懐ノアルアリ云々ヲ平成衷々感スル所アリト改メタル類ニシテ大体ニ於テハ違変無シ専ラ哀訴歎願ノ主意ナリ(26)

「辞爵表」の起草と提出には大きな配慮がなされていることが窺われる。記されていることは、「陛下に報ひ国家に尽すの赤心は、何ぞ曩日に異ならん。一朝事あり闕に参り、陛下に咫尺して以て臣が進むを得ば、臣の願既に足れり。尚ほ何ぞ伯爵に叙し、華族に列するの特典を拝するを須ひんや。且臣平生衷に感ずる所あり、高爵を拝し貴族に班するは、臣に於て自ら安んずる能はず(27)」ゆえに「臣茲に表を上り、謹で伯爵並ニ華族に叙列するの特典を辞す(28)」と、当然ながらきわめて形式的儀礼的なものであった。では、板垣の辞爵の真意は那辺にあったのか。先に指摘した政府の「取り込み策」に抗するということの他に板垣の言動（挨拶や演説）から考えられることを整理すると、以下の点が指摘できる。

第一は、「維新の精神」に悖るという信念である。すなわち、「維新の革命は実に未曾有の大出来事なりし。……士の常職を解き、禄を廃し、四民を通じて婚礼を許し……貴族を嫌ふは王室をも嫌ふの始めにして、結局共和政治を欲するならんなど丶、頻りに私を傷けんとするが如くなれば、甚だ迷惑なる事と云ふべし(29)」というように、板垣にとって明治維新の課題は「四民平等＝一君万民社会」の造出であり華族という特別な階級の存在は否定されるべきことであるという認識である。第二は、「自分が今恩子孫に及ふの栄爵を受くること他人の食を奪ふて自分の口に入る丶が如き心地して如何に熟考するも今に此の栄爵を受くるの決心生せずと語られしと(30)」と、現行華族制度に対し批判的なことである。第三は、第一・第二に連動するが、自由平等を説く自由民権家としての日頃の言動と相容れない、という思念である。

以上の諸点は華族制度廃止に通じるものであり、次項の「再辞爵表」で明瞭に示される。但し、板垣の華族制度廃止論については、時間的経緯を含めさまざまな角度から検証されなければならず、このこと自体が一つの研究課題である。[31] それは「私は廿年来始終一主義即ち門族を廃するの心を以て進み来りし者なるが故に狂愚と云はれても厭はず、唯信ずる所に従って事を処するのみ良心に背きて事を為す能はざるなり[32]」という言辞の検証にも通じることであり、また「一代華族論」に連なる問題ともいえる。

(2)「再辞爵表」の提出

政府の「叙爵」と板垣の「辞爵」の拮抗の度は、「日を経て後ち容易に素志を済すべき見込みがない。一方に在ては全国旧自由党員の多数が飽くまでも之を固辞せよと論じ、又た他方に在ては政府党の人々が必ず辞爵を許すべからずと唱へ、囂々相争ふて忽ち社会上の問題となり[33]」と、ますます増幅した。関係文献により、「辞爵表」提出後の板垣に関する動向を時系的に記すと以下の通りである。

○六月一一日　吉井次官が板垣を自宅に招き、「受爵」させよとの天皇の意志を伝えるとともに、「貴下唯だ速やかに前志を翻へされよ[34]」と諭される。

○六月一四日　板垣辞爵の件に関して秘密会議が開かれ、内閣各大臣に三条内大臣、吉井次官も加わり飽くまでも受爵させる方針を決める。

○六月二〇日　板垣、吉井次官に拝謁願いの執奏を乞うが允可されず。

○六月二三日　板垣、洋行帰りの農商務大臣谷干城、および黒田清隆、後藤象二郎らを通して辞爵の意志貫徹を図る。

○六月二六日　府下在留の旧自由党員ら一四〇名が板垣送別会を浅草鷗友館で開催、板垣辞爵の意志を説く。

次の史料はこの間の事情を伝えているものとして興味深い。

板垣辞爵ハ昨日却下セラレタレトモ本人ハ断然之ヲ受ケサルノ決心ナルヲ以テ直チニ再ヒ辞表ヲ出ス訳ニモ参ラサレハ両三日ヲ経テ再ヒ辞表ヲ差出スコトニ決定シタリ之レモ許容セラレサルニ於テハ建白書ヲ奉呈シ受爵スルコト能ハサル所以ヲ内閣諸大臣ニ陳述スト建白書ノ世上ニ洩ル、ヲ恐レ一時非常ニ機密ニ起草シ政府ニ奉呈シタル以後迚モ妄リニ他人ニ見セズトテ大ニ注意シ居レリ起草者ハ板垣意中ヲ吐露シ之ヲ加藤平四郎ニ執筆セシムルト云ヒシガ電報ニテ高知ヨリ植木枝盛ヲ呼ヒ寄セ平権自由ヲ唱フルモノハ位爵ヲ受クヘキモノニアラサル所以ヲ縷述セシムルトモ云フ加藤平四郎ハ植木ヲ呼ヒ寄セント云フ話ヲ聞キ起草ヲ謝絶スト申居レリト云フ(35)

このような経緯の中、「君が南帰の意を決するや、後藤始め昵近の党友は猶ほ憂慮の余り、暫らく君を抑留し、倶に力を尽して願意の通達に勉めた。七月七日、君は茲に雷霆の威を冒して再度の辞爵表を闕下に奉呈」(36)するに至ったのである。植木枝盛を上京させ平等自由を唱える視点から辞爵の論理を展開することは成らなかった。しかし、「再辞爵表」において板垣は、改めて明治維新の精神について触れるとともに華族制度について「新に五等の爵を置き、世襲財産の法を設け、更に功臣をして華族に列せしめ、特に貲財を賜ひ、世々相襲がしむ。臣浅識妄に其是非を判する能はずと雖も、其制度の特質、進退の当否、陛下の最深く省察を加へられんことを冀ふ」(37)と述べたのである。当時の状況を考える時、この言動は自己の政治信条に忠実なものであったと評価してよいように思われる。

三　板垣「辞爵」への政府の対応と「受爵」

（1）板垣「辞爵」への政府の対応

板垣の叙爵辞退の強い姿勢は、国民の板垣人気を増幅させた。次の史料はそのことを伝えている。

大隈後藤等ト共ニ伯爵ノ恩命アリタル板垣退介《(ママ)》ハ独之レヲ辞スル旨ヲ申出タル一事ニ付テハ平生反対ノ主義ヲ執ルモノト雖トモ何レトモ同人ノ清澄ヲ欽慕シ名望家ト云ハ、先ツ第一ニ同氏ニ指ヲ屈スル如キ勢アリ板垣今般ノ挙動ハ十分国会議長ノ価直ヲ生シタルモノナリ真ニ氏ハ大隈後藤ノ等ニ勝レル価直ノアル処ナリ云々ト板垣今度ノ挙動ハ全ク国会議長ニ意アレハナリ且ツ大ニ人望ヲ持シタルモノニテ国会議長ノ投票ハ必ス板垣ノ手ニ落ツヘシ此レ素ヨリ板垣ノ宿志ナルベシ云々……板垣カ爵位ノコトニ付建白ヲナス云々ノ説アレトモ固ヨリ採用ナキコトハ分明ナレハ寧ロ初メヨリだゝめトシテ為サ、ルノ勝レルニ如カス云々(38)

このような状況は、官憲側から見れば看過できないことであり、どのような措置を講じても「叙爵」を受け容れさせなければならなかった。最初の「辞爵表」提出前後の伊藤博文・三条実美などの書簡に、その様子が読み取れる。

（ア）内蔵頭杉孫七郎宛伊藤博文　明治二〇年六月三日付

板垣辞爵云々御報道承知仕、過刻呈一書世外（井上馨の雅号）篤と御談合被下度申上置候に付き、世外之意見御聞取可被下候。尚亦内大臣へも御談合之上処置振被相決度愚考に而、是非辞するとの事なれば不得止候に付、彼の主義突留置度存候間、此段をも併せて外務大臣へ御申入可被下候。勿論結局は仰聖裁候事是亦御申伝可被下候。先は拝答而已。匆々頓首。

（イ）首相伊藤博文宛三条実美　明治二〇年六月四日付

（前略）扨板垣退助一条、今朝杉氏面会、愚意申入候間、親く御聴取有之度候。本人は頑固に自論を執り、到底御受之意底不相見候間、此上の御処置は深く御注意有之度存候。小生の意見にては、非常出格之御取扱を以て、願の通御聞届相成事得策と存候。尤御許容相成候ては君威に関するとか、不体裁とか、議論も可有之存候得共、左りとて幾応御沙汰相成ても、反復辞表差出候様相成ては頗不体裁に至り、其極功を賞せんとして罪人に陥る様の形迹を現し、好結果を得るの見込無之、却て御厄介一事件を現出致候様可相成故、非常の　叡慮を以て、許容相成候様有之度存候。猶御勘考有之度候。先愚存の處一筆申陳候也。

（ウ）内大臣三条実美宛伊藤博文　明治二〇年六月五日付

（前略）板垣辞爵云々御示諭の趣敬承仕候処、同人平素の議論、到底今日之計画と背馳仕候而已ならず、到二十三年候得ば、不容易関係を惹起候事如観火に御座候故、縦令辞爵は御聞届相成候共、不如使彼持説明了於此際と奉存候。不然ば、目前之人情に被拘束、却て王室の大害を養成する様立到可申と懸念に不堪候。尚此上外務大臣其外と御談合奉願上候。委細は杉内蔵頭へも申聞置候故、御聞取可被下候匆々奉復。

（エ）宮内次官吉井友実宛伊藤博文　明治二〇年六月九日付

（前略）板垣辞爵の事に付ては御配神の段拝察、先生御返答振りは至極宜布、一言半句も余喙を容るべき處無之候。其後愈辞表差出候哉、或は未だ其運に不到候哉、縦令辞表差出候共、容易に御聞届相成候ては不可然と愚考仕候。必竟民政論を主唱するを以て叙爵は其主義に反対するとの公明なる申分なれば容易に解釈仕候へ共、隠然其意を含蓄し憚公言候事は、抑何等の理由なるか、小生所不能解に候。実に此節の盛典は、皇上仁慈の特恩に出で候儀に付、断固として御請申上、為帝室奮て致死力可申事こそ、王臣の本職ならんに、彼是苦情を唱候は、実不得其意と奉存候……。(39)

板垣への叙爵をめぐっては、政府においては板垣の辞爵への姿勢の固さ、また板垣においては政府の対応の読みに、それぞれ甘さがあったことが窺われる。すなわち、相手がお互いの主張を容易に受け容れると考えていたように思われるのである。たとえば次の史料はそのことを示しているのではあるまいか。

曾テ谷大臣板垣氏ノ旅館ニ来リシトキ何等ノ手続ヲ以テ辞表ヲ呈出スモ政府ニ於テハ決シテ受領セサル内決ナレトモ折角ノコトナルヲ以テ今一応取次クヘシト内大臣申セシ故ニ板垣モ今回ハ許容ナルヘシト信シ去ル七日辞表ヲ奉呈シタル處断然辞爵許容セサル旨桜井書記官ヨリ昨日板垣ニ申聞ラレ且ツ以後何等ノ事ヲ申出ルモ決シテ採用且ツ取次ヲ為サヽルヲ以テ左様心得ラルヘシ云々ト申サレタリト(40)

六月九日、板垣が意を決して吉井宮内次官へ「奉呈」した「辞爵表」が受け容れなかった後、前節で見たように七月七日　板垣は再辞爵表を呈出した。しかし、翌八日政府は宮内省書記官桜井能監に命じ、板垣の宿泊旅館《柴金虎館》を訪れさせ同表を反戻させた。政府のこの即座の対応にさすがの板垣も困惑したようである。その様子について密偵の報告書は「板垣ハ今ハ如何トモ致方ナク殆ト途方ニ暮レタリ今日ノ予定ニハ已ヲ得ス受領シ置キ他日族籍奉還ヲ為スコトニ之レアリ在京党員モ已ヲ得サルコトナルヲ以テ此挙ニ出ルヨリ策ナカルヘシト本日加藤荒川中山等ノ輩板垣ノ旅館ニ至リテ陳述シタリト云フ板垣ハ西山志澄再ヒ上京ノ上帰郷スル予定ナレトモ京地ニ於テ金策成ルコトナラハ出来帰郷スト申居ル故ニ未タ出発ノ時日ハ確定セス(41)」と伝えている。

また、次のようにも報じられている。

○世人の御沙汰如何にと渇望せる同君が再度の辞表は十分に己の意衷をも忌憚する所なく吐露せられしものなるやに聞込みしが一昨八日の午後三時過ぎ宮内書記官桜井能監氏には兼房町なる同君の旅館に罷越されて御上表は畏くも乙夜の覧に入りしかども優渥なる叡慮に於て更に前日にかはらせられずとの御沙汰を伝へて辞表の一通は宮内大臣より差下らるゝ旨通達ありければ同君には謹んで不肖の退助に斯くまで再度畏こき恩命を下さるゝ上は尚ほ篤と思考を遂げ兎も角も陛下の叡慮を安んじ奉るべき旨を御答に及はれたるが当日宮内の長次官よりは別に何等の添口上も無りしと去る十日の今日新聞に見ゆ。(42)

○去る八日又もや再度の辞表をも御差下げに相成りければ於是君は最早如何様に手を尽くすも辞表を聞届けらるるの道なきものにや只今其侭に容易く御請仕るに至らば最初よりの決心は其詮もなき次第にて再度の辞表は徒づらに朝命を軽んずるに似たるの道理なるにより尚ほ慥に御聞届の有無と他に之を辞する道なきや否を承り度と後藤君に頼みて問合せられしに谷大臣は最早其道なきものと心得られよと返答ありしかば同君は尚ほ思考に思考を尽くされし後此上は是非に及ばず陛下に於て已に退助の至誠を知ろしめさるゝ上は縦令恩命を拝するも陛下を欺き奉つるの罪は之れなかるべく我が一身上の名誉は兎も角も陛下に対し重ねて徒らに宸襟を煩はし奉るべきにあらずとて御請の手続に及ばされしにやに聞けば……。(43)

板垣も他日の「族藉返還」を考え、不本意ながらとりあえず「受爵」止む無しとの思いに至った。そして星亨ら強固な反対派もいたが、板垣の周囲、特に板垣側近の土佐の人びとの間では、容認する空気が高まったように思われる。

（2）板垣の「受爵」

板垣が執念を燃やした辞爵への思いも、結果的には政府の断固たる姿勢には抗し切れなかった。政府の、特に伊藤博文の意を受けて板垣説得の役を担ったのは、「後藤象二郎の幕僚である竹内綱」[44]であった。天皇を敬愛する板垣にとって、なによりの苦衷は「勅命に逆らう不忠の臣」のレッテルを貼られることであった。次の一文はそのことに触れている。

板垣退助氏が恩賜の爵を辞することに付ては過日来日々の如く之を本紙に記せしが尚又聞く所に拠れは此事は廟堂にても近来の一大問題となり居りて……伊藤総理大臣の如きは最も之に不満を抱き居る由にて既に先頃黒田内閣顧問、吉井宮内次官の両伯が夏島なる別荘に赴きて同大臣を訪ひたる節にも大臣は此事に付元来爵を授くるは我々有司の専裁に出でたるものに非ずして即ち　陛下が板垣氏其人に旧勲を賞するより之を賜はりたるものなるに之を辞して受けざるは取りも直さず板垣氏は勅命に背き奉るなり我国古来勅宣に違ふ者は之を朝敵と称して許さゞりしことは其例実に少なからず故に此上は吉井氏より尚よく板垣氏は勅宣《ママ》の趣旨を伝達し夫れにても尚服せざれば最早致し方も無きこと故強ても勅命に従はしむるの外なしと断言したる由然るに伊藤伯の此断言は黒田伯にも大に賛成したりとのことと去る卅日の大坂日報に見えしが其事実の如何は固より之を知るに由なき所なれど今思想自由の空気を呼吸する欧米人をして之を聞かしめば果して何と評するか。[45]

自由民権家として華族制度への疑念を持ちつつ、その華族に列せられるという自家撞着をどのようにクリアーし自己を納得させてゆくのか。この辺の板垣の葛藤・回答について、竹内綱の手記は次のように伝えている。

余ハ尚ホ慎重ノ熟考アランコトヲ乞ヒ、再会ヲ約シテ別レ、其後数回会見反覆論議ノ末、板垣曰ク、予ハ熟考ノ上、公侯伯子男ノ華族ハ、代替リ毎ニ各一級ヲ逓減シ、男爵ニ至リ一代ニテ華族を廃止セラルル一代華族制ヲ主唱スベク決心セリト。余ハ曰ク、彌々一代華族制ヲ主唱スルニ決心セラル、ニ於テハ、今日ハ閣下維新ノ功労ニ対シ、陛下ノ優渥ナル思召ニヨリ、叙爵ノ恩命ヲ下サレタルコトナレバ、今回ハ御受アリテ、他日政府ニ一代華族制ノ建議ヲ提出セラルベシ、幸ニ献《ママ》議ノ採用セラル、ニ於テハ、陛下ノ恩命ニ背カズシテ、閣下ノ華族廃止意見ハ行ハルベク、若シ建議ノ採用セラレザル時ハ、決然爵位返上ノ辞表ヲ提出セラルレバ亦可ナラズヤト。懇談論議ノ末、漸ク承諾ヲ得、板垣ハ七月十五日叙爵受書を奉呈セリ[46]

天皇の「恩命」に背かず、とりあえずこの時点では「受爵」に応じ、将来に自説の実現を図るという選択である。引用史料によれば、この結論は竹内との懇談論議の中で決められたことになっている。一言で一代華族制といっても、①現行華族制度を現在の一代で完全に否定・廃止すると考えるのか、②もしそうであるならば、その制度改革をどのように進めていこうと考えているのか、③現行華族制度の改正（単に特権＝世襲制の廃止だけでなく爵位の名称・人数等々）を意図しているのか、④国家に功績のあった者については一代限り爵位を授与するという新しい華族制なら許容するのか、など制度改革の問題は多様である。史料に見える華族制廃止に関する案はユニークではあるが、ここで記した「代替リ毎ニ各一級ヲ逓減シ男爵ニ至リ一代ニテ華族ヲ廃止」という方法については、のちに板垣みずからがこれを否定している。この点についての問題を含め、板垣は「受爵」をどのように正当化したのか。節を改めて触れることにする。

　いずれにしても、七月一五日、板垣は参内して「拝受書」を奉呈し、七月一七日には宮地茂春を従えて箱根芦の湯に赴いている。

四　「受爵」をめぐる同志・世論と板垣の華族認識

（1）「受爵」をめぐる同志・世論

板垣退助に「叙爵」の問題が生じた折、板垣の周囲・同志の間ではさまざまな受け止め方があったことについては前述した。では、実際、板垣が「受爵」を決意した後、彼らはどのような対応を示したのか。注目されるのはやはり「叙爵固辞」を強く支持した人びとの言動である。結論から先に記せば、かれらの受爵に対する姿勢には極めて厳しいものがあったことが判明する。たとえば、「辞爵」を貫徹すべく、彼らは板垣の生活について心配・配慮して心身を労している。たとえば、次の一文である。

板垣の財産を撿して、猟犬三頭、家鴨二十羽、猟銃二挺に過ぎずと云ひ、之を伝へて其清節、清貧能く富貴人爵に懸恋せざるを激讃せり。而して近畿地方の富商豪農等の有志は、相議して板垣にして愈々辞爵せば請ふて居を大阪に構へ、国会開設の暁を待て下院議長に推さんと計画せり。満天下の同情は翕然として板垣に向ひ、深く其苦心を諒とせり。(47)

引用史料のような動きは、他にも見られる。

○板垣断然辞爵シタル上ハ地方ノ財産家十五名ニテ一人拾円ツヽヲ出金セシメ一ヶ月百五拾円ヲ集メ毎月同人ノ生活費ヲ補ハサルヘカラズトテ今日（六月十日）其議ヲ加藤ヨリ発シ西山志澄ニ協議セシニ同意セリト

○宇都宮ノ自由党神谷温作（代言人）上京シ大橋方ニ寓ス其主旨ハ板垣辞爵ヲ決行スル上ハ地方有志者ヲ東京ニ招

集シ地方財産ヲ有スル有志者ヨリ募金シテ之ヲ板垣ニ贈タルノ議ヲ陳述スルニアリ昨夜（六月十一日）此ノ議ヲ加藤ニ談シタル処加藤同シク同意見ナルニ付其議ヲ受納シタリ此事ハ板垣ニ話サズ内々ニテ募金スルノ予定ナリ目下其発起人撰定中ナリ募金額ハ一万円ナリトス(48)。

伯爵叙爵を辞してまでも赤貧の中、自由民権のために邁進する板垣を経済的に支援して行こうとしていた周辺同志の純真な心情が読み取れる。それだけに板垣の「受爵」には戸惑いもあり、また怒りも生まれた。以下の史料はそのことを伝えている。

○本日正午加藤平四郎ヨリ至急出社アリタキ旨ノ書面到来シタルヲ以テ午後二時見光社ヘ趣キタル処坂崎斌北田正薫渡辺小太郎中島又五郎武藤直中小勝俊吉荒川高俊鵜飼節郎加藤平四郎等ノ諸士会合シ居レリ右ノ諸士ト左ノ事ヲ協議セリ

在坂星亨氏ハ同地有志者ト板垣受爵シタルヲ以テ斯ル無節操ノ人物ト将来共ニ政治上ノ運動スベカラスト議決シ其旨見光社ニテ予メ申越セシカ去廿日及ビ廿二日両旨ノ書面見光社ヘ申越シテ曰別紙ノ文章速ニ新聞紙上ニ搭載セヨ且ツ更ニ印刷シテ之ヲ地方党員ヘ頒ツベシ云々ト其起草ノ議論ハ半紙七枚（長文ニ付略ス）ニシテ終始板垣ヲ攻撃シタルモノニシテ約言スレハ吾党ハ特立別派ニ政治上ニ運動スベシ決シテ斯ル離反者トハ共ニ大計ヲ画セサルベシ云々ニシテ実ニ板垣ヲ攻撃シタルコト見ル者ヲシテ愕然タラシムルナリ

右ノ書面到来シタルヲ以テ加藤ハ在京ノ首ナル党員ヲ招集シテ板垣氏ト分離スベキカ否ヤヲ諸士ニ議セシメタル処左ノ結果ヲ得タリ

○板垣受爵ノ件ニ付テハ地方有志者大ニ疑迷シ居ヲ以テ同氏受爵シタル事情ヲ印刷シテ之ヲ地方有志者ニ一時頒チ置クコト(49)

星亨ら見光社の関連者、あるいは地方の旧自由党系の人びとの混乱ぶりや激怒する状況が窺われるが、さらに次のような報告もある。

一　今日在坂星亨氏ヨリ見光社ノ加藤平四郎へ宛左ノ報知到来セリ
曰ク我党カ今日迄自由党総理ト仰キタル板垣退助氏ハ僅ニ二回ノ辞表ヲ奉呈シタルノミニテ之ヲ許容セラレストテ終ニ受爵シタリトノ確報ヲ得タルヲ以テ在坂有志者ト会議ヲ開キ熟議シタルニ左ノ結果ヲ得タリ
板垣氏已ニ受爵シタル以上ハ吾党ト同心協力以テ国事ニ尽力スル者ニアラス否ナ吾党将来板垣氏ト政治上ノ運動スベカラサルナリ依テハ板垣氏ト分離シ更ニ特立別派ノ運動ヲ為スベシ但シ当分首領ヲ置カス諸士共和シテ万事ヲ計画スベシ而シテ年月経過スルニ従テ衆庶ノ望ヲ属スル者出来セハ之ヲ領袖トスルコトトス云々
右ノ報道ニ依レハ在坂有志者ハ板垣ノ受爵ヲ立腹シテ会議ヲ開キ右ノ決議ヲナシタル者ト見ユ尤モ星氏一時帰京ノ節板垣氏若シ受爵セハ我輩ハ特立別派ニ運動スル決心ナリト申居レリト
一　板垣氏ノ受爵ハ何ハ兎モアレ名望信用トモ大ニ減殺シタリ先日来何故ニ受爵セシトノ詰問有之タル中ニ東海道浜松駅ヨリ到来シタル書面甚タ激烈ナル者ナリト云フ然レトモ一々答弁モ出来サル故地方有志者ノ疑惑ヲ解クコト能ハサルヲ以テ答弁スルヤウニスベシトノ書面ヲ宮地ヨリ加藤へ寄セタリ
一　愛知県ノ村雨案山子ノ如キ大ニ激怒シ云ク高知人トハ共ニ政治上ノ運動ヲナス能ハサルヲ以テ在京有志者ト会合シ星氏帰京前ニ特立別派ノ議ヲ計画セサルべカラスト主唱シ居レリ
一　岩手県人鵜飼節郎昨日着京所用ハ板垣氏受爵ノ始末ヲ問ハンカ為ナリト何レ今明中当地発箱根ノ温泉場へ赴ク由
一　昨日着ノ福島新聞ハ板垣氏ノ受爵ノコトヲ論シタ自由党ノ謀反人ナリト通撃シタリト云フ実ニ今日ノ勢ニ

テハ板垣氏モ非道ノ不幸ニ際会スルナランカ　七月廿五日(50)

板垣の「受爵」が同志に与えた落胆・失望は量り知れないものがあったことが史料から窺われる。ただ同時に、新たな決意をもって以後の運動に邁進しようとする同志の動きがあることも報告されている。

右等同志者ヘノ勧告ニハ板垣眼前巨万ノ財ニ介意セス断然之レヲ抛棄シ以テ主義ノ為メニ赤貧ニ安ンセントス節操ノ敦厚ナル軽々目過スヘカラサル云々種々ノ言ヲ構ヘ巧ミニ説得シタルヨリ斯ク受爵ニ決シタルノ報ヲ得ルニ及ンテハ岡崎等世人ニ対シ甚タ面目ヲ失セリトテ深ク苦敷罷在候趣ノ處星亨ニハ此機失フヘカラストテ昨十五日夜弁護人等ヲ中ノ島洗心舘ニ集メ板垣爵位ヲ受ケタリトテ為メニ御互ニ於テ徒ラニ不満ノ色ヲ顕ハシ居ル様ニテハ始末ノ為メ不利益ナルヘケレハ此際毫モ之レニ留意セス当地方人心ノ我カ方向ニ傾ケルノ際充分ノ画策ヲ為サヽルヘカラス自分ニモ多分今秋迄ハ滞坂ノ積ニ付応分ノ尽力ハ為スヘシ就テハ今後東京トノ連絡ヲ一層堅固ナラシムル為メ大坂懇親会ナルモノヲ設ケ今回板垣ノ為メ尽サントセシモノヲ始メ広ク会員ヲ募集シ主義トカ規約トカハ先ツ公言セス毎月二回位開会スルコトニシタル迚岡崎、北村、森、菊池、渋川等主トシテ此事ニ尽力スルコトニ内定セシ趣ニ有之候……(51)。

次に、勅命として叙爵を果そうとした（と、一般には考えられた）伊藤博文の姿勢と板垣の「爵位拝受」について、興味をそそられる認識も見られる。『毎日新聞』の次のような指摘である。

初め板垣君が辞爵せんとしたる時日本の事情に通ぜざる英字新聞記者及ひ西人等は曰く日本にして英国の如くに叙爵あらんとする時先つ予め本人に問合せ本人不同意なき旨を云ひたる後之れに授爵せば板垣君の如くに辞爵の手続を為す煩累なかりしに日本叙爵の手続は英国と同じからず本人の同意不同意を問はず卒然叙爵の令を与ふるが故に君の如き辞爵の場合を生したるなりしと……(52)。

『毎日新聞』は板垣の「叙爵」問題で生じた事態について、「蓋し其の意日本国には政府に対して人民思想の自由なし故に予め本人の望如何を問はす卒然叙爵の令を下すなりと云ふにあり是れ日本を看下するに東洋普通の邦国を以てしたる者なり」と西欧における蔑視感の表れと捉え、ついでその認識は「余輩は此等西人の説の誤想なるを信ずる者なり……日本の事情に通ぜざる西人等は之を見て果して日本国には政府に対し人民の思想自由なしと評するなるべし」と、日本の事情に通じない誤想と指摘する。そして「余輩近来政府の施す所を見るに……今回板垣君に辞爵を許さゞるも思想の自由如何に依りて許さゞるにあらず他に許すべからざるの事情あるに由なるべし」として政府を擁護し、「今日の日本は昔日の日本にあらず而して外人は斯る評を為せり余輩は政府が辞爵を聞き届けざるの理由を世に明にし早く外人の疑惑を一掃せんことを望むなり」と政府に要望する。

その一方で板垣に対しては、「馬上の功名あるのみならず人民の権利を主張することに於て功績の大なるのみならず今回の一挙に依り君一身を以て国の品位を進めたりとの令評を得るべしと予期したるに予期と事実と相反して外人をして日本は依然たる東洋流儀の日本なりと誤想せしむるの形跡を存することとなれり余輩君の為めに之を惜しめり」と、社説「板垣君の為めに祝し板垣君の為めに惜む」の題で論じているのである。[53]『毎日新聞』のこの政府および板垣認識には、いささか疑念がもたれるところである。が、ここでは措く。少なくとも「受爵」に関し、板垣の心情に即して言えば、「上書は畏くも乙夜の覧に入りしかど、優渥なる叡慮、更に前日に変らせられず」として下げ戻された時、「此の上徒らに宸襟を悩まし奉りて不臣の罪を重ぬるは忍ぶべき所でない」[54]との思いであったというのが、概ねの真相ではあるまいか。しかし、四民平等の理念を明治維新に求め、自由民権運動に邁進してきた者として、華族令に基づく「華族」に列することには最後まで抵抗があった。その後の「一代華族論」の具体的提言・強調は、そのような葛藤の上に貫かれた板垣の政治秩序認識であったように思われる。

(2)「受爵」後の板垣の華族認識

政府による板垣への叙爵の意図は那辺にあったのか。板垣の叙爵辞退の強い思念は、何を根拠にしたのか。また、叙爵の合理性をどのように見つけ、これを受け容れたのか。また、この辞爵~受爵の一連の言動はどのような歴史的意義をもっているのか。すでに触れている点も多々あるが、本稿の課題・論点としたことについて整理することにしたい。

まず政府による板垣等への「叙爵」の意図は、第一に、在朝者以外にも功臣を創設・定置し、皇室の藩屏としようとしたこと、第二に、特に板垣や後藤象二郎・大隈重信といった自由民権の主唱者に関しては、その思想と啓蒙活動を封じ込めようとしたこと、が挙げられる。第三には、福沢の指摘しているように政府内の勢力のバランスを図ったということも考えられる。たとえば『自由党史』に見られる「長閥内閣が宮廷に跨って強大なる勢力を扶植せる事実は、板垣の辞爵事件に由て倍々明白となれり。……内閣顧問黒田清隆は、深く之に反対を表し、日本の国情は独逸に摸擬するよりも寧ろ仏蘭西若くは伊太利に鑑むべしと為し、隠然薩長分離の端を萌せり。傾向既に此の如し。而して黒田は板垣、後藤に近接すると倶に、後藤も亦た竊に薩人にして前外務卿たりし寺島宗則と結ぶ所あり」[55]という一文は、そのことを示唆しているとも言える。『毎日新聞』は先に触れたように、「辞爵を聞き届けざるの理由」を明らかにすることを政府に求めているが、政府の「辞爵表不受理」の理由は多様であったと思われる。今後の検討課題としたい。いずれにしても、政府の施策として行う以上、絶対に貫徹しなければならないことであり、最後には天皇の命＝勅命という「伝家の宝刀」を用いてこれを実現したのである。

では、板垣はなぜ「叙爵」の辞退に拘り、政府要人に働きかけ、二度までも「辞爵表」の提出を行ったのか。すでに指摘しているが再度記せば、第一に、板垣の明治維新認識である。すなわち独特の一君万民＝四民平等論で、君と万民の間に位置する特権階級の存在を認めないという認識である。第二は、第一で否定されている特権階級としての華族制度への疑念・批判である。これはその後主張される「一代華族論」に繋がるもので後述する。第三は、自由平等の主唱者としての自負、言行一致の実践という意識・認識である。そして第四に、板垣を支える周辺＝同志への連帯感、ということがあることを指摘しておきたい。

さて、板垣の受爵問題の認識と行動で最も問題となるのは、「勅命」ゆえに「受爵」を余儀なくされたにしても、それだけでは自分自身および周辺・同志を納得させることはできなかったのではないかと思われる。とすれば、「受爵」を自己のなかで正当化する論理をどのように造出して行ったのか、が問われる。この回答がまさに「一代華族論」であった、と指摘することができる。「一代華族論」は、のちに谷干城と一大論争を巻き起こした問題として重要な検証・研究テーマであり、軽々に言及することはできない。ただ、論争の素因となった問題として、また板垣が「受爵」の自己弁護の論理としたという意味において看過できない問題である。ゆえに、以下このことに若干触れておくことにする。

明確に言えることは、第一に、板垣は一八八四（明治一七）年制定・施行の華族制度には全面的に反対していることである。理由は、天皇と国民の間に門閥・家柄という個人の才能・資質とは関係ないところで政治的社会的経済的特権が与えられていること、しかも世襲制であること。第二に、では、現行制度を改めるにはどのような施策が考えられるのか。この点に関しては、（一）即時全廃、（二）段階的廃止、の二者のうち、後者について二案が示される。一つは一代ごとに華族の爵を逓下し、男爵以下に至り消滅させるという方法、他は旧華族はそのままにして新華族のみを一代とし、とりあえず新華族の廃止を具体的スケジュールにおく、という案である。これは大きく

「一代華族論」の範疇に入る問題と考えてよいであろう。この段階的廃止論のうち前者については、前述の竹内綱の手記（「竹内綱自叙伝」）で触れられており、同記述では板垣も賛意を示しているようである。しかし、後年板垣はこの見解を否定している。(56)そこで注目されるのが、板垣の次の一文である。

国家が其功臣を俟つに、栄爵を以てするは決して不可なることにあらず、たゞ其功臣の一代に止めず、後世子孫をして賢不肖となく之を世襲せしむるに至りて道理上の根拠を失ひ、其弊害の匡救す可らざるあり、是を以て一は維新改革の精神に照し、一は我邦四圍の境遇に鑑み、之が世襲を止めんことを提議するのみ。予の提議する所を以てすれば、栄爵は既に世襲にあらず、然らば即ち焉んぞ世襲を世々にする所謂華族なるものあらんや。一代華族論は即ち功臣優遇の目的を達すると共に、階級の桎梏を打破し、以て一君万民の理想を実行すべき惟一の方法たる也。(57)

引用文で記されている主なことを整理すると以下の二点である。

一．国家に功績のあった者（従って門閥・出自などには関係をもたない）に爵位を与えることは可。

二．爵位の授与は一代限りとし、世襲を認めない。

以上のことから、次のことが指摘できる。第一に、板垣は、国家に功績を残したものとの自負心において、自らの爵位受理を正当化したこと、第二に、それはあくまでも当人のみであり、他人が譲り受けるようなものではない、との前提、固い決意のもとで「拝受」したことである。爵位の名称や政治的経済的特権の内容に曖昧さを残しているが、しかし、その後板垣は、大日本帝国憲法下、華族制度の在り方に敢然と向き合い、改革の必要性を説き、現実的に可能な改革の第一歩としての「一代華族論」を自説として譲らず、これを実践した。(58)「辞爵」問題は、その端緒を為したという点において、大きな歴史的意義を有するものであったと言うことができる。

おわりに

一八八七（明治二〇）年に生じた板垣への「叙爵」問題は、板垣の「受爵」によって一件落着、政府の意図が貫徹されたかに見えた。しかし、政府のこの施策は、国民の言論・思想の自由を奪うものとして、その自由を要求・獲得する運動に繋がった。三大事件建白運動の展開である。また、それはのち板垣の「一代華族制論」の主張・実践へも連動した。

この事実は、恐らくは政府の予想を越えるものであったと思われる。

いずれにしても、板垣退は遺言書に、「華族一代制を実行せん為相続人より襲爵の願出を許さぬ事」[59]と記した。自由民権思想を主唱し、立憲的な政治社会秩序の造成を目指して運動の先頭に立ち活動した板垣にとり、爵位の称号と特権の保持は大きな負担、重い肩の荷となっていたように思われる。後年板垣は華族制度改革に取り組むべく、華族の族称と世襲制存廃に関するアンケート調査を華族に対して行っているが、日頃の主張である「一代華族制論」を自ら実践したことは、本論でも触れたが振り返られてよい歴史的事象であり、振り返られて然るべき内容を有している。本小稿は、問題の一端を概括的に検討したに過ぎない。たとえば「辞爵表」の起草者（最初＝宮崎夢柳、再＝中江兆民とされる）[60]に関する検証も不可欠である。また、板垣の受爵によって生まれた容認派と非容認派との間の大きな亀裂は、議会開設を前にした政治勢力の結集にも関わる重要な問題を内包している。さらに記せば、後年生じた板垣と谷干城との「一代華族論争」の検討も必要である。いずれも今後の課題としたい。なお、小稿執筆に際しては、『土陽新聞』など史料の所在について公文豪氏よりいろいろご教示いただいた。末筆になったが、厚く御礼を申しあげたい。

註

（1）公文豪校訂、全四巻、原書房　二〇〇九〜二〇一〇年。
（2）記念展として高知市立自由民権記念館「板垣退助愛蔵品展」二〇一一年一〇月二六日〜一二月一八日開催、記念講演として公文豪「板垣退助の一代華族論」二〇一一年一一月一二日。
（3）近年の主な研究成果として、岡本真希子「植民地在住者の政治参加をめぐる相剋――「台湾同化会」事件を中心として」（同志社大学人文科学研究所『社会科学』第四〇巻第三号、二〇一〇年一一月、板垣退助と台湾同化会との関係を検証）、真辺美佐「大同団結運動末期における愛国公党結成の論理」（荒船俊太郎・安在邦夫・真辺将之編著『近代日本の政党と社会』日本経済評論社、二〇〇九年）、同「第一議会における板垣退助の政党論――立憲自由党体制をめぐって」（『日本歴史』二〇一一年七月号）、同「民権派とヨーロッパの邂逅――自由党総理板垣退助の洋行体験と政党認識」（小風秀雄他編著『グローバル化のなかの近代日本――基軸と展開』有志社、二〇一五年）、中元崇智「板垣退助の政界引退と『自由党史』」（『高千穂論叢』四七巻三号、二〇一二年）、同「板垣退助岐阜遭難事件の伝説化――『自由党史』における記述の成立過程を中心に」『日本史研究』六二九号（二〇一五年一月）など。
（4）遠山茂樹『自由民権と現代』所収、筑摩書房、一九八五年、二七三〜四頁。
（5）『史伝　板垣退助』清水書院、一九七四年、三一六頁。
（6）『自由党史』岩波文庫版、下巻、一七二頁。
（7）『土陽新聞』一八八七年五月一〇日（一面欄外）。
（8）宇田友猪著・公文豪校訂『板垣退助君伝記』第二巻、原書房、二〇〇九年、四四四頁。
（9）右同書、四四五〜六頁。
（10）三島通庸関係文書、五三七―二四（イ）。

(11) 右同文書、五三七—三六。
(12) 前掲（8）同書、四四五頁。
(13) 右同書、四四五頁。
(14) 右同書、四四九～五〇頁。
(15)・(16) 前掲（6）同書、一七五頁。
(17) 右同書、一七六頁。
(18) 前掲（10）同文書、五三七—一九（ロ）。
(19)・(20) 右同文書、五三七—二四（イ）。
(21) 右同文書、五三七—二〇。
(22) 右同文書、五三七—一九（ロ）。
(23) 春畝公追頌会『伊藤博文伝』中巻、統正社、一九四二年〈再版〉五三三頁。
(24)・(25) 前掲（6）同書、一七六頁。
(26) 前掲（10）同文書、五三七—三八。
(27)・(28) 前掲（6）同書、一七七頁。
(29) 前掲（8）同書、四五七～八頁。
(30) 前掲（7）同新聞、一八八七年六月二六日（一面雑報）。
(31) 板垣の華族制度認識に関しては、「竹内綱自叙伝」に「明治二年参議トナルヤ、太政官ニ華族廃止ノ建議ヲ呈出シタル事ハ、世人ノヒトシク知ル所ナリ」（『明治文化全集』第二二巻、日本評論社、一九二九年、四四三頁）と見える。管見の限り同華族廃止に関する建議は確認できない。
(32) 前掲（7）同新聞、一八八七年七月六日（一面雑報）。
(33) 前掲（8）同書、四五〇頁。

(34) 前掲(6)同書、一七七頁。
(35) 前掲(10)同文書、五三七—三八。
(36) 前掲(8)同書、四六〇頁。
(37) 前掲(6)同書、一八七頁。
(38) 前掲(10)同文書、五三七—三八(ホ)。
(39) ア＝前掲(8)同書、四五一頁。イ・ウ・エ＝前掲(23)同書、五三一～五三二頁。
(40)・(41) 前掲(10)同文書、五三七—三八(ヘ)。
(42) 前掲(7)同新聞、一八八七年七月一五日(一面雑報)。
(43) 右同新聞、一八八七日七月一九日(二面雑報)。
(44) 前掲(5)同書、二二三頁。
(45) 前掲(7)同新聞、一八八七日七月三日(二面雑報)。
(46) 「竹内綱自叙伝」(前掲(31)同『明治文化全集』四四三頁)。
(47) 前掲(6)同書、一八五頁。
(48) 前掲(10)同文書、五三七—三八(ハ)。
(49) 右同文書、五三八—五。
(50) 右同文書、五三八—六。
(51) 右同文書、五三八—三。
(52) 『毎日新聞』、一八八七(明治二〇)年七月一五日、社説「板垣君の為めに祝し板垣君の為めに惜む」(二面)。
(53) 一連の引用は右同新聞同社説。
(54) 前掲(8)同書、四六五頁。
(55) 前掲(6)同書、一八九頁。

(56) 板垣伯論著『一代華族論』社会政策社、一九一二(大正元年)、六七〜六八頁。
(57) 右同書、六八―六九頁。
(58) 板垣受爵問題に関して指摘されている従来の主な見解を見ると、絲屋寿雄=「門閥制度を打倒し四民平等を実現した明治維新の進歩的側面をあくまでも守りぬこうとする板垣の積極的姿勢を見るとともに、天皇陛下の勅旨に対しては全く弱い、封建的忠誠観念にこりかたまった板垣の保守的側面も同時にうかがうことができるのである」(『史伝　板垣退助』清水書院、一九七四年、三二四頁)、平尾道雄=「板垣のなやみは、明治時代に生きた日本人に共通する問題であり、宿命だったのではないか」(『無形　板垣退助』高知新聞社、一九七四年、二一四頁)、高野澄=「受けてしまったからには、いまさら騒いでも仕方はない、と割り切ることなく、あくまでこだわっている。政治家としては失敗したものの、板垣の人気はこういうところにあるわけだ」(『板垣退助』ＰＨＰ研究所、一九九〇年、一六三頁)などである。いずれも表面的な把握で歴史的な検討を欠いた指摘と言われるべきであろう。
(59) 前掲(5)同書、四六五頁。
(60) 公文豪「民権家・徳弘馬域郎が残したもの」(自由民権記念館友の会『民権の炎』No48、二〇一四年七月)。

第七章　大隈重信の天皇論
――立憲政治との関連を中心として

真辺将之

はじめに

本稿は大隈重信の天皇論を、特にその立憲政治に関する議論との内在的つながりを念頭において、分析しようというものである。なぜ大隈の天皇論を分析する必要があるのか。いうまでもなく大隈は、日本の実際政治の場において、はじめて政党内閣論を提唱した人物である（一八八一年の憲法意見書）。しかし、その意見書において、欽定憲法論が主張されていたこと、さらに議会最大勢力の政党から選ばれる内閣首班の上位に、天皇の顧問として三大臣を設置することが主張されていたことは、注目されることが少ない。わずかに山田央子氏が、『明治政党論史』(1)のなかで、福沢の政党論との比較においてこの点について論じているが、山田氏は、この大隈意見書における天皇の位置づけを、福沢と比較した際の大隈の政党論の不徹底さ・未熟さを示す例として論じており、いわばそこに消極的意味合いしか認めておらず、大隈の政党論と天皇観との関係を内在的に検討したものとはいいがたい。筆者は、こうした大隈の天皇観を、より内在的にとらえるべきだと考えているが、その理由は、これが現実政治の中で提示された意見書であるという政治的意味合いについてより重視すべきであると考えるからである。もちろん、そのことについては山田氏も指摘してはいるけれども、そうした政治状況のなかでの意見書であったということの意味合いは、山田氏が指摘するような、急進的として批判されることへの防御的な意味合いだけではなく、より積極的な意味をも付与されて主張されていたのではないか。意見書の執筆者と目される矢野文雄が後年（一九二二年）回想して、この時の三大臣構想が実現されていれば、今日のような選挙腐敗はなかったはずだと述べているように[2]、この三大臣構想は単に消極的・防御的意味においてのみ主張されたものであったのかという点については再考を要するのではないか。というのも、大隈意見書のみならず、立憲改進党の綱領の第一条においても「王室の尊栄を保ち人民の幸福を全うする事」という規定がされており、皇室の位置づけは立憲改進党においてもかなりの重みを持つものとして重視されていたのであり、また彼らがモデルとしたイギリスの立憲君主制も、決して君主が能動性・主体性を一切持たないとされるものでもなかったからである。近年、勝田政治氏も、大隈のブレーンであった小野梓が政党内閣を唱える一方で、天皇の能動性についても否定していなかったことを指摘している[3]。したがって、その上で問われるべきは、この両者の積極的関係性であろう。

とはいえ、大隈自身は、憲法意見書を発表して以来、一九〇七年に憲政本党の党首の座を退くまでは、天皇の政治的・社会的位置づけに関して真正面からする議論をほとんど発表していないことも事実である。しかし、憲政本党総理の座を退いてのちは、『開国五十年史』や『国民読本』における記述をはじめとして、天皇や日本の国体について議論するものが、極めて多くなってくる。果たしてそれはなぜなのか。こうした問題もまた、大隈の天皇観を、立憲政治との関係において議論するうえでは、重要な問題である。

大隈は一体なぜ憲法意見書において欽定憲法論を主張したのか。そして彼の天皇に関する議論は、立憲政治とどのように関係づけられていたのか。以上の問題関心から、本研究においては、明治一四年の政変のきっかけとなった大隈意見書の生まれた経緯を再検討するとともに、それ以降の大隈の天皇論、特に一九〇七年に憲政本党を退いてのちの、天皇論の主張が、いかなる必要性に基づいてなされていったのかを検討していきたい。

大隈重信に関しては、記述に誤りの多いといわれる『大隈侯八十五年史』がいまだもっとも詳細な伝記として使用されている状況からもわかるように、研究の進展状況は捗々しくない(4)。もちろん、明治一四年の政変以前の時期については、渡辺幾治郎氏による政局史的な研究(5)や、中村尚美氏による大隈財政に関する研究(6)など、古くからの蓄積が存在するし、第二次大隈内閣期に関しても、関連する論文は多数発表されている。しかしこの両者の中間に位置する時期、すなわち立憲改進党結党以後、一九〇七年に大隈が政党を離れるに至るまでの大隈の政党指導のあり方や、一九〇七年以後第二次内閣の組閣に至る時期の「文明運動」については、いまだ研究が進んでおらず、課題の多く残されている部分であるといってよい。むろん、大隈の政党指導に関連する研究としては、五百旗頭薫氏(7)や木下恵太氏(8)の業績など、この時期を扱う研究もいくつか出てはいる。とはいえ、それらの研究は大隈個人というよりも大隈系政党全般を扱ったもので、かつ財政・経済政策論に比重が置かれている。一方、大隈の「文明運動」については、わずかに柳田泉氏の研究(9)が、大隈の「文明運動」に一定の紙幅を割いているに止まる。

「民衆政治家」としてのイメージが強く、社会からの大きな支持を得ていた大隈を研究する際には、研究を政治史の内部で完結させることはできず、より広い社会全般との接点を踏まえたうえで、研究をすすめる必要がある。特にこの「文明運動」に関して、大隈の思想を研究したものがほとんどないことは、政治家としての大隈のスタンスを考える上でも、日本近代史研究の上における大きな欠落点となっている。本稿はそうした問題関心から、思想史と政治史との両側面を視野に入れながら、大隈の天皇論と立憲政治との関連を検討し、大隈重信研究のささやかな一歩を切りひらこうとするものである。

一　幕末期における大隈と天皇のかかわり

大隈意見書における天皇の位置づけを考えるにあたっては、若き日の大隈の活動を検討する必要がある。というのも、大隈が天皇の存在を強く意識するようになるのは、幕末期、とりわけ彼が義祭同盟に加入した時にさかのぼるからである。

佐賀藩士の家に生まれた大隈は、数え年七歳の一八四四（弘化元）年に藩校に入学する。しかし、大隈は次第にその藩校の教育方針に不満を抱いていくようになる。後年、『大隈伯昔日譚』において、佐賀の藩学を、「頑固窮屈なる朱子学を奉ぜしめ、痛く他の学派を擯斥し」「余多の俊秀を駆りて凡庸たらしめ」たものとして厳しく糾弾しているが[10]、大隈が佐賀藩の教育方針を批判的にみていたのは、三つの要素においてであった。第一に朱子学を重視し他の学派を排斥したこと、第二に成績によって人生が左右されるような厳しい課業制度がとられていたこと、そして第三に『葉隠』によって佐賀藩を至上とする考えを教えていたことであった。

こうした藩の学風に不満を抱いていた大隈は、一八五五（安政二）年の五、六月頃に起ったいわゆる「南北騒動」とよばれる学生間の紛擾で退学処分を受けたのを契機に藩校弘道館を去ることになる。大隈はのちにこの時の退学処分について「此の一時の不幸こそ、余が為めに将来の幸福とはなれり」と述べている[11]。大隈にとって幸運だったのは、退学処分になった彼に新たな居場所が用意されており、そしてその居場所が将来への跳躍台となったことであった。そのひとつが義祭同盟であった。義祭同盟とは、楠公義祭同盟ともいい、楠公父子の尊王精神を行動の規範とすべく、尊像を祀り、正成の命日に楠公祭を執行するために結成した同盟であった。同盟が結成されたのは一八五〇（嘉永三）年のことであり、大隈は一八五五（安政二）年五月二五日に、はじめて義祭同盟の楠公祭に参加した。(12)

義祭同盟の中核的人物は、枝吉杢助（神陽）であった。枝吉は、「容貌魁梧にして才学ともに秀で、夙に学派の範囲を超脱し又た国学に通じて、尊皇の論、国体の説等、皆な其の要を発見せり」(13)と評されるような人物であったが、大隈は弘道館を退校になってから、ちょうど同じ頃藩の俗吏と相容れず家に籠っていた枝吉のもとに足繁く通うようになり、大宝令、古事記、日本書紀などを学ぶようになった。以前から藩校の朱子学にあきたらないものを感じていた大隈は、枝吉に学ぶにつれて儒教排斥にいっそう力を入れ、「漢学は孔子の垂れ糞だ。其様なものを読んで如何するか」(14)などと放言して弘道館に学ぶものを馬鹿にしていたという。

尊王論や国体論というと、今の目から見ると古臭い学問と思われるむきもあるかもしれない。しかしこれらは当時としては、まだ生まれてほどない最新の学説であったということに留意する必要がある。しかも枝吉の学問は決して観念的なものではなく、江藤新平の従弟にあたる福岡義弁の回顧に「枝吉の流儀は皆な実用を主としてやられたので死物ではない」(15)とあるように、当時の日本の情勢を常に意識した、実用的な学問として受け止められた。特に枝吉の律令に関する知識は該博で、のちに維新後、枝吉の影響を強く受けた弟・副島種臣が政体書の起草に関与するなど、維新政府の制度確立にも影響を及ぼしたといわれている。(16)

そしてもうひとつ、義祭同盟とともに、藩校を去った大隈に用意されていた居場所があった。蘭学寮である。大隈は、弘道館退学の翌年、藩の蘭学寮に入学する。佐賀藩は長崎に近く、福岡藩と一年交代で長崎の防備を担当するなど、長崎を窓口として海外の情報を豊富に入手することのできる位置にあった。特にこの頃、藩主鍋島斉正の主導の下、佐賀藩は蘭学にたいへん力を入れていた。そうした当時の佐賀の雰囲気も大隈を後押ししたことであろう。

義祭同盟に加盟し、枝吉杢助から尊王論・国体論や、日本古代の律令などについて学んだ大隈が、同時に蘭学をも学んだことを奇異に思う向きもあるかもしれない。たしかに、佐賀以外の藩では、当時尊王論と攘夷論が結びつき、洋学者を排撃する例が多かった。しかし佐賀の場合、義祭同盟の面々は必ずしも洋学を排撃していなかった。枝吉らの学問は実用を重んじる学問であったし、佐賀藩は、長崎という窓口を通じて西洋の情報がかなり多く入ってきていたから、頑迷な攘夷論のはびこる余地はなかったのである。すなわち、大隈の尊王論は、当初より封建制に対する否定の思想として考えられ、そして洋学と矛盾することなく同居していたことに留意する必要がある。いや単に矛盾しないだけではない。大隈にとって、枝吉らの尊王論と蘭学とは、ある一点において一つに結びついていた。その一点とは「愛国心」である。大隈は後年、次のように述べている。

遠慮なく言へば、徳川時代の武士には愛国心はなかりしなり。彼等の心を照らし、彼等の歩を導きたるは唯だ忠義心ありしのみ。是れ彼等に存したる至高の心にてありしなり。是れが為めに生き、是れが為めに死し、其の間には彼の正成の臣も、尊氏の臣も、各々その主の為めに尽すのみと謂ふが如き、不都合なる論結をなせしこともありしと雖も、謂はゆる忠義の念は以て彼等の一進一退を規定し、而して之れに対する社会の制裁力は至つて厳なりし。然るに、〔開国によって〕今や、其の忠義心は一変して愛国心となれり。(17)

大隈がそれまで藩の学問を批判していたのは、それが一藩の枠組みにとどまる狭い学問であったからである。大隈はペリー来航後の国内の混乱を見て、到底そうした旧来の学問では、日本を一つにまとめて欧米列強と対峙することはできないと考えた。こうした愛国心のもと、大隈は、天皇を旗印に、藩を超えて日本という枠組みで物事を考える必要性を感じて義祭同盟に参加するとともに、その日本の危機的状況を救うためには、日本という枠組みを超えて世界という枠組みで学問を摂取しなくてはならないと考えたのである。以後大隈はさらに、蘭学から英学へと進み、オランダ系アメリカ人のフルベッキからは政治学特に米国憲法を学ぶまでに至る。[18] 米国憲法を学ぶのと並行して大隈は、藩内では尊王派の一員として、藩政改革を求める運動や、大政奉還によって天皇中心の国家を作り出そうとしようという運動を行なっていたのである。

以上の幕末期の大隈の活動からわかることは、幕末における大隈の尊王論が、決して復古的なものではなく、次節で見るような明治維新の理念と合致する、開明的なものであったということである。彼は尊王論を持しながら、決して攘夷論を唱えることなく、並行して米国憲法に関する学習を進めていたのである。それは、明治維新以後の、天皇を旗印に、西洋の事物を取り入れながら、中央集権的国家を建設していこうという考えにつながっていくのである。

二　明治維新の理念と大隈

明治維新によって「王政復古」がなしとげられた。すなわち天皇による政治、当時の言葉でいえば、「万機親裁」の体制を実現しようという理念に基づく変革であった。一八六八（慶応四）年七月一八日の詔書に「朕今万機ヲ親裁シ億兆ヲ綏撫ス」[19] とあり、また同年九月八日の明治改元の詔に「躬親万機之政」[20] と書かれているように、天皇がみずからすべての政治を執り行なうということが、明治維新の大きな理念として謳われていた。

しかし全く同じ時期に、同じ「万機」の語を用いたものとして、同年三月一四日の五箇条の御誓文が存在する。

その第一条には「広ク会議ヲ興シ万機公論ニ決スベシ(21)」という文章が書かれていた。同年八月四日の奥羽処分の詔においても「万機公論ニ決スルハ素ヨリ天下ノ事一人ノ私スル所ニ非レハナリ」という言い方がなされている。すなわち、明治維新のもう一つの理念として「公議輿論」の尊重という理念が存在していた。「万機親裁」の理念が掲げられる一方で、同時にその「万機」が「公議輿論」に基づくべきであるとされてもいるのである。このことをどう考えるべきであろうか。

明治新政府の政治の実態をふまえて考えるならば、まだ少年であった天皇に「万機親裁」を文字通り実現できようはずもなく、むしろその理念は、天皇を頂点にいただく維新政府が全権を握って統治を行なう、という宣言であったと解釈すべきものであろう。この理念が否定したのは、近世的統治形態、すなわち、幕府の長たる将軍が一国を動かす政治的権利を握るとともに、その下で各地に藩が割拠してそれぞれ統治を行なうというような割拠的政治形態であった。そのような割拠的体制では、国家を一つにまとめ列強に伍してその独立を保つことは困難であると考えられた。維新政府は、そうした封建的な統治権力の分立体制を打破し、権力を一元化して強力な中央集権的統治体制を構築していこうとしたのであった。

他方で、「万機公論ニ決ス」という理念は、その中央集権的な「統治」が「公議輿論」に基づくものでなくてはならないとするものであった。国家が独立を保つためには、天下の可能な限り多くの人々の力を結集していくことが必要であり、そしてそのためには、天下の人々の意見を聴取し、合意形成を図っていくことが不可欠だ、という考えがその背後には存在していた。かつての幕府が、ペリー来航後、各藩の意向を無視した外交政策を行ない、そのために国論が沸騰、結果的に統治権力の弱体化を招いたという歴史的経緯がその背景にはあった。こうした論理にのっとり、天下の「公論」を集めるための議事機関として、新政府は議政官、公議所、集議院、左院、元老院といった機関を次々に設置していった。このように目まぐるしく改廃されたことからもわかるように、それら議事機関は必ずしもうまく機能したわけではなかったが、「公議輿論」の尊重という理念は捨てられたわけではなく、最終的に一八九〇（明治二三）年の帝国議会開設へと行きつくことになる。

以上のように、明治新政府が掲げた「万機親裁」と「万機公論ニ決ス」という二つの理念は、必ずしも矛盾するものではない。明治天皇をいただく政府が、天皇の名のもとに、「民意」を汲み取ってそれに沿った一元的「統治」を行なっていくという意味において、統一的に理解しうる理念であった。後年、大隈は、明治天皇が日本の近代化に果たした役割について語る際、「五箇条の御誓文」に触れるのが常であった。そして前節でみたように、尊王思想を唱えながら、西洋の立憲政治についての学習を進めていったように、この両者は大隈においても矛盾するものとしてはとらえられておらず、少なくとも理念としては、両立するものであった。

しかしながら、現実は必ずしも理念のとおりには動かない。「民意」が、もし政府の望む近代化の方向と一致しなければどうするのか。実際、明治初期においては、中央集権化・近代化を阻もうとする「民意」が幅広く存在していた。そして大隈は、この近代化を進めるに際して、あえて民意を無視して、政策を断行することもしばしばであった。そのため、地方官からは大隈更迭を求める声すらあがった(22)。そして明治初年の大隈は立憲政体の樹立の動きにも冷淡であった。大隈は、当初木戸孝允、のち大久保利通の庇護のもと、政府部内の進歩派の中核として行動し、特に伊藤博文とは終始手を取り合って近代化に邁進していた。しかしこの時期の大隈が目指していた近代化とは、政府機構の中央集権化や財政的基盤の整備といった側面が中心であった。その意味で、大隈は、明治維新のふたつの理念のうち、「公議輿論」の重視は後回しとして、「万機親裁」の言葉に象徴される中央集権的政治機構の整備に集中していたということができる。

「公議輿論」の重視という側面では、三権分立の建前のもと、公議所、左院、元老院など議事機関が政府内に次々につくられたが、その権限は小さく、行政官が事実上立法権を有する状態であった。政府部内でも、それら議事機関の権限を拡張すべきとの意見がしばしば出されたが、大隈はそうした意見に加担する動きは一切見せていない。議事機関を設立してそれを通じて民意を汲み取り立法する必要性をこの時期の大隈は感じていなかったものと思われる。また憲法を制定すべきだとする議論も、大隈の庇護者であった木戸孝允をはじめ、多くの識者から出されているが、大隈はそうした動きにもほとんどコミットしていない。

この時期の大隈は、圧政の元凶として地方官や保守派から指弾されるような施策すら行なっており、明らかに「民意」の政府への取り込みよりも、中央集権的な「統治」の論理の貫徹にこだわっていたということができるだろう。民衆や士族に対しては時に過酷ともいえる対処を行なってでも、中央集権化と財政的基盤の確立に大隈はこだわった。

もちろん、一八七〇年執筆と推定される「大隈参議全国一致之論議」(23)のなかで大隈は、「全国一致」すなわち中央集権的国家体制の構築の必要性とともに、国民が「自主ノ権」を持ち「自主自衛」することが必要だとも述べており、最終的には人民が自治的営みを行なうことが国家の富強につながるとの認識を持ってはいた。しかし当時の日本は、いまだその前提条件に達していないというのが大隈の認識であった。すなわち中央集権によって割拠体制を挫くことが「全国一致」の前提であり、そのためのプラットフォーム整備のためには、安易に「民意」に迎合することは避けるべきであると感じていたのである。民衆がいまだ「仁政」に慣れきって自立していない段階では、自治などおぼつかない、まずは中央集権化によって政府権力を強化することが先決であり、政府主導による経済発展と、教育基盤の整備とによって国民を育成していくことが必要だと大隈は考えていたものと思われる（大木喬任文部卿による学制発布に大隈は最大限の助力を行なっていた）。この頃の大隈は、目の前の「民意」に迎合することなく、天皇を旗印とする中央集権的国家を立ち上げるという「統治」の論理を貫徹し、そのことによって将来の自治の基盤づくりをしようと考えていたのだと思われる。

三　立憲制提唱の背景――福沢諭吉との関係

しかしその後、維新後一〇年を過ぎ、近代的国家体制が固まるにつれ、大隈は立憲制導入の意見を持つようになってくる。大隈がそうした意見を持つようになる背景として、福沢諭吉との接近がある。一八七八（明治一一）年頃から、西南戦争後のインフレ対策への意見交換を通じて、二人は急速に親密の度を加えていき、[24]大隈は福沢に、優秀な門下生を政府の官僚として推薦するよう依頼するようになる。最初に福沢から推薦されたのは矢野文雄（竜渓）であった。もともとは一八七八（明治一一）年三月に、大隈から福沢に、「エンサイクロペヂヤ」（『百科全書』）の編集担当者の推薦を依頼したことにはじまるが、[25]おりしも大久保利通の暗殺など、政府部内の事情の変化などもあり、結局矢野は大蔵省三等少書記官として省内の会計検査局に勤務することになった。

同じ頃、井上馨の抜擢により、福沢門下の俊秀であった中上川彦次郎と小泉信吉が政府に出仕していた。この二人についても福沢から大隈に後見依頼があったようである。[26]また大蔵省に出仕した福沢門下としては、ほかに田尻稲次郎、森下岩楠らがいる。田尻は明治一四年の政変で辞職はしなかったが、のち大隈が設立した東京専門学校に講師として出講して協力している。森下は政変で官を去り、立憲改進党に参加、また『時事新報』に入社するなどジャーナリズムに携わった。また一八八一年、統計院の設立にあたって、福沢門下の尾崎行雄と犬養毅を、矢野が大隈に推薦した。

大隈が、明治初年から、ゆくゆくは日本にも自治の仕組みが必要であると考えていたことは既に述べた。福沢との交流が盛んになり、その門下に俊秀が多数輩出されているのを見た大隈は、その自治の具体化、つまり、議会を開設する時期が来たとの考えを次第に持つようになっていったと考えられる。

そして大隈は、その議会開設の手始めとして、会計の公正なチェック機能の確立が必要であると考えた。そして一八八〇年三月五日、大隈の建議に基づき、会計検査院が設立された(27)。それまでは大蔵省検査局が金穀出納や決算の検査を行なっていたが、大隈はこれを大蔵省から独立させて太政官直属とし、公正かつ独立した立場から国家財政の検査監督を行なわせることとしたのである。議会開会の暁には、予算の審議がその中心的な役割となることが予想された。そのためにも、公正な会計検査の仕組みが不可欠と考えたのであった。また会計検査院設置には、国費の濫用を防ぎ、紙幣消却に役立てるという、インフレ対策としての目的もあった(28)。会計検査院が設置されると、ほどなく矢野文雄と小野梓の二人が二等検査官に任命され、その中核を担うこととなる。

さらに一八八一年五月三〇日、太政官直属の独立官庁として、統計院が設置される。これも大隈の建議(29)に基づき、従来、大蔵省統計寮として存在していた統計作成機関を分離・独立させることとしたものである。統計院設置に際して矢野文雄はその幹事となり、矢野は福沢門下から犬養毅・尾崎行雄・牛場卓造の三名を大隈に推薦した(30)。統計院は、その名のごとく、統計の作成を主務とする機関である。このことは言うまでもなく、来るべき議会開設の際に、貴重な国勢情報を備え置くという意図があった。そして、ここで新進気鋭の若手を調査に従事させることによって、人材育成を行なおうという目論みが存在していた(31)。

さらに、大隈は、伊藤、井上と協力して、議会開設のための準備として新聞発行を計画、その担当を福沢諭吉に依頼することになる。既にこの新聞発行依頼の経緯は先行研究でもよく知られているが、本稿の行論上重要な論点を含むので、再度確認しておきたい。福沢に話があったのは、『法令公布日誌』と呼ばれる新聞の発行計画であった。この新聞は、紙名からも明らかなように、「公報」として政府法令の伝達を行なうのが第一の目的であった。しかし特徴的であったのは、「公報」と対をなす「私報」の部分を持ち、そこで法令の解説や政治的な議論を掲載することによって、世論を誘導しようとしていたことである。[32]

この新聞発行計画については、のちに明治一四年の政変によって頓挫したため、それに怒った福沢諭吉が経緯を細かく記した史料を残すことになる。[33] それによれば、当時民間の国会開設運動が盛り上がっていたものの、福沢は「往々茶話の端にもいわゆる駄民権論の愚を嘲り」、在野の民権運動を冷ややかな目で見ていたという。そうしたなか、一八八〇年一二月、井上より中上川彦次郎を介して、突然新聞発行の引き受けを打診された。さらに同月二四、五日頃、大隈、伊藤、井上の三人と福沢は会談、井上から「今の新聞なり演説なり唯民心を煽動して社会の安寧を妨るの具たるに過ぎず」、それとは異なる国民教育のために、新聞発行を引き受けてほしいと正式に依頼されたという。在野の民権運動に対する見方は共通していたものの、福沢は政府に加担することにも躊躇し、引き受けを渋っていた。しかし一八八一年一月　井上邸で井上と福沢は再度会談、その席上、井上から、実は政府は国会を開設するつもりなのだと打ち明けられ、福沢は驚愕する。井上は「国会開設と意を決したる上は毫も一身の地位を愛惜するの念あるなし。仮令ひ如何なる政党が進出るも、民心の多数を得たる者へは最も尋常に政府を譲り渡さんと覚悟を定めたり、何卒この主義を以て此度の新聞紙も論を立て公明正大に筆を振ひたきものなり」とまで話したという。福沢は、政府がこれほどの決意を持っていることを知り、「其主義全く諭吉の宿意に合したるを以て、弥この勢を以て国会を開き、其これを開きたるときには必ず今の政府の人をして多数を得せしめん、〔中略〕兎に角に今の政府は人才の集る所、人望の属する所なれば、我輩は之に応援して穏に内の政権を維持して外に向て大に国権を皇張すること」を目指そうと決意し、新聞を引き受けることとなった。

二月に入り、福沢が大隈を訪問すると、その語るところは井上と異なるところはなかった。またこの新聞の件はもともと大隈の奏議によるものだということを知り、大隈と新聞発行の細目について相談した。福沢は、「此一発を以て天下の駄民権論を圧倒し、政府真成の美意を貫通せしめんとするの丹心」のもと、発行の準備を進めたというのである。

周知の通りその後の明治一四年の政変によって大隈は政府を追放され、福沢の新聞発行の話は立ち消えてしまうのであるが、以上の経緯からわかることは、大隈、伊藤、井上の三者がこの時期、協力して議会開設に邁進しようとしていたこと、そしてそのための宣伝部門を、在野の民権運動を「駄民権」と冷眼視する福沢に担当させることによって、民権運動に対する先手を打とうという方策であったということである。つまり大隈らの立憲制施行論は民権運動に対する共感によって主張されたのではなく、議会を政府のイニシアティブで開設し、福沢の先導によってそれを支える知識層を育成して官民一致の着実な立憲政体を実現することによって、在野民権派の拠りどころをなくしてしまおうという意図があったのである。そしてそうした体制を実現しうるだけの担い手として、福沢門下の若手官僚に代表される着実な進歩的官僚が育っていると大隈は実感していた。ただし、福沢も記しているように、議会開設のスケジュールや憲法の内容に関する合意は彼ら三人の間には出来ておらず、そのことが政変へとつながっていくことになる。

意見書の執筆者と目される矢野文雄は後年「何も政府を倒さうとか、薩長の人を倒さうとか云ふのではない、〔中略〕其人達を大いに説いて正式な政治を布かせ、漸々に立憲制度に拠らすやうにしようと云ふのであつて、薩長の勢力を全然覆へさうと云ふに非ずして、これを矯めて政府の基礎を固めようと云ふにあつた」[34]「我々の当時の考へは開拓使事件位の所ではない。なるべく薩長有力者との間柄を円満にして、立憲制度の樹立に便にしたいと思つて居たのである」[35]と、「陰謀」説を否定している。この回想は、既に大隈に薩長藩閥と闘った「民衆政治家」としてのイメージがつき、また元老ら「非立憲的」な勢力に対する非難も高まっている時期の回想であって、大隈や自己を讃える意図ならば、むしろ薩長との対決姿勢を強調した方が適切であったに違いなく、そうでありながらこうした回想を残していることには信憑性がある。

矢野とならぶ大隈のブレーンであった小野梓も伊藤との提携を主張していた。のちに政変直前の九月二九日、供奉先の大隈に宛てた書翰でも「或は閣下と伊藤参議とを離間せんとする悪漢有之哉に承候得ば、此辺は兼て御戒心被遊度」としたうえで、伊藤の態度に多少不満があろうとも連携を維持するようにと忠告しているほどである[36]。その一方で、小野は、在野の民権運動について、「反覆表裏之徒」が名を民権に借りているに過ぎないと批判し[37]、また政変直前に大隈に宛てた意見書の中でも、「在廷官吏の錚々たるもの及び在野負望の士にして其影響を内閣の議に及ぼすに足るべきもの」に「賛成者」を求めるべきで、「白面の書生、軽薄の者流にして所謂る筆舌の愉快を一時に取るもの」に求めてはならないと論じている。あくまで、伊藤・井上らと協力のもと、福沢門下をはじめとする政府内外のエリート層を取り込んでいこうというのが小野の構想であり、在野の反政府運動と結託して、井上や伊藤を出し抜こうという意図は、大隈にも、大隈のブレーンたる矢野・小野にも一切なかったのである。

なお、本節での議論について附言して、一四年の政変の退官者について述べておきたい。従来この政変の結果、大隈・福沢派の官僚が一層された、とされることが多いが、退官者をよく見てみると、大隈・福沢系統の者とは別に、河野敏鎌、島田三郎、中野武営、田中耕造など、農商務省・文部省に勤務する、大隈とそれまで交渉の薄かった嚶鳴社系の官吏が退官を余儀なくされている。(38)彼ら嚶鳴社系統の人々も、のちに立憲改進党に所属するため、「大隈・福沢系」と一括されてきたが、実はこれ以前に、嚶鳴社と大隈との政治的接近を明確に示す史料は存在しない。嚶鳴社系の退官は、その拠点である『東京横浜毎日新聞』が開拓使官有物払い下げ問題批判の急先鋒であったことや、大隈との結託の風評が広く出回ったことに基づくもので、通説的理解とは異なり、彼ら嚶鳴社系の人物は「大隈系官僚」と呼ぶことはできないのである。(39)むしろ政変で追放されたことが、両者接近の重要な契機となったと考えるべきだろう。

嚶鳴社と大隈との別、ということは、大隈の自由民権運動に対するスタンスと関連して、非常に重要である。大隈が議会開設を主張するに至った理由は、決して自由民権運動に共感したものではないと筆者は考えるからである。大隈も福沢もともに、在野の民権運動については冷たいまなざしで見ている。大隈らは決して民権運動に共感していたのではなかった。

四　大隈憲法意見書の再検討

次に、政変のきっかけとなった大隈意見書の内容を検討しておきたい。在野の国会開設運動が大きな盛り上がりを見せ、政府批判が高まるなか、政府も手を拱いて事態を静観していたわけではない。既に一八七五（明治八）年に、漸次立憲政体樹立の詔勅によって、時期こそ明言しないものの、憲法制定・議会開設を約束していた政府は、集会条例の発布などにより民権運動を弾圧する一方で、元老院に命じて憲法草案を作成させるなど、調査を進めていた。しかし元老院によって作成された憲法草案は政府首脳部の意に沿うものではなく、一八七九年末に山県有朋が憲法に関する意見書を提出して以降、続々と各参議が憲法に関する意見を提出していくことになる。だが大隈だけは憲法意見書をなかなか提出しなかった。明治天皇は大隈が意見書を提出しないことを不審に思い、有栖川宮を通じて督促した。大隈は、書面では誤解・漏洩の恐れがあるため、口頭で直接言上したいと言ったが、天皇は書面で差し出すよう再び督促し、一八八一（明治一四）年三月、ついに意見書を有栖川宮に提出した。提出にあたって大隈は、有栖川宮に対し、大臣参議には決して見せないようにと固く申し出たという。[40] このいわゆる「密奏」は、ライバルの伊藤を出し抜こうとしたものだと評されることも多いが、既に述べたように、伊藤は大隈にとってともに政府党を形成すべき同志であり、これはむしろ政府部内保守派への漏洩をおそれたという側面が強いのではないかと考えられる。

本意見書は以下の七節構成で書かれている。[41]

第一　国議院開立ノ年月ヲ公布セラルベキ事
第二　国人ノ輿望ヲ察シテ政府ノ顕官ヲ任用セラルベキ事
第三　政党官ト永久官トヲ分別スル事
第四　宸裁ヲ以テ憲法ヲ制定セラルベキ事
第五　明治十五年末ニ議員ヲ撰挙シ十六年首ヲ以テ議院ヲ開クベキ事
第六　施政ノ主義ヲ定ムベキ事
第七　総論

以上の章題からもある程度の内容は類推できるが、大隈の意見の第一の特徴は、一年後の議員選挙、二年後の議院開会というきわめて急進的なスケジュールを述べていることである。伊藤・井上の意見書が、議会（下院）開設以前にまず上院開設あるいは元老院の拡充を行なうべきだとし、時期についても明言していないのとは大きな違いがある。そして二年後に議会を開設するということは、当然、その前に大至急憲法を制定する必要があるが、この憲法に関しては、既に述べたように、大隈は欽定憲法論を主張、内閣で委員を定めて速やかに着手し、年内に公布するように主張している。そして憲法の要はその実、すなわち慣習的な運用にこそあるので、「極ク簡短ニシテ大綱ニ止ランコトヲ要ス」としている。当時民間では、民意を取り入れた合議方式での憲法制定の主張（国約憲法論）が幅広く見られたが、大隈はそれを排し、欽定憲法論を主張していることに注目すべきである。あくまで政府主導によって優れた憲法を策定し、そのことによって立憲政治の主導権を握る、というのが大隈の方策であった。二年後の議会開設という急速なスケジュールを大隈が主張したのも、民権派のお株を奪い主導権を握るためには、民間勢力の準備が進まないうちにその機先を制して開設することが必要であると考えていたからであろうと考えられる。

大隈意見書の第二の特徴は、「国人ノ輿望ヲ察シテ政府ノ顕官ヲ任用」する、すなわち、選挙で最大多数を得た政党の首領に天皇が内閣組織を命ずるという形で、議院内閣制（政党内閣制）の採用を主張していることである。「輿望」すなわち「民意」を反映させた内閣を組織させることこそが、行政と立法との一致による円滑な「統治」の実現につながる、というのである。いわば、明治維新の二つの理念であった、「公論」の重視と、一元的「統治」のシステムとが、この議院内閣制によって初めて統一的に実現しうるのである。

ただし、政党内閣において、全ての官を政党官とすることは不可である、とも言う。大隈は、治安や公平性担保の必要上、政党官と中立永久官とを明確に分けておく必要があると主張している。政党官とされるのは「参議各省卿輔諸局長侍講侍従長等」であり、「三大臣」および「軍官警視官法官」は中立永久官とすべきである。(42) 以上の政党内閣の更迭の仕組みや、政党官・中立官の区別などは、おおむねイギリスの制度に倣ったものとなっている。ただし、「三大臣」のみは、イギリスに範をとったものではなく、当時存在していた太政大臣・左右大臣を想定したものであることは言うまでもない。

この意見書は矢野文雄が原案を起草したもので(43)、トッドの『英国議院政治論』(44)を参考にして書いたものであるといい、多くの部分がイギリスの制度に倣って立案されている。ただし、前述したようにこの三大臣の制度のみは日本独特の制度として構想されたもので、矢野によれば、「〔矢野が〕最も熱心に主張して大隈侯も賛同してくれた」ものであるという(45)。これには、三条、有栖川宮、岩倉への配慮という要素が当然あったと考えられる。もしこの三大臣が不安に思うような制度であるならば、大隈意見書の採用はおぼつかない。ただ、その一方で、この三大臣には単にそうした現実政治上の要請というだけでなく、軍、警察、司法を統括する公平な天皇直属組織として、政党政治の公平な運営を期するための防波堤という役割もあった。

この三大臣が内閣の上に在つて天皇に直属し、内閣を監視するのである、すなわち地方官が選挙の時に一党に依怙ひいきをするとか、又は警察官が一党の為めに働くとか云ふ様な事をさせぬ様に、大局を監視する役目である。政党が我儘をせぬ様に取締る事もできるのである。政党の争ひを公平ならしむるのである。政党をして、政府の官吏を私党に引入れしむる如き弊を防ぐの道具となるのである(46)。

以上は矢野文雄による後年の回顧であるから、その後の政党のありさまを見たうえでの脚色が全くないとは言えないであろうが、前節でみたように、当時の大隈が在野の民権運動に共感しておらず、政府主導の議会開設を唱えていたことから考えれば、この述懐もある程度信用できる。天皇とそれを補佐する三大臣は、政党の横暴に対する防波堤であったのである。

のちに大隈が組織する立憲改進党は「王室の尊栄を保ち人民の幸福を全うする事」を綱領の第一条に掲げることになるが、この綱領の解説のために行なった公開演説会において、島田三郎が、帝政廃止は「唯我国法ノ許サヾルノミナラズ実ニ我国輿論ノ許サヾル所ナリ」[47]としたうえで、次のように述べている。

夫レ共和国ノ政ヲ悦ブノ人ハ人民其頭領ヲ撰出スルヲ悦ブナラン人民頭領ヲ撰出スルヲ悦ブハ其天下第一等ノ人傑ヲ得テ之ヲ社会ノ第一位ニ置クヲ悦ブナラン果シテ然ランカ若シ第一党ノ人傑ヲ挙テ第一位ニ置ク能ハザレハ則チ共和政目的ノ一半ヲ失フト云フベシ惟ニ近古共和政治ヲ創立シ其国法完美ナリト称セラル、ハ合衆国ニ如クハナカルベシ然リト雖モ其近時ノ状ヲ見ルニ頭領ノ撰挙ニ関シテ種々ノ弊害ヲ生出シ其政治ノ上ニ現ハル、ノ効ハ遠ク英国内閣更迭ノ利アルニ如カザルハ世人ノ既ニ知ル所ナリ[48]

天皇の尊栄を謳う論拠として、共和制における選挙の弊害を挙げていることに注目すべきであろう。一国の頭領は国王と定まり、その下に、自動的に議会の最大勢力が行政の長につく英国流議院内閣制のほうが、スムーズな政治的運営につながる、との見解がここにあらわれている。前述の矢野の見解とも結びつく見解であり、またこれが立憲改進党の綱領解説という党の公式見解であった以上、大隈も同様の考えであったとみてよいであろう。

しかしここで問題になるのは天皇の能動性である。政党の弊害を防ぐにしても、天皇が能動的にそこに制限をかけることには問題がある。天皇自らが政治的判断を行なうということは、その責任もまた天皇に帰することになり、天皇制そのものの危機を招きかねない。そこに三大臣が導入された積極的根拠があったように思う。なお矢野は、「今日では所謂元老等と云ふ者が居て、不規則に非公式に、矢張り政治に容喙して居る。〔中略〕こんな有様になるのである位ならば、寧ろ不規則な非公式な元老等と云ふもの、私な容喙を許さずして、正式な規則的な此三大臣のやうな機関を設けて、内閣を監視するやうにした方がよかつたかも知れぬ。今日世情の非難となつて居る多数党の横暴だとか或は司法官が政治の力に左右されるとか、又は警察官が政党の手先になると云ふが如きことは、此天皇直属の監視機関が内閣の上に在つたならば、容易にできないであらうと思う」(49)と述べている。

意見書の末尾では、「立憲ノ政ハ政党ノ政ナリ政党ノ争ハ主義ノ争ナリ故ニ其主義国民過半数之保持スル所トナレバ其政党政柄ヲ得ベク之ニ反レバ政柄ヲ失フベシ是則チ立憲ノ真政ニシテ又真利ノアル所ナリ」との明確な理念が打ち立てられている。それまで議会政治のなかでの「政党」の位置づけが明確に議論されるということは、愛国公党から国会期成同盟における、在野の自由民権運動のなかですら稀であった。逆に言えば、民間がいまだ政党に対する認識を持っていない時点での先駆的提唱だからこそ、この政党内閣制の導入という急進的方策が、在野民権派への対抗策としての意味を持ちえたのである。大隈意見書は、議院内閣制を、日本の歴史上初めて現実政治の場において明確に提唱したものであり、議会政治の在るべき姿についてはっきりと述べ、政党内閣の主張、内閣更迭方法についての詳細な叙述、人権の詳細規定の必要性の主張など、憲法の具体的内容にまで明確に踏み込んでいる点において、他の参議の意見書を凌駕しているといってよい。そしてそうであるがゆえにこそ、それが「欽定」という形で定められ、急速なスピードで民権派および政府部内保守派の機先を制定して試行される必要があったのである。特に、議院内閣制というものは、国民の選挙によって首相が任命されるものであり、したがってそこに天皇の意思が介在する余地はない。後に井上毅によって批判されるように、この点が「万機親裁」という理念を真っ向から否定するものと受け取られかねなかった。したがって、憲法が「欽定」であることは、「万機親裁」の理念と、「公議輿論」の尊重を矛盾なく統一する上でも、必要不可欠なものであった。天皇自らが自らの意思で、議院内閣制を選んだのだとすれば、議院内閣制は「万機親裁」の理念と矛盾することはないからである。このように、「欽定」による急進的議会開設という方向によって、民権派と政府部内保守派を出し抜くことを意図し、議院と内閣のあり方についての詳細な意見を述べたのがこの意見書であったのだが、そうした断然たる改革が主張されている半面で、当時伊藤や井上が苦心していた、どうやって薩摩系参議ら政府部内保守派を離反させることなく立憲政体に軟着陸するのかということについては、ほとんど配慮がない意見書でもあった。立憲制導入への反撥が未だ根強い当時の政治状況のなかでは、問題化する可能性の大きい意見書であったといえる。そして結果的には、民権派や保守派を出し抜くつもりが、自らの同志と考えていた伊藤までもが、出し抜かれたと感じ、怒りをあらわにすることにつながってしまうのである。

なお意見書第六節には、「施政ノ主義ヲ定ムヘキ事」として、「現在内閣ヲシテ一派ノ政党ヲ形クル者タラシメント欲セハ其成立ニ最モ緊要ナルハ則チ施政主義ヲ定ムルノ一事是ナリ」とし、現在の内閣を基礎に一つの政党を作ろうという意志が見られる。ただし何を主義とすべきかについては「他日別ニ之ヲ具陳スベシ」とされている。この「主義ヲ定ム」るという意見は、伊藤がその憲法意見書で主張していた、詔勅を渙発して漸進主義の方向性を天下に明示すべしという方策[50]と共通する部分があるように思われる。前述した福沢の新聞発行計画に関する回顧と併せて考えてみても、いまだ在野政党が成立していない当時の状況のなかで、先手を打って漸進主義の立場で政府党を組織し、福沢による世論誘導を経て政府党勝利を目論む、というのが大隈の腹案であった。一年後の選挙という極めて急なスケジュールも、こうした在野民権運動の機先を制して政党を結成し、選挙での勝利を目指すという方策と関連していた。そしてこうした勝利を目指すためには、断然かつ公平な立憲制の樹立が必要であった。岩倉具視が、大隈意見書の急進的なのに驚き、大隈にそれを問うた際、大隈は「時勢今日ニ迫リ姑息ノ法ハ行ハレズ譬ヘバ門ノ片扉ヲ開ケバ一時ニ群入スル如シ寧ロ両扉ヲ開キ百官有司一途ニ力ヲ尽シ外国会家〔原文ママ。在野の国会開設派の意味であろう――引用者註〕ニ先立テ国憲ヲ実行セラル、ヲ今日ノ適当トスル[51]」と答えたというが、不完全な制度を導入するのでは、民権派のお株を奪い選挙に勝利することは決してできないしその批判の足場を奪うこともできないという大隈の論理をここに見ることができる。もちろん、それは民権派に対抗する単なる「手段」でしかなかったわけではない。議院内閣制の断然たる導入こそ、民意の支持を調達しながら、行政と立法との一元的な体制のもと、円滑に統治を行なっていくための理想的な統治制度なのであり、その意味ではそれ自体明確な「理念」でもあったのである。だからこそ、大隈は下野後も、政党内閣の主張を続けていくことになる。

以上のように、大隈の議院内閣制の主張は、民権運動に共感したものではなく、むしろ民権運動や政府部内保守派に対抗する「統治」の論理に基づく方策として出されたものであり、したがって、欽定憲法論もその文脈において、積極的意義を有するものであったのである。しかもこの政党内閣論は、政府部内における福沢系エリート官僚の成長に後押しされたものではあっても、国民の政治的成長という認識のもとに唱えられたものではなかったから、党争に対する防波堤を設けておく必要があった。それが三大臣の設置、「欽定」方式による民権派の機先を制する憲法制定ということに積極的意義を附与していたのである。

五　大隈の帝国憲法観

本節では、大日本憲法発布後における大隈の天皇論と立憲政治との関係を追っていきたい。

大隈は、周知のとおり、前節で扱った憲法意見書の「急進性」が問題となり、明治一四年の政変において政府を去ることになる。しかし、下野後も在野民権派への不信感はかわらず、自由党とは合流せずに、それとは別に立憲改進党を結成することになる。しかし、改進党を結成し、一八八七年には外相として第一次伊藤内閣に入閣、ほどなく伊藤が辞職すると引続き黒田清隆内閣にも外相として加わり、条約改正交渉に従事する。この間、憲法の策定は大詰めを迎え、伊藤博文が中心となって作成した草案が、一八八八年六月から七月にかけて、枢密院での審議にかけられることとなった。しかし大隈はこの枢密院での憲法審議にほとんど出席せず、わずかに出席した際にも一切発言を行なっていない。こうしたことから、従来、大隈の憲法への無関心が指摘されることも多い。だが実は、六月一四日から七月四日にかけて、大隈は公用のため関西地方に出張していたのであり[52]、物理的に出席が不可能だったのである。また枢密院の審議終了後、内閣で修正案が作成される手順となっており、その修正には内閣の一員として関与することも可能だったのであり、枢密院での発言がないことのみをもって、大隈が憲法に無関心と判断することはできない。おそらく大隈も参加したと考えられる内閣での修正作業後、憲法は明治天皇の裁可を得るが、その憲法には、議会の法案提出権、衆議院の予算先議権、上奏権などが明記されており、議会に必要な権限は最低限揃っていた。その意味で、決して大隈にとって容認しえない内容ではなかった。もちろん、大隈が主張していた議院内閣制（政党内閣）の規定は憲法には明文化されていなかったけれども、逆に議院内閣制を否定する文言もなく、運用によって議院内閣制を実現しうる条件は充分備えていた。大隈は憲法発布直後の一八八九年二月二一日、自邸に府県会議長を招待し、次のように語っている。

我憲法の事に就き世間にては種々の説を為すものありて、演説に新聞に不服を訴ふるが如き有様なれど一体憲法の妙は運用如何に在ることなれば法文の規定が不充分なりとてさのみ不服を唱ふるに当らず、特に夫の政党内閣の制の如きは憲法中に規定すべき筈のものにあらざれば固より明記しあらざれとも、若し政党員にして皇帝陛下の御信任を得併せて輿望の帰する所となりたらんには、政党内閣の実を見ること難きにあらざるべし、現に英国の如きも歴史上の発達に依りて今日の状態を致せるものなれば、我国とても政党の発達次第にて英国

と同一の状態を見ること能はざるの理あることなし[53]

もともと一四年の政変となった大隈の憲法意見書でも、憲法は「極ク簡短ニシテ大綱ニ止ランコトヲ要ス」とされ、憲法は運用こそが重要なのであると論じられていた。大隈はこの大日本帝国憲法をもとに時間をかけて政党内閣を実現することは充分可能だと判断したのであった。したがって、以後、大隈はこの憲法に基づいて政党内閣を実現させていくことを念頭に、政党活動を行なっていくことになる。

大隈はのちに、憲法起草者の伊藤に対して、次のような評価を行なっている。

吾が輩は個人としての伊藤に対して大に感心してゐる。政治家としての伊藤にも、大体に於て感心して居るが。茲に一つ感服しないのは、憲法問題である。憲法は伊藤が作つた。是れは誰でも知つてゐる。而して此の伊藤の作つた憲法と云ふのは誠に立派である。吾輩も賛成だ。併し乍ら惜む可べきは其の立派は唯だ紙の上に於てのみ、実際の運用に於ては少しも立派でないのである[54]。

大隈は、憲法の内容そのものは高く評価しながら、その運用においては、伊藤を決して評価することが出来ないと述べているのである。特に大隈が、強く批判したのは、伊藤が政党政治の慣行を根付かせようとしなかったことと、伊藤が天皇を立憲政治の場に引き出そうとしたことの二つであった。ただし、後者については、大隈は次のように述べている。

〔伊藤は〕苦しくなると、時々詔勅を請ふて鎮撫せんとしたので、是れを我々は『袞竜の御袖に隠れる』と云つて盛んに攻撃したものであつた。併し翻つて詔勅を請ふのと、金力暴力を使ふのと対比して何れが善いかと考へて見ると、勿論両方とも善くないに違いないが、金力暴力を用ゆる如き卑劣にして、且つ陰険なる手段に比すれば正々堂々と詔勅を請ふて鎮撫するは勝つてゐる。単に政治的手腕に於て称す可きのみならず、又之れを政治道徳の上から見ても非常に勝つて居ると云つて宜しい(55)。

大隈は、天皇の詔勅を政治の場に持ち出すことを批判しつつも、しかし、金力暴力を用いるよりははるかにましであると述べているのである。かつて、民権運動への防波堤として、天皇の補佐役としての三大臣構想を主張したこととつながる見解であろう。このことが後に、大隈が天皇について多く語るようになることにつながっていく。

それはともかく、憲法発布後の大隈は、大日本帝国憲法に則り、その憲法の運用において、政党内閣を実現していくことに力を注いでいく。そして、かつて民衆の未成長を理由に、政府主導の近代化を強引に推進していた大隈は、しだいに民衆の側に立つ、「民衆政治家」へと変貌していくことになるのだが、その過程は本稿の論旨とは直接関係がないので触れないこととする。本稿に関して重要なことは、議会開設以降、一九〇七年に憲政本党党首の座を退くまで、大隈は天皇に対してまとまった発言を行なっていない、ということである。大隈の主眼はあくまで政党内閣の実現にあり、天皇の存在のあり方については、憲法の発布によって既に定まったとみていたのであり、ことさらに天皇を持ち出して議論する必要がなかったのであろうと考えられる。

しかし、大隈が率いる政党は、一八九八年に日本最初の政党内閣である隈板内閣を組織するに至ったものの、それが短期間で倒れたのちは、長らく政権を獲得することができず、一九〇七年には大隈は憲政本党の党首の座を追われることになる。すると、この前後から、大隈が天皇に言及することが急に増えていくという変化が生じるようになる。果たしてそれはなぜなのか。次にそれを検討していきたい。

六　政治教育における「天皇」の役割

一九〇七年以後の大隈の活動を考える上では、大隈の憲政本党党首退任の経緯を知っておく必要がある。政権確保を焦る憲政本党内の改革派は、しだいに藩閥・官僚勢力と接近し、大隈を党から追放することを目論むようになる。そしてそれは一九〇七年一月の党大会宣言案の作成過程において極点に達する。改革派に抵抗する大隈が、宣言案に、軍備拡張に財政的理由から反対する文言を盛り込むことを強く主張したのに対し、改革派はこれを抑え付けて、軍備拡張・積極政策への党方針の「旗幟変更」を実現させる。またこの時、同時に党総理である大隈による幹部選任権も剥奪された(56)。こうして自らの意見が抑えつけられるという追い詰められた状況のなかで、大隈は、党首の座を退くことを宣言するに至るのである。

この過程において、大隈は政党に対する強い失望の意を抱くようになる。その失望の念は、党首を退くことを宣言した「告別演説(57)」に明らかである。大隈は党員に向け「諸君は国民の代表者である」「我々の地位は決して今日権力によつて成立つものではない、国民の意思に依つて成立つものである、我々の土台が国民である、将来我々の立脚地は国民である、然らば国民の輿望を収むるや否やと云ふことは最も大いなる問題である、徒づらに多数を頼んで、強を頼んで私を営むと云ふ訳ではない、強を頼んで政権に近づくといふ訳のものでもない」と、国民の側に立ち、国民の信を得る必要を繰り返し強調することによって、藩閥勢力と結んで政権に近づこうという政友会や憲政本党改革派を強く批判した。

さらに大隈は、この演説において、批判の矛先を国民にも向ける。すなわち、「どうせ無邪気の国民は政治上の思想は乏しいものである、どうしても指導者が之を教育し指導して立憲的国民を拵へなければ真の立憲政治は行はれないのである」と国民の政治的意識の欠如を指摘し、そのような状況では立憲政治が正しく運営されることなど覚束ないというのであった。晩年に「我輩は政党の失敗者で、爾来は、専ら国民教育に向つて力を用ゐたが、其意は、即ち、今日の政党は用を為さぬ。是れは、国民に、政治的知識、政治的道徳が欠乏して居るからで、教へざるの民を以て憲政を行はんとするも不可能であると信じたに在る」(58)と回想したように、大隈は、政党党首としての挫折を契機に、政党政治が上手く機能しないのは、他ならぬ国民の政治的知識・政治的道徳の欠乏に基づくものなのであると考え、国民教育に力を注いでいくようになるのであった。すでにこの前年、清国人留学生を対象に日本の憲政史について講義したなかでも大隈は次のように述べていた。

憲法を設けると云ふのは、皆な政治に与ると云ふことである。詰り国民は代議士を選挙する権利を有つて居る。代議士は行政を監督する権利を有つて居るのである。法律或は財政其他のものを拒否する権利を有つて居るのである。国民がそれを怠れば、折角得た所の権利を自ら棄てるので、所謂自暴自棄でさう云ふ意気地の無い国民では、どうしても国家は興隆せぬ、必ず衰亡するのである。(59)

立憲政治になると、国民的監督となつて、当局者の行為を代議士が監督する、代議士の後には国民が居つて、又其代議士を監督する。夫れ故総て行政各般の行為は、国民が監督すると云ふ事になるのである。(60)

行政を代議士が監督し、その代議士を国民が監視することが政治の要であり、国民がそうしたことを怠れば、必ず国は衰亡していくというのである。それでは、日本の現状はどうか。

今日の日本の有様はどうなつて居るかと云へば、〔中略〕政治の振はないこと、政党の振はぬこと、是で国の将来の繁栄を見ることは随分難いと思ふ。決して禍の起るは起るの時に起るのでない。原因がある。〔中略〕

全体国家と云ふものは国民が本である。国民が健全に発達すれば必ず、其国民の上に築き上げられた政府と云ふものは鞏固である。健全な国民の上に国家と云ふものは繁栄して往くものである。国民が沈退して仕舞へば決して出来ないのである。(61)

とはいえ、国民の意思をこれほど重視した大隈が、それまでの選挙で国民の支持を背景にした圧倒的勝利を収めることができずにいたことも事実であった。むろんそれは当時の選挙においては、納税額による選挙権の制限が存在していたこと、政権による選挙干渉がしばしば行なわれたこと、また政友会による利益誘導政策が明治後半期から次第に功を奏していくようになることなどが背景にあり、大隈系政党が勝利を収められなかったことは大隈の責任のみに帰されるべき問題ではない。そして国民が短期的利益にのみ目をくらませ、藩閥と結合する政友会の勝利をもたらしているという状況は、大隈を、国民教育へと邁進させる動機となったのである。「どうせ無邪気の国民は政治上の思想に乏しい」と大隈が論じたように、大隈は国民の現状を是としなかった。しかし、だからといって、民意を無視したり、権力に迎合して積極政策を唱え、目先の利益分配によって党勢を拡張しようとは大隈は考えなかった。あくまで、教育によって国民を導いていき、思慮ある民意に支えられた、健全な政党政治を育成しようと考えたのである。

そして興味深いことに、こうした国民教育の必要性を強調するようになった一九〇七年の政界引退の前後から、大隈が天皇の存在について言及する機会が増えてくるのである。すなわち、大隈が天皇を持ち出す理由は、国民に対する政治教育の必要性と密接に結びつくものなのであった。

陸軍の長州の勢力とか、海軍の薩摩の勢力とかいふ事は、今日は最早や時勢が言ふを許さぬのである。左様なものは最早や自然消滅に帰すべく、新なる勢力の起るべきであるのに、如何せん偶ま其勢力中心の移動を誤つ

て来て居る。否誤つたではない、国民の無力の為にそれに代る事が出来なかつたんである。(62)

つまり、いつまでも藩閥勢力が政治に力を振るっているのは国民が自らの政治的力量を養うことを怠ってきたからだ、と大隈は言う。しかし、それと天皇はどう関係しているのであろうか。大隈は次のように述べる。

内閣更迭の際には、君主の大権を以て如何なるものに其後継内閣の組織を御命じになるとも御随意である。君主の大権に制限はない。文武官の任免には何等の制限はないんである。全く君主の意の儘である。其貴族院議員なり、衆議院議員なり、将た政党員であらうが、政治家であらうが、軍人宜し、弁護士宜し、大学教授でも学者でも宜しい、之を挙げて内閣を御任せにならうとも全く君主の御随意である。が人選を決する事は非常に大切で、一たび其人選を誤れば、却て国利民福を傷け、国民を敵とするに至るのである。故に君主の大権に元より制限はないとしても、実際上国民の代表機関たる議会と相談の上人選を決せらるべきで、憲法の運用上、人を御用ひになるには何としても斯うなければならぬ。如何に天資聡明にあらせられても、何処に賢者が在るか、何処に最も好く民心を得るものが在るかを直に知つて、之を任ずるといふ事は困難である。古来君主に取つては宰相を選ぶが一番大切の仕事で、それを誤ると国家を誤る。是は歴史上に古来多く見ゆる所である。さ れば憲政の円満なる運用をするには、君主は平日無事の時に於て、何人が最も賢者にして最も国民の心を得るかを洞察し置かねばならぬ。即ち君主は誰と共に政治を為さるべきかといふに、最も政界に力を占めたもの、換言すれば貴衆両院に力あるものを御選びになるのが、最も適当で且つ便利である。此様な事は、憲法の上には現れぬけれども憲法の運用上に極めて大切である。けれども今日の有様ではまだ〳〵其様な運びには至らぬが、是は主として帝国議会がまだ左様に訓練され居らぬ罪に帰すべきである。(63)

前述したように、明治維新のひとつの理念は「万機親裁」にある。したがって天皇は随意に首班を指名できるのであるが、しかし、天皇はその判断を行なうにあたって、非常に慎重を期さねばならない。どこに賢者がいるのか、誰が首相になるべきかは、誰が民心を得ているかということで判断しなくてはならないのであると大隈は言うのである。こうした憲法の運用がなされてはじめて天皇親政と政党内閣とが矛盾せず存在しうるのであり、かつそれこそが賢者による円滑な政治運営をなしうる手段なのである。だが、現実はそうなってはいない。その現実がそうならない理由を、大隈は帝国議会が訓練されていないことに求めるのである。言い換えれば、民意を得た者が必ずしも賢者ではない、という状況が続いているが故に、そうした憲法の運用を成し得ないのである、というのであった。

この背後には、前述したような選挙における弊害、特に当時「党弊」の語で強く批判されていた政党の腐敗が存在していた。

君民同治と云ふは、漠然たる話で、五千万人に天子が御相談をなさると云ふことは出来ない、是に於て多分立憲政治は代表的政治である、然らば代表と云ふ言葉程神聖なものは無いが、選挙の状態を見ると、議員共は金で買つて来る、議員は商売ものではない、だが金を出して議員を買ふが、さうすると壱万円出して買へば議員になる、さうして議員になつて居る中に弐万円どうかして収入すれば差引壱万円儲かる、是に於て悪いことをする、時々議員が収賄などと云ふことが現れて居るが、是は少数で、其外に隠れて居る事柄が余程多い、〔中略〕代表政治で、議員の議会と云ふものは平日憲法論を遺る、選挙論政治論を熾んに遺つて、其稽古をする道場は帝国議会である、ところが帝国議会で討論一つ無い、何だかもう好い加減なことをして、相談とか調和とか言つて、遺つて仕舞ふ、道場で一つの稽古も出来ぬ、訓練されない、寧ろ教へざるの民で、寧ろ訓練されない民だから、天子様が帝国議会に於て御相談をすることが今迄出来ぬやうである(64)

そして、こうした議会・政党の不健全なあり方を矯正するべく、大隈は「文明運動」の一環としての国民教育活動を展開していくのである。そこにおいても、やはり天皇の権威と立憲政治の運用とを結びつけることに大きな意味があると大隈は考えた。天皇の権威の強調こそが、国民の自覚を促す上において効果的であると大隈は考えたのである。それが最もよくあらわれているのが、大隈が国民教育の教科書として編集した『国民読本』である。次節においては、この『国民読本』の内容を検討し、そこにおいて、天皇の権威が立憲政治やそのための国民教育とどのように結び付けられているのかを検討していきたい。

七　『国民読本』における天皇と立憲政治

一九一〇年三月に大隈家編輯局編として刊行された『国民読本』は、義務教育を終えたレベルの青年男女をおもな対象として想定された教科書的な読本であり、日本の国体・国民性から、立憲政体の仕組みや行政・法律・経済などの諸部門にまでわたった公民教育を企図した書物であった。さらに一九一三年には、初学者に向けて、『国民読本』と趣旨を同じくしつつ、文章をより平易にした『国民小読本』も刊行されている。

広く日本の政治や社会について学ぶためのこの教科書において、何より目に付くのは、天皇および日本の国体を軸に据えて全編がまとめられているということである。特にそれは、各節にそれに関連する御製が掲げられていることに顕著である。それは次のような大隈の「自序」にも明らかである。

　自序

　国民読本は、大日本の国体と国民性とを闡明し、現時の法治国に於ける国家組織の綱領と、国民の責任とを概説し、また忠君愛国の新意義を指示し、兼て日本国民の理想を顕明せり。主として義務教育年限を終へ、将来帝国臣民たるの権利義務を享有して、与に倶に国家の進運を扶持し、国民の康福を増進して、国体の精華を発揚し、大日本帝国の理想を実現せしむべき責任ある青年男女の補習読本とし、以て現今教育の不備を補ひ、また貴賤老若男女の別無く、一般国民をして、その本分と価値とを確信せしむるに於て、必ずや之に資する所あらん。

本書を読むもの、大いに心すべきことあり。ここに恭しく巻頭に掲げたる

天皇陛下御製一首

皇后陛下御歌一首

は、本書のため特に御歌所長男爵高崎正風翁の拝写せられたるものにして、書中また御製、御歌六十一首を謹記することを得たるは、予の感佩に堪へざる所なり。庶幾はくは読者と共に日夕之を拝誦して、至仁至明なる聖慮に答へ奉らんことを[65]。

右にあるように、『国民読本』には実に多くの御製が掲載されているが、これには当時世間に知られていないものも多数含まれていた。実は、大隈の編纂趣旨に賛同した御歌所の高崎正風が許しを得ずに漏らしたもので、同書の献上を受けた明治天皇は高崎を詰問したという[66]。それはともかく、このように本書の記述内容は、読者が天皇の存在を常に意識しそれと結びつけて理解されるように書かれている。

なお、英文版の『国民読本』を天皇皇后に供覧するに際して岩倉具定に宛てた送り状の中で大隈は「五十年史ニ於テ広説セラレタル要旨ヲ攟摭シ、更ニ平易ナル概説ヲ下シ[67]」たものと述べている。事実『国民読本』の趣旨は、『開国五十年史』特にその序文・結論に書かれた内容をより整理してわかりやすく説いたものとなっている。ただし、『開国五十年史』においては、開国後の日本の発展史が本文の中心となっていたのに対し、この『国民読本』

は日本国民として知っておくべきことは何かということが本のテーマになっていた。『開国五十年史』が歴史書であるのに対し、『国民読本』は公民教育用の教科書であり、そのことが『開国五十年史』以上に、天皇の権威が強調されることにつながった。天皇の和歌を用いるなどして最大限天皇の権威を利用しようとしたことに対しては、「今上陛下を商売看板に使用す」という批判もなされたほどであった。(68) この批判者が、『国民読本』を、「殆んど陛下と共同的に作成せられつるが如く」みせていると批判しているように、大隈は天皇の和歌や明治維新に際しての宸翰・五箇条の御誓文などをしばしば引用することによって、書籍の内容と天皇の意志とを強く結び付ける手法をとっていた。それではなぜ大隈はこのように、天皇の意思を持ち出すことによってこの書を編纂しようとしたのか。そのためにはまず全体的な内容と、そのなかでもどのあたりに大隈の力点があったのかを見ていく必要がある。

『国民読本』は大きく四篇に分かれている。「第一篇　大日本の国基」（全二章一六頁）、「第二篇　大日本帝国の発達」（全二章三三頁）、「第三篇　今上の御親政」（全一二章一三五頁）、「第四編　大国民の理想」（全二章一六頁）の四篇である。ページ数から見て、第三篇すなわち「今上の御親政」の章に本書の中心がおかれていることは一目瞭然である。そしてこの第三篇は「第一章　明治維新」「第二章　立憲政体の創始」「第三章　立憲政体」「第四章　行政の機関」「第五章　法律の擁護」「第六章　国家の兵備」「第七章　運輸及び通信」「第八章　国家の交際」「第九章　国家の財政」「第十章　国家の富源」「第十一章　国家の膨張」「第十二章　国民の教化」の一二章からなっており、明治以後の日本の発展のなかでも、立憲政治の施行に中軸をおいてその発展を概観し、その上で政治・行政・法律・経済・外交・道徳にわたる、国民として知っておくべき幅広い知識を解説した篇となっている。その内容は簡潔ながらごく広い範囲にわたるもので、義務教育における政治教育・社会教育の不在を補おうという強い意図が感じられる。まさしく政治経済歴史道徳にわたる国民としての総合的教科書であったということができよう。

そして先にも述べたように、ほとんどの節の冒頭には、天皇・皇后による和歌が載せられ、日本の国体・国民性が強調されているのであり、その意味では、天皇を中心とする日本の国体と、立憲政治をはじめとする近代国家を担っていく国民としての知識とを強く結び付けようというところに大隈の意図があったことがわかる。

以上の第三篇の内容を見る前に、第二篇の日本の歴史の章も、大隈の独特の歴史観が窺え、天皇観を見る上でも重要であるため触れておきたい。歴史について論じた第二篇において特徴的なこととして指摘できるのは、封建社会の描き方である。つまり、「階級制度は人の自由競争を絶ち、上級の者は富貴安逸に慣れ、身体精神ともに薄弱となりて、雄健なる実力は却て下級の者に存したり。維新の改革を翼賛して大功ありし者の、多くは下流の武士より出でたること故なきにあらず」というように、封建社会における階級制度（身分制度）を批判的に述べるが、しかしその一方で、武士が天皇を蔑ろにした、というような、天皇を中心とする歴史観にありがちな武家社会批判はほとんどなされていないという特色があるのである。また階級制度の弊害があったとはいえ、日本は至誠・仁愛・忠孝の精神によって、「篤実なる情誼は常に峻厳なる法度を和らぐ」として、欧州諸国に比して、封建社会の階級制度による弊害が少なかったことも強調されている。江戸幕府についても、「幕府の政権は天皇の委任し給ひし所なれば、将軍の更任は宣下に待ち、大機は勅裁を仰ぎ、大小の諸侯を率ゐて皇室に臣事したり」というように、皇室との臣従関係を強調している。このように、日本の歴史にみられる特徴を分裂と対立の様相よりも、仁愛と団結との関係として描きだそうとしていることは明白である。いわば、身分制度については強く批判しながらも、武家政権が天皇を蔑ろにしたことを強く批判することはなく、日本の歴史の一体性、天皇を中心とした一体的関係を強調しているのである。当時の国民には、士族層を祖先に持つものも多く、さらに、社会的階層としての旧士族がいまだ大きな力をもち、また旧藩単位の社会的結合も残存していた時代でもあった(69)。そのようななかで、士族批判や旧幕批判を控えたことには、大隈が本書において国民の一体性の涵養を強く意識していたことが深くかかわっていたのである。

こうした、日本の歴史を仁愛と団結の歴史として描く姿勢は、第三章においては立憲政治と結びつけられるようになる。明治維新の当初は「其政体は専制なりしかど、為政の要は、君民の一致、国家の昌栄に存せしを以て、立憲政治の精神と相距たること遠からざりき」というように、歴史的に育まれた国民の一体性から、立憲政治というものへの道は必然的に導かれるものなのだというのが大隈の議論であった。このことから、第二章において大隈が国家の統合の側面を強調していることの意図が、立憲政体への発展の必然性を説明することと深くかかわっていることが窺える。「凡そ何れの国も立憲政体を創むるに方りては、必ずや激烈なる紛争を起して、許多の生命を犠牲とす、故に其憲法は血を以て購へりと称せらる。大日本帝国憲法は即ち然らず、陛下が臣民を慈みたまふの叡慮に由り下し賜へる恩賜なり。我等臣民殊に篤く之を遵奉せずして可ならんや」というように、古来からの日本の国体を強調し、明治維新と憲法発布とを連続的に見る視点からは、自由民権運動などの政府と在野の運動との対立の歴史は過少評価されることになり、立憲政体の実施について、天皇によるありがたい恩賜としての側面が特に強調されることになる。自由民権運動についてもこれより前に言及してはいるが、板垣らの国会開設請願運動の結果は、「是に於てか自由民権の思想は国内に伝播し、人民は請願の権利あることを自覚せり」という評価にとどまっており、議会開設・憲法発布を実現させたのはすべて天皇の功績に帰せられることになるのである。

そしてそれを踏まえて、政治道徳と天皇の権威とが強く結びつけられて説かれることになる。本書においては、道徳のなかでも、政治道徳が強く強調されているが、そしてその政治道徳は、天皇および天皇によって定められた憲法の重みを強調する形で、その重要性が強調されるのであった。その代表例として第三章第五節の「選挙権の尊重」の内容を見てみたい。

第五節　選挙権の尊重

御製　国民のちからのかぎりつくすこそ
　　　　わが日の本のかためなりけれ

帝国臣民は立憲政治の恩沢によりて、祖先の未だ曽て享くること能はざりし多大の権利を得たるなり。我等国民は憲法に依りて負ふ所の義務を尽すと共に、また之に依りて得たる権利を守るの精神に欠くる所あるべからず。此権利は、陛下が臣民の懿徳良能を発達せしめ、其康福を増進し、国家の大事を分担せしめんが為に授けたまへるものなることを忘るべからず。

代議士選挙の権を有する者は、自ら知識道徳を磨き、国家の重任を分つの精神を恪守し、常に選挙権の神聖を重んじて、真に国民を代表するに足るべき人物を選挙し、以て日本帝国の福利隆運を扶持せざるべからず。若し利慾に馳せ、権威に畏れ、主義を枉げ、節操を棄て、賤劣貪汚の代議士を選出して、之に委ぬるに国家重大の政務を討議するの権を以てすることあらんか、これ実に憲法制定の聖旨に戻り、小にしては自己を害し、大にしては国家を誤るものと謂ふべし(70)。

選挙権の神聖性を天皇の憲法制定の聖旨と結びつけた上で、天皇によって与えられた権利の貴重さを強調し、その権利の運用にあたってはその貴重さを強く意識しなくてはならないというのである。つまりこの『国民読本』の特徴として特筆すべきは、以上のような、政治的権利の行使にあたっての国民の責任が強調されていることなのである。一般に天皇の権威を強調した教科書においては、忠孝の道徳をはじめとする国民として守るべき義務が強調されるきらいにある。しかし本書において特徴的なのは、そうした道徳的・法律的義務にも触れられる一方で、それよりもさらに権利の運用、権利の行使に際しての責任やモラルが強調されているということであり、そのためにこそ、天皇の権威が動員されているということなのである。天皇によって与えられたありがたい権利であるからこそ、その行使にあたっての国民の責任や道徳性が強く問われるのである。こうした姿勢は、実は『国民読本』だけではなかった。大隈は、左に引用するように、『国民読本』以外においても、天皇のありがたさを、義務よりも権利と結びつけて説くことによって、その運用における国民の責任を自覚する必要性を強調していたのであった。

憲法は畏多くも　天皇陛下が皇祖皇宗に誓はせ給ふて人民に与え給へる権利の規定である。此の権利の侵すべからざること、重んぜざるべからざること、よく之を行使せざるべからざることを知りて而して之を実行するは即ち　陛下の　大御心を奉体《ママ》するものである。是れ即ち君に忠にして、又国を愛する所以である。見るべし今日の忠君愛国が、唯義務服従のみの消極的意義にあらずして権利の行使てふ積極的意義をも有するものなるを。例へば選挙権は臣民が　聖上より授けられたる権利である。陛下は此の権利を臣民に与へ給ふて忠良なる代議士を選挙せんことを望ませ給へる事である。然るに国民が節操なく廉恥なき代議士を選出すれば、其の国民は聖旨に乖戻する者であつて、不忠之れより大なるはなしである。然るに今日の教育家は多く此の権利の尊重を教へないのである。今の国民は如何なる政治に依つて支配せられ、如何なる程度で政治に参与すべき権利あるかを知らなければならぬ。国民教育は童子より是等を教へねばならぬ。然るに教育家は政治の事を口にすべからず、など丶云ふものあるは何たる誤の甚しきものである。〔中略〕今日は国民が各自其の与へられたる権利を尊重し、自ら政治に参して善政を作り出すの能力と其の覚悟がなければならぬ。而して此の権利を行ふべき懿徳、良能を発達せしむるものは即ち今日国民教育の主眼ではないか。[71]

陛下より賜はつた貴重の選挙権を行ふに、金銭か情実で動かされ、政治の腐敗を招くものが多くあるではないか、此等は君国に対する大不忠実で、君恩を賊するものである。而して是れ実に旧来の道徳に捉へられ、陛下の賜つた権利を教へず、只義務の人を要求したるが為である。我輩は今後の法治国民は必ず自由意思により勅語に云ふ国憲を重じ国法に遵ふべきである、而して是現代に於ける忠実愛国の要を得たものと信ずる。(72)

以上のように、大隈においては、憲法が欽定憲法であることや、天皇の尊さを強調することが、国民の義務ではなく、憲法に規定された権利の強調につながっていた。大隈は、天皇の権威、あるいは「忠孝」という徳目を強調するにあたって、常に義務ばかりが強調されることに批判的であった。例えば次のような議論にそれは明白である。

我が国の教育には一大欠点がある、即ち

　権利といふ事を教へず

といふことであるが、今日の教育者等は口を開けば曰く忠孝、曰く祖先崇拝と喧囂するも、この重要なる思想を養成せぬのである。最も教育勅語に『克く忠に克く孝に』とあつて、忠孝が道徳の基礎たるは云ふまでも無い事である。けれ共今日の教育に於て教ふる忠孝は、昔の社会に適した意義の忠孝であつて、今日の社会には不適当な意義の忠孝である、即ち

　昔の忠孝＝義務のみあつて権利なし

　今の忠孝＝権利と義務と調和対立す

といふ如く、忠孝の意義には今昔に於て、明かに相違があるのである。然るに今日の教育が尚ほ普通なる忠孝を教へてをるのは、今日の社会を理解してをらぬからである。〔中略〕如何なるものに対しても、自己の権利を捨てる者は、同時に義務をも捨てる者である、然るに従来の忠孝は義務のみを教へて権利を教へなかつた、随つて選挙権といふ重要なる権利をも放棄し、或はそれを悪用して怪まぬ者もあつた。〔中略〕従来の如き忠

孝を以て、立憲思想を養成せんといふ如きは、即ち彼の木に縁りて魚を求むると同一の事であるのみならず服従主義は同時に英雄崇拝主義である故に多少世間に超越した様な者のなす所をば、理非に係はらずこれを良い事とし明に国法に背違してをつてもこれを咎めずして、彼をして其の私欲を逞うせしめるに至る〔中略〕孝も亦昔日とは其意義を殊にするのであつて、今日民法の親族篇に規定せらるゝ所は、決して昔時家族本位制度時代の孝では無い。昔時の如く戸主が一家内に於て、専制権を有するのでは無く相続、結婚等悉く、法律に準拠して行はねばならぬ、のみならず或る場合の処理には、裁判に拠らねばならぬのであつて、要するに今日の孝は、親の慈愛に対する道徳であつて、決して昔の如き親に対する絶対服従の名では無いのである。(73)

こうした立場から大隈は、「憲法には大に国民の権利義務を説いてをるに係はらず、国民教育者は義務のみを教へて権利を説かない、権利を主張するは不道徳だと云ふ様な有様である。又往々にして権利を説くものもあるが、形式的に唯言葉丈けを教へるに止まる、已むを得ず権利といふ言丈は教へるが、権利などをば措いて顧みない国民が出来れば、甚だ結構な事と信じてをる。又孝に就いて云つて見るに、成るべく子供の権利を教へずして、其の義務のみを教へてをる、祖先崇拝主義と云つて、子供自身の独立の精神を摧くことに努力してをる。」「教育勅語には常に国憲を重し国法に遵ひとある、然るに今日の教育家達は、国憲国法の知識が無いのである、然らば何を以て、克く教育勅語を奉戴する国民を養成することが出来よう。〔中略〕我が国の教育家達は教育勅語に仰せられた忠孝を教へずして、既に歴史的となつた無意義の忠孝のみを教へてをる、これ我が輩が従来の教育家の為す所を以て『忠孝の空念仏を唱へる』と評する所以である(74)」と批判するのである。教育勅語という天皇の言葉を盾にして、憲法やそこに規定された国民の権利を擁護する発言をするところに、大隈が天皇の権威を強調した意味が如実に現れているということができよう。大隈は、天皇の権威を強調することによって国民に一方的な国家への服従を押し付けることに批判的であり、逆に、権利こそが天皇の権威と結びつけられるべきであり、そのことによってその権利の貴重さを国民が理解し、堅実な運用を心がけるべきだと考えたのである。

八　天皇機関説か天皇主権説か

既にみてきたように、大隈は、明治一四年の政変前の憲法意見書において、天皇の欽定という形で憲法が発布されるべきことを主張し、明治末期以降の国民教育においては、国民の参政権を、天皇によって与えられた貴重な権利であると論じていた。いわば、天皇の能動性のもと、天皇の意思によって初めて政治的権利が付与されるという論理であるということになる。しかし、大隈は早くから政党内閣制こそが望ましい政体であると考え、一貫してその実現を主張してきたことも事実である。とするならば、天皇の能動性、いいかえれば、天皇親政という要素と、政党政治という、見方によっては天皇親政と全く反する政治のあり方とは、果たしてどのような関係にあったのであろうか。既にここまでの叙述においても若干触れてきてはいるが、本節では、このことをより深く考えるために、大隈の天皇機関説論争に対する見解を見ていくこととしたい。

大隈は、美濃部達吉と上杉慎吉との間に交わされた天皇機関説論争に際して意見を求められ、自らの見解を発表している(75)。そこで大隈は「吾輩が新聞や雑誌で切々に見た処では、何うも言葉の上の争ひであつて、詮じ詰めて見たならば同じ事に帰するだらうと思ふ(76)」として、論争そのものが無意味であり、机上の空論であるとして一蹴している。その上で、大隈は次のように述べる。

天皇は国家の機関であると云ふと、一寸其処に其機関と云ふ二字が耳障りになるが、併し天皇は機関の主脳者である事は云ふ迄も無い事だ。国家と称へる所の団体があれば、何うしても此の国家を統括する機関があつて此の国家を治めて行く所の政治といふものがなければなら無い。既に然らば其の機関を働かして行く上から其処に統一する所の中心が無ければならぬ、それが即ち国家の元首である。すると機関の首脳が元首即ち　天皇と云ふ訳になるから　天皇は国家という団体を統べる機関と云ふ事のいへぬこともない。憲法にも明らかに国家の首脳は元首であると云ふ事も云つて居る。〔中略〕其処で此の国家の機関は何うして働くかと云ふに、如何に聡明なる君主でも、自分で総てを動かすと云ふ訳には行か無い、何うしても其処に輔弼の臣と云ふものがあらねばならぬのである。即ち、憲法の定規に依つて国務大臣之を執行する事になつて居て、万機は君主之を親裁すると云ふ事になつて居る。我輩が此の所に云ふ迄も無く、国務大臣が運用する所の国家の政治と云ふものは明かに、憲法に規定してあるのである。而して君主権、臣民権、裁判、帝国議会、行政、国防、さう云ふものが、如何に聡明なる所の君主でも御一人では、それを動かすことは出来ない。国家が進歩するに従つて機関が複雑になり、而して国家の種々な働きが起るものであつて其の機関の中心となり、働きの中心となる所の者は即ち元首　天皇であると云ふ事が云へるのである。(77)

ここで大隈は、天皇は元首であり政治的主体であることを強調する。しかし他方で、それに対する輔弼の役割を果たす、憲法に定められた諸機関の存在をも重視する。それではこの両者は究極的にどう関係するのか。それに対する大隈の回答は左記のとおりである。

如何に主体であるといつても、絶対に君主権を現はした事があるか。欧米はいざ知らず我が日本の　天皇には未だ専制的の意志は存在した事は無かつたのである、又無いのである。〔中略〕欧米のやうに、王家のみが単り幸福を得、安全を得、快楽を得れば、民は何うてもよいと云ふのとは、日本のは大に趣を異にして居る。

〔中略〕詰り帰する所、民の幸福を祈る訳である。年二期の大祓ひでも、二期の皇霊祭でも、神嘗祭、新嘗祭でも、年乞ひの祭りでも、皇室の為めのみの幸福とか、快楽とか、安全とか云ふ事を祈るのでは無くして、民の為めに祈る意味が含まれて居る。〔中略〕民の富は朕が富である、民の幸福は朕の幸服である、即ち日本の天皇は民と共に幸福を享くるを以て心とせられて居るのである。これは彼の維新当時の御誓文を見ても分るではないか。(78)

本来絶対的な政治的主体であるはずの天皇は、歴史上常に、民の幸福を求めてきたのであり、専制的な意思を表したことなどない、であるから、これからもそのようなことはない、というのが大隈の意見なのであった。天皇の能動性については万能としながら、その運用においては常に自制的であるとし、そのことによって民意に基づく政治や、政党内閣が正当化されるのであった。天皇の政治的能動性は名目上万能でありながら事実上（運用上）においてありえないものとされるとともに、教育における天皇の象徴的意味が強調されることになるのである。別の文章のなかでは、大隈は次のように述べる。

明治元年の御誓文なり、其他の詔勅、勅語を見れば一目瞭然である。毫も君主の専権を以て人民の権利を蹂躙した事が現はれて居らぬ。人を捕ふるも、縛するも法律でなければ出来ぬ。如何に君主の愛するものでも又憎むものでも自由に出来ぬ。是が憲法の上に明かに定められて居る。法律其ものも、是が社会に必要なりと認めた所で、其君主の意思が多数の同意を経ぬ限は法律とはならぬのである。如何に君主の意を以て金を遣はうとするも、予算か法律かに由らなければ駄目である。此予算は又議会の協賛を経なければならぬ、即ち一銭の金なりとも君主の勝手に遣ふ事が出来ぬ。収入も又左様である。矢張り法律によらなければ人民から税を取る訳に行かぬ。税を取らうとするにも、それを遣はうとするにも、等しく法律に由るか予算に由るかでなければ出来ぬ。即ち議会の決議に由らなくてはならぬ。特に予算に於て議会に多くの権利を与へてあるので、若し予算が成立せなければ、其年度は已むを得ず前年度の予算を踏襲するのである。すれば政府に於て新に何事をしやうとしても行へぬ。事実は正に此の如きものである。然るに此事実を扠て置いて今徒に君主権を論ずるとは何事か、是は十八九世紀の革命時代に、欧羅巴の学者間に行はれたものである。今頃それを今日の日本に於て、何の必要があつて論ずるか、それよりも已に成立ち居る法律なり憲法なりが、如何にして有効に実現さるゝかを論ずべきであるに、此方の議論を却て多く聞かぬのは如何した訳か。折角大切なる経典を先帝より賜はり乍ら之を実行せんともせぬ。唯偶ま読む位で何になる。此に於てか我輩は之を空念仏といふんである、(79)

すなわち、明治憲法の発布によって、既に天皇の能動性の問題は決着済みであるというのが大隈の見解なのであった。

大体憲法政治とは多数に従ふ政治である。倣慢らしいけれども時々人は忘るるから我輩は此処に繰り返す。今日は君民同治である、君民同治といふと何だか我輩が皇室に対して相済まぬ事を言ふ様に聞こふるか知らぬが、左様でない。憲法発布の勅語に、「朕が事を奨順し、相共に和衷協同し、益々我帝国の光栄を中外に宣揚し、祖宗の遺業を鞏固ならしむるの希望を同ふし此負担を別つに堪ふることを疑はざるなり」とあり。詔勅に、「其幸福を増進し其懿徳良能を発達せしめん事を願ひ又其翼賛に依り与に倶に国家の進運を扶持せんことを望み」とありまた御告文即ち皇祖皇宗の御遺霊に御告げになつて居る御語の上に、「外は以て臣民翼賛の道を広め永遠に遵行せしめ」とあるにも明瞭である。更に憲法には明に臣民権が規定されて居る。即ち立派に君民同治であつて独裁政治ではない。朕の負担を分つといふ御趣意が勅語の上に掲げられて居るではないか。之を打消す事は出来ぬ。如何に乾燥無味の法学者であつたとしても理論でなく最早や事実である。日本の帝国憲法は此の如き事実の上に立脚するのであつて此以外に此等の解釈をも許さぬんである。(80)既に、民意に基づいて政治を行なうということは、欽定憲法たる明治憲法によって、他ならない天皇の意思によって定められたことなのであり、法学者の議論によって左右されるものではない、というのが大隈の見解なのであった。しかしこの大隈の見解は、場合によっては、天皇の主体の発露の仕方を、大隈という一臣民が僭越にも規制していると受け取られかねないものであろう。このような議論の持つそうした危険性については大隈も自覚的であった。だからこそ、「一言して云へば政治は事実である、抽象的にやれるものではない。それで我輩は美濃部、上杉二氏の議論は砂上に築いた議論であると断定を下して置く。学説とか、学理とか、云ふものは、動くべきものでない、二氏の議論のやうに動揺するのは無価値なる学者の遊戯的争論と云はねばならぬ(81)」と、この論争自体が机上の空論に過ぎないと断じて議論を回避しようとするのである。そしてこれこそが、明治一四年の政変以降、一九〇七年の政界引退の前後に至るまで、天皇と政治とのかかわりについて大隈がほとんど発言しなかったことの原因でもあった。天皇の政治的位置づけは、憲法によって解決済みのものでなくてはならなかったのである。

憲法は世界の各国に有る。けれども日本の憲法は特種のものである。それが勅書の上に表れて居る勅語の上に明かになつて居る。即ち此大典は下から人民の力で現出したものではなく、陛下の御思召で上から降し給はつたのである、是が真の欽定憲法である。形式に欽定憲法といへるものは外国にもある。けれども事実を極むれば左様ではない。即ち独逸の如きがそれである。歴史を辿れば明瞭な事で欽定憲法とはいふもの丶其実下から迫られたのである。如何に傲慢なるヰルヘルム皇帝の力も大胆なるビスマークの力も遂に能く支うる事が出来ず譲歩したのである。其憲法政治に為る迄は随分長く掛つたので、今日の有様に至るには仏国革命以後実に五十年であつた。而も其五十年の歴史は大動乱であつた、日本の憲法とは非常に違う。之を産に譬ふるなら日本の憲法は安産である。安産の子であれば満足に健全に成長すべきである。其然らざるは何に因るか、是れには何か誤があるに相違ない。即ち教育が不十分で、注意が不十分なのである。今日に於ては此憲法を有効ならしむる事が国民最大の急務と信ずる。(82)

右の議論において大隈は、明治憲法が「真の欽定憲法」であることを強調している。それが「真の欽定憲法」だからこそ、政党政治や民意に基づく政治と、天皇の能動的主体性とが矛盾なく統一的に成立しうるのである。ひるがえって考えれば、大隈が、明治一四年の政変の起因となる憲法意見書において欽定憲法論を主張した意味も、おそらくはここにこそ存在していたのであった。「真の欽定憲法」によって定められたものであればこそ、民意の尊重や政党政治が、天皇親政と矛盾することなく存在しうるのである。

なお、大隈は、天皇は、西洋の君主と違って「神」であり、神聖性において西洋の君主をはるかに凌駕しているとすら述べている。

独逸帝は日本と違つて、日本の天子様は神である、神聖にして犯すべからずである、独逸帝は人であるからどうも俗な政治でも何でもお遣りなさる、〔中略〕内治、外交、軍事、何でも遣る、実に盛んなものである、絶へず人間のする仕事、大臣のする仕事を自分がお遣りになる、日本の天皇は神聖な人である、君主の大権はどう動くかと云ふと、憲法の条規に従つて国務大臣之を施行す、国務大臣で無ければ大権の発動は出来ぬ、是に於て総ての詔勅は国務大臣が副署をする、国務大臣の副署の無いものは其効力を為さぬと云ふことになる(83)

大隈は、天皇を人ではなく神であるとすることによって、俗世間の政治から超越した存在として描き出した。大隈の言う「神」というのは、右文中で「神聖な人」と言い換えられていることからも明らかなように、いわゆるGodと同義ではない。日本語の「かみ」という言葉は、Godのような人智人力を超越した存在を指すのではなく、先祖や目上の人など、尊び敬うべき人間を広く指す言葉であり、天皇を神という場合、それは古来より万世一系に続いていた尊い系統をひく帝というような意味であり、それは『国民読本』記述の原点となった『開国五十年史』においても詳しく解説されている。(84) 仁愛の精神を旨に民を愛し民とともに存在しつづけてきた皇室だからこそ、独逸のような「人」(国初から続くのではなく一般人が闘争の結果として皇帝になった存在)とは異なり、権力をも国民と分かち合うことができる。日本の皇室の他国と異なる尊さの源泉はそこにこそあるというのである。

おわりに

以上、本論文では、大隈重信の天皇観を、立憲政治との関連において、検討してきた。冒頭で掲げた問題は二点あった。一つは、なぜ大隈が明治一四年の政変の起因となった憲法意見書において、欽定憲法論を唱えたのかという問題であり、もう一つは、なぜ大隈が、明治一四年の政変以降、天皇の政治的位置づけについて口を開かず、かつ、一九〇七年に政党を離れてのち、天皇について言及する事が増えるのか、という問題であった。

前者については、欽定憲法という形でなければ、現実政治の場において政党政治を制度化することが難しいと考えたことが大きな理由であった。明治維新の理念における天皇親政の理念と公議輿論の尊重とを統一しうるのが、天皇が自ら能動的に憲法を発布し、自らの意思で民意の尊重を打ち出したのだ、という設定であった。山田央子氏は、大隈の憲法意見書における欽定憲法論や、三大臣設置の如き天皇の能動性を示唆する要素について、政党論の不徹底さ・未熟さを示すものであるとしたが、本稿の検討を経て見えて来るのは、現実政治の中に身を置く政治家として、大隈が、いかに明治維新の理念である天皇親政と、政党政治の主張とを矛盾なく統一的なものとして表現できるか、そしていかに在野民権派と政府部内保守派を出し抜いて、政府部内進歩派による政党内閣による漸進主義的政治を実現していくかということを見据えた上で議論を組み立てていたかということである。つまり、大隈の欽定憲法論は、山田央子氏のいうような政党論の不徹底というよりも、むしろ政党政治の実現にこだわりぬいたが故の議論なのだということができるのである。

大隈は結果的に政府から排除されたものの、しかし憲法が欽定憲法で発布されることは政変の結果として確定し、かつ実際に欽定憲法として制定された大日本帝国憲法においては、議会の予算審議権・立法権が保障され、かつ運用によって政党内閣の実現も可能であった。本稿で見たように、大隈にとって、天皇の政治上の位置づけは、この大日本帝国憲法で解決済みとされるべきものであり、だからこそ、以後の政党指導においては、天皇の政治的位置づけについては議論を行なわず、むしろ実際政治の場において、政党の勢力を拡大していくことを急務とすることになったのである。

ところが、民意に基づく政治を志向し、政党勢力の拡大を目論んだ大隈であったが、自ら率いる政党は、選挙において民意によって第一党に選ばれることに恵まれず、大隈系政党は長らく第二党としての立場を余儀なくされることになる。そしてついには、大隈は、藩閥との接近を目論む政党人によって政党党首からの隠退を余儀なくされることになる。このことが大隈に、選挙権者たる国民の腐敗と、政党の腐敗とについて強く認識させることになり、大隈が再び天皇に関する議論を持ち出すことにつながっていくのである。

大隈は一九〇七年以降、『国民読本』での議論に代表されるように、国民に対し、天皇の権威を強調していくことになる。それは一方で、国民の統合を図るという意図を有し、他方で、天皇によって与えられた憲法上の権利を担うことへの責任意識を喚起するという意図を有していたのであった。大隈は忠孝のみを強調して国民を拘束し服従させるていの議論には批判的であり、むしろ国民の自由な政治的意思の発露のためにこそ、天皇によって与えられた権利の貴重さを強調したのであった。

憲法意見書においても、また『国民読本』においても、大隈の念頭にあったのは民衆の未成長という現状であった。しかし前者は、だからこそ民意に先んじて政府進歩派が漸進主義政党を組織して政党内閣を樹立し、政治を主導していこうという構想に基づくものであったのに対し、後者は民衆に直接語りかけたものであり、民衆の力量を増加させ、その力に後押しされる形で政党政治を実現しようというものであり、民衆の位置づけられ方が全く違うということも指摘できる。かつて筆者は、大隈が「民衆政治家」「庶民的政治家」であったのはあくまでその後半生においてであり、前半生においては必ずしもそうではなかったと論じたことがあるが[85]、天皇論においても、そうした大隈の変化の位相を確認することができるのである。

そして大隈の後半生についてさらに指摘すべきは、大隈における、輿論の複数性に対する認識の深化である。そのことが『国民読本』における日本という国家の一体性の強調につながっていたのであろうと考えられる。本稿の五節末尾で引用したように、大隈は、「議員の議会と云ふものは平日憲法論を遣る、選挙論政治論を熾んに遣つて、其稽古をする道場は帝国議会である、ところが帝国議会で討論一つ無い、何だかもう好い加減なことをして、相談とか調和とか言つて、遣つて仕舞ふ[86]」と、帝国議会での議論の不在を批判していた。同じ論説のなかで、大隈は国民教育の必要性について、次のように述べる。

何故国民を指導せぬか、憲法的に何故に指導せぬか、国民を憲法的に教育せぬか、何故に国民を政治的に訓練しないか、政治家達が怠つては居ないかと思ふ。全体政治家と云ふものは輿論に従ふべきものである、此輿論と云ふ言葉が政治にある、国民の政治的智識が進まなければ、輿論の興るべきものでない、人の理知に依つて興るべきものである、時々の感情に従つて興るべきものは公論でも輿論でもない、矢張り平日さう云ふ工合に訓練しておかなくちやならぬ、さうすれば、政治家は輿論を導き、輿論を制する、所謂反対の輿論を制する、是がなくてはならぬ、政治家達も、さう云ふ人を欠いては居ないかと思ふ(87)

末尾にある、「輿論が輿論を制する」という議論の立て方は、輿論の複数性、多事争論の争いの結果として政治が動いていくべきという大隈の見解と表裏一体のものであった。このことは大隈の政党指導のあり方ともかかわる。大隈は議会開設以後、しだいに人々の前に出て自己の意見を明言することを好むようになっていくが、その一方で、自らの意見を政党員に対して強いることには抑制的であった(88)。立憲政友会の伊藤博文が、「総裁専制」と呼ばれる、政党に対する強い指導体制を敷いたこととはきわめて対照的な姿勢であった。それは、政治というものが、多様な意見を持つものの間の討議が存在して初めて良い方向性に導かれていくものなのだという大隈の信念に基づくものであり、大隈の二大政党制の議論とも密接に結びつくものなのであった。政党政治における「反対党」の必要性を大隈は次のように述べている。

人類相集ると利害が異る、利害が異れば必ず党派と云ふものが起る。それは政府党と反対党で、政府を保護する党派と反対する党派、此二つの党派が無ければ政治は腐敗してしまうのである。反対党が無ければどう云ふ我儘も出来るから専制政治も異らない。憲法の沢は殆ど国民は受けない(89)。

これは単なる建前として述べられたものではない。例えば、実際、地租増徴反対運動での遊説の際、増租を主張する自由党に対して「自由党は国賊なり」という叫び声が上がったことに対して、大隈は「イヤ自由党は国賊ではない、悉く善良なる臣民である」と、その野次をたしなめる発言をしている。演説会の盛り上がりに水を差すような発言であったが、多事争論こそが政治を良い方向性に導くのだという信念を持つ大隈にとって、「其問題を勝手に感情の問題に移し且つ危激なる言語を放つて国賊なり破壊党なりと」レッテルを貼ることは決して許されるべきことではなかったのである。[90]

「公然と団体を組んで国民的政治の運動をなして悪いことはない、その力は筆と舌である、これに反対する党派が出来て、筆と口とで互いに切磋琢磨するなかに公論も世論もここに現れて来るのである」[91]「全体憲法政治は自由の政治である。故に批評の自由も亦盛んにならなければならぬ。その批評の盛んなる中、自ずから真理が発見せらるゝのである。故に憲法政治とは言論の政治と云ふことである。盛んに言論をしなければ可かぬ」[92]と述べるように、大隈は、公論とか正論とかいうものは、アプリオリに存在するのではなく、異なる意見を持つものが議論を闘わしていくなかではじめて形成されていくものだと考えていた。そしてその公論形成にこそ政党の役割があるというのが大隈の信念であった。このような大隈の姿勢は、ともすれば反対する立場の人間を「偽党」「国賊」などと口汚く罵り、自分の意見のみが国家的・公共的なものであると主張する方向性におもむきがちであった当時の日本の政治風土において、極めて稀有な姿勢であったが、こうした輿論の競争が分裂に至ることなく統合的に一つの政治を健全に動かしていくためには、ひとつの共通前提が必要である。大隈にとっては、それが、天皇と、天皇を中心としてまとまってきた国民の歴史なのであった。大隈が国民教育に力を入れた日露戦後以後の時代は、一方において社会主義に対する恐怖感が高まり、また他方においては、日比谷焼討事件のような民衆騒擾も起っていた時代であり、大隈もこうした状況に対して警鐘を鳴らしていた。[93]こうしたなかで、社会の一体性を保持し、多事争論、輿論形成のプラットフォームを形作るためにこそ、天皇の存在が強調されたのであった。つまり、一九〇七年以降の大隈の天皇による統合の強調の背景には、権利の担い手としての国民の自覚を促すということのほかに、言論の自由の土台として、言い換えれば、憲法政治・議会政治の運用を確かなものにするための基盤づくりとしての意味が存在していたのである。

以上のように、大隈は、天皇の強調によって政党政治を導こうとし、天皇の権威と国民の権利とを結び付けることによって洗練された民意による政党政治の実現を唱え、さらに天皇による統合を強調することによって、多事争論の基盤を確保しようとしたのであった。こうした天皇論は、近代日本において極めて独特なものであったということができるであろう。

註

（1）山田央子『明治政党論史』（創文社、一九九九年）。

（2）矢野文雄「補大隈侯昔日譚」（松枝保二編『大隈侯昔日譚』、報知新聞社出版部、一九二二年）六〇〜六一頁。

（3）勝田政治『小野梓と自由民権』（有志舎、二〇一〇年）。

（4）『大隈侯八十五年史』の持つ問題点については、真辺将之「『大隈侯八十五年史』編纂過程とその特質」（『早稲田大学大学院文学研究科紀要』五七―四、二〇一二年二月）、真辺将之「黒田清隆は謝罪したか――一八八八年大隈重信外相就任に関する『大隈侯八十五年史』の記述をめぐって」（『早稲田大学大学院文学研究科紀要』五九―四、二〇一四年二月）を参照。なお、後者の論文において、一部史料解釈の誤りがあるのでこの場を借りて訂正させていただきたい。すなわち同論文三三頁上段に引いた伊藤博文宛松方正義書翰の解釈である。同論文では、この書翰の解釈について、「大隈の外相就任について、三島は今日では既に何も異存を持っておらず、それどころか、『三島方より時機今日に可然との事を可申上含罷在候』と、三島より、大隈就任を時宜にかなったものと申し上げるつもりすらある、というように読むことができる。『右は追付内閣へ罷出可申上考』ということなので、もしこれが実現したとすれば、大隈もいる内閣の席上で、三島がそのように述べるということになる。」と記した。前半については特に訂正は無いのだが、後半について、「右は追付内閣へ罷出可申上考」というのは、「松方が内閣で（三島通庸の右のような考えについて）申し上げるつもり」という意味に解釈するのが自然である。また同論文中では、続けて、「ただ不審なのは、新聞記事によれば、四月五日時点では三島はまだ療養のために在大磯のはずだということである。とするならば、帰りがけに『三島と内話』というのがどうして可能だったのか。」というように記したが、書翰中にある「昨日帰り掛拝承仕候大隈の件三島へ内談仕候処」というのは、「昨日帰りがけに三島と内談したという意味ではなく、三島が大磯にいたとしても、それ以前から松方三島間でやりとりが進められていたのだと考えれば何ら不自然ではない。以上、ここに訂正し、深くお詫び申し上げたい。またこの訂正を踏まえるならば、三島が大隈に謝罪の意を固めたというのはおそらく間違いない事実であるということになり、右論文の論旨、すなわち、『大隈侯八十五年史』に記されている、大隈の入閣にあたって黒田が大隈に謝罪したというような事実はなく、三島通庸が大隈に謝罪した事実が、犬養の記憶の混同につながり、『大隈侯八十五年史』の記述につながったのではないかという筆者の仮説は、より補強されることになるだろうと考える。

（5）　渡辺幾治郎『文書より観たる大隈重信侯』（早稲田大学出版部、一九三二年）、同『大隈重信』（大隈重信刊行会、一九五二年）など。

（6）　中村尚美『大隈財政の研究』（校倉書房、一九六八年）。

（7）　五百旗頭薫『大隈重信と政党政治』（東京大学出版会、二〇〇三年）。

（8）　木下恵太「第十六・十七議会期における憲政本党」（『早稲田政治公法研究』五一、一九九六年四月）、同「「民党連合」形成期における憲政本党」（『早稲田政治公法研究』五三・五六、一九九六年一二月・一九九七年一二月）、同「日露戦後の憲政本党と「旗幟変更」」（日本政治学会編『年報政治学一九九八』、岩波書店、一九九八年）、同「第二次大隈内閣の財政構想――「絶対的非募債」政策を中心に」（『早稲田大学史記要』三一、一九九九年七月）、同「政友会成立期における大隈重信と憲政本党」（『早稲田大学史記要』三五、二〇〇三年一〇月）、同「日露戦後における大隈重信と憲政本党」（『早稲田大学史記要』三六、二〇〇四年一二月）。

（9）　柳田泉『明治文明史における大隈重信』（早稲田大学出版部、一九六二年）。

(10) 円城寺清編・京口元吉校注『大隈伯昔日譚』(冨山房、一九三八年)二〜三頁。原本はもと立憲改進党党報局より一八九五(明治二八)年に発行されたが、冨山房版は、京口元吉によって他の類書から関連する叙述の補記がなされていて便利なため、本稿の引用もすべて冨山房版から行なった。
(11) 円城寺清編『大隈伯昔日譚』二三頁。
(12) 義祭同盟については『楠公義祭同盟』(楠公義祭同盟結成百五十年記念顕彰碑建立期成会、二〇〇三年)が詳しい。
(13) 円城寺清編『大隈伯昔日譚』五頁。
(14) 大隈重信『早稲田清話』(冬夏社、一九二二年)四五三頁。
(15) 国立国会図書館憲政史資料室所蔵「大木喬任文書(書類)」六九「談話筆記」上巻所収。
(16) 島善高『律令制から立憲制へ』(成文堂、二〇〇九年)。
(17) 円城寺清編『大隈伯昔日譚』一六六頁。
(18) 一八六八(慶応四)年五月四日付米国オランダ改革派教会宣教師J．M．フェリス宛書翰(アメリカ・ニュージャージー州 Gardner A. Sage Library 所蔵)、および村瀬寿代訳編『新訳考証日本のフルベッキ』(洋学堂書店、二〇〇三年)二九四頁。
(19) 『法令全書』第三冊(内閣官報局、一八八七年)二二三頁。
(20) 『法令全書』第三冊二八九頁。
(21) 『明治天皇記』第一(吉川弘文館、一九六八年)六四八頁。
(22) 大隈重信『大勢を達観せよ』(帝国講学会、一九二二年)九七〜九八頁。大隈重信「明治三十一年六月二十五日第四回統計懇話会に於ける演説」(『統計集誌』二〇五、一八九八年七月)。
(23) 早稲田大学図書館所蔵「大隈文書」A一。
(24) 福沢と大隈の交流については、富田正文『考証福沢諭吉』下巻「四七大隈重信との交情」(岩波書店、一九九二年)、佐藤能丸「大隈重信と福沢諭吉」(『国文学解釈と教材の研究』五三―二、二〇〇八年二月)が詳しい。

(25)　一八七八年三月一九日附大隈重信宛福沢諭吉書翰（『福沢諭吉書簡集』第二巻、岩波書店、二〇〇一年、六二～六三頁）。
(26)　松枝保二編『大隈侯昔日譚』二四五～二四六頁。
(27)　会計検査院記録掛編『会計検査院史』（会計検査院、一八九六年）。
(28)　松枝保二編『大隈侯昔日譚』二七七頁。
(29)　「参議大隈重信建議統計院設置ノ件」（国立公文書館所蔵『公文録』所収、一八八一年五月）。
(30)　矢野文雄「補大隈侯昔日譚」一七一～一七二頁。
(31)　矢野文雄「補大隈侯昔日譚」一七頁。『尾崎咢堂全集』第一一巻（公論社、一九五五年）七四～七五頁。
(32)　この日誌創刊に関する史料「法令公布ノ日誌ヲ創定スル之事」「参議大隈重信上申法令公布日誌創設之儀ニ付日誌社へ命令書案並布告案」「公報日誌創定ニ付布告類下達方並日誌取扱内規則按」が国立公文書館に所蔵されている（諸雑公文書）。
(33)　「明治辛巳記事」（『福沢諭吉全集』第二〇巻二三二～二四〇頁、岩波書店、一九六五年）および井上馨・伊藤博文宛福沢諭吉書翰（『福沢諭吉全集』第一七巻、一九六一年、四七一～四八一、五四六～五四七頁）。後者は伊藤・井上に対してその背信を詰ったものであるが、この福沢の詰問に対して井上は返信で、大略福沢の記す通りである、ただし新聞の第一の主眼は「漸進を以て設立」ということは申し上げたはずだ、と回答しており、記述には信憑性があると考えられる。
(34)　矢野文雄「補大隈侯昔日譚」三四～三五頁。
(35)　矢野文雄「補大隈侯昔日譚」四〇頁。
(36)　早稲田大学大学史編集所編『小野梓全集』第五巻（早稲田大学出版部、一九八二年）二二六頁。
(37)　「留客斎日記」一八八一（明治一四）年九月四日条（『小野梓全集』第五巻、三六五頁）。
(38)　政変による免官者については斎藤伸郎「「明治十四年の政変」時退官者の基礎的研究」（『国士舘史学』一四、二〇一〇年三月）が詳細に調査している。
(39)　伊藤博文は、「［河野が］大隈と親しく相成りたるは、農商務卿に任じたる頃なり、夫れ迄は、大隈常に、河野は民権家なりとて、深く忌み嫌ひたるに、如何なる事より歟、深く結びたること、農商務卿に任ぜる前夜にて、河野へ早く通知せる事あり、其頃よりならん」（東京大学史料編纂所編『保古飛呂比　佐佐木高行日記十』東京大学出版会、一九七八年、四八二頁）と推察している。ただし、任官情報を早く通知したという程度のことなら、親しくなった証拠とはいえない。世間の説を受け入れたうがった見方であり、むしろ農商務卿就任の一八八一年四月まで、大隈が河野を「民権家」として忌み嫌っていた、という情報の方が重要であろう。嚶鳴社の中心的人物は、当時『東京横浜毎日新聞』に筆を執っていた沼間守一であるが、政変以前に大隈と沼間との政治的交流を示すような史料は存在しないし、福沢諭吉に至っては沼間を「小児同様の狡猾者」（「明治辛巳記事」二三五頁）と呼んでおり、福沢が「駄民権」と呼ぶ在野民権運動の一人としか考えていなかったように思われる。小野梓と河野敏鎌が同じ土佐出身ということで交流があったり（勝田政治『小野梓と自由民権』一〇七～一一六頁）、矢野文雄が沼間や島田三郎と知り合いであったり（矢野文雄「補大隈侯昔日譚」二三～三二頁）という関係こそあるものの、それとて個人的な旧知という域を出るものではなく、島田三郎などは、反大隈的色彩の強い佐佐木高行の中正党に加入しているほどである。大隈と嚶鳴社系官僚とが政治的に近い存在とみるには非常に無理がある。

(40)　岩倉具視「座右日歴覚書」（日本史籍協会編『岩倉具視関係文書』一、東京大学出版会、一九六八年）九七頁。

(41)　従来この意見書の原本は見つかっておらず、主に伊藤博文が後に三条実美に乞うて借覧・筆写したものが史料として使用されてきた。しかし二〇〇六年、憲政資料室によって収集された三条実美旧蔵の意見書が公開された。内容的には若干字句の異同がある程度であるが、次註に記したように、全く同一部分の脱漏が見られ、伊藤本はこの三条本を筆写したものであると思われる。本稿ではこの三条実美旧蔵本から引用を行なった。

(42)　三条本・伊藤本では「法官」の文字が脱漏しているが、『岩倉公実記』下巻および『大隈侯八十五年史』第一巻掲載のもの、および、早稲田大学図書館所蔵の前島密筆写本にはあるため、補った。意見書執筆者と目される矢野文雄が「自由政治ノ真理ニ於テ軍官法官警察官其他奏任以下ノ事務官ハ政党ノ争ニ関セザルヲ其ノ令徳トナスノ所以ヲ論ズ」（大分県先哲資料館編『大分県先哲叢書矢野龍渓資料集』第四巻所収、大分県教育委員会、一九九七年）という演説を行なっているところから考えても、元々は「法官」の文字が入っていたものと考えられる。

(43) ただし矢野は、自分が奏議を書いたあと、どのような手続きで大臣に捧呈されたか、自分の書いた草稿のままかどうかは知らない、もし加筆修正があったとすれば小野梓あたりだろう、と吉野作造に語ったといい(『明治文化全集』正史編下巻解題一〇頁、日本評論社、一九二九年)、小野の手が入っている可能性もあるが、確認はできない。なお、姜範錫『明治一四年の政変』(朝日新聞社、一九九一年)は、この意見書を小野の執筆によるものであると主張している。しかし三月一八日に小野が提出した「今政十宜」には大隈奏議の件は記述がなく、これ以後に書いたとすると意見書は四月以降の提出としなければならなくなる。小野が丹念に記している『留客斎日記』にもこの意見書に関する記事はない。また姜範錫氏は、意見書中にある「真利」という用語が小野独自の用語であると指摘しているが、小野が「真利」という言葉を使う際には、たとえば「真利は利なり、宜なり、最多衆の最大快楽を云ふなり」「真利は人の正路なり」(『利学入門』、『小野梓全集』第三巻、早稲田大学出版部、一九八〇年)、あるいは「真利之趣旨」を取って「我党所操之主義」に定める(「留客斎日記」明治一四年九月二五日条、『小野梓全集』第五巻、三六八頁)というように、いずれも功利主義の趣旨を指して「真利」の一語を用いているのであり、大隈意見書の「立憲治体の真利」のような、「真の利益」という意味での用法とは使われ方が全く異なっている。また姜は「恋権」を小野独特の用語とするが、野田秋生氏の指摘によれば、この言葉は『郵便報知新聞』社説欄でも使用されており、矢野文雄にも使用例があり、逆に「地所」「諸人」「令徳」など竜渓独特の用語法を指摘できるという(野田秋生『矢野竜渓』、大分県教育委員会、一九九九年、六九頁)。

(44) Alpheus Todd, On Parliamentary Government in England: Its Origin, Development, and Practical Operation, 1st ed. London: Longmans, Green, and Co., 1867-1869. のち尾崎行雄訳『英国議院政治論』全五巻(自由出版会社、一八八二～一八八三年)として日本でも出版された。

(45) 平塚篤編『伊藤博文秘録』(春秋社、一九二九年)二一八頁。

(46) 矢野文雄「補大隈侯昔日譚」五九～六〇頁。

(47) 島田三郎「王室の尊栄を保ち人民の幸福を全ふすべし」(平沢寛柔編『立憲改進党諸名士政談演説筆記』、平沢寛柔、一

八八二年、一〇頁。同年五月一三日一四日木挽町明治会堂での立憲改進党演説会の筆記)。
(48)島田三郎「王室の尊栄を保ち人民の幸福を全ふすべし」一三〜一四頁。
(49)矢野文雄「補大隈侯昔日譚」六〇〜六一頁。
(50)多田好問編『岩倉公実記』下(岩倉公旧蹟保存会、一九二七年)六八〇〜六八八頁。
(51)岩倉具視「座右日歴覚書」(『岩倉具視関係文書』一)九七頁。
(52)当時の多くの新聞紙上で報道されている。
(53)『政論』一二、一八八九年三月。
(54)大隈重信「青年が伊藤公に就て学ぶべき点」(大隈重信述・菊池暁汀編『青年訓話』、丸山舎書籍部、一九一四年増補再版)。
(55)大隈重信「青年が伊藤公に就て学ぶべき点」。
(56)以上の大隈総理辞任に至る過程については、木下恵太「日露戦後における大隈重信と憲政本党」、同「日露戦後の憲政本党と「旗幟変更」」が詳しい。
(57)以下「告別演説」の引用はすべて「大隈総理の演説」(『憲政本党党報』八、一九〇七年二月)から行なった。同演説はさまざまな書物・新聞に引用されているが、内容が省略されているものが多いので注意が必要である。
(58)大隈重信「党弊刷新の必要愈急也」(『大勢を達観せよ』)八六頁。
(59)大隈重信「日本政党史論」(『大隈伯演説集』、早稲田大学出版部、一九〇七年)二七七頁。
(60)大隈重信「日本政党史論」三一七頁。
(61)大隈重信「日本政党史論」三〇四頁。
(62)大隈重信「明治大帝論」(大隈重信『経世論続編』、東京合資会社冨山房、一九一三年)一〇五〜一〇六頁。
(63)大隈重信「明治大帝論」一〇六〜一〇七頁。
(64)大隈重信「政治思想の変遷に於ける権力の移動」(『雄弁』四―三、一九一三年三月一日)。

(65) 大隈重信『国民読本』(丁未出版社・宝文館、一九一〇年)自序。
(66) 渡辺幾治郎『明治天皇の聖徳重臣』(千倉書房、一九四一年)一四六～一四七頁。
(67) 『国民読本』冒頭岩倉宛書翰部分三頁。
(68) 矢野滄浪「大隈伯の国民読本を国民に訴ふ」(『時事評論』五―四、一九一〇年五月)。
(69) 社会的階層としての士族の影響力の残存については園田英弘・濱名篤・廣田照幸『士族の歴史社会学的研究』(名古屋大学出版会、一九九五年)、旧藩を単位とする社会的結合の残存については真辺将之『西村茂樹研究』(思文閣出版、二〇〇九年)の補章「明治期「旧藩士」の意識と社会的結合」を参照。
(70) 大隈重信『国民読本』九五～九七頁。
(71) 大隈重信「真の忠君愛国」(大隈重信述『青年訓話』)。
(72) 大隈重信「何故に我国人の意志力は伸長せずや」(大隈重信述『青年訓話』)。
(73) 大隈重信「忠孝の真意義」(『教育時論』一三二四、一九一四年一月)。
(74) 大隈重信「忠孝の真意義」。
(75) 大隈重信「天皇に対する国民の観念」(大隈重信述『青年訓話』)。
(76) 大隈重信「天皇に対する国民の観念」。
(77) 大隈重信「天皇に対する国民の観念」。
(78) 大隈重信「天皇に対する国民の観念」。
(79) 大隈重信「明治大帝論」五七～五八頁。
(80) 大隈重信「明治大帝論」一三八～一三九頁。
(81) 大隈重信「天皇に対する国民の観念」。
(82) 大隈重信「教育論」(大隈重信『経世論続編』)六四～六五頁。
(83) 大隈重信「政治思想の変遷に於ける権力の移動」。

(84) 大隈重信「開国五十年史論」(副島八十六編『開国五十年史』上、開国五十年史発行所、一九〇七年)。
(85) 真辺将之「老年期の板垣退助と大隈重信――政治姿勢の変化と持続」(『日本歴史』七七六、二〇一三年一月)。
(86) 大隈重信「政治思想の変遷に於ける権力の移動」。
(87) 大隈重信「政治思想の変遷に於ける権力の移動」。
(88) 木下恵太「日露戦後における大隈重信と憲政本党」。
(89) 大隈重信「日本政党史論」二七七頁。
(90) 「関西非増租大会に於ける大隈伯の演説」(『大帝国』一―一、一八九九年六月)。
(91) 大隈重信「日本の政党」(『明治憲政経済論』、国家学会、一九一九年)。
(92) 大隈重信「新政党に教へ併せて天下の惑を解く」(『新日本』三―五、一九一三年五月)。
(93) 大隈重信「開国五十年史結論」(『開国五十年史』下、開国五十年史発行所、一九〇七年)、「大正時代の三大革新(其二)社会的革新論」(『新日本』三―七、一九一三年七月)など。

(付記)

本研究はＪＳＰＳ科研費(２６３７０８０２、２３７２０３３０)の助成を受けたものである。

第八章　明治前期における女性天皇構想の形成
――憲法草案を手がかりとして

福井　淳

はじめに

幕末からの立憲政治構想の紹介と理解の定着のなかで、大日本帝国憲法制定以前に、憲法草案が政府及び政府系知識人、また民間の、とくに自由民権派によって起草されたことは、日本の近代政治を考える原点としての重要性を持つ事象であった。

なかでも、自由民権派の憲法草案は、安在邦夫氏のいうように「真の立憲国家を希求」したものであり、「国民の近代国家秩序形成の意想」を示すものであった(1)。

これまで、こうした憲法草案の研究は、戦前期の尾佐竹猛・吉野作造らの憲政史研究(2)に始まり、その流れのなかで、林茂氏の政治史研究(3)、宮沢俊義氏の憲法史研究(4)において、民権派案や元老院案の個別の検討がなされたが、戦後、本格的な研究が登場した。それは、明治憲法制定までを射程に入れて、幕末からの流れや、元老院案、民権派の嚶鳴社案などを豊富な史料に基づいて検討した稲田正次氏の明治憲法成立過程の研究(5)であった。以後、稲田氏の研究を基礎に、史料としての憲法草案の集成をはかる家永三郎・松永昌三・江村栄一氏の『明治前期の憲法構想』の編纂、増補・改訂も進められた。[6] また、一九八〇年代半ばからの「自由民権運動百年」の全国運動のなかで、地域での憲法草案掘り起こしと研究は飛躍的に発展した。[7]

以後、そうした自由民権運動研究のなかで、憲法草案を、憲法論などと共に纏めた江村栄一氏の『憲法構想』[8]の編纂がなされ、また安在邦夫氏、[9]新井勝紘氏[10]により、憲法草案の包括的な研究が進められてきている。

一方、最近の皇室制度の論議のなかで、女性の皇位継承＝女性天皇の可能性が浮上したことは記憶に新しい。[11] すなわち、二〇〇一年一二月皇太子・皇太子妃のあいだに愛子内親王が誕生する約半年前の五月、皇太子妃のご懐妊が宮内庁から正式に発表される直前に、当時の政権与党が女性の皇位継承を認める方向で検討に入ることを表明し、それに野党も賛同した辺りから、問題がメディアを賑わせ始めた。その後、この問題は、首相の私的諮問機関である「有識者会議」において検討され、二〇〇五年一一月には女性天皇、またその家系からの「女系」の天皇を容認する報告書が出されたことで、新たな段階を迎えた。しかし、翌年九月に秋篠宮に男子の悠仁親王が誕生したことで、女性天皇問題はひとまず表面的には収束に至った。

この問題が取り上げられるなかで、近代史上の憲法草案における元老院案の女帝容認条項や、民権派の嚶鳴社が行った女帝の可否を巡る討論の存在が注目されたが、[12] 前掲『明治前期の憲法構想』の増訂版第二版に基づく鈴木正幸氏の整理・研究[13]を除き、本格的な憲法草案の女性天皇条項の研究はなされていない。

女性の皇位の否定は、周知のように大日本帝国憲法の産物であり、近代以前においては、八人一〇代、江戸時代においても二人の女性天皇が存在したことと、好対照になっている。近代法が支配する欧州諸国においては、イギリスの権利章典・王位継承法が、またオランダ・スペイン・ポルトガル憲法においても、女王が容認されている。

そこで本稿では、女性天皇についての明治前期の憲法草案条項を検討することで、近代史研究史上の憲法研究に寄与すると同時に、今後の現代的な女性天皇論議の基礎的素材を提供することをも目的とする。しかしもとより巨大なテーマで、一編の論考では扱うことは至難の業である。そのため、今回は試論として、女性天皇論の前提となる西洋の女性君主の紹介の過程と、前掲『明治前期の憲法構想』の新編、及び同じく前掲の新井勝紘氏の諸研究に基づく憲法草案の基礎的整理、及び主たる草案の論究を行うこととしたい。

一　日本における西洋女性君主の紹介——近代女性天皇論前史

そもそも西洋における女性君主の存在は、日本においてどのように知られていったのか。

鎖国下において、東アジア情勢の緊迫化のなかで、一八世紀末にイギリス認識が深まりをみせたとされるが、一七八九（寛政元）年に刊行された朽木昌綱の、オランダ書からの翻訳による地理書『泰西輿地図説』は、イギリスの政治を概観し、また日本に初めてイギリスの議会政治を紹介した。(14) そのなかで、「女王〔アンナ〕ト云エル人、一七七七年ノ時ヨリ惣国〔スコットランド〕ニ政事ヲ布クコトトハナセリ」と、一七〇七年にイギリス統一後の初代の王として即位したアン女王の存在を記したものが、女性君主紹介の早い例であろう。

しかし、イギリスにとどまらず、広く西洋の女性君主の存在が知られるようになった功績は、幕末の津田真道の訳業を第一に挙げることが出来よう。

明治維新期における西洋立憲政治の輸入者の一人であった幕府の開成所教授手伝の津田真道は、幕命によるオランダ留学で教授を受けた法学者フィッセリングの公法講義を一八六六（慶応二）年に訳了し、訳書として一八六八

（慶応四）年に『泰西国法論』の名で刊行している。同書の「一頭政治」＝君主政治の説明のなかで、西洋における女性君主の存在を次のように紹介した。

君主は必しも男子たるを要せず又必しも男子を以て通法とせず、婦人国家の主権を操持したる先蹤史中に多く、又列国の朝憲に拠れば婦人亦大統を継き主権を領するを得るなり。(15)

すなわち、西洋では男性君主というものが「通法」＝通例ではなく、諸国の「朝憲」＝憲法では、女性が「大統」＝帝王の系統を嗣ぐものもある、とその普遍性と憲法への継承方法の明記を明らかにしたのである。女性が君主たりうる根拠はとくに示されていないが、そのことがかえって、女性の継承を当然のこととする内容となっていた。

この記述は、同書の第五篇「一頭政治」中の、一頭政治の定義を説いた第一章に続く第二章にあたり、王位継承について説いたものである。短い文章ながらも、この章の全体が女性君主の解説に充てられる、という特徴的な記述となっていた。その背景として、津田が講義を受けたオランダの法学者フィッセリングが当時、自由主義的なオランダ一八四八年憲法の堅持と、同憲法に依拠した自由主義的改革実施を唱えていたことが想起される。(16)

すなわち、同憲法は、現王家の「男統」が全く無い時には、王位を王女に伝える（第十五条）とし、女性君主を消極的ながら容認する規定となっていた。(17)しかも、同条以下の女性への継承を規定する条文が、他のヨーロッパの女性君主を規定した憲法に比較して詳細な規定となっていた。例えば当時のスペイン憲法では女性の君主継承については全七九条のうち第五〇条・五一条の二ヵ条であり、またポルトガル憲法では全一四五条のうち第八七条の一ヵ条であったのに対し、(18)オランダ憲法の場合は全一九九条のうち第十五〜二十二条の八ヵ条にも及んでいたのである。

こうした内容をも持つオランダ一八四八年憲法へのフィッセリングの傾倒が、『泰西国法論』の女性君主の特別な記述につながっている、と考えることは可能であろう。

なお、このオランダ憲法の条文は、一八六八（明治元）年一二月に、当時福岡孝弟・大木喬任・森有礼らと共に議事体裁取調掛を務めていた神田孝平により、『和蘭政典』（上・下）の名で、女性君主を容認する前述の条項を含めて全文が公刊された(19)。神田はその凡例において、同憲法の成り立ちについて、「国土を保護」するために「君民協議」して設けた「根本律法」であると述べ、その自由主義的性格を仄めかしているが、この訳出により、『泰西国法論』が紹介した、女性が「大統を継き主権を領する」「列国の朝憲」についてのオランダでの具体的内容が、いち早く周知されたことになる。ちなみに同書は、植木枝盛の愛読書ともなったことでも知られる。

さて実は、『泰西国法論』のような西洋の女性君主の包括的な紹介は、津田に先だって、日本に初めて西洋立憲政治を紹介した一八六一（文久元）年の加藤弘之「隣草」や、ほぼ同時期の一八六八（慶応四）年七月の同じく加藤の『立憲政体略』、また一八六六（慶応二）年の福沢諭吉の『西洋事情』初編といった、幕末期の名だたる西洋政治紹介の体系的著作物には、ありそうでいながら全く記述がみられないものであった。このことは、当時の知識人にとって、女性君主を日本でも実現させる必要性が、日本政治の近代化の問題として認識されていなかったことを意味するものであろう。

その意味からも、『泰西国法論』が西洋の女性君主の普遍的存在を日本に知らしめる上で果たした先駆的役割は、注目に値する。

その一方で、イギリスを中心とした個別の西洋女性君主の紹介も、『泰西国法論』の前後からみられるようになった。

一八六八（慶応四）年三月に刊行された、幕府系知識人である鈴木唯一の訳書である、イギリスの自由主義的ジャーナリストのアルバニイ・ホンブランク著『英政如何』は、イギリスにおける女性君主の存在と継承法について次のように紹介した(20)。

　此国に於て国君の事、王在位の時も女王在位の時も、其威権の差別なく、王位は子孫相伝にして、其王死する時は其血縁の最近き男子相続する事にて、男子は其血統は次たりとも女子を措いて相続する事なり。故に当今の国君死する時は、其長女を差措き其末男を王位に即かしむべし。但し相続の順序に於ては、国君の女子は長幼の論なく、其国君の叔伯父甥又は従兄弟を措き即位するを法とす。

これは、イギリスでの王位継承における慣習法を示したものである。イギリスでは男子優先であるが、女性君主も容認することが紹介されたわけである。

さらに、影響力からみて、福沢諭吉による一連の啓蒙的な初期刊本が果たした役割は大きかったと考えられる。福沢による女性君主の紹介の最初は、一八六七（慶応三）年一一月の『条約十一国記』においてである。同書は日本と条約を締結した西洋諸国の紹介書であったが、その「英吉利」=イギリスの章の末尾において、「当時は女王にて其名をビクトリヤといふ(21)」と、ヴィクトリア女王の存在について記している。具体的な説明は無いものの、「当時は女王にて」という記述から、イギリスにおいては、男性のみならず女性にも王位継承権があることがうかがえるような記述となっていた。

次いで、一八六九（明治二）年一月の『掌中万国一覧』は、世界各国の地理・政治・社会等の紹介書であったが、欧州スペインの項における君主の説明として「女王　第二世『マリア・イザベラ』」の名を記し、以下、誕生日・即位日(22)を、またイギリスの項における君主の説明として「女王『フヒクトリヤ』」の名を記し、以下、誕生日・即位日(23)を記述している。オランダ・イギリスのみならず、スペインにも女性君主がいることが紹介されたわけである。

さらに、同年二月の『英国議事院談』は、日本における最初の本格的なイギリス議会制度紹介の書であったが、巻之二では、議院の建物の説明において、「王門」に「現今女王の肖像」を設けている旨を記し、さらに、議院開会の際の恒例の女王来場等、議会と女王との関係についての記述がみられる。(24)

そして、学制開始時に小学校の教科書としても用いられたことで名高い一八六九（明治二）年初冬の地理・歴史書『世界国尽』がある。同書においては、「今の英吉利女王ひくとりや」という説明文を付けたヴィクトリア女王を描いた座像の挿画が、ロシア皇帝アレキサンドル二世・フランス皇帝ナポレオン三世・オーストリア皇帝ヨーゼフといった男性君主の挿画と共に、ヨーロッパの解説箇所に掲げられた。(25)しかも、イギリスは「国力」が「欧羅巴第一」という説明に対応する形で、他の各皇帝よりも横幅が約二倍の大きさとなっていた。文章のみならず、画像から直に君主の存在を印象づけようとするものであり、男性君主と並び、かつより大きい画像により、女性君主という存在がひときわ児童に印象づけられた、とみられる。

こうした福沢による一連の紹介は、イギリスにおける女性君主継承の根拠となる憲法に相当するところの権利章典並びに王位継承法についての正面からの言及は無く、憲法研究史上の意義はやや乏しいものの、女性君主の存在一般について周知させる大きな役割を果たした側面は、高く評価出来よう。

以上のように、多彩な紹介が前史として存在したことが確認出来よう。

二　オランダ・スペイン・ポルトガル憲法の本格的紹介

さて、こうした女性諸君主を規定する、憲法上の条文が初めてまとまった形で紹介されたのは、一八七七（明治

一〇）年三月の元老院編『欧州各国憲法』の公刊であった。(26)

同書は、前年に開始された元老院における憲法起草作業での参考文献を紹介する内容であったが、その刊行は、元老院による憲法案への国民的支持基盤の醸成を目指すものであったことは、疑うべくもない。また、後述の民間の憲法草案の起草にあたっては、各国の憲法を平易に通観出来る参考書としては、当時唯一のものであった。(27)

同書には、当時立憲君主制をとっていたスペイン・ポルトガル・オランダ・デンマーク・イタリア・ドイツ・オーストリアと、連邦共和制をとっていたスイスの計八ヵ国の、それぞれの現行憲法が全文掲載された。元老院の関心が、決して欧州の大国や立憲君主国に偏していなかったことが察せられる興味深いラインナップである。

そのなかで、オランダ・スペイン・ポルトガルの憲法が、女性君主を容認する条項を持っていた。

オランダ憲法は、一八一五年に公布され、四〇年及び四八年に改正されたもので、女性の君主継承に関わる条文は、以下のように紹介された。(28) 訳者は大書記生の田中耕造、校閲は権大書記官の河津祐之との記載がある。田中と河津は民権結社の嚶鳴社員でもあり、とくに河津は、後述のように嚶鳴社憲法草案の起草に加わっている。

第十五条　「オランジユ、ナツソー」家ノ男統ノ裔全ク無キトキハ太宗ノ席ニ由リ王位ヲ王女ニ伝フ

第十六条　王女無キ時ハ王ノ長男統ノ長女王位ヲ継テ之ヲ其家ニ従ス謂フハ王位、該長女ノ嫁シタル家ニ従ルナリ該長女ノ既ニ死シタル場合ニ於テハ其子孫入テ嗣ク

第十七条　王ノ男統無キトキハ王位ヲ其長女統ニ伝フ是故ニ男統ハ常ニ女統ニ先チ長統ハ季統ニ先タツ各統ニ於テハ男ハ女ニ先タチ兄ハ弟ニ先タチ姉ハ妹ニ先タツ

第十八条　国王殂シテ子ナク及ヒ「オランジユ、ナツソー」家ノ男統ノ裔有ラザルトキハ王ノ最近親族其欠クルトキハ該最近親族ノ裔入テ位ヲ嗣ク

第十九条　女子王位ヲ他家ニ徙シタル時該家ハ全ク現時統治スル家ニ属スル権理ヲ占有ス及ヒ前数条ニ掲クル例規ハ之ヲ新タニ入嗣スル家族ニ施行スベシ是故ニ該家男統ノ裔ハ女子若クハ女統ヲ捨キテ王位ヲ襲ク及ビ男統ノ裔全ク欠クルニ非ザル外他統ノ裔ニ王位ヲ伝フルコトヲ得ス

第二十条　国会ノ承認ナク婚姻スル王女ハ入嗣ノ権ヲ失フ女王ハ国会ノ承認ナク婚姻ヲ約スレハ其位ヲ失フ

第二十一条　現今統御スル「オランジユ、ナツソー」家ノ維廉非徳黎王ノ後裔ナキトキハ故トノ「ブランスウイク、ルユネブール」公査理若爾日奥古士都ノ未亡人タル王妹「フレデリク、ルユイズ、ウイルユルミヌ、ドランシユ」若クハ第十二条ノ例規ニ準シテ約シタル婚姻ヨリ、生シタル該王妹正統ノ裔ニ王位ヲ伝フ

第二十二条　該王妹ノ正統裔欠クルトキハ故トノ第五世維廉ノ妹ニシテ故トノ「ナツソー、ウユルブール」公ノ妃タリシ「カロリヌ、ドランジユ」ノ王統男子ニ王位ヲ伝フ但シ必ラス太宗承重ノ権ヲ以テス

この第二十一条にある、第十二条の例規に準じて約した婚姻とは、国会と共議して現在の王が契約・承認した婚姻であった。(29) これらの条文から、オランダ憲法における女性の君主継承の特徴を挙げれば、「男統ノ裔全ク無キトキ」に「王位ヲ王女ニ伝フ」という、消極的な女性君主の容認であったといえよう。

一方、スペイン憲法は、女王のイザベル二世時代である一八四五年五月に公布され、一八五四年の七月革命で停止されたが五六年九月に復興されたもので、第七篇「王位ノ継承」の以下の条文が女性の君主継承に関わる条文であった。(30) 訳者はオランダ憲法と同じく田中耕造で、校閲者は議官の細川潤次郎との記載がある。

第五十条　西班牙国ノ王位継承ハ、嫡長入嗣ノ正序ニ循フ乃チ尊系ハ卑系ニ先タチ同系ニ於テハ近族疎族ニ先タチ同族ニ於テハ男女ニ先タチ同類ニ於テハ長少ニ先タツ

第五十一条　「ブルボン」家ノ公主「イザベル」第二世ノ正統裔ノ系絶ユル時ハ「イザベル」ノ妹及ヒ「イザ

ベル」ノ父ノ伯叔父父母、兄弟姉妹幷ニ其後裔ニシテ王位継承ノ権ヲ剥カレサル者男女ヲ論セス男女均シク
王位ヲ継クノ権アリ前条ニ定メタル順序ニ依リ王位ヲ継カシム可シ

さて、特筆すべきは、このスペイン憲法には、

第五十四条　女王王位ニ在ル時其夫ハ決シテ王国ノ政治ニ与ル可カラス(31)

という、女王の配偶者の規定があったことである。

これらの条文から、スペイン憲法における女性の君主継承の特徴を挙げれば、オランダ憲法と同様な男系優先でありながら、オランダ憲法以上に、女系への配慮が、その前提としての男女平等意識と共にうかがえるものであった。これは、イギリスについてもほぼ同様である。また「夫」の条項があることに注目が出来、これは後述のように日本の憲法草案にも影響を与えた。

さらにポルトガル憲法は、一八二六年四月宣告され、五二年七月に増補・修正されたもので、第四章「王位継承」の以下の条文が女性の君主継承に関わる条文であった(32)。訳者は大書記生の田中耕造、校閲は権大書記官の河津祐之との記載があり、これはオランダ憲法と同様である。

第八十七条「マリア」第二世ノ正統裔ハ嫡長ノ序ニ循ヒ承重ノ権今王殂シテ太子ナキトキハ其嫡孫王位ヲ入
嗣スルノ権ニ由リテ王位ヲ入嗣スヘシ但シ尊系ハ卑系ニ先タチ同系宗系ト宗系ト及ヒ傍系ト傍系トハ同系ナ
リニ於テハ近族疎族ニ先タチ同族兄弟姉妹ハ同級ナリニ於テハ男女ニ先タチ同類兄ト弟ト及ヒ姉ト妹トハ類
性ヲ同フスニ於テハ長幼ニ先タツ

さて、特筆すべきは、このポルトガル憲法には、第九十条の後段にスペイン憲法と同様の、女王の配偶者の規定があった。すなわち、

女王ノ配偶者ハ国政ニ与カルヘカラス但シ其女王ニ男子若クハ女子ヲ挙クルコトアレハ該配偶者ハ国王ノ尊称ヲ有スヘシ(33)

というものであった。

ポルトガル憲法における女性の君主継承の特徴は、やはりスペイン憲法と近似し、女系への配慮と男女平等意識がみられるものである。また「配偶者」条項もあり、スペイン憲法同様、日本の憲法草案にも影響を与えたものである。

以上のようなオランダ憲法の、男系優先で女性容認の条文をオランダ型、一方、スペイン・ポルトガルの、女系への配慮と男女平等意識がうかがえる条文を、イギリスも加えて、イギリス・スペイン・ポルトガル型と、呼んでおきたい。この違いはきわめて重要であろう。

三　憲法草案と女性天皇条項

さて、これまでの論究を踏まえ、明治期の憲法草案について検討したい。

その皇位継承規定のなかの女性天皇条項を整理・研究したものは、前述のように、鈴木正幸氏による論考が唯一のものである。鈴木氏によれば、『明治前期の憲法構想』増訂版第二版所収の明治期の憲法草案五二種に基づいて、(34)(35)「明らかに女帝を認めているもの」は一三種、そして「女系帝（女統）を認めているもの」、つまり女統に皇統が移る、としているように読めるが、あまり「はっきりしない」ものが四種であり、女性天皇を認める案が、男性のみの案よりも優勢であった、と結論付けられている。

表1

Ⅰ　政府起草の草案

番号	名称	起草年代	起草機関・起草者	記載条文	記載事項	関係条文・付帯事項	備考
№1	日本国憲按（第1次案）	一八七六・一〇	元老院（議官中島信行ら起草、国憲取調委員局掛河津祐之・島田三郎らが史料調査）	第二章帝位継承第二条	「継承ノ順序」は、「嫡長入嗣」の正しい序列に従い、「男ハ女ニ先」として男系男子を優先し、男系女子をそれに次ぐものとして容認した。	第四条で、女帝の「夫」は政治に関与出来ない、とした。	秘密裏に起草されたが、民間に流布。英国の継承法、スペイン・ポルトガル・オランダ等の憲法の影響がみられる。
№2	日本国憲按（第3次案）	一八八〇・七上旬	元老院	第二章帝位継承第三条	「嫡長」を正として、男系の男子・女子が継承し、「男統」＝男系に継承者がなく「止ムコトヲ得サルトキ」は、「女統」＝女系の継承も容認した。	なし	明治一三年七月上旬に起草。秘密裏に起草されたが、民間に流布。

Ⅱ　民間起草の草案

①政府系

	名称	起草年代	起草者	記載条文	記載事項	関係条文・付帯事項	備考
No.1	国憲意見	一八八一・三～四までに起草	福地源一郎（東京）	第一章 帝室	皇嗣は「皇子ナケレバ皇女」を立てる、と皇子＝男性を優先させつつ、皇女＝女性の継承も容認した。	女帝は我国に遠く六帝、近くは明正・後桜町の二帝の「固ヨリ其例アリ」と、先例を根拠とした。	『東京日日新聞』に発表。英国の継承法の影響がみられる。
No.2	憲法草案	一八八二秋頃	西周（東京）	第一章 大統	大統は、嫡長に従い、「女ハ男ニ先ツ事ヲ得ス」とし、男系男子を優先し、男系女子をそれに次ぐものとして容認した。	「夫」は「朝政」に関与出来ない、とした。	

②民権派系

番号	名称	起草年代	起草組織・個人	記載条文	記載事項	関係条文・付帯事項	備考
No.1	私擬憲法意見	一八七九・三頃	共存同衆（東京）	第二条	皇位は「嫡皇子及ヒ其統ニ世伝」するが、男系に継承者がない場合は、「嫡庶皇女及ヒ其統ニ世伝」するとし、女系への移行も容認した。	第九条で女性天皇の「配偶」は「帝権」に関与出来ない、とした。	刊本に収められ、流布した。
No.2	嚶鳴社憲法草案	一八八〇・一頃中断	嚶鳴社（東京。河津祐之・島田三郎・金子堅太郎・小池靖一・河村重固・田口卯吉・末広重恭）。金子を中心に起草されたと推測される。	第一款 帝位相続 第六条	皇位は「嫡皇子及ヒ其男統ニ世伝」することを優先するが、男統に継承者無き時は「皇帝ニ最近ノ女」に継承させるとし、女系の継承も容認した。	但し「女帝ノ配偶」は「帝権」に関与出来ない、とした。	未完。印刷されて流布し、明治一三年一二月に五日市の深沢権八、植木枝盛らが入手。英国の継承法の影響がみられる。

No.3	大日本国憲法大略見込書	一八八〇・二	筑前共愛会（福岡。大塩操）	第五条	皇位継承は、「嫡長入嗣」の正しい序列に従い、「男、女ニ先ツ」として男系男子を優先させ、男系女子をそれに次ぐものとして容認したが、男統が「欠ル時」は女統の継承も可とした。	なし	民権結社が起草してその時期が明確な唯一の案。
No.4	大日本国憲法概略見込書	一八八〇・二末	筑前共愛会（福岡。武谷次郎）	第六条	皇位継承は、「嫡長入嗣」の正しい序列に従い、「男ハ女ニ先チ」として男系男子を優先させ、男系女子をそれに次ぐものとして容認したが、「若シ止ムコトヲ得サル場合」は女系の継承も可とした。	なし	明治一三年二月末に起草。同上。
No.5	憲法草稿評林	一八八〇・七上旬以降	小田為綱（岩手）ほか	条文名なし	女統の継承も容認した。	なし	
No.6	大日本国憲法	一八八一・一末以前	沢辺正修（京都）か	第十一条	帝位は「嫡長入嗣」の順序に従い「男ヨリ男ニ伝フ」が、「男子全ク欠クトキ」は、「血統ノ最モ近キ女子」が継承すると、女系の継承も容認した。	但し女帝の「配偶者」は「帝権」に関与出来ない、とした。	
No.7	五日市憲法	一八八一・四〜九の間	千葉卓三郎（神奈川）ら	第一章帝位相続	帝位は「嫡皇子及其男統ニ世伝」するが、皇族中に「男」無き時は、「国帝ニ最近ノ女」に継承させる、と女系の継承も容認した。	但し女帝の「配偶」は「帝権」に関与出来ない、とした。	
No.8	私考憲法草案	一八八一・五〜六までに起草	交詢社（東京。矢野文雄・小幡篤次郎・中上川彦次郎・馬場辰猪）	第一章皇帝ノ特権	皇嗣は「自ラ御男子ト定マリシコト」が「不文ノ大典」であるが、「皇嫡女ノ踐祚スルハ皇帝ノ特旨」と、男系女子の継承も特例として容認した。	なし	『郵便報知新聞』に発表。

No.9	国憲私考	一八八一・七	兵庫県憲法講習会（中井城太郎ら起草、箕浦勝人・鹿島秀麿ら修正）	第一章　皇帝　第二条	皇嗣は皇嫡を「国例」とするが、皇子のない場合、皇女を皇嗣とする、と男系女子の継承も容認した。	なし	
No.10	私草憲法	一八八一・七～九までに起草	永田一二（岡山）か	第二欵　帝位継承　第十二条	帝位は「嫡皇子及ビ其統ニ世伝」するが、継承すべき皇統なき時は、女統が嗣ぐ、と女系の継承も容認した。	但し女帝の「配偶」は「帝権」に関与出来ない、とした。	『山陽新報』に発表。
No.11	憲法草案	一八八一か	熊本相愛社か	第一章　帝位相続	皇位は「嫡皇子及ヒ其統ニ世伝」するが、皇族中「男」なき時は、「皇帝ニ最近ノ皇女」が継承すると、男系女子の継承も容認した。	但し女帝の「配偶者」は「帝権」に関与出来ない、とした。	
No.12	日本国々憲案	一八八一・七、八以前	植木枝盛（高知）	第九十七条	帝位は「嫡皇子及其統ニ世伝」するが、統なき時は「嫡皇女」次いで「庶皇女」が継承すると、男系女子の継承も容認した。	なし	
No.13	日本憲法見込案	一八八一・九か	立志社（高知・北川貞彦）	第三節　帝位　第八十一条	帝位は「男姓」＝男系に帰す、として男系女子の継承も容認し、男系で継承者がない場合は「女血ノ系ニ伝フ」と女系への移行も容認した。	なし	
No.14	憲法私案	一八八三・五、六	小野梓（東京）	第五条	皇位は「男統ヲ先ニシ女統ヲ後」と、女系の継承も容認した。	なし	

※「日本国憲按」第三次案は宮内庁書陵部所蔵「秘書類纂　憲法三」、その他草案は、家永三郎・松永昌三・江村栄一編『新編　明治前期の憲法構想』（福村出版、二〇〇五年）に基づき、原典をすべて内容確認した。なお、表中の第三・四番の起草者は、石瀧豊美『増補版　玄洋社発掘』（西日本新聞社、一九九七年）で補った。

本章では、最新の『新編　明治前期の憲法構想』所収の五七種[36]、及びそれらとほぼ重複するが、新井勝紘氏が最終的に挙げられた九四種を対象とし、条文を検討した結果、何らかの形で女性天皇を認めた憲法草案を、一八種と考えたい。『新編　明治前期の憲法構想』所収の約三二パーセント、新井氏の列挙の約一九パーセントにあたり、大きな割合である。しかも、嚶鳴社案を始め、史上で著名な案がほとんど網羅されていることには驚かされる。小野案を除き、一八八一年前半までに出そろってもいた案ばかりであった。

これらを、作成者の性格によってⅠ政府起草の草案と、Ⅱ民間起草の草案に大別し、Ⅰは元老院案二種、Ⅱは①福地源一郎案など政府系二種、②共存同衆案など民権派系一四種に区分した（表1参照）。

これらの条文の女性天皇条項の特徴をみるなら、前章でみたオランダ型に入るのが、政府起草の草案の第二番の元老院案、民間の第四番の筑前共愛会案で、その他大半は、イギリス・スペイン・ポルトガル型に入るものである。もちろん、二つの類形にのみ厳格に分類するのは無理があり、また他の憲法からの影響も無視出来ないことはいうまでもないが、大枠としての類似を指摘しておきたい。

また、完全に女系に皇位が移動することを認めているのは、やや曖昧な文章ではあるが、第一三番の立志社案のみである。つまりはこれらの憲法は、ほとんどが一時的な女系への移動しか認めてはいないといえよう。

さらに、配偶者条項の記載があるものが八種ある。スペイン・ポルトガル憲法の影響といえよう。

四　嚶鳴社案の影響

ここでは、表中のⅡの民間起草の草案のなかで、影響の大きかったとみられる第二番の嚶鳴社草案について、従来指摘されてこなかった新たな論点を軸に、論究を進めたい。

同案の起草の経緯、起草者、未完成の理由といった基礎事項については、既発表の拙稿(37)を参照されたい。起草した社員は河津祐之、島田三郎、金子堅太郎、小池靖一、河村重固、田口卯吉、末広重恭（鉄腸）であった。このうち、河津・島田は、元老院の日本国憲按第一次案起草の史料調査に従事し、とくに河津は、前述のように『欧州各国憲法』のオランダ・ポルトガル憲法の校閲者でもあったから、二人のリーダーシップによる起草が考えられる。そうなると、元老院案と嚶鳴社案の近似は当然で、女性天皇の容認もその一つであったといえる。

同案の皇位継承の条文は、八ヵ条に及ぶ詳細なもので、「嫡皇子及ヒ其男統ニ世伝」（第二条）することに始まって、皇帝の庶子、兄弟、伯父・叔父、血縁者と広がり、女性の継承事項が次のように登場する。

第六条　皇族中男ナキ時ハ皇族中当世ノ皇帝ニ最近ノ女ヲシテ帝位ヲ襲受セシム
　但女帝ノ配偶ハ帝権ニ干与スルコトヲ得ズ(38)

この条文は、第一に、皇族のうちに男子が無い場合、最も近い女性が天皇となる、というもので、第二に、その女性天皇の「配偶」＝夫は、その女性天皇の支配権には関与出来ないというものであった。この後半の配偶者の国政不関与の規定は、前章で取りあげたスペイン・ポルトガル憲法にあるもので、元老院の第一次案を踏襲したものであろう。

さて、前者の女性継承容認の条項については、「最近の女」というきわめて印象的な独特の語句が使われていることに注目したい。この語句やこの語句に近似する語句を使って、皇位継承の条文を作った憲法草案が三案存在し、加えて、それには配偶者の国政不関与の条項も盛り込まれている。それら三案は、女性天皇容認の条項について、この嚶鳴社憲法草案の影響を強く受けた案とみられる。

その最初の案は、第六番の沢辺正修によるとみられる「大日本国憲法」である。沢辺は、丹後国宮津（現京都府宮津市）に生まれ、地域の民権結社・教育機関である天橋義塾社長を務め、国会期成同盟などに関わって、近畿地方のブロック政党である立憲政党結成に加わった(39)。沢辺及び同草案については、原田久美子氏の研究が詳しいが(40)、沢辺がこの草案をどのように起草したのか、その過程については全く明らかにされていない。

さて、同草案の第一一条の後段の但し書きが、女性天皇の条項である。

但シ男子全ク欠クトキハ血統ノ最モ近キ女子位ヲ継クヲ得然レトモ女帝ノ配偶者ハ国政ニ与ル可ラズ

と、なっている。「最モ近キ女子」の語句は、嚶鳴社案の「最近ノ女」から影響を受けたとみられる。またその後に、配偶者の条項が続いている。

沢辺が嚶鳴社案をどのようにして閲覧し得たのかは、これまでの沢辺研究では触れられたことがないが、嚶鳴社社長の沼間守一や幹部の草間時福らは、国会期成同盟の本体には参加しなかったものの、その懇親会への参加等を行うなどしており(41)、沢辺が嚶鳴社案を閲覧するような機会は十分に存在したと考えられる。

次ぎに、第七番の千葉卓三郎らによる高名な五日市憲法である。これは、嚶鳴社案を入手して参考にしたことが知られているが(42)、第一章「帝位相続」の六ヵ条目に、

皇族中男無キトキハ皇族中当世ノ国帝ニ最近ノ女ヲシテ帝位ヲ襲受セシム但シ女帝ノ配偶ハ帝権ニ干与スルコトヲ得ス(43)

と、嚶鳴社案とまったく同じ「最近ノ女」という語句、及び配偶者の条項があり、全体的にも酷似している。五日市憲法の女性天皇容認の条文は、まったく嚶鳴社案に倣ったものであることが明らかである。

最後に第一一番の熊本相愛社案とされる憲法草案である。同社と嚶鳴社との関係については今後の研究に期待す

るしかないが、第一章「帝位相続」の第六条に、

皇族中男ナキトキハ皇族中当世皇帝ニ最近ノ皇女皇位ヲ襲受ス(44)

とあり、「最近ノ皇女」の語句は「最近ノ女」から影響を受けたとみられ、配偶者条項も附属している。

以上のように、いくつかの憲法草案の細部の語句にまで、嚶鳴社案からの影響は広く及んでいたと考えられるし、配偶者条項も、嚶鳴社案から学んだ可能性が高いのである。

五　交詢社案とその影響

さらに、民権派系の第八番は、「政治」も内包する慶応義塾系の社交団体(45)であった交詢社の、高名な「私考憲法草案」である。

慶応義塾系の政治集団たる三田派の機関紙『郵便報知新聞』に掲載されたもので、起草者は、交詢社の幹部である矢野文雄・小幡篤次郎・中上川彦次郎・馬場辰猪らとされ、矢野・馬場はイギリス通の三田派の民権家としても著名であった。

当時同社は、社員からの要請にも応える形で独自にヨーロッパの憲法を研究していたとみられ、相次いで原典からの翻訳を『交詢雑誌』に掲げた。翻訳は無署名であったが、小幡の翻訳であるとされてきたもの(46)の、最近では執筆への疑問も示されている(47)。しかし、これについては、翻訳掲載の途中のイギリスの項において、江口高達が「余ガ此憲法ヲ訳出スルノ意」たる前文を付し(48)、さらに、これら訳業が一八八一年九月に、江口訳として、小幡の序文を付して『各国憲法撮要』として刊行されていることからみて、小幡が企図し、江口に翻訳させたものではないか

と考えられる。

翻訳は、一八八一年四月二五日付の第四五号の福沢諭吉によるもう一つの交詢社系の草案である「私擬憲法案」掲載ののち、同年六月二五日付第五一号に、「此頃各地方社員ヨリ各国憲法及ヒ政府組織等ノコトニ付テ往々質問アリ」の回答として「各国憲法撮要」の表題で、まずオーストリア＝ハンガリーの憲法・政府組織について紹介した。(49) 以後、七月五日付第五二号ではベルギー・デンマーク・フランスを、(50) 七月一五日付五三号ではゲルマン諸国の憲法・政体を紹介するなかで、プロシア憲法の王位継承について「王位ハ世襲ニシテ年長ノ順序ヲ以テ之ヲ男系ニ伝フルナリ」と紹介している。(51) 七月二五日付五四号もゲルマン諸国が続き、(52) 次同号後半から、(53) 八月五日付第五五号、(54) 八月二五日付五七号で連続してイギリスを取りあげ、同じく五七号ではイタリアを、(55) 次いでロシアを紹介するなかで、帝位継承について「女系ヲ措テ男系ヲ取リ年長ノ権利ヲ以テ順序ヲ遂ヒ相続ス可キモノトス」と紹介した。(56)(57)

以上の紹介の特徴をみるなら、まずイギリスの扱いが詳細で別格であった点であり、矢野らが政治的にイギリスに与していたことから、いかにも交詢社らしい取りあげ方であったといえる。しかし問題は王位・帝位継承に関してであり、それに触れたのは、女系を認めないプロシア・ロシアのみであった。このことから、交詢社幹部は、女性君主には特に興味を持ってはいなかった、とみることが出来る。

「私考憲法草案」の第一章「皇帝ノ特権」中には、「皇嫡女ノ践祚スルハ皇帝ノ特旨ニ由ルト雖モ古来ヨリ慣例アリテ皇嗣ハ自ラ御男子ト定マリシコトナリ」とある。(58)

この条文は、「特旨」に留意すべきか、「慣例」に重点を置くべきか、解釈は難しいが、前述のように小幡らが女性天皇に否定的であったとみるなら、原則は慣例による男系継承、という内容となる。しかし、それにもかかわらず、天皇の例外的な「特旨」発動を認めていた、という点に注目したい。

そこで本稿では文意を、伝統的な男系継承の慣例が否定される女性天皇の可能性を容認したもの、と考えたい。その論拠となるのは、起草者の一人に三田派の論客である馬場辰猪がいた、ということが挙げられる。馬場は、イギリス留学中に女性問題への関心を高めたとされ[59]、帰国直後の一八七五（明治八）年三月二五日に「本邦女子ノ有様」を、知識人結社である共存同衆において講演している。このなかで馬場は、「本邦ノ教育」が、「人ノ母タル」女性を教育することにおいて遅れていることを批判・指摘し、女性が「卑屈ノ心情ヲ翻シ不羈自立ノ気象ヲ挽回」する教育の必要性を説いた[60]。この講演は萩原延壽氏によれば「知性と情操のいずれにもあふれた理想の女性像を描いてみせた」もの[61]であり、馬場には女性の尊重を論じた最初の民権家[62]との評価もある。

こうした、馬場が持つ女性という性の根源の尊重姿勢は、女性天皇容認に必ずしも直結するものではないものの、前述の微妙な箇所の解釈を女性天皇の容認に傾斜して理解する傍証たり得るのではないだろうか。馬場が加わっていて、女性天皇が否定されるであろうか、ということである。すなわち、起草の過程で矢野・小幡らと馬場との間で見解の相違があったために、ヌエ的な表現で最終的に妥協をみた、という可能性を提起しておきたい。

さらに、第一〇番は、永田一二の起草とされる「私草憲法」で、交詢社の影響を最も受けた案とされる[63]が、最近の研究に乏しいので、取り上げておく。

永田は、福沢諭吉と同郷の中津藩士の子で、慶応義塾に学んだ三田派の民権家である。慶応義塾・立志学舎教員などを経て、一八八一年一月から岡山の『山陽新報』主筆に招かれていた[64]。

永田の招聘以前から、『山陽新報』は中国地方の民権論の主導的立場にあり、憲法についても、一八八〇年九月二五日の社説「憲法ハ国民自カラ之ヲ草セザルベカラズ」で、人民に「憲法ヲ創立スルノ権利」があるという国約憲法制定論を主張していた。永田自身は、一八八一年七月二九日に社説「国安論」を掲げ、「国安」は政府の安全ではなく、国会を設けての国民の安全であることを、イギリスのマグナカルタを軽視したチャールズ一世等を例に説き、また、同年同月三一日に社説として掲げた「告美作人民」でも、美作地方の人民の「社会ノ開明」「改進」への尽力を、スイス・アイルランド等の抵抗精神を例に説くなど、欧米の歴史を踏まえた民主主義的議論を展開していた。そうした永田の三田派らしい欧米通としての知識と思想が、憲法草案起草の背景となったとみられる。永田の案は全体として、前掲の交詢社案に近いとされているが、皇位継承については、

第十二条　以上定ムル所ニ依リ尚ホ帝位ヲ継承ス可キ皇統ナキ時ハ皇族親疎ノ序ニ由リ帝位ヲ継承ス若シ止ヲ得サルトキハ女統入テ男統ノ裔ヲ嗣ク

但シ女統帝位ヲ嗣クトキハ其配偶ハ帝権ニ干与スルコトヲ得ス

前条ノ帝統之レナキコトハ決シテアル可ラザルベシト雖モ帝位ノ継承ヲ尊重スルノ余リ万々一ノ用意ニ此条ヲ設ルモノニシテ且ツ女統ノ帝位ヲ嗣キ玉フコトハ我国ニモ先例多シト雖モ其先例タルヤ一時止ヲ得サル場合ヨリ生セシコトナレバ今憲法ニ載スルニ当テ我国状ヲ考フルニ宜ク此ノ如キ準序ト為スヲ妥当ノコトト推察シ奉ルナリ(65)

という、やむを得ざる場合の消極的な女系の容認となっており、交詢社案よりは、慎重な立場の表明となっており、前掲のオランダ型に入るといえる。以上のように、こうした細部をみると、様々な相違点もあったことが分かる。

おわりに

本稿は、女性天皇についての明治前期の憲法草案条項を検討することで、近代史研究史上の憲法研究にも寄与す

ると同時に、今後の現代的な女性天皇論議の基礎的素材を提供することをも目的とする、と謳ったが、課題が多い。前史については、『泰西国法論』での女性君主の紹介が、たとえば男系女性天皇を容認した植木枝盛の憲法草案とどのように関係したのか、よく知られた「植木枝盛日記」等の記述以上の史料を基に、再検討する必要があろう。さらに、『欧州各国憲法』の果たした役割についても、全国各地での受容史の検討が不可欠である。

また嚶鳴社憲法草案を始め、個々の草案のさらなる本格的分析が必要であるが、憲法翻訳の影響力や、情報や価値観が各草案間でどのように伝播・共有されたのかを明らかにする視点が必要である。とくに嚶鳴社の場合、同社の女帝の可否を巡る討論との関係も、明らかにすべきである。これについては、嚶鳴社の機関紙『東京横浜毎日新聞』一八八一年一二月九日付雑報は、明日の嚶鳴社討論会の論題として、「女帝を立つるの可否」とともに、「普通選挙の可否」「貧民救助の利害及ひ君主に特赦の特権を与ふるの可否」が論じられることを報じている。当時、女帝問題以外にも、「君主」の権限を巡る議論が社内に存したことが知られる。こうした嚶鳴社全体の立憲政治に向けての議論の中で、憲法案や討論を有機的に関連付ける考察が今後の最大の課題となろう。

加えて、地域での女性参政権の論義や、(66)政府の憲法案起草の背景として、民法制定上での家の「女子」の「立嫡相続」の問題(67)などを考える必要がある。

なお、最後に現在の論議にからめるなら、明治期のこうした女性天皇の議論も、もはや歴史の一部となったことを銘記する必要があろう。この時期ですら、西洋にも学んだ女性天皇容認論は少くなかった。歴史に学んだ本格的な合理的議論に期待したい。

註

（1）安在邦夫「もうひとつの憲法」（藤原彰ほか編『日本近代史の虚像と実像　1　開国――日露戦争』大月書店、一九九〇年）一六二頁。

（2）尾佐竹猛『維新前後に於ける立憲思想』前篇（邦光堂、一九二五年）などにおける研究や、『私擬国憲類纂』「日本国国憲案」などを収めた『明治文化全集』第三巻・正史篇下巻（日本評論社、一九二九年）などがある。

（3）植木枝盛の日本国国憲案などを扱った『近代日本政党史研究』（みすず書房、一九九六年）がある。

（4）元老院案を扱った『日本憲政史の研究』（岩波書店、一九六八年）がある。

（5）『明治憲法成立史』上・下巻（有斐閣、一九六〇年）、『明治国家形成過程の研究』（御茶の水書房、一九六六年）などがある。

（6）『明治前期の憲法構想』（福村出版、一九六七年）は、増訂を重ね、一九八七年には増訂版第二版、二〇〇五年には新編が編まれた。

（7）「自由民権百年全国実行委員会会報」等に、地域の憲法草案についての報告・研究が掲載された。

（8）江村栄一校注『日本近代思想大系　九　憲法構想』（岩波書店、一九八九年）。解説の江村栄一「幕末明治前期の憲法構想」も詳しい。

（9）前掲「もうひとつの憲法」参照。

（10）新井勝紘「明治政府の憲法構想」「自由民権運動と民権派の憲法構想」（江村栄一編『近代日本の軌跡2　自由民権と明治憲法』吉川弘文館、一九九五年）、及び「自由民権と近代社会」（新井勝紘編『日本の時代史22　自由民権と近代社会』吉川弘文館、二〇〇四年）。

（11）この皇室制度論議については、園部逸夫『皇室制度を考える』（中央公論新社、二〇一四年）を参照。

（12）奥平康弘『「万世一系」の研究』（岩波書店、二〇〇五年）二一七～二三〇頁。これより先、鈴木正幸『皇室制度』（岩波新書、一九九三年）、高橋紘・所功『皇位継承』（文春新書、一九九八年）でも、嚶鳴社での討論が取り上げられた。

(13) 鈴木正幸「明治以後の天皇制はなぜ女性天皇を否定したか」(『論座』第四四号、朝日新聞社、一九九八年一二月)二五～二七頁。
(14) 今井宏『明治日本とイギリス革命』(研究社、一九七四年)三六～三七頁。なお、一八二七(文政一〇)年の青地林宗『輿地誌略』に始まる一九世紀前半からの、英米を中心とした西洋の議会制度の紹介書については、尾佐竹猛『維新前後に於ける立憲思想』前篇(邦光堂、一九二五年)一八～四二頁が詳しいが、尾佐竹はそれら書籍での女性君主紹介については言及していない。
(15) 津田真一郎訳『泰西国法論』江戸開成所、一八六八年(『明治文化全集第八巻　法律篇』日本評論社、一九二九年所収)第五篇「一頭政治」第二章、九三頁。
(16) 大久保健晴『近代日本の政治構想とオランダ』(東京大学出版会、二〇一〇年)三五七頁。
(17) オランダ憲法の条文の内容は、元老院編『欧州各国憲法』(稲田佐兵衛ほか、一八七七年、国立国会図書館所蔵)によった。また、神田孝平訳『和蘭政典』上(一八六八年、国立国会図書館所蔵)の訳文も参考とした。
(18) スペイン・ポルトガル両憲法の内容については、前掲『欧州各国憲法』によった。
(19) 神田孝平訳『和蘭政典』上・下(一八六八年、国立国会図書館所蔵)。
(20) 鈴木唯一訳『英政如何』九潜館、一八六八年(『明治文化全集第三巻　政治篇』日本評論社、一九二九年所収)。
(21) 『条約十一国記』(『福沢諭吉全集』第二巻、岩波書店、一九五九年)一七七頁。
(22) 『掌中万国一覧』(同前全集同巻所収)四六七頁。
(23) 同前全集同巻所収、四七四頁。
(24) 『英国議事院談』(同前全集同巻所収)五三二～五三三頁。
(25) 『世界国尽』(同前全集同巻所収)六一一頁。
(26) 元老院編『欧州各国憲法』(稲田佐兵衛ほか、一八七七年、国立国会図書館所蔵)。
(27) 各国憲法をより豊富に紹介した元老院編『各国憲法類纂』の公刊は一八八一年一二月であり、憲法草案の起草が本格化していた時期には間に合っていない。
(28) 前掲『欧州各国憲法』七〜九頁。
(29) 同前、六頁。
(30) 同前、二二頁。
(31) 同前、二三頁。
(32) 同前、四六頁。
(33) 同前、四七〜四八頁。
(34) 前掲「明治以後の天皇制はなぜ女性天皇を否定したか」。
(35) 前掲『明治前期の憲法構想』増訂版第二版、参照。
(36) 前掲『新編　明治前期の憲法構想』参照。
(37) 福井淳「「嚶鳴社憲法草案」の研究」(『大正大学研究紀要』第九八輯、大正大学、二〇一三年三月)一八二〜一九〇頁。
(38) 前掲『新編　明治前期の憲法構想』一九三頁。
(39) 原田久美子「沢辺正修覚え書」(『郷土と美術』第八六号、一九八五年八月)二五〜二九頁。
(40) 同前「沢辺正修覚え書」参照。
(41) 拙稿「嚶鳴社の構造的研究」(『歴史評論』第四〇五号、一九八四年)七九頁。
(42) 前掲「自由民権と近代社会」三九頁。
(43) 前掲『新編　明治前期の憲法構想』二八八頁。
(44) 同前、三五二頁。
(45) 拙稿「交詢社と自由民権——基礎研究の視点から」(『近代日本研究』慶應義塾福沢研究センター、二〇〇七年三月)参照。
(46) 丸山信編著『福沢諭吉とその門下書誌』(慶応通信、一九七〇年)七四頁。

(47)　住田孝太郎「小幡篤次郎の思想像——同時代評価を手がかりに」(『近代日本研究』第二一号、慶應義塾福沢研究センター、二〇〇五年三月) 五二頁で、「記名はなく実際に彼の手によるものかどうか定かでない点がある」との疑問が示されている。
(48)　『交詢雑誌』第五七号 (一八八一年八月二五日、早稲田大学中央図書館所蔵)。
(49)　同前、第五一号、一八八一年六月二五日、一四頁。
(50)　同前、第五二号、一八八一年七月五日、一〜七頁。
(51)　同前、第五三号、一八八一年七月一五日、一〜六頁。
(52)　同前、第五四号、一八八一年七月二五日、一〜四頁。
(53)　同前、四〜七頁。
(54)　同前、第五五号、一八八一年八月五日、一〜五頁。
(55)　同前、第五七号、一八八一年八月二五日、一〜三頁。
(56)　同前、三〜五頁。
(57)　同前、五〜八頁。
(58)　前掲『新編　明治前期の憲法構想』三〇二頁。
(59)　井上琢智「日本学生会、共存同衆、イギリス社会科学振興協会」(『馬場辰猪全集』第一巻、岩波書店、一九八七年) 月報1、三頁。
(60)　馬場辰猪「本邦女子ノ有様」(『共存雑誌』第五号、一八七五年四月) 同前全集同巻所収、三〜四頁。
(61)　萩原延壽『馬場辰猪』(中央公論社、一九六七年) 五〇頁。
(62)　前掲『馬場辰猪全集』第一巻、川崎勝・杉山伸也「解題」二五二頁。
(63)　前掲『新編　明治前期の憲法構想』六六〜六七頁。
(64)　宮武外骨・西田長寿『明治大正言論資料　20　明治新聞雑誌関係者略伝』(みすず書房、一九八五年) 一七〇〜一七一

頁。『山陽新報』時代の永田については、小畑隆資編『岡山民権運動史関係史料集』第五集（岡山民権運動百年記念行事実行委員会、一九八四年）、の小畑「解説及び編集後記」一五七〜一五八頁を参照。

(65) 前掲『新編　明治前期の憲法構想』二〇〇五年、三三八頁。

(66) たとえば、五日市の学芸講談会での議題として、「女戸主ニ政権ヲ与フルノ利害」を取り上げたことは、女性参政権の国民的討議に通じるものがあった（色川大吉・江井秀雄・新井勝紘『民衆憲法の創造』評論社、一九七〇年）三一八頁。

(67) 家永三郎『日本近代思想史研究（増訂版）』（東京大学出版会、一九七四年）九五〜一一六頁。

あとがき——論集刊行への経緯に触れて

安在邦夫

早稲田大学大学院アジア太平洋研究科の開設に伴う機構改革により、同研究科に吸収される形となって現在は存在していないが、かつて早稲田大学の一研究機関として、「社会科学研究所」という研究組織があった。同研究所は専任の教員・職員を配置し、学内外から参じた多くの研究員を中心に独自の研究活動を行い、優れた数多くの研究成果をあげてきた。その特色ある研究活動の一つとして記されるのが、個性的で多様な研究部会の開設・活動である。部会は、縦割り機構・学部自治的性格の強い大学機構にあって、教職員の横断的交流が果たされる場としても大きな存在意義を有していた。

一　研究部会の開設

一九八七（昭和六二）年、当時文学部（現在文学学術院）に籍を置いていたわたくしは（二〇一〇年三月定年退職）、一つには優れた研究実績をもつ学内の教員や研究者、特に将来を嘱望されている学内外の若手研究者との交流の場を得たいとの思いから、他は学内にある貴重な近現代史関係の史料を読む組織を持ちたいとの念から、「明治政治・外交史研究部会」の開設を、前述の社会科学研究所に申請した。研究課題は「学内の機関・教員が所蔵している一次史料・貴重文献の解読・検討を通して明治政治・外交史を研究する」とし、第一に、それら文献・史料の整理・解読、第二に、第一の作業を通しての総合・個別研究成果物の提示とした。

ここに記した「学内の機関・教員が所蔵している一次史料・貴重文献」とは、具体的には早稲田大学中央図書館特別資料室が所蔵している「渡辺幾治郎収集謄写文書」（以下「渡辺文書」と略称）と、元文学部教授深谷博治先生旧蔵の史料・文献（以下「深谷文書」と略称）である。

渡辺・深谷両氏はともに近代日本の憲政史研究に大きな功績を残し、『明治天皇紀』の編集にも関わった方で、前者には「佐佐木高行日記」「徳大寺実則日記」など、当時は原本閲覧の叶わない天皇側近の貴重な謄写史料が多数あり、後者には伊藤博文など幕末〜明治期を彩った多くの政治家や外交関係の写本・謄写史料が多く含まれていた。ちなみに「深谷文書」は、大仏次郎氏が『朝日新聞』に連載した小説「天皇の世紀」を執筆の際に閲覧・利用した史料で、一時期先生の研究室から朝日新聞社内に移されていた。しかし、大仏氏のご逝去（一九七三年）に伴う連載の中止により再び深谷研究室に戻されることになった。しかし、その年の三月深谷先生はご定年・ご退職されており、同文書は先生から早稲田大学文学部日本史研究室に寄贈された。そして研究会開設申請当時は、わたくしがその管理責任者の立場になっていたのである。部会開設の申請は幸いに認可され、翌一九八八年（昭和六三）度から「明治政治・外交史研究部会」として研究活動を開始した。

二　研究部会の活動

部会発足当初の研究員は特別研究員（学外者）を含め一二名ほどおり、研究活動の方針・順序として、まず「渡辺文書」の検討に取り組むこと、この場合同文書に関しては文書表題の整理はすでにできており内容目録の作成は不要であったため、研究員全員の関心も高くかつまとまっている史料として「佐佐木高行日記」「徳大寺実則日記」を取り上げ、解読に努めることにした。この検討作業で留意することにした一つは、底本・原本による校訂作業である。一方「深谷文書」に関しては、文書内容の検討・整理および目録の作成を課題とした。

なお、活動のおおよそのスケジュールとしては、二年を一期として四期八年を予定し、前半四年を共通史料の解読・検討、後半四年を両文書の活用による各自の研究期間とし、最終年度には研究の成果を論文としてまとめ、部会活動終了後一年以内に論集を上梓する、とした。各期の研究活動の概略を記せば、次の通りである。

第一期　「佐佐木高行日記」の解読

◇一九八八（昭和六三）年度

「深谷旧蔵文書・早稲田大学図書館特別資料室蔵渡辺文書のバックグランドについて」、「渡辺幾治郎収集謄写文書中の明治史資料について」「佐佐木高行日記未公刊史料（渡辺文書）について」など、文書の基本に関する検討。

◇一九八九（昭和六四・平成元）年度

「佐佐木高行をめぐる研究状況」の整理および、「佐佐木高行日記」一八九五～一九〇二年分の解読作業。

例会は主報告者とコメンテーターを決め、両者の報告後全員で討論する形で行った。その結果、同日記より、(一)佐佐木高行の天皇親政論、(二)民衆の皇室観、(三)皇族教育問題、(四)皇太子(のちの大正天皇)の病気と妃問題、(五)下田歌子の役割および同人に関する風聞、(六)皇室典範改正問題など、佐佐木の言動に関し新しい知見を得た。

第二期「徳大寺実則日記」の解読

◇一九九〇(平成二)年度

「『徳大寺実則日記』を読むに当たって」と題した報告を受け、一八八五年三月〜一八九八年一二月までを解読・検討。

「佐佐木高行日記」の解読作業のなかで改めて認識したのが、「徳大寺実則日記」の存在である。そこで新たに二年間の予定で「徳大寺実則日記」の解読に取り組むことにした。同日記は、四〇〇字原稿用紙一〇〇〇枚にも及ぶ膨大なものである。同日記は宮内庁書陵部が保管し、二〇〇一(平成一三)年に複製本で公開されているが、当時は未公開で原本の所在も公けにされていなかった。そのため第一に、予備調査・基礎的作業として「徳大寺実則日記」の原本の所在を確認すること、具体的には　徳大寺家や宮内庁書陵部への問い合わせ、第二に、解読を進めるに当たって留意する事項として、①原本からの転写の際省略あるいは抜粋したと考えられる箇所を特定すること、②関連事項や人物を精査すること、などを掲げた。

例会での報告・検討の様式は、「佐佐木高行日記」の場合と同様とした。同日記で確認できたことを記せば、第一に、同日記の主な記述内容に関しては、①皇族関係、②天皇の政治・軍事問題へのコミット、③皇室制度の法的整備、④皇室行事、第二に、同日記と『明治天皇紀』の記述との関係については、①「日記」に記述があっても

『天皇紀』には記述を欠くもの、②『天皇紀』の典拠に「日記」とあるが「日記」に記述がないもの、③「日記」と『天皇紀』の引用記述が異なるもの、などがあることを確認したこと、である。そして、以上の疑点を解明するためには、写本・原本・『天皇紀』の照合・検討が今後必要であるとの新たな課題が提起された。

◇一九九一（平成三）年度

「徳大寺実則日記」の解読作業を前年同様の方法で継続し、一八九九年一月～一九〇二年一一月～一九一二年一二月までを読み終え、同日記を読了。

解読の過程で判明した最も重要な点は、渡辺文書には、原本と異同が認められるところが多々あるのではないかということであった。そのため以後の調査で原本所蔵が明らかとなった宮内庁書陵部に原本の閲覧許可を求める交渉を行った。しかし、残念ながらその希望は叶わなかった。このことに関し、わたくしはある紙誌に「この類の史料公開は、歴史の真実を知るという意味でも、少なくとも学術研究上であるならば是非果たされるべきであって、今後はその実現のため関係機関に働きかけることが必要であることを強く認識した。このことをあえて明記しておきたい」と記した。実際、原本との考証を欠いては、同日記を史料として活用することには不可能との思いを抱いたのである。

同日記については前述のように、その後公開されるに至り、現在は宮内庁書陵部で自由に閲覧できる。その結果渡辺文書中、少なくとも「徳大寺実則日記」に関しては史料的価値は失われた。が、研究上ではまことに喜ばしい事態となったということができる。

第三期　各自の研究テーマとの取り組み

◇一九九二（平成四）年度

前述したが、部会は前半二期四年を共通作業としての史料解読、後半二期四年を各自の関心に基づき、渡辺文書・深谷文書を活用して論文を作成することを目標としていた。そして当初の目標に従い、第三期の初年に当たる一九九二年度は、研究員の課題設定とその報告を行った。部会開設当時、部会全体の研究目標とは別に、研究員は個別の研究テーマを掲げた。しかし、実際に史料に触れるなかで関心の所在が変わる会員もおり、新しい会員の参加もあったことから、あらためて課題の提出・確認を行った。その結果は次の通りで、テーマは多彩であった。①西園寺公望の研究、②大日本帝国憲法制定史の研究、③自由民権運動史の研究、④松方正義研究、④佐佐木高行日記とその背景の研究、⑤渡辺幾治郎収集明治資料の史的考察、⑥佐佐木高行と明治憲法の研究、⑦大隈重信の基礎的研究、⑧吉井友実・元田永孚研究、⑨渡辺幾治郎収集文書に見る吉井友実および黒田清隆文書、⑩自由民権運動と明治国家、⑪藤沢幾之助談話筆記による地方政界の実状の検討、⑫明治外交史の研究、⑬明治立憲制と井上毅の研究。

同年度の活動の趣旨に従い、例会では「藤沢幾之輔談話速記について」、「山口正定日記」、「明治四年欧米大使全書」・「伊藤博文の欧州憲法調査」などのテーマの報告があった。

◇一九九三（平成五）年度

先にも記したように、部会開設に際して掲げた課題の一つに、深谷文書の検討と目録作成があった。が、「渡辺文書」の解読に力点をおいたこと、および「深谷文書」の内容が多岐にわたりかつ膨大であったことなどから、同文書への対応については当初の予定の変更が不可避となった。すなわち、部会全体として同文書の整理・目録作成に当たることは見合わせ、研究員が各自のテーマにそくして同文書を活用し、随時内容の整理に当たることにしたのである。しかし、同文書に関する基礎的知識は不可欠との観点から、一九九三度の例会では各自の研究に努める一方で、「最近の憲政史研究――伊藤博文の研究を中心に」、「近代日本史研究会と深谷博治先生」、「深谷博治文書の研究――『憲法史研究会関係史料』について」、「深谷博治文書の検討――原史料について」など、「深谷文書」に関わる基本的研究を行った。

三　論集刊行の計画――第四期・最終目標達成に向けて

部会開設時に掲げた最終目標、論集刊行への気運は、一九九二（平成二）～一九九三年度の研究活動のなかで、一層高まった。そこで四期目の活動は、一九九四（平成六）～九五年夏季休暇までを原稿執筆期間とし、この間随時研究の中間報告を行いつつ、同年度内に完成原稿を提出することを具体的課題とした。

◇一九九四（平成六）年度

論集名や内容の構想などを検討し、『明治後期の天皇と宮廷』（仮題）を念頭に、「明治天皇研究の基本文献および史料」、「明治天皇の日常生活」（ア　皇室・皇族の長・祭祀者としての「日常」、イ　主権者としての「日常」、ウ　国家元首としての「日常」、エ　統帥権保持者としての「日常」、オ　理念（国家モラル）の体現者としての「日常」など）、「明治後期の官僚制について」の報告を得た。

◇一九九五（平成七）年度

前年度に続いて論文執筆に重点を置き、例会では「明治天皇の政治的機能」、「明治天皇の外交的機能」、「天皇像の模索」、「渡辺幾治郎・深谷博治収集資料の書誌的考察」などの報告があった。論集刊行の目的は、「近代日本の憲政史研究に大きな功績を残し、『明治天皇紀』の編集にも関わった渡辺幾治郎・深谷博治両氏の旧蔵文書の整理・解読作業を行い、研究活動を通じて得た知見をまとめ公表する」とした。
論集内容に関しては、(一) 宮内省臨時帝室編修局と『明治天皇紀』、(二) 天皇の機能と日常生活、(三) 宮廷の周辺、に関する諸論考のほか、写本資料の内容と書誌的考察、渡辺・深谷文書中の主要文書の翻刻、などが構想された。

四　論集刊行計画の保留・延引と「渡辺文書」「深谷文書」の現在

部会は、当初の予定通り一九九五(平成七)年度をもって活動を終えることとした。部会活動から得た成果としては、少なくとも次の点が指摘できる。第一は、史料に即し幕末~明治期の政治・外交史に関する知見を広め得たこと、第二は、個人的には困難な「佐佐木高行日記」や「徳大寺実則日記」の解読作業を行うとともに、かつ膨大な「渡辺文書」・「深谷文書」の内容の検討などを行ったこと、第三は、研究の時期・対象を共有する学内外の研究者の交流・親睦を図ることができたこと、等々である。

一方残念なことは、予定期日までに提出された完成原稿の数が限られ、同年度末に至ってもその状況は解消されなかったことから、最終目標とした論集刊行に関しては保留・延引せざるをえなかったことである。そして以後、研究員として集った方々はそれぞれの勤務や研究活動にますます多忙となり、同課題の遂行は年を重ねるにつれて困難、遠のく雰囲気となった。また当初予定した出版会社の事情の変化もこの状況に拍車をかけ、結論として同部会としての論集刊行の計画は断念せざるを得なくなった。

このような結果になったことに関し、部会運営の任を担ったわたくしは心底責任を感じ、ことに原稿を提出していただいた研究員、大日方純夫・勝田政治・山本悠三の三氏に対し全く申し訳が立たない気持ちで一杯であった。この思いは現役の時期はもちろん、二〇一〇（平成二二）年三月の定年退職以後も消えることがなかった。ともに、いつかなんらかの形で公刊の機会をとの希望も一方で抱き続け、提出していただいた原稿は返却せずにそのまま手元に置かせていただいた。

この経緯のなかでまことに幸いなことに、知己で研究の時期や対象を同じくする真辺将之氏が、二〇一一（平成二三）年四月早稲田大学文学学術院の専任教員として就任された。同氏ならびに荒船俊太郎氏には、「深谷文書」の整理・目録化の作業を依頼していた事情もあり、かつまたこの間周囲には、真辺氏同様研究課題を共有する若い多くの研究者が活動する状況が生まれていた。そこで前掲三人の方々と新進の研究者を中心に研究会を再組織し、論集刊行の実現を図りたい旨の希望を真辺氏にお伝えした。職務や自己の研究に追われるご多忙のなか、真辺氏はわたくしの〝懇願〟にも似た提案を快く受け容れてくださった。また、既に論文を提出されていた皆さんのご承諾も得られたので、ここに研究会の再組織・活動となった。その後二〇一一年から一二年にかけて、新参加者に一度ずつ研究報告を行っていただき、そこでの議論を踏まえた上で、各氏に原稿化をお願いするとともに、論集全体の構成についてご相談した。そして、二〇一四（平成二六）年度末にいたって原稿が揃い、論集全体の構成が確定するにいたった。真辺・荒船両氏にはその後の編集・作業において、多大な労を取っていただいた。両氏をはじめ本論集に加わっていただいた皆さんに、わたくしはただただ感謝するばかりである。

なお、「深谷文書」は「渡辺文書」同様、早稲田大学中央図書館特別資料室に移管して一般に公開すべく、目下その準備中となっている。この間幸いにも、「深谷文書」の全容については、荒船氏が「深谷博治旧蔵文書の研究」（『国文学研究資料館紀要アーカイブズ研究篇』二、二〇〇六年三月）を、また同文書のうちの「内大臣府文書（明治天皇御手許書類）」の写本については、真辺氏が「内大臣府文書（明治天皇御手許書類）に関する基礎的研究――深谷博治旧蔵文書を手がかりとして」（筑波大学大学院人文社会科学研究科歴史・人類学専攻中野目徹研究室『近代史料研究』第九号、二〇〇九年一〇月、日本近代史研究会編集・発行）を発表してくださった。両論考では「深谷文書」について詳しく分析・叙述されているだけでなく、文書目録も作成・掲載されている。今後の両文書の活用を期待したい。ただし「佐佐木高行日記」に関しては、部会での解読を基礎に検討が重ねられ、安在邦夫・望月雅士編『早稲田大学図書館蔵　佐佐木高行日記――かざしの桜』（北泉社〔現創泉堂〕、二〇〇三年）として翻刻公刊されていることを併せ記しておきたい。

本論集刊行に関しては野崎雄三氏（元三一書房勤務）の助言とお力添えを得た。梓出版社・本谷貴志氏には、無理なお願いにもかかわらず出版を快くお引き受けいただいた。両氏に心より感謝し、御礼申し上げる。また、「明治政治・外交史研究部会」に参加して下さった方々、なかんずく佐藤能丸先生（現早稲田大学エクステンションセンター講師）、旧社会科学研究所に所属されていた諸先生・職員および早稲田大学中央図書館特別資料室の皆様には、いろいろご指導・お世話いただいた。文字通り末筆になったが、記して厚く御礼申しあげる次第である。

執筆者紹介

勝田政治（かつた・まさはる）

1952年生まれ。国士舘大学文学部教授。1985年早稲田大学大学院文学研究科史学（日本史）専攻博士課程単位取得退学。博士（文学、早稲田大学）

著書『内務省と明治国家形成』（吉川弘文館、2002年）、『〈政事家〉大久保利通』（講談社、2003年）、『小野梓と自由民権』（有志舎、2010年）

大日方純夫（おびなた・すみお）

1950年生まれ。早稲田大学文学学術院教授。1978年早稲田大学大学院文学研究科史学（日本史）専攻博士課程満期退学。博士（文学、早稲田大学）

著書『近代日本の警察と地域社会』（筑摩書房、2000年）、『自由民権期の社会』（敬文舎、2012年）、『維新政府の密偵たち』（吉川弘文館、2013年）

真辺美佐（まなべ・みさ）

1972年生まれ。宮内庁書陵部主任研究官。2004年お茶の水女子大学人間文化研究科比較文化学専攻（博士後期課程）修了。博士（人文科学、お茶の水女子大学）

著書『末広鉄腸研究』（梓出版社、2006年）、「民権派とヨーロッパ世界の邂逅——自由党総理板垣退助の洋行体験と政党認識」（小風秀雅・季武嘉也編『グローバル化のなかの近代日本——基軸と展開』有志舎、2015年）、「初期議会期における板垣退助の政党論と政党指導」（『日本史研究』642、2016年2月予定）

山本悠三（やまもと・ゆうぞう）

1947年生まれ。東京家政大学家政学部教授。1978年早稲田大学大学院文学研究科史学（日本史）専攻博士課程単位取得退学。博士（文学、東北大学）

著書『北の大地を拓く——石川家臣団北海道開拓史』（角田市役所、1988年）、『近代日本社会教育史論』（下田出版、2003年）、『近代日本の思想善導と国民統合』（校倉書房、2011年）

福井淳（ふくい・あつし）

1955年生まれ。大正大学文学部教授。1985年明治大学大学院文学研究科史学（日本史）専攻博士後期課程単位取得満期退学。

共著『近代日本の軌跡2　自由民権と明治憲法』（吉川弘文館、1995年）、『論集 現代日本の教育改革1　教育改革』（日本図書センター、2013年）、共編著『影印本 足尾銅山鉱毒事件関係資料』全30巻（東京大学出版会、2009年）

編者紹介

安在邦夫（あんざい・くにお）

1939年生まれ。早稲田大学名誉教授。1971年早稲田大学大学院文学研究科史学（日本史）専攻博士課程単位取得退学。

著書『立憲改進党の活動と思想』（校倉書房、1992年）、『自由民権運動史への招待』（吉田書店、2012年）、共編著『自由民権の再発見』（日本経済評論社、2006年）

真辺将之（まなべ・まさゆき）

1973年生まれ。早稲田大学文学学術院准教授。2003年早稲田大学大学院文学研究科史学（日本史）専攻博士後期課程満期退学。博士（文学、早稲田大学）

著書『西村茂樹研究』（思文閣出版、2009年）、『東京専門学校の研究』（早稲田大学出版部、2010年）、共編著『近代日本の政党と社会』（日本経済評論社、2009年）

荒船俊太郎（あらふね・しゅんたろう）

1977年生まれ。日本学術振興会特別研究員（PD）、日本大学文理学部人文科学研究所研究員。2008年早稲田大学大学院文学研究科史学（日本史）専攻博士後期課程満期退学。博士（文学、早稲田大学）。

共編著『近代日本の政党と社会』（日本経済評論社、2009年）、「大正前・中期の西園寺公望と「元老制」の再編」（『日本歴史』760、2011年9月）、「大正後期の松方正義と「元老制」の再編」（『史学雑誌』122-2、2013年2月）

明治期の天皇と宮廷

2016年2月20日　第1刷発行　《検印省略》

編著者© 安　在　邦　夫
真　辺　将　之
荒　船　俊　太　郎
発行者　本　谷　高　哲
制　作　シナノ書籍印刷
東京都豊島区池袋4-32-8

発行所　梓　出　版　社
千葉県松戸市新松戸7-65
電　話 047（344）8118番

乱丁・落丁本はお取り替えいたします。
ISBN 978-4-87262-113-6　C3021